高洪雷 著

从青岛到红海
From Qingdao to Red Sea

海上丝绸之路
The Maritime Silk Road

人民文学出版社

图书在版编目（CIP）数据

海上丝绸之路：从青岛到红海 / 高洪雷著. —— 北京：人民文学出版社，2024. —— ISBN 978-7-02-018708-9

I. K203

中国国家版本馆 CIP 数据核字第 2024X7R210 号

责任编辑　付如初　欧阳婧怡
装帧设计　陶　雷
责任印制　张　娜

出版发行　人民文学出版社
社　　址　北京市朝内大街166号
邮政编码　100705

印　　刷　侨友印刷（河北）有限公司
经　　销　全国新华书店等

字　　数　353千字
开　　本　680毫米×1000毫米　1/16
印　　张　24　插页2
版　　次　2024年8月北京第1版
印　　次　2024年8月第1次印刷

书　　号　978-7-02-018708-9
定　　价　68.00元

如有印装质量问题，请与本社图书销售中心调换。电话：010-65233595

作者简介

高洪雷

　　山东新泰人，生于1964年。中国作家协会会员，中国人类学民族学研究会会员，中国民族史学会会员，中国报告文学学会理事，中国自然资源作家协会副主席。擅长历史类纪实文学、儿童文学创作，作品被译成十几种文字出版，曾获徐迟报告文学奖、丰子恺散文奖、京东文学奖、2017年度桂冠童书等奖项。作品有《另一半中国史》《大写西域》《另一种文明》《楼兰啊，楼兰》《中华民族的故事》《名人故事》《丝绸之路：从蓬莱到罗马》《中华姓氏的故事》《阿云案背后的大宋文明》。

谁控制了海洋,谁就控制了世界。

——古罗马执政官西塞罗

目　录

引　子 ··· 001

第一章　琅邪边，胶州湾——青岛 ······························ 003
　　一、远古观象台 ··· 003
　　二、琅邪海战 ·· 004
　　三、越王迁都 ·· 007
　　四、方士东渡 ·· 010
　　五、海上漂来的和尚 ·· 012
　　六、苏轼打瞌睡 ··· 015
　　七、它救了南宋 ··· 019
　　八、东方密报 ·· 022
　　九、吞下胶州湾 ··· 025
　　十、"五四"的火炬 ·· 027
　　十一、青岛港 ·· 031

第二章　海上明月共潮生——扬州 ······························ 035
　　一、九州之一 ·· 035
　　二、鉴真东渡 ·· 037
　　三、留学生创造日文 ·· 039
　　四、"日本的玄奘" ·· 041
　　五、海上王 ··· 043
　　六、东方"小麦加" ·· 045
　　七、威尼斯商人 ··· 047
　　八、我们期待着 ··· 051

001

第三章　郑和从此下西洋 —— 太仓 055
一、他们是谁 055
二、被阉割的少年 056
三、六国码头 058
四、起锚地 060
五、下西洋 061
六、独步天下 063
七、太仓受益 065
八、麻将发源地 066
九、该算一算账了 067
十、一声长叹 069
十一、一份答卷 074

第四章　河姆渡为你奠基 —— 宁波 076
一、一种叫"贡"的贸易 076
二、争贡事件 079
三、河姆渡为你奠基 082
四、最澄与日本茶道 084
五、坐上神舟去高丽 086
六、明州保卫战 089
七、双屿港 091
八、因为"一口通商" 093
九、向前看 095

第五章　海上零公里 —— 泉州 098
一、那时泉州 098
二、光明之城 101
三、一个色目人 103
四、记忆中的刺桐城 106
五、天主教进入中国 108
六、摩洛哥旅行家 110
七、六下南洋 113

八、"东方马可·波罗" ……………………………………… 116
　　九、陶瓷之路 …………………………………………… 118
　　十、妈祖保佑 …………………………………………… 120
　　十一、郑氏父子 ………………………………………… 122
　　十二、泉州的背影 ……………………………………… 125

第六章　那片悲欣交集的港湾——广州 ……………………… 129
　　一、从"一苇渡江"说起 ………………………………… 129
　　二、广州通海夷道 ……………………………………… 132
　　三、市舶使 ……………………………………………… 134
　　四、黄巢的请求 ………………………………………… 135
　　五、元丰市舶条 ………………………………………… 137
　　六、南海1号 …………………………………………… 139
　　七、市舶太监 …………………………………………… 140
　　八、一口通商 …………………………………………… 142
　　九、茶叶世纪 …………………………………………… 146
　　十、鸦片战争 …………………………………………… 150
　　十一、战争后遗症 ……………………………………… 155
　　十二、以"晾晒"为名 …………………………………… 158
　　十三、西学东渐 ………………………………………… 160
　　十四、青春的热土 ……………………………………… 164

第七章　南洋始发港——徐闻与合浦 ………………………… 167
　　一、汉武帝的南海梦 …………………………………… 167
　　二、南海路始发港 ……………………………………… 169
　　三、因为季风 …………………………………………… 172
　　四、买椟还珠 …………………………………………… 173
　　五、绿珠之死 …………………………………………… 174
　　六、南珠之殇 …………………………………………… 177

第八章　郑和西去第一站——占城 …………………………… 180
　　一、中南小国 …………………………………………… 180
　　二、一厢情愿 …………………………………………… 181

003

三、马可·波罗路过 ································· 183
　　四、欢迎郑和 ····································· 185
　　五、占城印象 ····································· 187
　　六、占城稻 ······································· 189
　　七、山河沦陷 ····································· 190
　　八、傀儡岁月 ····································· 192

第九章　捡起遗落的文明 —— 柬埔寨 ·················· 196
　　一、吴哥的微笑 ··································· 196
　　二、《真腊风土记》································ 198
　　三、遗落的文明 ··································· 200
　　四、掀起你的盖头来 ······························· 202
　　五、因为地势 ····································· 204
　　六、引狼入室 ····································· 206
　　七、西哈努克 ····································· 209

第十章　卡住你的咽喉 —— 马六甲海峡 ················ 212
　　一、黑石号 ······································· 212
　　二、旧港 ··· 214
　　三、义净停留过 ··································· 215
　　四、三佛齐 ······································· 217
　　五、海外飞地 ····································· 220
　　六、苏门答剌国 ··································· 222
　　七、马六甲 ······································· 225
　　八、闻"香"而至 ··································· 228
　　九、"海上马车夫" ································· 230
　　十、关于"公海"的官司 ···························· 238
　　十一、"日不落帝国" ······························ 241
　　十二、新加坡现象 ································· 247

第十一章　东方十字路口 —— 斯里兰卡 ················ 254
　　一、洞中乾坤 ····································· 254
　　二、往事会说话 ··································· 256

三、不空 257
　　四、擒王行动 259
　　五、在马欢眼中 261
　　六、走向世界的锡兰红茶 263
　　七、面对危机 265

第十二章　都是香料惹的祸——印度 269
　　一、梦里的金人 269
　　二、佛教东渐 271
　　三、玄奘的日记 275
　　四、"糖"入中华 277
　　五、杨庭璧四使印度 278
　　六、郑和长眠于此 281
　　七、香料之路 282
　　八、《曼德维尔游记》 285
　　九、教皇子午线 287
　　十、达·伽马来了 293
　　十一、用枪炮开路 296
　　十二、它是一个公司吗？ 301
　　十三、蒙巴顿方案 305
　　十四、一言难尽 308

第十三章　指环上的钻石——霍尔木兹 312
　　一、忽鲁谟斯 312
　　二、航海术 315
　　三、中国人到了 317
　　四、青花瓷 318
　　五、纬度与经度 320
　　六、坏血病 323
　　七、披着羊皮的狼 324
　　八、升起葡萄牙国旗 326
　　九、阿巴斯港 328

005

第十四章　东方威尼斯——巴士拉 330
　　一、两条航线 330
　　二、两河文明 332
　　三、巴士拉港 334
　　四、辛伯达 336
　　五、晃动尖塔的人 338
　　六、干渴之城 340

第十五章　亚非大裂缝——红海 343
　　一、海的颜色 343
　　二、为什么是亚丁 344
　　三、红海战略 346
　　四、美人计失效 347
　　五、郑和到过麦加吗？ 350
　　六、去天方 351
　　七、茶与咖啡 353
　　八、红海争霸 354
　　九、蒸汽机巨人 357
　　十、运河梦 359
　　十一、世界级工程 362
　　十二、索马里海盗 366

后　记 371

引 子

路，在中国的文化语境里，从来就不是那么具体的。"丝绸之路"无疑是一条路，但它又绝非一条特定的路。从诞生之日起，它就像毛竹一样，被岁月的雨露拔了无数的节。

第一阶段，中国至中亚、印度阶段。1877年，德国地质学家李希霍芬在《中国——亲身旅行和据此所作研究的成果》一书中，首次把公元前114年至公元127年开辟的，连接中国、中亚和印度的古老商路，称为"丝绸之路"。他大概不会想到，一个随口而出的称谓竟变成世界历史上的一个专有名词。这一称谓，不仅表明这条商路上运送的主要货物是丝绸，还让人联想到绸带般在高山、峡谷、大漠、绿洲间蜿蜒律动的神奇曲线。

第二阶段，中国至叙利亚阶段。1910年，德国学者赫尔曼在《中国和叙利亚之间的古代丝绸之路》一书中，将丝绸之路延展到叙利亚的帕尔米拉。他宣称，考古学家在地中海东岸发现的汉代织锦，是沿着片片绿洲从遥远的中国运来的，这条路也可以称为"绿洲之路"。

第三阶段，亚欧三大干线阶段。第二次世界大战之后，世界学术界不仅将丝绸之路的东、西端各自延长到中国东海岸和欧洲的罗马，而且将贯通亚欧草原的"草原丝路"、从地中海到南中国海的"南海之路"囊括在内。如此一来，丝绸之路就扩展为横贯东西的三大干线。尽管如此，这个阶段的丝绸之路依旧限于旧大陆——亚欧大陆。

第四阶段，海上丝绸之路阶段。1968年，日本学者三杉隆敏在《探寻海上丝绸之路——东西陶瓷交流史》一书中，根据中国陶瓷的海上运输和贸易分布，首次提出了"海上丝绸之路"的概念。其实，从麦哲伦完成环球航行开始，海上丝路就升级为泛世界性文明通道了。

第五阶段，共建"一带一路"倡议阶段。2013年9月7日，中国国家主席习近平在哈萨克斯坦纳扎尔巴耶夫大学发表演讲，提出了共同建设"丝绸之路经济带"的倡议。10月3日，习近平在印度尼西亚国会发表演讲，提出了共同建设"21世纪海上丝绸之路"的倡议。2016年11月17日，第71届联合国大会在决议中写入了中国的共建"一带一路"倡议。该倡议秉持共商、共建、共享的原则，高扬以和平合作、开放包容、互学互鉴、互利共赢为核心的丝路精神，涵盖全球三分之一的国家，覆盖全球百分之四十的面积，惠及全球三分之二的人口，彰显了构建人类命运共同体的中国担当。

历史证明，丝绸之路从来都是由东向西，以中国为起点的。在古代，中国是丝绸之路的主导者，也是受益者，中国与世界的沟通合作，在这条路上徐徐展开。只是如同陆上丝路主干道从蓬莱启程前可以向东北亚持续延展一样，海上丝路也从未有固定的东方起点。有说起点是泉州，有说起点是琅邪（今青岛），有说起点是徐闻与合浦，有说起点是广州。而我，作为山东人，当然会将我的纸上丝路的海洋起点选在青岛，不过，这个选择不只是爱乡情切，更有深厚的历史支撑和现实考量。

第一章　琅邪边，胶州湾
—— 青岛

它是春秋时期五大古港之一，也是远古海上丝路的一大枢纽。中国最早的远洋航行 —— 徐市东渡，就是从这里启航的。那时，它叫琅邪港。

一、远古观象台

说起琅邪，读者或许会联想到东晋开国皇帝琅邪王司马睿和王羲之所属的琅邪王氏。

其实，琅邪（今琅琊）本是一座小山。往近了看，它似乎是崂山的余绪；往远了看，它又像是泰沂山脉的末梢。它位于今青岛市西海岸新区西南部，三面环海，唯有西部与陆地相连，海拔183.4米，山顶平缓，状似高台，人称琅邪台。琅邪台周边，是典型的基岩海岸，布满高密度、耐腐蚀的花岗石，离岸不远处水深就达20米，适合大型船只落锚。而且，这里昼夜温差小，气候湿润，适合人类生息。文物不会讲话，但碳-14能让它报出年龄。考古成果证实，此地不仅出土了7000年前北辛文化时期的陶罐、5000年前大汶口文化时期的骨雕，还发现了4000年前龙山文化时期的青铜器。因此，琅邪堪称中国海洋文明最早的一缕曙光。

西周初年，开国元勋姜太公被封到营丘（今山东淄博市临淄区），建立异姓诸侯国 —— 齐国。司马迁记载，齐国先民信奉的掌管八方的神：一叫天主，祠天齐（今淄博市临淄区）；二叫地主，祠泰山梁父（今新泰市梁父山);三叫兵主,祠蚩尤(今河南台前县)①;四叫阴主,祠三山(今莱州市参山);五叫阳主,祠之罘(今烟台芝罘岛);六叫月主,祠莱山(今烟台莱山);七叫日主,祠成山(今荣成市成山);八叫四时主,祠琅邪。司马迁又说:"琅邪在齐东方,盖岁之所始。"至于八神主的来历,司马迁说得有些模棱两可:"八神将自古而有之,或曰太公以来作之。"② 意思是,八方之神可能自古就有了,有人则说是姜太公创制的。今琅琊台景区介绍,就连琅邪一名,相传也是姜太公所取,意思是美好、漂亮。那时,琅邪山作为四时主的祭祀地,显然具备了观象台的功能,齐国古人在此观测星象和气候,划分出春分、秋分、夏至、冬至四时,进而设立了二十四节气。如果说琅邪山是中国二十四节气的起源地,应该不算虚妄之语。

一个能观测星象与气候的地方,当然也是古人出海渔猎的福地。后来,齐国在琅邪台湾(今青岛市黄岛区琅琊镇南部)建立了琅邪港,它应该是中国最早的古港之一。

二、琅邪海战

春秋时期,是一个既生产智慧又播种仇恨的年代,所谓"春秋无义战"可说是一个痛切的历史总结。中国东部沿海,借助河姆渡文化、东夷文化的底蕴,从南到北崛起了三个拥有舟师的诸侯国:越国、吴国、齐国。

位于江南的吴、越,比邻而居但仇深似海。吴王夫差二年(前494),越王句践不顾大臣文种、范蠡的劝阻,主动发兵进攻吴国,双方在夫椒(今太湖洞庭山)展开激战。结果,3万越军惨败给10万吴军,几近全军覆没。为了保留名义上的越国,句践带着夫人来到吴国,当起了夫差的仆人。

---

① 三国时期魏国桓范、刘劭、王象、韦诞、缪袭等编纂的《皇览·冢墓记》记载,蚩尤冢高七丈,在东平郡寿张县阚乡(今河南台前县)城中。
② 见〔汉〕司马迁:《史记·封禅书》,中华书局2014年版。

志得意满的夫差,已不满足于称雄江南,他还试图争当中原霸主,于是将目光瞄准了占有鱼盐之利的齐国。而北伐齐国,军粮运输就成了大问题。古代运输主要采取两种方式:陆运与河运。从吴国到齐国,距离遥远,河汊纵横,显然不适合陆运。于是,夫差调集民工,开凿了一条沟通长江、淮河两大水系的人工运河——邗沟。吴王夫差十年(前486),邗沟开通,兵发齐国只等一个借口。

不久,他就等来了这个借口——邾隐公叛逃事件。两年前,鲁哀公发兵攻打附庸国邾国(今山东邹城市境内),攻陷了邾国都城,俘虏了残暴淫逸的邾隐公,并将邾国宫室洗劫一空。应邾国大臣茅成子的紧急求援,夫差亲率大军征伐鲁国,一直打到曲阜城下,迫使鲁国与吴国结盟。作为盟约中的一个条件,鲁国释放了邾隐公,邾国得以复国。邾隐公归国后,仍不改"好乐"的本性,继续胡作非为。极度失望之下,夫差派太宰伯嚭出面拘禁了邾隐公,扶持邾隐公的太子革为邾子,邾国从此沦为吴国的附庸。邾隐公不甘心被废,于是在鲁哀公十年(前485)春逃脱吴国的看管,来到鲁国。因为他是齐国的外甥,随即又投奔齐国寻求支持。齐悼公能接纳邾隐公,不排除有向夫差"叫板"的成分。

于是,夫差以齐国"窝藏逃犯"为借口,亲率大军北上,并联络鲁哀公、邾子、郯子分别出兵,组成了一支四国联军,共同讨伐齐国。联军驻扎的地点,是齐国南部边邑鄎。①

在中国历史上,以"清君侧""引渡逃犯"为旗号的讨伐之师屡见不鲜,如汉代的"七国之乱"、唐代的"安史之乱"、宋代的"张觉事件"、明代的"靖难之役"。应对讨伐的办法无非是两个:一是全民动员,破釜沉舟,这是以民生凋敝、生灵涂炭为代价的;二是杀掉或交出肇事者,这是以牺牲自己人为代价的。但通常情况下,"清君侧"和"引渡逃犯"不过是战争发起者冠冕堂皇的借口,即便像汉景帝一样杀掉亲信大臣晁错,像北宋一样将张觉的首级送给金国,也难保对方善罢甘休。此时,以国相田常为首的齐国贵族更是迂腐得可笑,他们不但采取了第二种办

---

① 见〔春秋〕左丘明:《春秋左氏传·哀公十年》,北京联合出版公司2018年版。

法，而且由齐国大夫鲍子弑杀了齐悼公，并安排邾隐公逃走①，然后向诸侯联军发出讣告，意思是：肇事者已死，敬请退兵。令齐国贵族大跌眼镜的是，夫差接到讣告后，先是在军门外为齐悼公假惺惺地哭了三天，然后声称"弑君"乃天谴之罪，比"窝藏逃犯"更为恶毒，因此发誓严惩罪犯，并命令吴国大夫徐承率舟师前来增援。

于是，吴国舟师的几百艘战舰，似滚滚的乌云，从南向北扑向齐国琅邪港。琅邪，既是齐人祭祀之地，堪称齐国君民的精神寄托；又是齐国海盐产地，乃齐国钳制天下诸侯的一张底牌；还是齐国的核心港口和舟师驻地。琅邪一旦失守，齐的国运就到头了。

战争是国家主义的黏合剂。大敌当前，齐国贵族们只能放弃内讧，搁置争议，化干戈为玉帛，团结抗敌。②

吴国舟师，既有夫差的王舟"艅艎"号楼船作为旗舰，又配备了负责高速冲锋的桥船、负责冲撞敌舰的突冒船、擅长水上作战的大翼船，可谓精锐尽出，来势汹汹。为此，齐国舟师决定以逸待劳，在琅邪台湾外伏击强敌。

中国历史上首次大规模海战拉开帷幕。

也许是过于骄横，也许是急于求成，吴国舟师进入黄海后，不加休整便继续进发。

早春二月，乍暖还寒，凌厉的海风在琅邪海域掀起冲天怒涛，习惯内河作战的吴国水兵忍受不了舰船的颠簸，大多出现了晕船迹象，舰队阵形大乱。

机不可失。静候多日的300艘齐国舰船，分三路纵队，从上风处全速压向吴国舟师，水兵们纷纷把火箭射向对方。一时间，吴国舰船燃起熊熊烈焰，成为一座座悬浮在海上的"火山"。

在短暂的混乱后，吴国舟师开始还击，双方的箭镞你来我往，在海空织起一张遮天蔽日的箭网。随后，齐国舟师逼近吴国舟师，双方进入惨烈而血腥的接舷战。一来，吴国水兵是侵略者，长途奔袭，身心疲惫，

---

① 邾隐公后来逃到越国。句践灭吴后，扶植他回国复位。过了两年，因为他暴虐本性不改，句践再次废黜并囚禁了他，立太子革的弟弟何为邾子。后来，他死在越国。

② 见〔汉〕司马迁：《史记·齐太公世家》，中华书局1982年版。

而齐国水兵是卫国者,以逸待劳,同仇敌忾;二来,吴国水兵光脚赤膊,而齐国水兵身披盔甲,齐师很快占了上风。

接下来,十几艘大型齐国战舰,在轻型机动舰船掩护下,对吴军旗舰"艅艎"号形成围攻之势,护卫船被悉数击退。其惨状,形同群狼围攻一头野牛。

吴国舟师损失过半,身中数箭的徐承只得在卫兵护卫下狼狈南逃,冒着残火的"艅艎"号则被齐军缴获。琅邪海战以吴方惨败而告终。

噩耗传到诸侯联军所在的鄎,一直等消息的夫差怔了半天,只得下令班师回国。

在南去的战车上,风尘仆仆的夫差回过头来,咬牙切齿地说:"我会回来的!"

残阳如血,倦鸟归巢,一树树玉白色的杏花随风凋零,一颗不屈的头颅被映入下坠的夕阳,徐徐铺展出一幅题为"命运"的画轴。

三、越王迁都

如果您熟读史书定会发现,历史一直在简单重复从前的错误;如果您阅历深厚也会发现,许多人会在同一个地方多次跌倒。因为人性永恒,人改不了自以为是和心存侥幸。时隔一年,即吴王夫差十二年(前484),吴军重整旗鼓,再次北伐,在艾陵(今济南市莱芜区东南)与齐军血战一场,侥幸赢下一仗。又过了两年,夫差亲率吴军主力,前往中原与诸侯会盟。夫差此举,无异于自掘坟墓,因为他在不顾一切地向前冲锋时,也把不设防的后背暴露了出来。当夫差率军挺进到700公里外的黄池(今河南封丘县西南),与晋国争夺盟主之位时,背后的人动手了。

这个人,就是被夫差踩在泥水里,又用力蹍了几脚的句践。中国古人羞辱对手的手段,比现代人直接且粗鲁。句践通过被迫吃夫差的粪便赢得信任,被侥幸放回越国后,已经卧薪尝胆达十年之久,并暗中训练了一支强大的军队。接到吴军倾巢出动的密报,他没有放过这个翻身的良机，亲率大军突袭了兵力空虚的吴国，攻克了夫差的老巢姑苏，杀死了太子友。夫差得到噩耗，赶忙率领大军火速回援，结果在姑苏城外被张网以待的句践击溃。夫差只好向句践低声下气地求和，形同当年句践向夫差求和一样。吴王夫差二十三年（前473），越国荡平了吴国，逼迫夫差自杀。放眼望去，江南已尽入句践掌心。

从前种种，譬如昨日死；以后种种，譬如今日生。句践带着被夫差错失的霸主梦，率军渡过淮河，与诸侯会盟于徐州，逼迫周元王封他为伯，得以成为春秋最后一霸。

为了巩固春秋霸主地位，句践考虑把都城迁往中原。对于迁都的方向，大臣范蠡的建议是琅邪。范蠡解释说，齐、燕习惯陆上作战，有强大的车马步兵；而越国习惯"以船为车，以楫为马"，强项是水上作战。如果占据黄海之滨的琅邪港，就可以扬长避短，进可攻、退可守，必要时还可以从海上补充后备力量。

但越都北迁，不光齐国不答应，还会引起群雄共愤，闹不好连名义上的"天下共主"周天子也会站出来干涉。接下来，越国君臣绞尽脑汁，想出了两个令人啼笑皆非的理由：第一，越人乃大禹的庶子无余的后代，九州是由大禹划定的，琅邪处在九州之一的青州境内，越人迁到琅邪名正言顺；第二，齐平公上台后，权相田常割琅邪为封地，引发国内动荡，吴国一度占领琅邪，如今吴国被越国兼并，那么吴国曾经的地盘自然归越国所有。为此，句践公开宣布了北迁琅邪的计划，美其名曰"收复旧地"。可见，即便是人类童年时代的战争猛兽，也无一例外会戴上一张"正义"的画皮。师出有名，名不正则言不顺是礼仪之邦的伦理观，战争伦理也不例外。

戴上画皮，吃起人来就容易多了。周贞定王元年（前468），句践动用"死士八千人，戈船三百艘"[①]，浩浩荡荡杀向琅邪。此时的齐国，早已丧失了"海王之国"的实力和锐气，只是在外交上象征性地表达了几声抗议，便将舟师和车兵撤离了琅邪。

句践从琅邪港登岸后，在附近垒起一座望海的观台，并按照周朝

---

① 见张仲清译注：《越绝书·记地传》，中华书局2020年版。

规制，建设了一座方七里的公城①，然后把都城从会稽（今浙江绍兴市）"运"到琅邪，使得琅邪一跃成为战国初期北方政治、经济、军事中心。②

这座规制宏大的新都，位于琅邪港正北4公里、今琅琊台景区西北5公里处，她既保有江南城市的灵巧，又具备北方城池的雄劲，是一座与句章南北呼应的大型港城。经过2000多年的风吹雨打，至今仍有1到3米高的残墙断垣，附近还发现了带有越国风格的陶片和越式青铜剑。③

借助越国新都的加持，琅邪港南达江浙沿海，北通辽东半岛、朝鲜半岛和日本列岛，成为远古海上丝路的一大枢纽，与碣石（今河北昌黎县碣石山）、转附（今烟台市芝罘岛）、会稽、句章（今浙江宁波市江北区）并称五大古港。其海上军事、贸易地位，长时间难以超越。至此，你或许可以更深入理解我把海上丝路起点选为青岛的另一份初心了。

此后90年，琅邪贵为越都，琅邪港也傲视群港。其间，越王句践、鹿郢、不寿、朱句、翳先后当政，越国一直称霸东方与中原。他们在齐鲁大地也屡有斩获，越王朱句灭掉了今山东南部的滕国（今山东滕州市）、郯国（今山东郯城县），越王翳则灭掉了缯国（今山东兰陵县），越国疆域从山东沿海直达福建。

越国由盛转衰的时间节点，当是越王翳二十五年（前386）。那一年，周安王立齐国国相田和为齐侯，列于周室。齐国名义上的君主齐康公姜贷，则被田和放逐到海滨的一个小岛上。更换主人的齐国，形同一个嫁接换头的老果树，立时焕发出久违的勃勃生机，并显示出咄咄逼人的气势。

于是，越王翳遭遇了前所未有的严峻形势：近处是田和当政的齐国对越都琅邪虎视眈眈，远处是楚国不断威胁越国西南边境，就连吴国旧贵族也在江南蠢蠢欲动，再加上琅邪远离自己的大本营越地，军队和物

---

① 按照周朝规制，王（周王）城方九里，长540雉；公城方七里，长430雉；侯伯城方五里，长300雉；子男城方三里，长180雉。诸侯国不能擅自扩大，否则便会受到周王惩罚。

② 〔南北朝〕郦道元《水经注》记载："琅邪，山名也。越王句践之故国也。句践并吴，欲霸中国，徙都琅邪。"

③ 见林华东：《越国迁都琅邪辨》，原载《中央民族学院学报》1989年第1期。

资运输都很困难。权衡再三，越王翳准备将都城迁回南方，以便加强对吴越地区的控制。

越王翳三十三年（前378），越王翳将都城迁回了江南的吴（今江苏苏州市），北方的越人也大批返回江南。不过，越国依然在名义上把琅邪视作北方都城。

越王翳返回江南的第三年，就被自己的儿子杀掉了，然后就是长达几十年的内乱，国力持续衰落下去，再也没有能力兼顾北方的琅邪。

琅邪回到了娘家，她应该感到庆幸；但永远失去了王城地位，她是否又感到失落？

四、方士东渡

古人有三大梦想：飞天、长生不老、预知未来。在飞天不现实、预知未来不可验证的时候，长生不老似乎最能让人矢志不渝。"安得不死药，高飞向蓬瀛？"刚刚完成统一六国伟业的始皇帝嬴政，急切地想得到不死药。

嬴政是一个不甘寂寞的人，他不仅善于把梦想变成现实，而且习惯亲力亲为。始皇帝二十八年（前219），他先是东巡泰山，举行了封禅大典。然后东游沿海，寻求长生不老药。他像"老鹰捉小鸡"游戏中的母鸡一样，领着一支长长的队伍，沿着山东半岛漫长的海岸线，先后巡游了黄（今山东龙口市）、腄（今山东烟台市福山区）、芝罘（今烟台市芝罘岛）、荣成山（今山东荣成市成山头）、琅邪。琅邪，作为秦朝三十六郡之一，是他东巡的最后一站。一天，他信步登上琅邪山，捋着稀疏的胡须，眺望着无涯的大海，任海风掀起黑色的皇袍。那一刻，他说了什么，史书上没有记载；他想了什么，后人无从猜测。我们只知道，他在琅邪滞留了三个月，下诏将3万户百姓迁到琅邪山下，免除了他们12年的赋税徭役，还组织他们在琅邪山修筑了高出山顶9米的琅邪台。然后，在琅邪台立下纪功刻石，刻石上写道："维二十八年，皇帝作始。……六合之内，皇帝之土。西涉流沙，南尽北户。东有东海，北过大夏。人迹所至，无不臣者。功盖五帝，泽及牛马。莫不受德，各安其宇。维秦王兼有天下，立名为皇帝，乃抚东土，至于琅邪。……群臣相与诵皇帝功德，刻于金石，以为表经。"①

其间，他接到一封上书，上书者名叫徐巿（fú），又名徐福，生于齐王建十年（前255），今山东龙口市徐福镇人②，据说是徐偃王的29代孙，成年后以方士为业。他向嬴政上书说，海上有蓬莱、方丈、瀛洲三座山，是神仙居住的地方，那里有"不死之药"，服后便可"长生不老"，请允许自己带上几千童男童女，替皇帝入海寻找仙人。

看到上书，嬴政大喜过望，决定派徐巿带上三年的粮食、衣履以及药品、耕具、蚕桑种子，入海求仙。这次入海求仙耗资不菲，即使是嬴政这样穷奢极欲的人，都曾抱怨远航费用过于高昂。然而，徐巿出海数年，并未找到什么神山。

始皇帝二十九年（前218），嬴政第二次东巡，目的地仍是琅邪。遗憾的是，他在琅邪行宫住了一些日子，既没有见到徐巿，也没有听到徐巿"入海求仙"的任何消息，便取道上党郡（今山西长治市一带），返回了咸阳。

接下来的两次东巡，他故意避开了琅邪。

直到始皇帝三十七年（前210），嬴政第五次东巡，才再次来到琅邪。这一次，嬴政终于见到了徐巿。当时，嬴政脸上堆满乌云，手扶着剑柄，一副要杀人的架势。徐巿赶忙解释说，自己之所以没有得到仙药，是因为出海途中遭遇巨鲛阻碍，请求陛下增派射手，用连弩对付巨鲛。出人意料的是，嬴政居然又一次信了徐巿，派他再次带上童男童女三千人驾船出海寻找仙药。为保证徐巿出海顺利，嬴政命令渔民准备捕杀巨鲛的工具，然后由他亲自携带连弩入海寻找巨鲛。他从琅邪乘船一路向北，在荣成山一无所获，到了芝罘海面，才终于碰到一条巨鲛，用连弩射杀

---

① 琅琊台刻石现存于中国国家博物馆，是目前仅存的两块秦刻石之一，刻石前半部分是秦始皇纪功内容，后半部分是秦二世诏书，现残存86字；另一块流传至今的秦刻石是泰山刻石，现残存10字。

② 徐福的出生地还有两种说法，一是江苏赣榆县，二是山东胶南市。

了它。①

英雄有两大死敌：岁月和美人。为了战胜岁月，上天入海求不死；为了赢得美人，处心积虑抱春归。嬴政替徐市消除了"巨鲛"的障碍后，沿着海岸继续西行，到了沙丘宫（今河北广宗县）就一命呜呼了，死时年仅50岁。而此时的徐市，已经带上三千童男童女、百工以及五谷，从琅邪港启航，经成山头、芝罘、蓬莱、庙岛群岛，越渤海湾来到辽东半岛老铁山，继而东去朝鲜半岛海岸，在济州岛稍事休整，然后渡过对马海峡，穿过北九州沿岸、关门海峡、濑户内海、大阪湾，最终抵达人生的另一个起点——和歌山新宫町附近的熊野滩。②

由于不可能得到什么不死药，徐市和随行人员只能永久居住下来，教当地人农耕、纺织、医疗、捕鱼之法，过起了渔歌唱晚、男耕女织的田园生活，他也成了当地人口中的"农神"和"医神"。今和歌山县，有徐福墓、徐福古祠。③

有人说他是全球最早的航海家、中日友好的使者，有人说他是海外移民的先驱，还有人说他是瞒天过海、故弄玄虚的高手，甚至也有人说他到底在哪里落脚至今成谜。其实，他对于我们，犹如山巅的白云，爬上山巅云却还远；又像潭中的皎月，拨开水面月却更深。

五、海上漂来的和尚

徐市诀别后，琅邪开始寂寞，尽管汉武帝刘彻也来过两次，但那帆樯林立的场景，已成彩虹般的过往。

直到620年后的一天，一个和尚④爬上这片海岸。

他法号法显，俗姓龚，今山西襄垣县人。小时候，他的三个哥哥相

---

① 见〔汉〕司马迁：《史记·淮南衡山列传》，中州古籍出版社1994年版。
② 见孙光圻：《中国航海史》，海洋出版社2005年版。
③ 见杜瑜：《海上丝路史话》，社会科学文献出版社2011年版。
④ 来自梵语"邬波驮耶"，意思是剃度师、传戒师。"和尚"是汉语的讹译，特指佛门修行者。

继夭折，父亲担心祸及法显，让3岁的他出了家。他出家几十年，仍找不到统一而严谨的戒律。他认定，不是有关佛经没有传到中原，就是翻译过程中出了问题，因此决定前往佛教起源地天竺（今印度）寻求戒律，也就是到西天取经。

他置身生命的黄昏时刻，开放的却是青春的花朵。东晋隆安三年（399），65岁的法显与4位僧人一起，从长安启程。第二年，他们在张掖遇到了6位僧人，组成了11人的"西行巡礼团"。巡礼团西出阳关，走楼兰道，越白龙堆沙漠，经鄯善、焉耆，向天竺匆匆走去，一直在外游荡了14年。这14年，是他从65岁到79岁的暮年。这个年龄，即便放在寿命普遍延长的今天，也不适合在外流浪了。

如果额头终将刻上皱纹，强者只能做到不让皱纹刻在心上。在67岁那年冬天，他进入天险隘口——葱岭。这个自古至今连孔武有力的年轻人也难以在夏天翻越的地方，却让一位仙风佛骨的老人在冰天雪地的严冬战胜了。一路上，他随时面临着死亡的威胁，但都没有让他犹豫停步。

他不是无处停步，沿途各国都欢迎这个声名与学问并隆的佛学大师，都想供养他，崇拜他，听他说法，拜他为师。但是，他不愿停留。因此，他总是"在路上"。"在路上"，曾经是20世纪西方现代派文学的一个时髦命题，鼓舞"垮掉的一代"产生了浪迹天涯的梦想。我们的文化中也出现过"不要问我从哪里来，我的故乡在远方"的风潮。但无论是东方还是西方，青年之后都是中年，败给时间的青春大多被庸常收编，走上回家娶妻生子，颐养天年的寻常路。只有这个满脸皱纹的苦行僧还在路上。从此，他那孤独身影，成了佛教思想史长廊里不朽的雕像。

翻越葱岭，渡过印度河，终于到达中天竺。此时，11人的取经队伍，只剩下法显与道整二人，其他人不是中途回国，就是因病去世了。在中天竺，法显研修了整整三年，收集了六部佛典。道整醉心于当地的佛学氛围，决定留下不再回国，法显只能孤身一人继续旅行。他周游了南天竺和东天竺，又在师子国（今斯里兰卡）求得了四部经典。

东晋义熙七年（411）八月，法显乘坐一条能搭载200人的商船，从师子国东归。其间，遭遇了大风袭击、商船漏水等一系列险情，总算在

90天后抵达耶婆提（今印尼爪哇岛）。在那里，法显停留了5个月，一边休整，一边等候季风。第二年四月十六日，正值港口涨潮，海上刮起强劲的西南季风，他搭乘另一艘载有200人的商船，带足50天的粮食、副食品、饮用水，向东北方向的广州行进。

一个多月后的一天深夜，狂风大作，云层低垂，巨浪滚滚，黑风暴雨扑面而来。船上的婆罗门教徒说："因为船上坐着一个沙门，给我们招来了灾难，应当把他扔到海岛边。不能因为他一个人，让我们如此危险。"法显的施主挺身而出，厉声说："你们如果扔下这位沙门，也一并把我扔下去。不然，就杀掉我。如果你们坚持扔下这位沙门，我到了汉地，会向国王告发你们。要知道，汉地国王也敬信佛法，尊重比丘僧。"商人们这才打消了扔下法显的念头。

由于阴雨连绵，无法通过观测日月星宿导航，导致商船走了70多天仍未找到港口，粮食和淡水将尽。商人们议论说："正常情况下，50天便到广州，如今已过期多日，看来我们偏离航线了。"接下来，商船向西北行进寻找海岸。

12天后，突然抵达一片海岸，见到了汉地独有的植物，明白是到了中国。然而，因为见不到人迹，不知到了何地。有人说没到广州，有人说已过广州，争来争去，始终没有定论。于是，他们乘坐救生艇进入港湾，打听自己所在的方位。他们遇到了两位打猎归来的猎人，大家让法显用汉语询问他们。法显先是让猎人不要紧张，然后问猎人："你是什么人？"猎人答："我是佛门弟子。"法显又问："你们进山寻找什么？"猎人诡称："明天是七月十五日，想摘些桃子祭佛。"法显又问："这是什么地方？"猎人回答："这里是青州长广郡牢山南岸。"

大家喜不自胜，派人前往长广郡（郡治在今青岛市城阳区）联系。当时的长广郡太守，名叫李嶷，是一位虔诚的佛教徒。他听说有高僧从海上来，赶忙乘船把人接到岸边，将佛经和佛像迎请到郡治。

船上的商人赶往贸易目的地扬州，法显则被留在了当地。法显一边恢复身体，一边讲经说法，使得佛教在崂山周边声名大振。为了表达对法显的敬仰，也为了安顿法显带回的佛像，李嶷在法显登陆的地方建起一座石佛寺，如今名叫潮海院。无数到过青岛的人，都慕名来这个神圣、神奇、神秘的千年古刹,坐在两棵1600多年树龄的银杏树下,一边品尝千年古井的水冲泡的清茶,一边聆听千年不息的涛声。

尽管当地人对他尊崇有加,但他执意南归东晋都城建康(今江苏南京)。青州刺史刘沇试图留他过冬,法显说:"贫僧投身于遥远而近乎无法返回的地方,目的是回来弘扬佛教,我的愿望尚未完成,不能在此久留。"①

法显一路南下,经彭城(今江苏徐州)、京口(今江苏镇江)来到建康道场寺。他预感时日无多,便开始与时间赛跑,与外国僧人佛驮跋陀一起,翻译了近100万字的经典,其中的《摩诃僧祇律》(也叫《大众律》),成为五大佛教戒律之一。法显还将取经见闻写成了一部不朽的名著——《佛国记》。他一生都像蜜蜂一样不停地劳作,他采的花粉多得令人望而生畏,文化之花因他而繁衍不息。他不是一条涓涓的溪流,而是一条奔腾的大河,其磅礴的能量,多少历史中人都望尘莫及。

元熙二年(420),86岁的法显耗尽了最后的精力,在荆州辛寺圆寂。②同一年,中国还发生了一件大事,那就是103岁的东晋也死了。

法显以最执着的生命意志,使佛学揳入了中华文明。作为中国第一个由西域走向天竺的取经者,第一个把梵文经典带回国内并直接翻译成汉文的人,第一个用文字记述取经见闻的人,第一个访问斯里兰卡的人,他堪称中国佛学与丝绸之路的"精神海拔"。法显圆寂了,可他的名字还在流传,如日,如银河,如照亮信众的灯,如永不腐朽的碑铭。

因为法显路过,青岛不再寂寞。

六、苏轼打瞌睡

宋代的胶东半岛,设有四个沿海州郡,分别是登州(州治在今烟台市蓬莱区)、莱州(州治在今莱州市)、潍州(州治在今潍坊市潍城区)、

---

① 见〔东晋〕法显:《佛国记》,商务印书馆、中国旅游出版社2016年版。
② 见〔梁〕释慧皎:《高僧传》,陕西人民出版社2010年版。

密州（州治在今诸城市）。元祐二年（1087）前，密州辖诸城、安丘、莒县、高密四县，南濒黄海，东临胶州湾。鉴于登州港和莱州港位于半岛北部，处在与辽、金对峙的前线，因此宋朝下令将它们变为军港，并对私自走北路航线的商人给予两年徒刑的严厉处罚。另外，从朝鲜半岛通往明州（今浙江宁波市）的南路航线，也因为黄海中有横贯千里的积沙（古称黄水洋），渐渐被各国商船摒弃。如此一来，密州直达高丽的航路成为最畅通、最繁忙的商路。于是，嗅觉灵敏的商人纷纷将目光转向位于胶州湾的板桥镇。这个远古海港，终于迎来了千载难逢的机遇。

苏轼，就是在此背景下主政密州的。史载，熙宁七年（1074），苏轼由杭州通判调任密州知州。

大概有些人，生来就不是做路人甲、跑龙套、当走卒的，他们是浩瀚银河中心最耀眼的星光，是迢迢远山深处最清洌的甘泉，是无垠沙漠尽头最丰美的绿洲。苏轼就是这样一个人，做事情，要么不做，做就做到最好，达到极致。他的散文，位列"唐宋八大家"；他的词，高居宋代词人之首；他的诗，与黄庭坚并称"苏黄"；他的书法，与米芾、黄庭坚、蔡襄并称"宋四家"，其《寒食帖》被誉为"天下第三行书"；他的画，与米芾、李公麟并称"宋三家"。说起他来，不用生公说法，石头也会点头。王国维说的，他和庄子、渊明、子美、子瞻，三代以下的诗人无过之者，说他们即便不是靠文学天才，其人格也自足千古，是中肯之言。

在密州执政的两年间，他写下了二百多篇诗词文赋。[①] 一天，他打猎归来，兴冲冲地写了一首《江城子·密州出猎》："会挽雕弓如满月，西北望，射天狼。"一年中秋，他喝醉了，对着一轮圆月发呆，想起远方的弟弟苏辙，随口吟出一首《水调歌头·明月几时有》："明月几时有？把酒问青天。不知天上宫阙，今夕是何年……"

他骨子里是文人，但并非不重视经济与民生。他开仓放粮，为饥民解了燃眉之急。他深入田间地头，带领百姓用火烧、深耕法，根除了蝗灾。他兴修水利、收养弃婴，给了百姓安居乐业的环境，密州民众亲切地称他"苏大人"。

---

① 见李增坡等：《苏轼在密州》，西泠印社2007年版。

只可惜，他在一件事上打起了瞌睡。后来的事实证明，这是一件足以改变北方经济版图的大事。

机会，留给了下一任密州知州。

他叫范锷，字隐之，浙江兰溪人，18岁考中进士，先后担任七州四漕的官员，人到中年时就任密州知州。

闻道有先后，术业有专攻。这个对水运情有独钟的官员，一到密州，就发现了一个大问题。原来，宋朝在广州、杭州、明州设立了市舶司——类似今天的海关。市舶司由朝廷直接派官员管理，对所有商船，根据进出口货物的价值、船舶载重量、经营者身份进行"抽解"，征收百分之七到二十的入口税；还有权把专营的进口商品如香料、象牙、珊瑚、玛瑙、玳瑁等进行"和买"，就是按照朝廷的定价全部买下，或者直送京都皇宫，或者由市舶司出售。市舶司每年抽税200万贯[①]，香料专买收入最高年份达70万贯，两项合计占朝廷年财政收入的百分之五，是一笔巨额收入。没有设立市舶司的港口，外贸事务由各州负责，收入也归地方所有。但王安石变法后，为了增加中央收入，于元丰三年（1080）出台了"元丰市舶条"，强化了市舶司的贸易主导地位，划定了各市舶司的贸易版图，规定明州市舶司是北宋与日本、高丽进行贸易的唯一合法港口，如有违背，以欺君罪论处。这对于习惯与高丽贸易的密州港，无异于灭顶之灾。

是接受现实、苟延残喘，还是挑战命运、博得生机？元丰六年（1083）十一月，密州知州范锷上书，奏请朝廷在高密县板桥镇（今胶州市阜安街道老城区）设立市舶司。奏章上说："板桥濒海，东则二广、福建、淮、浙，西则京东、河北、河东三路，商贾所聚，海舶之利颛于富家大姓。宜即本州置市舶司，板桥镇置抽解务。"

范锷的奏请，并无虚妄之词，因此宋神宗朱笔一挥，将范锷的奏章批转给了都转运司长官吴居厚。吴居厚认为范锷的奏请可行，建议在下一年的七月初三实行。变法派大臣对此有不同意见，但又不能无视皇帝的旨意，便拿出了一个折中方案，于元丰七年（1084）三月在板桥镇设

[①] 宋代的一贯钱，相当于汉代的一缗、清代的一吊，等于1000文钱。

立了榷易务。榷易务，不仅规格低于市舶司，而且没有市舶司的发舶、抽解、稽查职能，只是参与市场买卖，稳定物价。对此，范锷并不满意。尽管如此，外国商旅还是有所增加，最有名的客人是高丽国王子、高丽天台宗始祖义天，他专门乘船来到板桥镇圣寿院、密州资福寺求法，范锷热情接待了他。

下一年，宋神宗驾崩，年幼的宋哲宗继位，太皇太后高氏临朝听政，大权回到保守派手中。元祐二年（1087），朝廷批准设立了泉州市舶司。此时的范锷，已经升任金部员外郎，负责全国财税征收事务和度量衡管理，但他一直心系密州，尤其对密州不能设立市舶司耿耿于怀。元祐三年（1088）初春，他邀请京东转运使赴板桥镇实地考察，再次向朝廷奏请设置板桥镇市舶司，理由是："广南、福建、淮、浙商人，通过海路将货物贩运到京东、河北、河东等路，他们运营的钱帛丝绵，尤其是象犀、乳香等珍稀物品，虽然执行了朝廷特种商品专卖制度，但难免有欺瞒行为。如果设立板桥镇市舶司，那么堆积在府库里的海外物品，定然是杭州、明州的一倍以上。允许商船通行，使之不再有冒犯禁令遭受刑罚的担心，那些贡献京城的货物，也能避免海陆运输的各类风险。"① 当然，他也没有忘记提醒保守派宰相，密州早就该设立市舶司了，当年此事就是被变法派搅黄的。

既然是变法派搅黄的，那就简单了。同年三月，朝廷以小皇帝的名义发布诏书，同意在板桥镇设立市舶司，负责办理北方所有口岸的贸易手续，入列宋朝五大市舶司；任命范锷兼任京东东路副转运使，具体主持板桥镇市舶司的开办事宜；设立胶西县，县衙就在板桥镇。

喜讯来得有点晚，毕竟还是来了。一时间，胶州湾海面船舶迤逦，帆樯云集；板桥镇内商铺栉比，酒肆林立，各国商人川流不息，夜不罢市，丝竹悠扬，歌声十里。仅高丽商人、僧侣、水手就达10万人以上。为了接待高丽使臣和商人，板桥镇专门修建了高丽亭馆。北宋都城开封府的进出口物资，常由板桥镇吐纳转输。北宋中后期，板桥镇的进出口贸易额超越了长江三角洲的明州与杭州，每年的关税收入超

---

① 见〔元〕脱脱等：《宋史·食货志》，中华书局1985年版。

过3万贯。①

青岛应该记住这个名字——范锷。一座城市要想留住自己的历史底蕴和文化辉光，不应忘记每一个曾为之付出智慧的人。

七、它救了南宋

北宋靖康二年（1127），徽、钦二帝在大金国兵临开封城下时，听信法术可以退兵的鬼话，让一伙搞杂耍的市井无赖开门退敌，导致京城陷落，皇帝被俘，历167年的北宋轰然坍塌。随后，宋徽宗的第九个儿子赵构建立南宋，率领余部退居江南，把朝廷行在建在临安（今浙江杭州市），淮河以北的半壁江山被金国占领，当然也包括板桥镇市舶司所在的胶西县。为了承接密州与高丽的贸易功能，南宋在江阴设立了市舶司。

站在南宋角度看，密州市舶司永远消失了。其实，占有胶东半岛的金国，并未浪费板桥镇这一优质资源。金皇统二年（1142），金国设立了胶西榷场，使之成为金、宋之间海路贸易的唯一官市。直到南宋末年，板桥镇仍是北方海上物资集散中心和海外转口贸易港。明朝初年，由于云溪河淤积，板桥镇成为内陆，当地人只得沿着河道向外开辟了塔埠头港（又称胶州码头），它是清朝前期山东半岛最大的商港，这是后话。

南宋绍兴十一年（1141），宋高宗赵构与宰相秦桧通过除掉抗金名将岳飞，换来了一纸和约——《绍兴和议》，以放弃失地和对金称臣纳贡为代价，换回了南宋在淮河、秦岭以南偏安的局面。但和约不完全等于和平。绍兴十九年（1149），完颜亮弑君篡位，当上了金国皇帝，史称海陵王。这是个有能力、有野心、有霸气也有韬略的人，两宋的传奇故事里总是有他的身影。当然，这类人也总是难免霸道与骄横。据说他曾对大臣高怀贞说："我有三大志向，国家大事都由我说了算，这是一；亲率大军讨伐敌国，把敌国君主押在面前问罪，这是二；无论亲疏，让

---

① 见庄维民：《山东海上丝绸之路历史研究》，齐鲁书社2017年版。

天下所有绝色女子成为我的妻子,这是三。"①他还写过一首诗:"万里车书已混同,江南岂有别疆封。提兵百万西湖上,立马吴山第一峰。"足见其拔剑问鼎天下的野心。

为方便南侵,完颜亮下令在开封府训练军队,作为陆上南侵的基地;下令在潞河(今天津白河)建造战船,组建从海上南侵的水师。缺少造船的木材,他就强令拆毁民房。兵士不足,他就将20岁至50岁的居民统统编入军籍。军粮不够,他就下令各州县储粮一律留作军粮。他还将制造武器的任务摊派给各州,搞得箭翎一尺卖到一千钱,各地纷纷将耕牛杀了以取皮革牛筋,甚至连乌鸦、喜鹊、土狗、家猪也未能幸免。太后劝他不要远征南宋,他居然逼迫母亲自缢。②

翻开全球史就会发现,从公元275年到1025年,欧洲11个国家平均从事与某种军事活动有关的时间就占了百分之四十七。③所谓的和平,似乎只是上一场战争与下一场战争之间的暂歇期和酝酿期。

待一切准备就绪,完颜亮派人要求南宋修改《绍兴和议》,将东起淮河、西至大散关的国界,南移到长江、汉水。他要畅饮汉江水,饱餐扬子鳄。

即便赵构再胆小,秦桧再妥协,也断然无法答应如此过分的要求。④

大战已箭在弦上。

绍兴三十一年(1161)九月,完颜亮调集60万水陆大军,兵分四路,在东起黄海、西到甘肃的千里战线上,发起了声势浩大的南侵。其中一路,以工部尚书苏保衡为水军都统,骠骑上将军、益都总管完颜郑家奴为副都统,率领7万水师、600多艘战船,从胶州湾南下直取临安,试图对南宋形成海陆夹攻之势。完颜亮宣称:"多则百日,少则一月,定能灭掉南宋!"

得知金国水师将从海道直取临安,54岁的赵构再也坐不住了。想来,自己19岁被送入金营当人质,20岁在国破之际被扶上皇位,然后就是

---

① 见〔元〕脱脱等:《金史·高怀贞传》,中华书局2016年版。
② 见〔元〕脱脱等:《金史·后妃传》,中华书局2016年版。
③ 见〔美〕爱德华·O.威尔逊:《社会生物学》,北京联合出版公司2021年版。
④ 见〔元〕脱脱等:《宋史·叶义问传》,中华书局1985年版。

30年的南逃、和议、再南逃、再和议，常常夜里刚躺下就要起床逃跑。说实话，他恨不得立刻把皇位让给养子。但他又不想和父亲当年阵前传位给哥哥一样，留下临阵退缩的恶名。他决定挺过这一关再说。危难时刻，他想到了李宝。李宝，河北人，曾经是岳飞的部将，时任浙西路马步军副总管，负责南宋海防事务。

赵构紧急召见了李宝，问他有多少水军和战船。李宝据实相告，称能出海的只有120艘，将士仅有3000人，都是福建、浙江弓弩手，不是正式军人，但并非没有胜算。

赵构惊问："胜算在哪？"

李宝答："一是必胜之志。"

"第二呢？"赵构焦急地追问。

"战力与装备。"中国是火药的诞生地，当欧洲人还在苦练剑术的时候，南宋战船已经装备了弓射火箭、火毯、火蒺藜、霹雳炮、突火枪等火器。

看着爱将笃定的表情，赵构仍半信半疑。

接下来，李宝率领南宋水师，从平江（今江苏苏州市）出发，扬帆北上。

海上突然刮起北风，巨浪冲散了南宋的水师。李宝仰天长叹："是老天要试我李宝杀敌的决心吗？"于是他酹酒祭海，击剑发誓："李宝心如铁石，至死不变！"第二天，风停浪歇，冲散的船只重新集结，继续前进。途中，得知金兵正在围攻宋将魏胜占领的海州（今江苏连云港市），李宝还指挥水师登陆，解了海州之围。之后，李宝率舰队继续北上。

十月，南宋水师赶到石臼岛（今山东日照市），得知金国水师停泊在胶西县的陈家岛（今名鸭岛，位于琅琊台西南7.5公里的海中），两军相隔仅有30多里。根据情报，李宝发现了金国水师的一大漏洞，那就是他们形同三国赤壁之战中的曹军战舰一样，把舰船全部集中在一起，虽能彼此照应，但行动不便。那么，能否让陈家岛变成当年的赤壁呢？况且南宋水师还装备着世界上最先进的武器系统——火器。于是，一个"火攻"计划在李宝心中生成。

十月二十七日凌晨，南宋水师借助南风，迅速逼近陈家岛。李宝知道金国船帆多用夹油绢制作，碰到火星就会爆燃，便下令士兵向金舰发射火器。刹那间，无数燃烧着火焰的弓射火箭，带着南宋军民的满腔义愤，像漫天的流星一般飞向金舰。金舰大多起火，尚未起火的几十艘舰船，也在宋军摧枯拉朽的攻势面前一筹莫展。随后，李宝命令将士跳上金舰，发起致命一击。人数众多的金国水师，有的被大火烧死，有的被宋军砍死，有的跳海逃命被淹死，其中的汉族士兵则纷纷倒戈。

就这样，用火器装备起来的南宋水师，一举击溃了20倍于己的金国水师，烧毁600多艘金舰，杀伤6万多名金兵，连金军副统帅郑家奴都做了俘虏，只有金军统帅苏保衡侥幸逃脱。可以说，陈家岛海战，是中国海战史上以少胜多、以弱胜强的经典战例，是一场智力击败体力的大胜仗。

金兵在海上惨败的同时，完颜亮在长江沿岸的采石（今安徽马鞍山市西南）之战中，也被南宋中书舍人虞允文率领的军队击败。金国大本营的完颜乌禄被拥立为帝，史称金世宗。金世宗一上台，就宣布废掉在前线作战的完颜亮。面对腹背受敌的窘境，完颜亮仍不死心，居然下令军队冒死进攻，结果引发了兵变。一支箭从背后射进了完颜亮的身体；见他未死，一个将军补了一剑；见他还有一口气，金将们用绳子勒死了他。

长出了一口气的赵构，以"倦勤"——想长期休养为由，下诏传位给养子宋孝宗。赵构与秦桧狼狈为奸的时代画上句号。

历史记住了陈家岛。

八、东方密报

1870年7月，一个贴着战争标签的时段。为了争夺欧洲大陆霸主，老牌的法兰西帝国与新兴的普鲁士王国公开翻脸，普法战争爆发。连日来，普鲁士军队高歌猛进，俘获了法国皇帝拿破仑三世，进而兵临巴黎城下。频传的捷报，让普鲁士首相奥托·俾斯麦心花怒放。一天，一份文书又摆到他的案头。

这不是一份来自前线的战报，而是一份来自东方的密报，上面说："欲图远东势力之发达，非占胶州湾不可。"

呈送密报的，并非职业间谍，而是一名普鲁士地质学家，名叫斐迪南·冯·李希霍芬。

他是十年前被派往东方的。当时，英国和法国通过鸦片战争，轰开了大清的国门。美国也通过《下关条约》，逼迫日本打开了门户。随后，西方列强纷纷涌入东亚。普鲁士尽管埋头经营欧洲，但也绝不放过任何洞察世界的机会。大清咸丰十年（1860），普鲁士派出使团前往东方考察，其中就有27岁的李希霍芬。他在中国一共游历了4年，足迹遍及大半个中国，其中两次进入山东。

同治七年（1868）9月，一个漫天秋碧、大雁南飞的季节，他逆雁阵而行，从上海途经山东前往北京。9月21日到10月29日，他重点考察了胶东半岛的芝罘、登州。本次考察，看似是擦身而过，但地质学家的敏感，使他认定山东是一方宝地，他必须择机再来。

次年3月28日，李希霍芬二进山东，利用一个月时间，考察了沂州府、泰安府、济南府、莱州府以及郯城县、新泰县、蒙阴县、章丘县、博山县、邹县、长山县、临淄县、潍县、昌乐县，最终从烟台离开山东，乘船前往辽东半岛。

考察途中，他脖子上总是用绳子挂着一支铅笔，以便随手以绘画的形式记录见闻。他一一画下路过的山脉和平原，并从地质学角度潜心研究。他重点考察了山东的资源状况，发现"博山的煤矿名气很大，我估计每年能产15万吨煤，对于中国来说这一产量的确已经很高了"。"虽然潍县煤矿名气不如博山大，但我认为更值得关注。这里煤层广阔，储量丰富，目前只有一部分被发现，而且它们当中只有较厚煤层的最上层被开采。据我打听得知，从潍县去平度的道路很平坦，就算不以芝罘为起点，而以金家港为起点建造铁路的话，也将足以把以潍县为中心的山东内部巨大的贸易市场连接起来。从储藏和煤层分布来看，我认为潍县煤矿可以和沂州府的煤矿媲美，而且潍县所处的地理位置更为优越，更适合外国资本投入。"

可以说，是他最早认定了胶州湾的战略地位，勾画了未来的胶济铁路，为日后德国割占山东半岛与胶州湾提供了地理与资源依据。因此，后来从胶州湾开出的第一列火车，被德国人命名为"李希霍芬号"。

他还谈到了对山东人的观感："我对山东人的印象不错，当然这来自我接触过的不多的山东人，他们比长江流域的人要好。这些人性格大多比较温和，人又聪明能干，当然他们也有缺点，那就是比较听话和羸弱。这大概是长期受到异族统治者的驯化导致的吧。"[①]

按说接到李希霍芬的密报，俾斯麦应该高兴才是，因为他习惯用拳头说话，他曾公开宣称："历史上的重大问题，不是由演讲和多数派决议，而是由铁和血决定的。"这也是他被称为"铁血宰相"的原因。但看到这份密报，他刚毅的面孔却泛起几分不屑。一来，他是"大陆政策"的倡导者，一直埋头经营欧洲，不提倡进军前途未卜的海外；二来，尽管普法战争临近尾声，但德意志还是一个以奥地利为永久主席国的补丁般的邦联，而他迫在眉睫的使命，是建立由普鲁士领导的统一的德意志帝国。

李希霍芬回国时，德意志帝国已经成立一年了。1890年，德国风云突变，刚刚上台的威廉二世抛弃了坏脾气的老头俾斯麦及其"大陆政策"，推出了"世界政策"，通过了新海军方案，发誓为德国找"一个阳光下的位置"。他叫嚣："所谓上帝，就是安排我们来支配和统治所有民族的。"此后的德意志帝国，立国之本是军队，成长逻辑是军国主义，国王自称"士兵国王"，一元的、独裁的、军国主义的顶层制度，加上高效率的新式官僚队伍，还有被战争激发出来的民族沙文主义，于是日耳曼战车带着统治世界的梦想火速前进，成了一辆只有油门、没有刹车的跑车，从此踏上了一条撞墙、反思、再撞墙、再反思，然后继续撞墙的歧路。也就是说，这个政府再也不会对任何"东方密报"不屑一顾了。于是，从东方归来的李希霍芬受到了德意志皇帝的嘉奖与赏识，先后出任柏林国际地理学会会长、柏林大学校长，并出版了5卷本著作《中国——亲身旅行和据此所作研究的成果》。在该书第一卷中，李希霍

[①] 见[德]李希霍芬：《中国旅行日记》，商务印书馆2017年版。

芬首次把古代连接中国、中亚河中地区以及印度,以丝绸贸易为主的交通路线,有几分随意地称作"丝绸之路"。

为了完善在山东的考察,他专门提交了论文《胶州湾:它的世界地位和预见的意义》和著作《山东和他的门户胶州湾》,并多次向德国皇帝和政府呈送关于开发山东的文书,一再提议夺取胶州湾及其周边铁路修筑权,使华北的棉花、铁和煤等更为方便地为德国所用。他说,这样一来,不但可就此将山东纳入势力范围,而且又拥有了广大中国腹地的资源。李希霍芬不遗余力的鼓吹,终于让威廉二世对这个东方海湾产生了兴趣。

光绪二十二年(1896)8月,德国远东舰队司令蒂尔皮茨奉命调查了胶州湾沿岸及山东半岛的经济状况和军事形势,然后向威廉二世呈送了考察报告。报告中说:"胶州湾是一个重要的商业港口,它是中国从上海直到牛庄之间唯一的天然良港。"[1]

当年11月,中国海关税务司的英籍德国人德璀琳也对德国海军司令克诺尔说,胶州湾极具战略价值,值得德国争取。

在综合各路建议后,威廉二世最终下了决心。

九、吞下胶州湾

要吞下胶州湾,必须首先摆平"北极熊"。因为此前,每当海参崴结冰,俄国太平洋舰队都要开往日本港口过冬。后来,俄国与日本交恶,俄国舰队便从光绪二十一年(1895)起,强行借泊在胶州湾。

光绪二十三年(1897)8月,威廉二世秘密访问俄国,与沙皇尼古拉二世钻进密室,很快就谈成了一笔交易。内容是,如果德国支持俄国租借辽东半岛的旅大港,俄国就把胶州湾让给德国。[2]

与此同时,德国外交使节也在西方列强间四处活动,试探各国的

---

[1] 见[德]余凯思:《在"模范殖民地"胶州湾的统治与抵抗:1897—1914年中国与德国的互相作用》,山东大学出版社2005年版。

[2] 见[苏联]罗曼诺夫:《帝俄侵略满洲史》,商务印书馆1937年版。

底线。迫于德国持续膨胀的国力和武力，其他列强对德国的企图听之任之。自顾不暇的大清虽然不同意租借胶州湾，但也意识到德国对胶州湾的觊觎已是司马昭之心，只能小心谨慎地与之周旋，唯恐被找到发难的借口。

岂不知，借口是天底下最易找到的东西。11月1日夜，一场入冬前的秋雨，呜呜咽咽地洒落在山东巨野，衬托着当时的肃杀清冷。因唆使教徒欺压平民，两名德国新教传教士在雨夜中被愤怒的民众杀死，这就是所谓的"巨野教案"。

西方殖民者的一贯做法是，贸易跟着旗帜，旗帜跟着《圣经》。披着真理和博爱外衣的传教士作为殖民帝国的前哨，往往恃强凌弱，欺压百姓，霸占民田。无论他们做得如何过分，都不受中国法律的约束和中国法庭的审判，因为他们拥有"治外法权"。可一旦传教士受到伤害，他们背后的帝国军队就会紧急出动，猛扑过来。对于西方列强来说，没有什么事件比传教士被谋杀更加有利可图了。德国也不例外，他们一接到报案，就借机发难，命令驻扎在上海的远东舰队挺进胶州湾，以演习为名强行登陆，并限令驻防的清军48小时内撤到女姑口、崂山以外。

大清总理衙门大臣李鸿章与德国驻华公使海靖坐在了谈判桌前。一方步步紧逼，一方节节退让，所谓的"谈判"，不过是走过场而已。但谈判的结果，还是大大出乎德国的预料："其准备给我们的，竟比我们要求的还要多！"

光绪二十四年（1898）3月6日，《胶澳租界条约》签订。《条约》规定，德国租借胶州湾，租期99年；在租期之内，由德国管辖，中国不得治理；德国可以在租借地建造军事设施；德国有权制定胶州湾水域管辖章程，包括中国在内的各国往来船只一律交纳费用；在胶州湾沿岸百华里内，德国军队可随时通过，而中国政府在胶州湾沿岸百华里范围内颁布法令、派驻军队，须事先征得德国同意；允许德国在山东境内修建两条铁路，且享有铁路沿线30华里以内地区的开矿权。

由于德国占领了青岛，其他列强心理不平衡，要求大清给予补偿。于是，俄国占领了旅顺，还被准许修建一条贯穿北满的铁路；英国占领了威海卫，以抵消俄国对旅顺的占领；法国占领了安南的一个港口和地区。

第二年，威廉二世下令，将德国租界地的新市区定名为青岛。①

十、"五四"的火炬

德国虽然错过了列强瓜分世界的黄金期，却有一个更大的野心，就是通过建设一个"样板殖民地"向世界证明，德国在经营殖民地方面同样能超越英、法老牌帝国。这个样板，就是地理条件极佳但城市基础极差的青岛。

说起来，德国已在这片风景独好的海滨徜徉了十几个春秋，欧洲的城市美学也随着德国的殖民野心一起来到青岛。为了彰显殖民者的能力，光绪二十五年（1899），德国人公布了青岛第一份建设规划图，制定了城市建设服从港口建设的原则，立志把青岛建成一流港口城市。在城市规划中，采用了欧洲的理念，如建筑密度控制在百分之五十以下，必须采用透空围墙，必须在建筑之间、道路两侧遍布绿植等。把城市划为欧人区和华人区。总督府、德国领事馆、基督教堂、胶州邮政局、观象台办公楼、胶海关、胶州帝国法院、德华银行、德华高等学堂、德国野战医院、海军营部大楼、青岛火车站、海滨旅馆、水师饭店、侯爵饭店、青岛国际俱乐部、山东路矿公司、亨利王子路理发厅、安娜别墅、路德公寓等，都由德国人设计建造，涵盖德国青年派、哥特式、罗马式、巴洛克式建筑风格。为保证建筑质量，专门从德国调来了建筑设计师和技术工人，钢材由克虏伯公司从德国运来，外立面采用当地的花岗岩细方石构筑。为确保绿化效果，专门设立了"林务署"，不遗余力地引入法国梧桐、银杏等树种。这里的德国士兵、侨民以及欧洲商人，都吃上了面包，喝上了日耳曼啤酒公司青岛股份公司生产的啤酒。光绪三十二

---

① 见鲁海：《青岛考源》，原载《齐鲁学刊》1980年第6期。此前，青岛是指胶州湾内的一个小岛。

年（1906），投产仅三年的青岛啤酒在慕尼黑啤酒博览会上荣获金奖。除了天空、海洋和气候未变，几乎整个青岛都打上了德国烙印，德国侨民一度超过30万。此时的青岛，不再是一个普通的小渔村和军事堡垒，而成了一座建筑高低错落、红瓦绿树相间、碧海蓝天衬托的个性化城市。以世界先进理念、技术建设的青岛港，一经建成就被誉为"远东第一大港"。青岛在许多方面都超越了香港、上海，成为蜚声全球的"样板殖民地"。①

在德国人看来，99年的租期不过是一个纸上的数字，他们将永远占有这个梦一般的东方海滨。而在中国人看来，城市面貌再美丽也掩盖不了自身被殖民、被占领的屈辱。

变故发生在1914年。

是年夏天，奥匈帝国皇储斐迪南大公夫妇，在萨拉热窝遇刺身亡。以德意志帝国、奥匈帝国、意大利为首的同盟国，和以英国、法国、俄国为首的协约国，终于撕下伪善的面具，第一次世界大战爆发。

趁德国忙于欧洲战事之际，早就对胶州湾垂涎三尺的日本帝国悍然出兵。8月8日，日本军舰出现在胶州湾海面。15日，日本对德国发出最后通牒，要求德国将在胶州湾的租借地无条件地转让给日本。苦心经营青岛多年的德国人，显然不愿意忍痛割爱，便婉转地提出，如果日本把台湾交还中国，德国可以考虑将青岛交还中国。这样的条件，无疑将谈判推向了死胡同。23日，日本正式对德国宣战，派出陆军从龙口向青岛挺进，海军则直接封锁了胶州湾的进出口。作为日本的同盟，英国也派出军队对德作战。在德军的顽强抵抗下，日英联军损失惨重，不得不调整作战部署，日本甚至出动空军对德军阵地进行轰炸。10月31日，日军向青岛发起总攻。11月7日，青岛德军投降。11日，日英联军以征服者的姿态举行入城式，宣称是"世界大战开战以来对德胜利的第一仗"。

按照国际惯例，日军应主动把青岛交还中国，但日本借口欧洲战事尚未结束，拒不撤军。1915年1月18日，日本驻中国公使日置益与袁

---

① 见星球研究所、中国青藏高原研究会：《这里是中国》，中信出版集团2019年版。

世凯秘密会晤，递交了14条特殊要求，内容包括日本继承德国在山东的一切权利，不得将山东内地或沿海岛屿租让给日本之外的国家；在南满，日本延长租借地和铁路的使用期限，日本人可以任意居住、往来并经营农工商业及租用土地；在东蒙，允许日本人与中国人合办农业和附属工业；汉冶萍公司可与日本商人合办，中国不得将该公司充公、收归国有或者借给日本以外的外资；在福建，中国政府答应不允许外国在沿海建造船所、军用贮煤所、海军根据地，也不借给外资自办等。另外，还有中国政府须采用日本顾问等7条"希望条款"，统称"二十一条"。"二十一条"遭到美国反对，袁世凯却接受了除7条"希望条款"之外的14条特殊要求，因为他企图把中国民众的注意力转移到日本的蛮横外交上，借机取得日本支持，实现自己的皇帝梦。5月25日，中日双方在北京签订"二十一条"修正案：《中日民四条约》。①

这是一份严重损害中国主权，完全违背国际关系准则的条约，是一个彻头彻尾的阴谋。消息传出，举国哗然，声讨四起。这份条约被迫暂时搁置。

1918年，第一次世界大战结束。1919年1月，旨在重建世界秩序的巴黎和平会议，在凡尔赛宫镜厅召开。参加巴黎和会的有20多个国家，中国也由北洋政府和广州军政府联合组成代表团参加了会议。会前，中国舆论认为，中国作为对德宣战的战胜国，从战败国德国手中收回青岛，将毫无疑义，顺理成章。

梦想有多美好，现实就有多残酷。在巴黎和会上，山东和青岛问题成为讨论的焦点。作为和会五大国之一的日本代表先发制人，提出德国在山东的权益应由日本继承。参会的中国代表提出了严正交涉和强烈抗议，有"民国第一外交家"之称的顾维钧慷慨陈词："中国的孔子有如西方的耶稣，中国不能失去山东正如西方不能失去耶路撒冷！"②但在这一名为"和平"实为"分赃"的会议上，正义的诉求被完全无视，"公理

---

① 见[日]小松田直：《每天读一点有趣的世界史》，南海出版公司2011年版。
② 此语是否顾维钧原话尚无定论。有的学者认为这可能是当时报章的夸大渲染，也有学者坚持认为出自顾维钧之口。见余世存：《大国小民：20世纪中国人的命运与抗争》，江苏文艺出版社2012年版。

战胜强权"不过是一个绮丽的童话。4月30日,在与日本有密约的英、法代表支持下,和会议定,德国在山东和青岛的所有权利由日本获得。而受到蔑视与捉弄的北洋政府,竟然准备在《协约国和参战各国对德和约》(又称《凡尔赛和约》)上签字。

此前,在中国公共事务的舞台上,人民就没有在场过,因此一些官僚想当然地以为人民永远不会在这个舞台上出现。在这些官僚的固有印象里,中国民众不仅不关心政治,而且逆来顺受,但是一群接受了新文化运动洗礼的热血青年改变了历史。当巴黎和会的消息传回国内,一场席卷全国的抗议运动首先在北京大学爆发。一名义愤填膺、血脉偾张的学生当场撕断衣襟,咬破中指,在衣襟上写下"还我青岛"的血书。

5月4日下午,3000多名学生汇集天安门,举行了气吞山河的示威游行,学生们高喊"誓死力争,还我青岛""收回山东权利""拒绝在巴黎和约上签字""废除二十一条""外争主权,内除国贼"等口号,用青春、热血为国家和民族的命运而抗争,伟大的五四爱国运动爆发了。运动迅速波及全国,就连私立青岛崇德中学(今青岛九中)的校长和学生,也无惧日本军警的枪口,冒死走上街头示威游行,动员中国人抵制日货。五四运动像一场冲天彻地的烈焰,染红了苦难深重的中华大地,催发了亿万中国人的觉醒,孕育了以爱国、进步、民主、科学为主要内容的伟大五四精神,成为中国旧民主主义革命和新民主主义革命的分水岭。面对国内的巨大压力,大总统徐世昌电令中国全权代表陆徵祥从缓签字,中国代表最终没有出席巴黎和会的签字仪式。美国国会也投票决定拒绝签署《凡尔赛和约》并拒绝加入国际联盟①。

随着第一次世界大战硝烟散尽,世界经济和军事版图已经悄然发生嬗变。在西方,英、德、法、俄四大强国受到严重消耗,美国一跃成为地区霸主;在东亚和太平洋地区,德国战败退出,日本则步步紧逼,在

---

① 根据《凡尔赛和约》于1920年1月成立的国际组织,主要宗旨是维护和平、裁减军备、实施委托管理、和平解决国际争端,总部在日内瓦,设英、法、日、意4个常任理事国和多名非常任理事国。美国因国会未批准《凡尔赛和约》,始终未加入。苏联加入后,成为第5个常任理事国。"二战"前夕,日、德、意退出,国际联盟名存实亡。"二战"结束后,被联合国代替。

占据琉球群岛、朝鲜半岛、台湾岛之后，如果再占青岛，就将把整个东海收入囊中，进而成为东亚一霸，美国在菲律宾和夏威夷，英国在新加坡和中国香港、威海，法国在广州湾、中南半岛，荷兰在东印度群岛，葡萄牙在澳门的利益势必遭受挤压。为此，西方列强决定出手。1921年11月至1922年2月，美、英、法、意、日、中、荷、葡、比九国，以解决《凡尔赛和约》遗留问题为名，在华盛顿举行国际会议。在会上，日本被针对和孤立。最终，美、英、日、法四国达成《关于太平洋区域岛屿属地和领地的条约》，重新划分了太平洋地区的殖民地和势力范围；美、英、日、法、意五国达成《五国海军公约》，规定了各国的主力舰总吨位；与会九国达成《关于中国事件适用各原则及政策之条约》，明确约定"尊重中国之主权与独立及领土与行政之完整"。在西方列强见证下，中、日签署《解决山东悬案条约》及《附约》。依照《条约》，日本同意将德国旧租借地交还中国，将青岛海关、胶济铁路及其支线归还中国，但《附约》中仍保留了日本人和外国侨民的诸多特权。[①] 实际上，这次会议是为了阻止日本这个危险对手获得地区霸权而召开的，青岛问题得到解决只是这些努力的受中国欢迎的副产品。

国内的抗议加上大国的博弈，青岛总算保住了。

为纪念这场伟大的青年爱国运动，中国中央人民政府政务院，于1949年12月将每年的5月4日确定为"青年节"。

在今天青岛市政府前的广场上，耸立着一座火红的钢结构雕塑——火炬。这个广场，当然应该叫"五四广场"。

十一、青岛港

胶州湾，是一个近似喇叭形的半封闭海湾，东西宽28公里，南北长33公里，湾内北有阳岛、冒岛，西有黄岛、大小赶岛，并有南胶河、大沽河注入，陆域低丘环抱，湾内风平浪静，常年不冻，被青岛人称为

[①] 见刘富珍：《五四运动与青岛》，中国海洋大学出版社2020年版。

母亲湾。因为，胶州湾提供了取之不尽的鱼儿，养育了成千上万的渔民。如今的青岛港，就处于胶州湾内。

青岛港的前身，是光绪十八年（1892）由大清胶澳总兵章高元组织兴建的海防设施——一座长200米、宽10米的人工码头，史称"铁码头"，它也是青岛地标建筑——栈桥的前身。

德国"租借"胶州湾后，投入巨资对青岛港进行了大规模扩建。除了建有一个造船所、两座军用码头、一座散装码头，还新建了两座民用码头，可以停靠多艘6000吨级的货轮，号称"东亚第一良港"。欧美的棉布、棉纱、煤油、五金、火柴、染料、糖、针、卷烟、绸缎大量倾销到山东，全是价格昂贵的工业品；而通过青岛港出口的中国土货有草帽辫、茧绸、生丝、花生、花生油、牛皮、铁矿石、煤炭、烟叶、小麦十大类，全是价格低廉的原料。这不叫变相掠夺，又叫什么？

随后，青岛港两次被日本占领，大量的棉花、牛肉、牛皮、牛油、鸡蛋、豆饼、生丝、草帽辫、煤炭被廉价运往日本。接下来，青岛港先后被北洋政府和国民政府控制，萧条和破败成为常态。新中国成立前夕，青岛港的货物吞吐量只有72万吨，且接近九成是内贸货物。

新中国成立后，青岛港经过疏浚航道、修复码头，进入正常运营状态。十年后，货物吞吐量达到500万吨。尤其是邓小平所倡导的改革开放，为青岛港插上了翱翔的翅膀。1978年货物吞吐量为2000万吨，1995年实现5000万吨，2001年突破1亿吨。当历史跨入21世纪，青岛港也搭上了中华民族伟大复兴的巨轮。2022年，青岛港货物吞吐量为6.3亿吨，列世界第4位；集装箱吞吐量为2567万标准箱，列世界第5位；航线密度位居中国北方第一位，进口原油吞吐量居中国港口第一位，进口铁矿石吞吐量居世界港口第一位。

更大的变化，来自高层决策。2019年8月，山东借鉴浙江港口一体化、协同化、集群化发展的模式，宣布组建山东港口集团，总部位于青岛港。整合后的山东港口集团，包括青岛港集团、日照港集团、烟台港集团、渤海湾港口集团四大集团，拥有21个港区、330个生产性泊位、300多条集装箱航线，2022年货物吞吐量超过16亿吨，跃升为世界上吞吐量最大的港口企业。

因为创作需要，我多次到山东港口集团驻地青岛港考察。在这里，我的总体感觉是，青岛文化是典型的海洋文化，具有强烈的重商意识，拥有冒险、进取精神，开放而多元。青岛人既有山东人固有的豪爽与诚信，又有滨海人特有的开放与包容，他们既不保守，也不死板，更不羸弱，只是偶尔表现出一点张扬与自傲。我注意到，在港口升级改造过程中，他们曾经试图引进国外设备、技术和管理模式，但外国同行开出的条件相当苛刻，对技术的封锁特别严密。为此，一个25人的攻关小组，历经三年苦战，从一张白纸起步，破壁突围，化茧成蝶，建成了亚洲第一个全自动集装箱码头和全球首个5G智慧码头，在智慧港口建设领域实现了从跟跑欧美到领跑世界的嬗变。

港口，只是青岛和山东走向新时代的一个标志和窗口。因为港口之间的竞争，其实也是经济腹地的竞争。经济腹地越宽广、越富庶、资本越密集、人文越多元、外贸依存度越高，港口的胃口也就越大，翅膀也就越硬。随着中欧班列的开通和高速公路的延伸，青岛港的腹地绝非只有青岛，而是整个山东，也包括沿黄各省和不再遥远的新疆。

而作为港口第一腹地的青岛，这个面朝大海、春暖花开的国际化城市，正处在城市转型、产业升级、人才集聚的十字路口。

在省内，青岛如何发挥滨海优势，在山东崛起中起到旗舰和桥头堡作用？在环渤海地区，青岛、天津、大连三港并立，青岛该如何差别化发展？在国内，是跟跑长三角、珠三角城市群，还是赶超同为国际化大都市的苏州、杭州、深圳？在国际上，对岸就是日本、韩国，青岛应该怎样强化自身的战略支撑地位，掌控东北亚贸易与旅游的主导权？

是应该精准定位了。

青岛，应该是中国的青岛，因为它既是中国海洋大学、中国科学院海洋研究所、北海舰队的驻地，还是中国（山东）自由贸易试验区、中国上海合作组织地方经贸合作示范区、军民融合创新示范区；青岛，还应该是世界的青岛，因为它直接面对占地球表面三分之一的太平洋。青岛，必须有不进则退的危机感，时不我待的紧迫感，勇立潮头的使命感，因为它从来不缺少历史底气，从来不甘心平庸，也从来不甘落后。

而且，红瓦绿树、碧海蓝天、日丽风柔的青岛，有"东方瑞士"之美誉，向来是中国人理想的宜居地。现代文学巨匠老舍在《我的理想家庭》一文中说："这个家庭顶好是在北平，其次是成都或青岛，至坏也得在苏州。"

  丝路上的青岛：位于山东半岛东南部沿海的青岛，拥有建设世界级良港的诸多条件，一是在青岛710公里的大陆海岸线上，分布着大大小小的49处海湾，便于船只避风；二是青岛海岸分为岬湾相间的山基岩岸、山地港湾泥质粉砂岸、基岩沙砾质海岸三种基本类型，适合建设深水港和浅水湾度假区；三是年平均气温14摄氏度，属于不冻港湾；四是青岛背靠宽广、富庶的经济腹地，拥有源源不断的货源。因此，早在春秋时期，齐国就在琅邪台湾建立了中国五大古港之一的琅邪港，从而拉开了青岛成为东方海上丝路枢纽的序幕。它作为东方大港的第二次辉煌是北宋时期，当时朝廷在此设立了北方唯一的海关——板桥镇市舶司，使之成为中国与高丽贸易的唯一港口。它的第三次辉煌是与屈辱相伴的，清末，德国看中了此地最大的海湾——胶州湾，并将其变成了德国租借地，定名青岛。第一次世界大战结束后，作为战败国的德国本应把青岛还给战胜方之一的中国，但巴黎和会却将德国在青岛的权益私下让渡于日本，引发了五四爱国运动。如今的青岛港，货物吞吐量和集装箱吞吐量均居世界前列。借助青岛港带来的强劲的外向度，青岛市2022年GDP已经接近1.5万亿元，成为"21世纪海上丝绸之路"的一个北方现象。

第二章　海上明月共潮生

—— 扬州

唐朝中期，由于日本遣唐使入唐的北路被战争阻隔，日本开辟了横渡东海的南路，并把登陆地点选在了扬州。于是，这个往日的运河之都，有幸跻身唐代四大名港之列。

那么，问题来了：今扬州距离长江入海口足有300公里，在古代何以成为著名港口？

一、九州之一

史书告诉我们，古扬州非今扬州。扬州之名，最早见于《尚书·禹贡》。大禹治水后，将天下划分为九州。其中的扬州，意思是"江海扬波"，指的是东海以西、淮河以南、长江以北的广阔区域。

地质学也告诉我们，即便是今扬州，远古也是滨海的。7000年前，全球气候变暖，冰川消融，海平面上升，海水侵入长江三角洲顶端。2000多年前，长江在扬州、镇江入海，形成了喇叭形河口。吴王夫差为了攻打齐国，以扬州为起点，开挖了贯通长江与淮河的人工运河——邗沟，运河起点的城堡被称为邗城——扬州城的前身。随后，长江口缓慢地向海推进。汉代以邗城为中心设立的广陵郡，依旧与海为邻、海鸥翔集、水天一色，拥有纯正的蓝色基因。

让扬州盛装出镜的，是风评不佳的隋炀帝杨广。这个曾经的扬州总管，在做了皇帝之后，不仅把扬州变成了陪都——江都，而且用5年时间，开通了连接海河、黄河、淮河、长江、钱塘江五大水系，全长

2700公里的大运河，一举奠定了扬州的交通枢纽地位。以大运河开通为标志，江南历史从长江时代进入运河时代，扬州替代南京成为时代的宠儿。大量波斯（今伊朗）、大食（今阿拉伯地区）商人慕名而至，选择在扬州定居，形成了鳞次栉比的"波斯邸"。有"人间第一香"之称的茉莉花，就是波斯商人在6世纪中叶移植到中国的。那时，外商把珠宝、香料、药材等运往扬州，再把陶瓷、丝绸、药物、铜器特别是扬州铜镜销往海外。于是，温润、富庶、浪漫的扬州，成为中外商旅向往的都市。

接踵出场的唐朝，因为奉行更为开放、包容的政策，扬州尽管不再是陪都，但风采不减，繁华依然。9世纪中叶，一位阿拉伯地理学家把扬州、交州、广州、泉州并称东方四大港口。①

闻听孟浩然前往扬州，诗友李白羡慕极了，于是赋诗送别："故人西辞黄鹤楼，烟花三月下扬州。孤帆远影碧空尽，唯见长江天际流。"诗人杜牧30岁来到扬州居住，喜欢喝醉了酒，对着夜色发呆："青山隐隐水迢迢，秋尽江南草未凋。二十四桥明月夜，玉人何处教吹箫。"杜牧的同僚张祜偶尔路过扬州，连魂都丢了："十里长街市井连，明月桥上看神仙。人生只合扬州死，禅智山光好墓田。"

如同向日葵不能拒绝太阳的召唤，河流无法摆脱大海的吸引，对于生活在局促小岛上的日本人来说，主动融入博大精深的大唐文明，是他们无法抗拒的宿命。从贞观四年（630）到乾宁元年（894），日本派出19批遣唐使团，成员除了官员，还有大量的医师、画师、乐师、史生、工匠、学问僧、留学生。次数之多、规模之大、时间之久、影响之远，在世界文化交流史上罕有其匹。

日本遣唐使的入唐路线共有三条。第一条是北路，即从日本九州岛向西北，沿着朝鲜半岛西岸、辽东半岛南岸航行，南跨渤海，在山东半岛的登州登陆，这是入唐的主路，因此被称为"朝贡道"。但7世纪下半叶，新罗统一了朝鲜半岛，然后与日本爆发军事对抗。于是，日本不得不开辟第二条航线——南岛路，即从九州岛南下，经琉球群岛中部转向西北，穿越东海在明州登陆，这条路的风险来自"黑潮"，发生海

---

① 见［阿拉伯］伊本·胡尔达兹比赫：《道里邦国志》，中华书局1991年版。

难的概率很高。8世纪70年代以后，日本转而开辟第三条航线——南路，即从五岛列岛直插西南，横渡东海在扬州登陆。南路比前两条航线节省近20天，最快3天，最慢10天就可抵达，尽管仍然需要经历风涛之险。后期的遣唐使团，多从扬州往返。

其中的两个学问僧，是跟随第十批日本遣唐使多治比广成、副使中臣名代，从南路抵达扬州的。

两个学问僧，一个叫荣叡，来自日本兴福寺；一个叫普照，来自日本大安寺。他们之所以入唐邀请高僧，是因为此前的日本佛经多从朝鲜半岛经口授和手抄传入，错漏百出。而且，日本佛教五宗并立，唯独没有律宗，造成一些僧侣不守戒律，惹出了不少儿童不宜的桥段。《日本灵异记》，说的就是日本僧人道镜，以看病禅师的身份为圣武天皇之女孝谦女皇治病，受宠幸，封法王，乱伦常的故事。如果听之任之，日本僧侣界必被"染黄"。于是，虔诚的僧侣们决定借助外力改变现状。

二、鉴真东渡

两个学问僧并未在扬州停留，而是随着遣唐使团心急火燎地赶往洛阳。在他们看来，东都洛阳高僧云集，应该能达成心愿。

思路对了，开局自然顺利。开元二十四年（736），他们在洛阳福先寺邀请到了禅宗名僧道璿，印度僧人菩提仙那、林邑僧人佛哲也自愿前往。道璿随同日本副使中臣名代抵达日本后，成为中国僧人到日本传教的第一人。但《四分律》规定，比丘戒有250条，比丘尼戒有348条，举行受具足戒①仪式时，必须有"三师七证"在场，即戒和尚、教授师、羯摩师"三师"负责对受戒者考问和评议，七位师僧负责为受戒者答疑，作为僧尼的证人。道璿一行无法凑齐"三师七证"，因此也就难以撑起戒律仪式的大场面，其权威性自然大打折扣。

---

① 具足戒是比丘、比丘尼受持的戒律，因为这一戒律与十戒相比，戒品具足，所以称具足戒。

此后，荣叡和普照来到西京长安，一边在崇福寺、大安寺攻习律部，一边继续寻找律学高僧。隋唐时期的律宗分为三派，分别是道宣创立的南山宗、法励创立的相部宗、怀素创立的东塔宗，但都以弘扬《四分律》为主。后来，东塔宗和相部宗衰落，南山宗成为律学正宗。他们听说，有一位大唐名僧，既是南山宗道宣系的弟子，也是相部宗法励系的弟子，目前就在他们上岸的扬州。①

这位大唐名僧，俗姓淳于，法号鉴真，14岁在扬州大云寺（今开元寺）出家，拜"受戒之主"道岸为师，获法号鉴真，成为小沙弥；17岁前往光州大苏山，受菩萨戒；19岁经洛阳进入长安学习戒律；22岁在长安实际寺受具足戒，潜心研究经、律、论三藏；26岁返回扬州大明寺，被推举为住持，开坛讲经，成为受戒大师；46岁成为南山宗宗首，前后受戒普度4万多人，被尊为"江淮化主"。

有这样一串闪亮履历的人，正是日本学问僧"众里寻他千百度"的目标。天宝元年（742），荣叡和普照经大安寺僧人道航引荐，来到大明寺，见到了54岁的鉴真。

那是一个阳光灿烂的午前，鉴真端坐在讲坛上讲经说法。荣叡、普照混在信众中间，平心静气地聆听鉴真的律学开示。鉴真那庄严的威仪，精辟的分析，流畅的讲解，让二人醍醐灌顶。

鉴真刚走下讲坛，二人就迫不及待地匍匐在鉴真面前，顶足行礼。荣叡一边膜拜，一边恳求说："佛法东传到日本国，虽有佛法，但没有传法人，恳请大师东游兴化。"普照也一再恳请鉴真到日本传法，以至语无伦次，满脸涨红。

二人至真至诚的态度，深深打动了鉴真。于是，鉴真和荣叡、普照连续策划了五次东渡，但每一次都以失败而告终。尤其是第五次东渡，他们从扬州启航，横渡东海时再次遭遇台风，14天后漂流到荒凉的海南岛。在返回扬州途中，荣叡病死，鉴真双目失明，万念俱灰的普照则落寞北去。

---

① 见王金林：《日本佛教的律学、律仪的形成和发展》，原载林立群主编：《跨越海洋：海上丝绸之路与世界文明进程国际学术论坛文选》，浙江大学出版社2012年版。

面对望不到尽头的磨难，鉴真仍初心不改，他发誓："不到日本绝不罢休。"

日本人同样没有死心。天宝十二载（753），日本第十一批遣唐使藤原河清、吉备真备和日本留学生阿倍仲麻吕辞别长安，赶赴扬州延光寺，秘密拜会了鉴真。令日本人震惊的是，鉴真已65岁高龄，且双目失明，但越海传教的信念仍坚如磐石。于是，双方秘密约定了集合地点。

10月16日，一个公认的黄道吉日，船队扬帆入海，鉴真率领14个弟子以及尼姑、居士共24人登上日本使船，普照也匆匆赶来会合。然而，命运偏偏与他们为难。11月21日，藤原河清和仲麻吕所乘的船遭遇逆风，不幸触礁。12月6日，又有一艘船触礁。只剩下吉备真备、鉴真及其弟子的那艘船，于12月20日幸运地抵达日本。那一天，风小了很多，在船头眺望的弟子们，纷纷欢呼雀跃起来，他们争先恐后地跑到鉴真身边，告诉师父："到了，终于到了！"

居高声自远，非是藉秋风。在弟子搀扶下登上日本海岸的鉴真，受到了孝谦天皇和圣武太上天皇的礼遇，先是与日本"少僧都"良辨统领日本佛教事务，获封号"传灯大法师"，尊称"大和尚"；继而在东大寺建立了戒坛，按照"三师七证"制，为太上天皇、皇太后、天皇以及三公、百官、僧侣约500人受戒，从而确立了日本受戒制度；后来被封为"大僧都"，负责统领全国僧尼。就连他和弟子所建的唐招提寺，也成为日本佛教徒的最高学府。

如果您到日本旅行，不妨前往日本奈良的唐招提寺，看看那挂昼夜长明的石灯笼。假如您与佛教有缘，或许能在恍惚的灯影里看到善颜含笑的鉴真。

三、留学生创造日文

中国人前往日本旅行，尽管听不懂日语，却能大体看懂日本文字的字面含义。原因在于，日本文字脱胎于汉字，其中的"片假名"乃借助汉字楷书的偏旁、部首造成，用来标记外来词、象声词和特殊词语；"平假名"乃假借汉字的草书和梵文字母创造而成，用于日常书写和印刷。

据了解，日本文字诞生于唐代。

第一个创造日本文字的人，名叫吉备真备。唐开元四年（716），他与阿倍仲麻吕被推举为遣唐留学生。第二年3月，他们随第九批遣唐使团前往大唐。经过一段悬念丛生的旅程，他们如期抵达扬州，然后来到向往已久的长安。吉备真备在长安学习了19年。其间，他系统研究了唐朝的天文、历法、音乐、建筑等，对汉文化有了独到而深切的感悟。他于开元二十三年（735）回到日本，担任了高级官员。

天宝十一载（752），吉备真备重返大唐，身份已是第十一批遣唐使团副使。第二年，他和老朋友阿倍仲麻吕一起，到扬州约上鉴真和尚，乘坐三艘船只从南岛路回国。可惜，只有他和鉴真那艘船侥幸抵达日本。回国后，他被提拔为右大臣，与左大臣共掌朝政。

当时日本没有文字，长期使用汉字，称汉字为"真名"。为此，吉备真备利用汉字楷书的偏旁和部首，创制了日文"片假名"。

第二个创造日本文字的人，法号空海。他俗姓佐伯，乳名真鱼，是一个学问僧。他曾经与最澄一起，随第十七批遣唐使团前往中国。在横跨东海时，船队被风浪冲散，最澄乘坐的船只按计划抵达宁波，空海乘坐的船只则被刮到福州。随后两年，空海游历了洛阳、长安，拜长安青龙寺惠果大师为师，得到了密宗真传；还拜曾在印度那烂陀寺修行的般若三藏为师，学会了梵文。回国后，他不仅成为日本佛教真言宗的创始人，而且凭借造诣精深的汉字书法与梵文书法，成为日本的"书圣"，被称为"日本的王羲之"。是空海，把日本佛教带入了密教时代。因为密教尊奉大日如来，因此日本的国名被解释成了"大日之本国"，天照大神也得以与大日如来同体，就连天皇继位也仿效密教的灌顶仪式。空海的法号，在日本无人不知，无人不晓，即便在他留学的中国，今杭州灵隐寺、福州开元寺、洛阳白马寺、江山仙霞关、三亚南山寺，都有他的塑像。

他有一项副产品，比他的主业还要令人称奇。那就是，他在汉字草书和梵文字母拼写原理的启发下，发明了日文字母"平假名"。有了"片假名"与"平假名",日本文字才形成完整的体系。

毫无疑问,是两位遣唐留学生创造了日文。

四、"日本的玄奘"

在鉴真和吉备真备离开扬州80多年后,一位日本请益僧来到扬州,他叫圆仁。

说起来,圆仁与鉴真不无渊源。天宝十二载(753),鉴真东渡成功后,在日本平城京(今奈良)为众僧受戒,受众里就有圆仁的"祖师"道忠和尚。为圆仁剃度的,便是道忠和尚的弟子广智和尚。入唐求法前,圆仁已是名僧。但在日本,要想成为得道高僧,到大唐求法是一条必由之路。

太和九年(835),日本派出第十八批遣唐使团。44岁的圆仁受到众僧推举,成为随团的"请益僧"。"请益僧",是指带着课题入唐求教的名僧,在大唐停留时间一般不超过两年。但圆仁入唐历尽波折,先后3次西渡,才在3年后抵达扬州海陵县。

圆仁下船后,在扬州开元寺滞留了8个月。在扬州,圆仁以希望始,以失望终,这和后来的唐朝宰相李德裕有直接关系。[1]

圆仁在日记中说,作为日本天台宗高僧,圆仁来唐"请益"的主要任务是前往佛教天台宗的发源地——今浙江天台山南麓的国清寺拜谒求教。因此,一到扬州,他就向时任淮南节度使李德裕提交了赴天台山的申请。但李德裕认为,"请益僧"是"学问僧"的一种,地位远高于"留学僧",不能享受唐朝全额奖学金待遇,因此以圆仁的行程超过本府管辖区域为由,没有直接批准圆仁的申请。圆仁不明就里,只得滞留扬州开元寺,等候官府的通关文牒。圆仁与李德裕,一个外来学者,一个地方长官;一个急于求学,一个依法行事。对此,日本学者小野胜年认为,李德裕在对待圆仁的问题上,即便不是官僚主义,至少也是死板教条。

---

[1] 见李济沧:《圆仁与李德裕》,《首都师范大学学报(社会科学版)》1995年第2期。

滞留扬州期间，圆仁并非一无所获。在开元寺里，他有幸寻访到了鉴真的画像和《过海和尚碑铭》。他还对扬州的运输业、制盐业、铸钱业、铜器业以及人文地理做了详尽考察。一天，他走进扬州港，但见"江中充满大舫船、积芦船、小船等，不可胜计"。"盐官船积盐，或三四船，或四五船，双结续编，不绝数十里，相随而行。"对于这个国际化港口的繁盛景象，他"甚为大奇"。

8个月后，圆仁仍未得到前往天台山的通关文牒。他深知，明天的太阳，晒不干今天的衣裳，他不可能无休止地耗下去。于是，他只有揣着满腹的无奈与遗憾回国。

返国途中，船队遭遇了连续的坏天气，被迫在山东半岛靠岸。但他没有通关文牒，属于非法的外来人，因此无法上岸。就在他四顾茫然之际，新罗人将他接到了赤山（今山东荣成市石岛）法华寺。①

夏日的蝉一直吮吸着树浆，蝉鸣的声音听起来很贪婪，却自由、舒畅。法华寺里，不仅枝横云梦、叶拍苍天，而且梵音悠悠、禅香袅袅，是收留苦难、安放灵魂的地方。圆仁在此停留了两年，一边讲经、诵经，一边和僧众一起研究天台宗。据说，他的汉语就是在此学会的。其间，他听说天台宗座主志远法师在五台山弘教，毅然放弃了"短期游学"的初衷，在新罗人帮助下，申请到了文登县和登州都督府的通关文牒，然后与弟子惟正、惟晓及行者丁雄万一起，踏上了西部朝圣之旅。他首先来到五台山，跟随志远学习天台教义。随后进入长安，跟随多位高僧修习密教，学习梵文，收集佛经，还读到了玄奘的《大唐西域记》。当时正值唐武宗灭佛，圆仁仿照《大唐西域记》的体例，详细记录了大唐灭佛、寺庙被毁、教徒落难的整个过程。直到大中元年（847），唐宣宗宣布恢复佛教，圆仁才带上佛经、仪轨、法器，乘坐新罗人金珍的商船，从赤山莫琊口扬帆东去，经新罗荷衣岛、济州岛和日本对马岛，回到了久违的故国。

求法归国后，圆仁推动了日本佛教的兴盛，成为日本佛教天台宗山

---

① 见［日］圆仁著，白化文、李鼎霞、许德楠校注：《入唐求法巡礼行记校注》，中华书局2019年版。

门派创始人，被授予"传灯大师"法位。圆仁用汉语写成的日记体著作《入唐求法巡礼行记》，被日本学者称为"东洋学界至宝"。它与玄奘的《大唐西域记》和《马可·波罗行纪》一起，有"东方三大旅行记"之称，圆仁也因此被誉为"日本的玄奘"。

晚年，让圆仁念念不忘的，并非扬州，而是赤山。为此，他让弟子在日本京都小野山，修建了"赤山禅院"，以此纪念那座收留自己的赤山法华寺，尤其是那位兴建法华寺的新罗富商。

岂不知，那位新罗富商也与扬州有关。

五、海上王

这是一个类似乞丐变王子的励志故事。

故事的主角，小名弓福，大名张保皋，从小喜欢舞枪弄棍，性格粗犷豪放，是一名极普通的新罗少年，如同泥土里的一粒尘埃。当时的大唐，"安史之乱"已经平息，但藩镇纷纷割据，朝廷不得不面向国内外招募兵员。此时的新罗，不仅徭役赋税繁重，而且自然灾害频发，民众根本没有活路，许多新罗人便选择进入大唐应征。元和二年（807），17岁的张保皋与小伙伴郑年渡海来到赤山，继而辗转南下扬州，报名加入了唐朝武宁军，先后参加了平定镇海节度使李琦、淮西镇军阀吴元济、平卢淄青节度使李师道的战争。元和十四年（819），张保皋被提拔为武宁军小将。

在唐朝转战的十几年中，张保皋发现"遍中国以新罗人为奴婢"，尤以李师道割据的山东最为严重。原来，李师道是高句丽人，而高句丽与新罗是世仇，因此他将在高句丽、新罗战争中被俘的新罗人，成批卖到自己控制的山东沿海，大发贩卖奴隶之财。这让血气方刚的张保皋忍无可忍。

太和二年（828），一身戎装的张保皋回到新罗，拜见了新罗兴德王，说："遍中国以新罗人为奴婢，愿得镇清海，使贼不得掠人西去。"意思是，请让我统领清海镇吧，我有能力遏止贩卖人口现象。

此前，人口贩卖一直是兴德王的心头之患，如今有人毛遂自荐，而且此人拥有大唐将军的光环，于是他决定让这个人试试。

张保皋被任命为清海镇大使，率领一万军队进入新罗西南莞岛清海镇附近海面。接下来，张保皋向海盗基地发起了疾风骤雨般的进攻，加上大唐发出敕令禁止贩卖人口，海盗集团被逐个清除，人口贩卖现象得到根治。张保皋声名鹊起，成为万众瞩目的英雄。

其间，他在新罗人聚居的山东赤山，出资兴建了赤山法华院，为新罗人提供礼佛场所。圆仁入唐求法时，曾先后三次客居法华寺，时间长达两年零九个月。当张保皋得知圆仁和尚来到赤山法华寺，还派遣大唐卖物使崔兵马赶往寺院慰问。

更重要的是，他利用控制新罗西南海面的优势，组建了一支庞大的船队，往返新罗、大唐、日本之间从事国际贸易。渐渐地，张保皋的海上贸易越做越大，形成了以清海镇为大本营，以赤山、登州、莱州、泗州（今安徽泗县）、楚州（今江苏淮安市）、扬州、明州、泉州和日本九州为基点的海运商业贸易网络，几乎垄断了中、韩、日三国的海上贸易，成了实至名归的"海上王"。

张保皋因功被封为感义军使，食邑二千户，身价倍增，地位显赫，新罗文圣王甚至要纳他的女儿为妃。然而，朝中贵族却以张保皋出身微贱为由，予以劝阻，纳妃之事也就搁置起来。为此，张保皋与文圣王之间出现了裂隙。

为臣之道不外乎两个重点，一方面从君主那里成功猎取功名富贵，另一方面又不为皇帝这只猛虎所伤，其难度形同走钢丝。846年，张保皋为了争得外戚地位，企图以武力相要挟，立女儿为文圣王妃，此事被称为"弓福之乱"。结果，他被文圣王派人灌醉杀害。851年，文圣王为消除后患，宣布废除清海镇，纵横捭阖的海上新罗随之泯灭。

有人问，对于丢掉海上霸主桂冠，文圣王后悔吗？须知，在古代帝王的字典里，从来找不到"后悔"二字。因为与王权相比，经济、文化、国防都微不足道。据说，深谙此道的慈禧太后与荣禄都曾咬着牙说："宁赠友邦，不予家奴！"

六、东方"小麦加"

如果换一个角度,所谓的权威就可能变成偏见。历史教科书公认最为孱弱的南宋,却是历史上外向度最高、市舶收入最多、最受外商青睐的国度,是中国商业文明的一座高峰。南宋的各大港口和城市,随处可见肤色各异、东腔西调的外国人。

南宋咸淳元年(1265),一艘阿拉伯商船落帆抛锚,停靠在扬州港。作为一个国际港口,扬州已经见怪不怪。然而,这艘远道而来的商船,还是引发了轰动,因为船上有一个身份特殊的人物。

他叫普哈丁,据说是穆罕默德女婿阿里的16世孙,出身于阿拉伯利雅得富商之家,少年时代接受了一流教育,拥有丰富的学识,是闻名遐迩的学者。

"求知去吧,哪怕远在中国!"这是穆罕默德安息前对信徒们的圣训。57岁时,普哈丁受到先知和内心的指引,决心前往遥远而神秘的中国。他的请求,得到了阿拉伯帝国哈里发①的准许。

普哈丁是个有心人,他并没有急于出发,而是用四年时间研读汉学,并多方位解析中国。在此期间,中国水运城市扬州引起了他的浓厚兴趣,尤其是那道人工开凿的大运河,让他惊诧莫名,心向往之。

"想到"和"得到"之间还有两个字,就是"做到"。终于,年过花甲的普哈丁,率领17人的商团,带着一船价值不菲的货物,从海路抵达扬州。由于他身份特殊,扬州郡守元广恩接待了他。很快,双方成了无话不谈的朋友。

与一般阿拉伯商人不同,普哈丁来到扬州后,并没有急于投入商业活动,而是把精力投放在了解当地风土人情上。他在考察中发现,扬州生活着众多阿拉伯人,其中很多人的祖先是在唐代迁居扬州的,他们除了宗教信仰没有改变,眉眼之间还依稀残存着阿拉伯人特征,腔调、服

---

① 阿拉伯语音译,原意为"代理人"或"继位人",是伊斯兰国家统治者的称谓。

饰、饮食已经扬州化。尽管如此，中国还是尊重他们，给了他们差别化的待遇。譬如为了解决阿拉伯后裔的遗产分配问题，宋朝颁布了《蕃客① 五世遗产法》。

在异国他乡，他首次有了家的感觉。

一个家一样的所在，不只是让身体安顿，同时也能安抚心神。为了体会异国故乡的感觉，他请求元广恩批准他住进蕃坊。从此，他在蕃坊安心住下来，一边经商，一边研究中国文化，不知不觉度过了十年光景。许多扬州百姓被他的学识和修养所打动，尊称他为"筛海巴巴"，意思是学识渊博的长老。

他主持修建了一座清真寺，带头传播伊斯兰教。由于扬州别称"鹤城"，加上他把清真寺建成了仙鹤的形状，所以这座清真寺取名"仙鹤寺"。仙鹤寺与广州的狮子寺、泉州的麒麟寺、杭州的凤凰寺，并称东南四大清真寺。

十年间，远方拉近为原点，异乡演变为故乡，普哈丁再也离不开扬州。他不是没有试着离开，并回西域住了3年。最终，还是怀着对梦里水乡的眷恋，重新返回扬州。后来，他不顾年老体衰，执意前往北方，到津沽（今天津市）、山东济宁等地游历、传教。

德祐元年（1275）七月二十三日黎明时分，一抹晨曦把静静流淌的大运河装点得如梦如幻，他乘坐的客船回到扬州城外。当船夫进入船舱扶他下船时，这才发现，老人已经躺在船舱里安然归真。

生前好友元广恩郑重地打开老人的遗书，只见遗书上写着：请将我安葬在大运河畔。扬州城东运河畔，从此有了一座肃穆庄重的普哈丁墓园。②

明代，永乐皇帝甚至把普哈丁墓视为国宝。每逢伊斯兰节日，都有大批来自国内外的穆斯林前来念经礼拜、扫墓敬贤。因此，这里又被称为"小麦加"。

巧合的是，普哈丁溘然长逝那年，一位威尼斯商人来到中国，并且成为扬州官员。

---

① 蕃客，指侨居中国的阿拉伯人。他们生活的特定区域，则被称为蕃坊。
② 见程遂营：《海上丝路古城》，河南大学出版社2019年版。

七、威尼斯商人

夜灯初上,树影婆娑。

当你漫步扬州东门遗址广场,会迎面遇到一尊人物雕塑。他身着中国古代服饰,长着一副欧洲面孔,骑着高头大马,手中握着书卷。当地人会告诉你,这是一个威尼斯商人,他是元朝初年来到扬州的。

威尼斯,位于意大利那个靴子形半岛的东北部,处于亚得里亚海北岸。它本是一个渔村,不仅处于避风的位置,而且拥有157条河道,是一个连上苍都要嫉妒的美丽港湾。由于地理位置优越,适合从事中转贸易,所以公元5世纪之后,欧洲内陆居民纷纷迁居此地。公元693年,威尼斯选举产生了第一任总督,成为拜占庭帝国属下的一个共和国。①

威尼斯的发迹,纯属偶然。因为十字军东征,一般会选择从威尼斯乘船挺进东方,所以为十字军提供横渡地中海的有偿服务,就成了威尼斯人一本万利的买卖。第四次十字军东征,原计划前去解放被异教徒控制的圣地耶路撒冷,但由于无力支付摆渡费用,只得临时充当威尼斯的炮灰,由威尼斯总督带领,先后攻克了扎拉城(今克罗地亚的扎达尔)和君士坦丁堡。战后,十字军以君士坦丁堡为中心建立了拉丁帝国,威尼斯共和国则占去了拜占庭八分之三的领土,购买了连接亚得里亚海和爱琴海的一系列海军基地,将亚得里亚海 — 克里特岛 — 塞浦路斯连接起来,成为地中海贸易的领导者,由一个小邦国变成了海上巨无霸。到14世纪末,威尼斯人口增加到20万,成为中世纪超级城市。趁热打铁,威尼斯推出了标准货币、汇票和国债,创建了世界上最早的银行,制定了海洋法,商业成为全民的事业。最终,财富像潮水一般涌来。威尼斯每年的财政收入高达上百万杜卡金币,黄仁宇甚至拿它和明朝的财政收入相比。威尼斯毫不犹豫地把财力用在军事和外贸上,建立了一支能够

---

① 见[法]弗朗索瓦·舍瓦利耶:《航线与航船演绎的世界史》,华中科技大学出版社2019年版。

进行两栖攻击、每艘船配有5门火炮的军用桨帆船舰队；扩建后的造船厂雇员达到16000名，每天可以造出一条新海船，从而创造了令人瞠目的"威尼斯神话"。尽管三场瘟疫让威尼斯人口锐减，但官员和医生无人逃亡，因此没有像其他意大利城邦一样倒下；尽管新生的奥斯曼帝国比死去的拜占庭威胁还大，但威尼斯与奥斯曼边打边谈，既进行军事斗争又进行贸易合作，硬是将贸易垄断地位维持到16世纪初地理大发现为止。[1]

而扬州那座雕像人物，正是威尼斯发迹后出生的，名叫马可·波罗。这个名字即使放在脚注里，也会显得咄咄逼人。

1254年，马可·波罗出身于一个威尼斯商人之家。他11岁那年，父亲尼柯罗·波罗和叔父马菲奥·波罗不远万里抵达元上都（今内蒙古锡林郭勒盟正蓝旗）。大汗忽必烈接见了他们，详细询问了欧洲的风土人情和天主教教义。作为宗教宽容政策的倡导者，忽必烈决定派使臣出使罗马教廷，敦促教皇派遣100名传教士到中国传教，并任命波罗兄弟担任副使随同前往。不幸的是，大元使臣在途中病倒，只有两位副使回到罗马。更不幸的是，老教皇克雷芒四世已逝，新教皇未立，两位副使的使命没法完成，他们只有珍藏起大元国书，回乡继续自己的商人生涯。

等到新教皇格列高利十世上台，马可·波罗也长大了。元世祖至元八年（1271），17岁的马可·波罗陪同父亲和叔父觐见新教皇，呈上了忽必烈的国书，请求回大元复命。新教皇欣然应了他们，命他们回访中国。同时，新教皇动员传教士到中国传教，可惜只有2人自愿前往，并且都在没有抵达中国前折返。到头来，只剩下三位波罗怀揣着教皇的书信，沿着古老的陆上丝路，历时3年半，于至元十二年（1275）到达元上都。

国书有了回应，忽必烈喜出望外，三位波罗被破例任命为大元官吏。在常人看来，三个外国人的职位不过是荣誉性的虚职，而马可·波罗的过人之处在于，他能改变常人的看法。他学会了蒙古语、骑射和官方辞令，具备了中国官员的基本素质，当然他还有独特的优势，那就是见多

---

[1] 见［英］安德鲁·兰伯特：《海洋与权力：一部新文明史》，湖南文艺出版社2021年版。

识广。因而，马可·波罗多次受忽必烈派遣巡视各省或出使外国，还被任命为扬州官员。因此，《马可·波罗行纪》中记录了这个外来官员对这座古老城市的观感：

> 从泰州出发，向东南方向（属记忆错误，应为西南方向）骑行一天，就可以抵达扬州。扬州城颇为强盛，大汗的12男爵之一，就驻扎在这座城中，这里曾被选为12个行省的治所之一。本书所言之马可·波罗阁下，曾奉大汗之命，在扬州城治理三整年。这里的居民多是偶像教徒，使用纸币，靠工商业维持生活。此城及其周边驻扎着大量军队，将士随处可见。①

既然他自己声称曾在扬州为官，那么扬州为其塑像也就变得顺理成章了，城市总要记住自己的历史与人。

生命从本质意义上是一个从流浪到皈依的过程。马可·波罗一家在侨居中国十几年后，正式提出了回国的请求。恰在此时，忽必烈遇到了一件头疼的事。

至元二十六年（1289），伊尔汗阿鲁浑的哈敦②卜鲁罕病逝，她临终前留下遗言，除了本族女子之外，其他女子不得承袭她的哈敦之位。不久，阿鲁浑派出三位使者来到大元，请求忽必烈再赐一位与卜鲁罕同族的女子为哈敦。卜鲁罕来自蒙古伯岳吾氏，伯岳吾氏与黄金家族世代联姻，多个哈敦出自这一氏族。为此，忽必烈把一位名叫阔阔真的伯岳吾氏女子赐给了阿鲁浑。三位使臣陪同阔阔真从陆上西去。迎亲队伍走了八个月就停了下来，因为前方的道路已被窝阔台汗国与察合台汗国之间的战争阻塞。无奈之下，忽必烈决定派人护送她从海上远嫁。

朝廷里找不出比波罗们更有经验的旅行家了，忽必烈便借机做了个顺水人情，派波罗们护送公主远嫁，条件是在完成护送任务后方可回国。

至元二十八年（1291）初春，他们从泉州出航，过南海，穿马六甲

---

① 见[意]鲁思梯切诺著，冯承钧译：《马可·波罗行纪》，商务印书馆2015年版。
② 又称哈屯，蒙古语的意思是娘子、王妃。

海峡，越印度洋，在航行两年零两个月后到达忽里模子。听说公主的夫婿阿鲁浑死了，他们便将公主完好无损地交给了阿鲁浑的儿子。1295年，马可·波罗一家终于回到了威尼斯。按说，应该有一群亲友等在港口，给他们热情的拥吻，并为他们缝缀破了的帆、伤了的心、死了的爱。然而，令他们大失所望并沮丧不已的是，因为离家太久，他们居然被拒之门外。

很多人虽然认出了他们，但仍然看不起他们。为此，他们举办了一次别开生面的大型宴会。在宴会进入高潮时，他们支开仆人，撕开旧衣服，把晶莹夺目的宝石、红玉、翡翠和钻石倒在目瞪口呆的宾客面前。即使如此，马可·波罗仍然受到私下的议论和嘲讽，一直生活在狭小城市里的邻居们对他的"无稽之谈"不屑一顾，还给他起了个类似"牛皮大王"一般的绰号——马可百万。

如果不是1296年威尼斯与热那亚之间的战争，如果他不是威尼斯的舰长，不曾被热那亚捉住而沦为阶下囚，他的传奇故事也许会被永远湮没在历史的尘埃中。

在阴冷闭塞的牢房里，百无聊赖的马可·波罗向狱友们描述了一个遥远、神奇的国度："在那里，我生活了17年，并当上了中国皇帝的官员。中国有富丽堂皇的宫殿，宫殿墙壁上镀着黄金……"故事引发了他的狱友——小说家鲁思梯切诺的兴致。于是，经马可·波罗口述，由鲁思梯切诺笔录的《马可·波罗行纪》于1298年问世，马可·波罗也因威尼斯与热那亚讲和获得释放。

马可·波罗绝对想不到，《马可·波罗行纪》一经问世，就被大量传抄、翻译，为战争和瘟疫肆虐的欧洲送来了一股新风，被誉为"第一奇书"。更意外的是，他讲述的东方故事，在落后的欧洲引发了轰动，也引来了众人的质疑和嘲笑。1323年，69岁的马可·波罗病倒了。看到他时日不多了，一个修道士请求他收回游记中失真的叙述。他却告诉这个修道士："我讲的，还不及我所见到的一半。"

接下来，他没有再和那个修道士废话，而是请来神父和公证员起草遗嘱。这份遗嘱，收藏在威尼斯圣马可图书馆，是他到过中国的最好证明。

马可·波罗有3个女儿。大女儿凡蒂纳嫁给了一个贵族，她在成为寡妇后，向法庭提出诉讼，要求取回丈夫家族扣留的马可·波罗的遗产。法庭于1366年作出判决，承认了凡蒂纳的所有权，并判决她的丈夫家族支付诉讼费用。如今扬州的马可·波罗纪念馆，收藏了这份威尼斯法庭的羊皮卷判决书复印件，上面详细列出了马可·波罗的遗产：有中国帝王印章的黄金小茶几、有龙与玫瑰图案的丝绸窗帘、有马匹装饰的银腰带，还有大黄、地毯、檀香、珠宝，等等。据威尼斯档案馆估计，这些遗产相当于今天3.8公斤黄金。这份判决书，也是马可·波罗来过中国的佐证。

但马可·波罗身后的扬州，令人五味杂陈。

八、我们期待着

扬州不缺少风景，如烟雨迷蒙的瓜洲古渡，如盛唐渡口扬子津，如鉴真东渡的宝塔湾，如园林密布的瘦西湖，如"春山如笑，夏山如滴，秋山如妆，冬山如睡"的个园，如曾经名动天下的琼花观，如二十四桥明月夜，如杜牧笔下的"春风十里扬州路，卷上珠帘总不如"，如徐凝眼中的"天下三分明月夜，二分无赖是扬州"。在全中国的城市里，她是最香艳的一个。情一样柔、梦一样美的她，是大自然的鬼斧神工，还是造物主的匠心独运？此景只应天上有，人间能得几处寻。

扬州不缺少文化，有诗人张若虚、词人秦少游，有画家群体"扬州八怪"，有作家朱自清，有学者刘熙载、刘师培、黎东方，还有扬州评话、扬州玉雕、扬州三把刀。

扬州不缺少美食，它是公认的淮扬菜之乡，创造了满汉席、红楼宴、乾隆宴、三头宴等名宴。扬州炒饭是世界各地中餐馆的必备菜。扬州也是联合国教科文组织命名的"世界美食之都"。[1]

扬州也不缺少骨气，如这里发生过全城就义的"扬州十日"，出现

---

[1] 见韦明铧：《扬州传》，新星出版社2021年版。

过"碎尸万段，甘之如饴"的史可法。

扬州还不缺少人才，仅院士就出了80多位。

但曾经的水上扬州逐渐没落。从唐朝开成年间开始，长江入海口持续向东推移。到宋、元时期，江口已经移到上海，扬州不再是海港城市。随着元、明时期深海航行技术的成熟，海上漕运的兴盛，加上明弘治五年（1492）、隆庆四年（1570）黄河决口继而改道，导致运河阻塞或中断，扬州的河运枢纽地位开始变得尴尬起来。

我们不得不承认，扬州的再生能力是惊人的。明朝落幕那年，面对兵临城下的大清铁骑，扬州督师史可法率领全城军民誓死捍卫扬州，使得清兵遭遇了入关以来最顽强的抵抗。城破后，清将下令屠城十日以示报复，扬州军民死亡人数超过80万，这就是历史上惨绝人寰的"扬州十日"。战后，这座城市居然很快从废墟中站了起来，在18世纪重新成为一座富有、美丽和浪漫的城市。因为被运河包围与分割，秀美的画舫穿梭其间，大量的私家园林临水而建，所以它有资格被冠名"东方威尼斯"。因为朝廷在此设置了盐政总部，派驻了巡盐御史和盐运使，负责两淮盐区的生产、运销和税收监管，使得扬州成为盐、茶转运节点，大量徽商涌入扬州从事食盐、茶叶、木材贸易，流寓人口与扬州土著的比例一度达到二十比一，所以它有底气被称为"商人之城"。因为"扬州八怪"带来的绘画风暴，直接把扬州建构成了一个文化坐标，所以它有理由被誉为"梦幻之都"。郑板桥甚至深情地写道："我梦扬州，便想到扬州梦我。"①

然而，再强悍的巨人也经不起持续的蹂躏。随着扬州三次遭受太平军攻击，这座神奇重生的历史名城再度坠入地狱；随着清咸丰五年（1855）黄河在今河南兰考县决堤，不再从淮河入黄海，而是夺大清河由山东利津县入渤海，运河连同黄河古道一起被冲毁，运河衰落、周期性洪灾和难民危机，让扬州变得疲惫不堪；随着19世纪晚期上海的崛起，蒸汽船的到来，铁路的发展，盐政机构的变动，扬州的远距离贸易伙伴被夺走，其漕运枢纽和食盐专卖地位成为过往；尤其是随着徽商在清末

---

① 见［澳］安东篱:《说扬州》，北京联合出版公司2022年版。

退出历史舞台，扬州繁荣的两大支柱——对外贸易的海商、国内贸易的徽商相继丧失。这个曾经商旅汇集、名士扎堆、美女如云的快乐之都，渐渐沦落为与世隔绝、落寞倦怠、人老珠黄的三流角色，因此没能像广州、宁波、青岛等海上丝路古港那样，在20世纪末从传统城市成功升级为国际化城市。

从地质学上来说，这似乎是一场不可逆转的悲剧。

但扬州心有不甘，他们正以大运河国家文化公园建设为契机，通过大运河博物馆发出了复兴大运河的誓言；他们正以扬泰国际机场为依托，构建空中对外交流网；他们还以扬州港为依托，试图重塑扬州的蓝色文明基因。

有人说，500年前，因为海洋，人类搭起了真正的世界舞台，形形色色的国家都在这个舞台上扮演着自己的角色。500年后，因为天空，人类进一步拓展了这个舞台的空间，当空中交通网和互联网日渐发达的时候，世界变小了。但我深深地怀疑，人类需要什么样的科技创造，才能使空中运输变得成本低廉，进而替代海洋运输呢？

无论如何，《春江花月夜》[①]的月色，《好一朵茉莉花》的婉转，都已深入中国人的心，扬州也由此成为一个特殊符号。

> **丝路上的扬州**：扬州，地处长江与京杭大运河交汇处。她与大运河形同一位连体婴儿，始终是相伴相生、荣枯与共的。公元前486年吴王夫差下令开挖了邗沟，从此有了扬州的前身——邗城；隋炀帝杨广下令开通了京杭大运河，扬州从此成为中国运河第一城。而扬州逆天改命，发生在唐代中期。当时，日本遣唐使团把登陆地点选在了长江入海口的扬州。随即，扬州由运河名城变成了东方海港，还有幸跻身唐代四大名港之列。"腰缠十万贯，骑鹤下扬州"成为士子们的理想；"遥传一掬泪，为我达扬州"成为诗人们的绮梦；"万舸此中来，连帆过扬州"成为司空见惯的场景。因此，它才有了"月亮城"的美

[①] 唐代扬州诗人张若虚的七言古诗《春江花月夜》，描写的是扬州海上生明月的美景。

誉和"东方威尼斯"的别称。遗憾的是，长江入海口在宋、元时期推移到了上海，大运河也因元代海上漕运的兴起受到冷落，扬州的水运地位一落千丈。如今，距离入海口300公里的扬州，能否借助长三角经济圈和大运河复兴战略，重拾蓝色经济的辉煌？让我们拭目以待。

第三章　郑和从此下西洋
—— 太仓

谁也想不到，一个以仓库命名的小地方，能与一位大明航海家和海上丝路发生重大关联。就连当时远在非洲的一个小港，居然也和它有关。

一、他们是谁

大明弘治十一年（1498），是明孝宗朱祐樘执政的第11个年头。这个史家公认的好皇帝，以一生只娶了一位后妃，冠绝二十四史。这一年，风调雨顺，国泰民安。在境外，似乎只有安南国王黎灏病逝算得上大事，明孝宗及时派人前往祭奠，还诏封了新的国王；在境内，也只有宦官李广因受贿曝光而自杀让他有点儿尴尬。但他所不知道的是，在海上丝路沿线的非洲东岸，也发生了一件与大明宦官有关的事。

这是一个真实的故事。

1498年的一天，达·伽马率领葡萄牙探险队绕过好望角，停靠在东非港口马林迪（今肯尼亚港口）。他们此行的目标非常宏大，据说是要打通葡萄牙通往亚洲东方的商路，取得印度香料和中国丝绸的直接贸易权，从而打破伊斯兰世界对东西方贸易的垄断。因此，每到一个港口，他们在通过易货贸易取得给养的同时，绝不放过任何关于东方的信息，哪怕是蛛丝马迹甚至道听途说。

在马林迪，当达·伽马向当地村民拿出脸盆、铃铛、珊瑚项链、玻璃珠子等货物，急不可耐地提出贸易要求时，这些贫困、落后、闭塞的非洲人居然不屑一顾。接下来，身穿紫色长袍的村中长老向达·伽马展示了丝绸、瓷器和一顶镶着金边的乌纱帽，然后告诉目瞪口呆的葡萄牙人，很久很久以前，一伙东方人驾着许多大船到访过这片海岸，那些船很大，如果说你们的船看上去像座房子的话，那么东方人的船看上去超过整个村庄。

他们是谁？从哪个国家来？葡萄牙人询问了村中每一位老人，但没人能提供确切的答案。

二、被阉割的少年

我知道答案。

马林迪长老所说的那伙东方人，来自遥远的大明。那支船队的首领，是一位回族人，来自四季如春的云南。

大明初年，鉴于盘踞云南的蒙古梁王和大理总管拒不归顺，明太祖朱元璋派出30万精锐部队，兵分三路进入云南，在曲靖吃掉了梁王的10万精锐部队，逼迫梁王自杀。随后，明军转战大理，把大理总管段世变成了阶下囚。

按说，云南两大首领一死一俘，"首恶"已除，明军统帅傅友德该向皇帝交差了吧。但他没有，他还有一件事需要做，就是"斩草除根"——对云南境内的蒙古人和色目人进行清洗。

傅友德下令：蒙古、色目男子，只要个头超过车轮的，全部处死；他们的妻子、女儿，押往中原充当营妓；剩下的男孩全部阉割，有的进入军中当秀童，有的进入皇宫当宦官。其中一个被俘的回族孩子，出生在昆明宝山乡和代村，叫马和，据说是大元云南平章政事赛典赤·赡思丁的六世孙，当时只有10岁，放在今天小学还没毕业，也被阉割，我至今仿佛仍能听到这个孩子被阉割时凄厉的哭号。

这时候，如果有谁说这个倒霉透顶的孩子能震古烁今，一定会被所有的人当成一个天大的笑话。

但一位西方哲人说，把走运的男人抛进大海，他也可能会衔着条鱼浮上来。

马和14岁时，被选入燕王府。燕王朱棣并不甘心做藩王，后来发起了名为清君侧实为争天下的"靖难之役"。马和随同主子出生入死，并在北平郊区的郑村坝（今北京市大兴区东郊）一战中，率领100多名骑兵突袭了曹国公李景隆的帅营，搅乱了朝廷军队的指挥系统，为解除北平之围立下头功。夺取皇位后，朱棣论功封赏，因为大明有"马不能登金殿"的忌讳，加上马和在郑村坝立过功，所以他被赐姓郑，任内官监太监①，地位仅次于司礼监，正四品，负责宫廷的采买与营建，那一年他33岁。

永乐元年（1403），太师道衍和尚——姚广孝规劝郑和皈依了佛门，受了菩萨戒，取法号福善。由于佛法以佛、法、僧为"三宝"，所以郑和被尊称为"三宝太监"。

《明史》上说："成祖疑惠帝亡海外，欲踪迹之；且欲耀兵异域，示中国富强。"意思是，明成祖怀疑建文帝逃亡海外，想派人寻找他的踪迹；而且想向海外炫耀武力，宣示中国的富强。按说，第二个目的更靠谱，也更符合中国传统君王的治国理念。自古以来，招抚诸侯、教化蛮民，使周边国家向中央王朝称臣纳贡，是衡量一个君王治理水平的重要指标。

为此，朱棣开始组建远洋舰队。朱棣在研判远洋舰队领头人时发现，一则，郑和懂航海，据说可以根据身上的关节疼痛而预知暴风雨的临近；二则，他懂天文，据说可以像士大夫查阅朝代年表一样查阅天空这部大书；三则，他身为回民，又皈依了佛门，有利于和信奉伊斯兰教的西洋国家、信仰佛教的南洋国家沟通；四则，他经历过大战的历练，有勇有谋；更重要的是，他对皇帝忠贞不贰。选来选去，"内侍中无出其右"，他成了航海舰队总指挥的最佳人选。

"郑和，正合朕意！"朱棣下诏，"敕命正使太监郑和等统领宝船，

---

① 明代宦官有十二监，分别是司礼监、内官监、御用监、御马监、司设监、神官监、尚缮监、尚宝监、印绶监、直殿监、尚衣监、都知监。每监设太监一名，正四品；左右少监各一名，从四品；左右监丞各一名，正五品；典簿一名，正六品；长随奉御多人，从六品。

往西洋诸番开读赏赐。"

郑和的职务是正使太监、钦差总兵太监，总揽船队的一切公务。另一位正使太监王景弘，主要负责航海探路和船队管理。

接下来，郑和全身心地筹备远航事宜，并把起锚地选在江南一个叫太仓的地方。

三、六国码头

江南，字面意义是长江以南。但在历史上，通常是指江东，也就是以太湖为中心的吴越平原。这里湖泊纵横，河网密布，拱桥处处，吴侬软语，风轻水柔，是一个水乡泽国、温柔之乡、人间天堂。如今的太仓市，是一个典型的江南水乡，处于长江入海口南岸，太湖的水就是从太仓流入大海的。它西靠苏州的常熟，南邻苏州的昆山，东接上海嘉定区，北与上海崇明岛隔江相望，素有"海洋之襟喉，江湖之门户"之称，拥有38.8公里的黄金海岸线，娄江下游航道水深12.5米，可供万斛之舟[①]停泊。

太仓的历史，就是一部海运与海防史。

春秋时期，吴王阖闾在此建设了巨大的粮库，用来储存军粮，"太仓"之名由此而来。

隋唐大运河开通后，太仓成了通海的门户。尤其是唐朝中后期，日本遣唐使常常从长江太仓口登陆，经苏州转入大运河，然后进入洛阳和长安。

南宋初年，抗金名将韩世忠驻防太仓娄江口，娄江两岸成为水师营寨和军用码头，聚集了众多南迁的民众和军人。后来，南宋在太仓设立了市舶分司，负责管理过往商船并收取关税。

元代的太仓，应该感谢两名海盗。这两名海盗，一个叫朱清，崇明人；一个叫张瑄，嘉定人。他们后来审时度势，投降了忽必烈，被封为

[①] 斛（hú），计量单位，一斛为十斗。万斛之舟的载重量可达240吨。

行军千户。元朝统一中国后，大都的规模急剧扩大，粮食出现巨大缺口，每年需要从南方调运粮食200万石。最初，利用大运河运粮，每年只能运粮30万石。朱清与张瑄向宰相伯颜提议，能否像宋代一样发展海上漕运。朝廷接受了这一建议，并任命朱清、张瑄为海道漕运千户。至元十九年（1282），忽必烈下令上海总管罗璧会同朱清、张瑄，制造平底海船60艘，装载着4.6万石漕粮，从太仓沿海岸线北上，经淮安、盐城、山东半岛进入渤海湾，两个月后抵达界河口（今海河口）。

朝廷经过复盘发现，尽管首次海上漕运经验不足，运输损耗接近百分之十，但依旧远远低于运河漕运损耗百分之二十五的水平。忽必烈大喜，下令停用河道漕运，正式开通以太仓为起点的海道漕运。朱清、张瑄被任命为万户将军，共同主持海道漕运事务。

至元二十四年（1287），忽必烈宣布在太仓设立行泉府司，专管海运并增设两个万户府。于是，朱清、张瑄从崇明岛迁居太仓，修筑道路，建设府第，招徕商船，囤积粮食。然后，二人引娄江入海，使得刘家港成为著名的海港。[①]

至元二十九年（1292），张瑄、朱清把只能走海岸线的平底海船，改造为吃水较深的尖底海船。改造后的漕运海船，出长江口便可以进入深海，然后利用季风和黑潮暖流，绕过成山头直接进入渤海。这样一条深海漕运通道，把40天的航程压缩到10天，把百分之十的损耗压缩到百分之一，变一岁一运为一岁二运。为此，张瑄、朱清屡屡得到晋升，成为小海盗变大将军的不世传奇。

天历二年（1329），漕粮运输量已经达到创纪录的352万石。[②]

考虑到太仓的漕运枢纽地位，大元下令把昆山县治迁到了太仓。巨大的经济利益，吸引着东南沿海大量的海商和富贾迁居太仓。这座港口城市以水军都万户府为中心，周边分别建造了海宁寺、隆福寺、东岳庙、城隍庙、市舶分司、县衙。此前人烟稀少的太仓，一跃成为人声鼎沸的"通都大邑"。

---

① 见喻常森：《元代海外贸易发展的积极作用与局限性》，原载《海交史研究》1994年第2期。

② 见张采：《太仓州志》卷九。

元代改大运河漕运为海上漕运，恐怕是大运河衰落的直接原因。①

而以漕运发迹的元代太仓港区，从娄江入海口一直延伸到太仓城南码头，是与日本、高丽、琉球、安南（今越南北部）、占城（今越南南部）、暹罗（今泰国）等国贸易的黄金口岸，太仓南码头一度被称为"六国码头"。

即便如此，太仓也不是中国最大的港口，为什么郑和偏偏看中了它呢？

四、起锚地

从地理位置看，处于长江沿岸的太仓，与同处于长江沿岸的南京，只有一天的水程，水上距离360公里，是距离南京最近的良港，选择太仓作为起航地，便于朝廷与船队联系。太仓位于娄江入海口，是太湖的泄水干道，也是苏州理想的外延港，外可通海，内可与太湖水系及大运河相连。另外，负责为大明远洋船队造船的是福建造船厂和南京龙江宝船厂，太仓恰好处在两大船厂之间，易于造好的宝船集结。

从气候条件看，这里四季分明，春秋季是季风交替时段，而季风对航海而言至关重要。宋代诗人王十朋在诗中描述太仓说："北风航海南风回，远物来输商贾乐。"

从物资储备看，它既是朝廷的仓储重地，又是著名的粮食产地。俗话说，苏州熟，天下足。元代，朝廷从苏州征调的粮食，占到了全国的十分之一。大明建立后，朝廷在太仓南码头扩建了海运仓（今太仓市科教新城），建成仓房919间，储存粮食几百万石，俗称"百万仓"。太仓富甲天下的财力和物力，可以为郑和下西洋提供丰厚的物资支撑。

从人才状况看，这里外商云集，水手众多，能够为远洋航行提供必需的翻译人才、贸易人才和水手。譬如太仓卫副千户周闻，从第三次下

---

① 见朱丽霞：《海上丝绸之路与十七世纪太仓文坛》，生活·读书·新知三联书店2016年版。

西洋开始，一直是大明船队的一员。太仓卫军士费信，通晓阿拉伯语，熟悉西洋风情，作为翻译和教谕，先后四次下西洋，后来将下西洋的见闻写成了《星槎胜览》一书，基于他在中西交通史上的特别贡献，今天南沙群岛北部的一座岛屿，被命名为费信岛。

从防卫状态看，当时海盗盛行，大明船队必须有一个安全的环境。大元末年，朝廷在太仓设立了水军都万户府。元末起义军领袖张士诚占领太仓后，训练了一支几万人的水军。朱元璋灭亡张士诚后，也在太仓建立了巡缉海盗基地。如此看来，太仓既有张士诚留下的大量船只，又有一支强悍的水师，为远洋船队保驾护航不存在任何问题。①

诸多优势集于一身，太仓成了郑和下西洋起锚地的首选。

五、下西洋

作为一名久居深宫的太监，能承担如此使命，无疑是无上的荣誉，但同时也是巨大的挑战。尽管他听到过前辈关于出海的故事，但那毕竟是遥远而模糊的记忆，况且远洋航海前无古人，没有成功的经验可以借鉴。因此，郑和以特有的缜密和开阔的视野开始了航海前的准备。

搞调查，绘地图，搞装备，造大船，夜以继日。

出行的日子终于到了。

明朝永乐三年（1405）7月11日，刘家港码头人山人海，浏河入海口桅杆林立。郑和与王景弘，肩负着大明帝国的神圣使命，即将开始伟大的首航。多少天来，这里汇聚了208艘宝船、战船、坐船、粮船、水船、马船，还有27800名整装待发的将士。其中62艘宝船，载重量多达1500至2500吨；供正副使乘坐的旗舰——一号宝船，长125.65米，宽50.94米，排水量2000多吨，船有四层，船上9桅可挂12张帆，桅杆长10余丈，每只铁锚重3000多斤，乘员达上千人，船上备有航海图、指南针等世界最前卫的航海设备，是15世纪全球最大最豪华的船。战船，

---

① 见吕承朔：《震惊世界的壮举——郑和下西洋》，商务印书馆2015年版。

是专门用于护航的兵船，长约51米，宽约19米，有5根桅杆，装备着当时世界上最先进的火铳、火炮、火球等热兵器和标枪、刀剑、弓弩等冷兵器，吨位较小，水面作战机动灵活。坐船，负责承载将领军官，长约68米，宽约27米，有6根桅杆，主要用于防海盗袭击和水上、陆上作战。粮船，长约79米，宽约34米，有7根桅杆，装载着将士们一年的口粮，按每人每天消耗一斤半口粮计算，每天耗粮41000斤，合417石，储备一年的口粮需要153000多石。水船，用来装载淡水，大小与粮船相同，按每人每天餐饮、卫生需要2000克淡水计算，每年需用水2万多吨。马船，是快速的综合补给船，长约105米，宽约42米，有8根桅杆，不仅装载着船队的油盐酱醋茶酒烛等生活必需品，还满载着西方奇缺的丝绸、瓷器、茶叶、金饰、银器等，而且还能参与快速水战。整个船队编为舟师、两栖部队、仪仗队三个序列。舟师即舰艇部队，所属战船按编队分为前营、后营、中营、左营、右营；两栖部队用于登陆行动；仪仗队司职近卫和对外交往时的礼仪。

"起锚"令下达后，江流岸凝，帆起舟行。人们分明看见，驶出港湾的不再像一支船队，更像是由无数巨轮拼接成的一座漂移的岛屿，一方流动的城市，一个缩小的王朝。为了纪念这个非凡的日子，7月11日已被定为中国航海日。

船队行至福州太平港（今福建长乐市）暂时停泊，伺风开洋。待东北季风起，船队扬帆起航，途经近十个国家，先后到达占城、爪哇、苏门答腊、马六甲、印度。直到永乐五年（1407），这支超级舰队才带着荣誉和疲惫返航。

郑和率领远洋船队共七下西洋，先后到达中南群岛、南洋群岛、孟加拉国、印度、伊朗、阿拉伯地区，最远抵达非洲东海岸和红海沿岸。他为世界文明交会树立了光辉典范，是举世公认的海上巨人，是与亨利王子、哥伦布、达·伽马、麦哲伦比肩的世界级航海家，是海上丝路的开拓者，堪称"大航海时代"的先驱。可以说，用任何语言赞誉他，都不过分。因为在时间上，他比哥伦布发现美洲早87年，比达·伽马到达印度海岸早93年，比麦哲伦环球航行早110多年。在规模上，郑和船队每次下西洋都不少于260艘，人员在27000人左右；而哥伦布首航只有3艘船，90人；达·伽马首航只有4艘船，170人；麦哲伦船队只有5艘船，265人。在航程上，郑和七下西洋航程累计近10万公里，绕地球近三圈。

最后两次航行，老皇帝已逝，郑和也年逾古稀，精力不再，但他离不开家一般的舰队，舍不下奋斗了一生的航海。尽管有人以年事已高规劝他，但他初心不改，仍如期走向太仓。

宣德八年（1433），28年的海上漂泊耗尽了他的全部精力，62岁的郑和病逝于第七次下西洋返航途中的古里（今印度卡利卡特）。他带着大海基因而生，最终魂归大海，仿佛水消失在水中。

世事沧桑多变，却万变不离其宗。

六、独步天下

在世界各国看来，中国一直是一个陆上强国。自从明清海禁以来，尤其是1840年国门洞穿之后，凡是与海洋有关的事务似乎都蒙上了一层"屈辱"的面纱。大家的印象是，8世纪到11世纪，阿拉伯商人纵横驰骋于地中海和印度洋之间；15世纪末新航路开辟后，西班牙、葡萄牙、荷兰、英国相继称霸五大洋。那么，12世纪到15世纪，海上的中坚力量是谁呢？答案正是一向以大陆国家为形象、以农耕文明为底色的中国。

中国海权时代的标志，前有宋朝对外自由贸易，中有元朝远征日本、占城、爪哇，后有明朝郑和下西洋。

郑和第一次下西洋，船队额定总船员为28000人，有200多艘船只，船只最大载重量超过1000吨，其规模之大，是"一战"爆发前欧洲任何舰队所不及的。它的密封舱设计，比欧洲早了500年。按照这样一个真实的对比，当时的中国完全可以轻而易举地获得世界制海权，甚至可以独占非洲、美洲乃至大洋洲。这样的话，将不会有后来的海上霸主葡萄牙、西班牙、荷兰、英国、美国。英国学者李约瑟曾评价郑和船队："明代海军在历史上可能比任何亚洲国家都出色，甚至同时代的任何欧洲国家，以至所有欧洲国家联合起来，可以说都无法与明代海军匹敌。"

郑和船队在海上航行时，采用了"飞燕式"队形，帅字号宝船居中，组成中军帐；左右两侧的武装舰船向外前方伸出，如大鸟舒展的两翼，可以应付任何突如其来的攻击。①郑和的武装船队以独步天下的恢宏气度穿行在"洪涛接天，巨浪如山"的海洋上，"云帆高张，昼夜星驰，涉彼狂澜，若履通衢"，轻松随意的程度如同泛舟于中国的内湖。每当郑和与仪仗队在沿线国家登陆时，山呼海啸，彩旗飘飘，服饰灿烂，刀光剑影。对所到之国引起的视觉震撼，根本无法用语言表述。每到一地，他们便大张旗鼓地弘扬大明的国威，代表皇帝将中国特产"赐"给当地国王，并邀请他们在方便时回访中国。当然，郑和并未空手而归，他不仅收下了当地国王所"贡"的香料、象牙、珊瑚、珠宝，而且有时也直接将当地使臣搭载到中国访问。仅第五次远洋带回的货物就达164种，包括五金、药品、香料、珍宝、食品、木材、布匹以及珍稀动物长颈鹿、狮子、大象、千里驼、金钱豹、斑马等。

由此，南洋、西洋刮起了一股"中国热"。浡泥（今加里曼丹岛北部）、苏禄（今菲律宾苏禄群岛）、满剌加（今马六甲海峡北岸）等国的国王、王后，在郑和邀请下对中国进行了正式友好访问。30多位非洲国王的特使被邀上船赴大明朝贡。摩加迪沙（今索马里首都）的苏丹，派出代表携带长颈鹿访问大明。朱棣亲自在京城大门口迎候这只动物。这只长颈鹿被盛赞为传说中的麒麟——完美节操、完美帝国、宇宙和谐的象征。

另外，既惹人瞩目又令人费解的，就是散发着岁月幽香的《郑和航海图》了。此图原名《自宝船厂开船从龙江关出水直抵外国诸番图》，共24页。海图中共标注了530多个地名，其中外域地名300多个。它不仅有每次航海的图示，而且有航海行程的详细记录。它所绘制的年代，既没有哥白尼的日心学说，也没有地球仪，更没有测量经纬度的办法，但郑和船队却把地文航海、天文航海、罗盘指向、航程测量等技术结合起来，绘制出这样一部航海图集。它与同时期西方的波特兰海图相比，虽

---

① 见陆静波：《郑和七下西洋》，古吴轩出版社2005年版。

然数学精度较低，但制图的范围更广，内容更为丰富，实用性更强，从中可以深刻地感受到郑和作为一名世界级航海家的经验、毅力、胆略和非凡的应变能力。

七、太仓受益

太仓应该感谢郑和，因为郑和下西洋，给太仓带来了数不尽的溢出效应。

此前的太仓，几经沉浮。元代的太仓，堪称航海界一颗耀眼的新星。明洪武元年（1368），朱元璋也曾在太仓黄渡镇设立了市舶司。但出于海禁的需要，这个市舶司仅仅两年就永久撤销了。洪武二十三年（1390），朱元璋还发布了"禁外藩交通令"，意思是不允许任何外国人踏上大明国土，从而将海上丝路变成了外国人的远方独舞。试想，如果不是郑和将太仓选为起航地，它岂能再现曾经的辉煌？

此前的太仓刘家港，尽管小有名气，但毕竟难以满足一支世界级船队集结的需求。因此，港口及配套设施只能继续扩建。其中，在今太仓小北门外设立了苏州府造船厂，所造的船可载重几千斛，载人上千，其中大部分船只参加了郑和的远航。在今太仓武陵桥南的巷子里，设有与造船厂配套的铁工厂，专为船场生产铁锚，此地至今被称为"铁锚弄"。

郑和船队出发前，太仓是招募水手及采办物资的大本营；郑和船队归航后，不仅带回了大量的西洋舶来品，还将一批批外国使团接到了太仓，外国商人也络绎而来。一时间，船队成员、中外使者与商人，在太仓生活、贸易，形成了巨大的人流与物流。"各国奇珍异宝无不毕集"，"财赋甲于天下"，让太仓有了"天下第一码头"的说法。

郑和下西洋，直接带动了太仓市镇的崛起。处于刘家港码头的浏河镇，商行、客栈、布店、粮行、钱庄、当铺林立，还有一个大型集贸市场。郑和下西洋半个世纪之后的弘治年间，浏河镇依旧是重要的商业中心。2023年，我有幸到访了籍籍无名的浏河古镇。我发现，这里桥似古琴，河似琴弓，古铺犹在，风情依然，形同一个缩小版的周庄。

郑和下西洋，还带动了当地的手工业发展。其中，太仓土布打入了国际市场，纺纱、织布遍及城乡千家万户。太仓城还出现了众多从事后整理与精加工的工坊，棉纺织业成为当地的一大经济支柱。

历史学家有个倾向，视手工制造业的时代为工业化开始之前一段充满诗情画意的时期。甚至有人把工坊描述成家庭的延伸，说那里的师傅和技工有劳同担，有桌同食，有床同寝。① 太仓同样拥有类似温馨而诗意的画面。

八、麻将发源地

麻将，是中国古人发明的四人博弈游戏，流行于华人文化圈，一般用竹子、骨头或塑料制成小长方块，在上面刻上花纹和字样，每一副牌136张；南方麻将一般会添加春、夏、秋、冬、梅、兰、菊、竹8张牌，达到144张；成都麻将则去掉风牌、箭牌和花牌，只剩108张，与梁山好汉数量相同。与其他骨牌形式相比，麻将打法简单，容易上手，但变化多端，复杂有趣，因此是最吸引人的博弈游戏之一。

最流行玩麻将的省份，非四川莫属。那是一个慢节奏的地区，城乡一片麻将声，随处可见居民围坐在一起搓麻将、垒"长城"。有意思的是，四川麻将像抗日战争中的四川兵一样血性十足，一局牌中，一家和牌并不结束牌局，而是未和的玩家继续"血战"，直到3家和牌或者剩余的玩家流局，所以这种打法又称"血战麻将"。尽管四川麻将如此火爆，但对不起，麻将的发明专利并不属于四川。它的真正发源地，是东部沿海的太仓。

主流的说法是，麻将牌又称麻雀牌，原本是太仓的"护粮牌"。从元代开始，太仓作为皇家的大粮仓，常年囤积着来自江南各地的稻谷，以供"南粮北运"。粮食多了，麻雀之患自然频发，每年都会因为雀患损失不少粮食。管理粮仓的官员为了奖励捕杀麻雀者，便以竹制的筹牌

---

① 见［美］罗伯特·达恩顿：《屠猫记》，新星出版社2006年版。

记录捕雀数目，凭此发放赏金，这就是皇家粮仓的"护粮牌"。这种筹牌上刻着各种符号和数字，既可以观赏，又可以游戏，还可以作为兑取报酬的凭证。麻雀牌三种基础花色的名字叫"筒、条、万"。"筒"俗称"饼"，其实是粮仓屯的正上方俯视图，几筒代表几个粮仓；"条"就是"束"与"索"，指用细束绳穿起来的麻雀，以鸟来代表，几条就是几束鸟；"万"是赏金单位，几万表示赏金数目。"东西南北"指风向，所以称"风"，因为打麻雀需要考虑风向。"中"表示打中麻雀，所以是红色；"白"即白板，表示没有打中；"发"指打中后发放赏金。麻将牌的玩法，也与护粮有关。"碰"，是打麻雀的声音；成牌叫"和"，是"鹘"的谐音，它是一种捕雀的鹰；"吃""杠"也与捕鸟有关。

另一种说法是，郑和船队下西洋时，每次耗时都在两年以上，将士们思乡心切，人心不免浮动，为了稳定军心，郑和发明了麻将这种娱乐形式。他以纸牌、牙牌、牌九为基础，以100多块小木片为牌，根据舰队编制，分别刻了一到九条；根据船装淡水桶的数量，刻了一到九筒；根据海上风向，刻了"东西南北"四个风向；根据金钱数量，刻了一到九万。麻将牌制作完成后，郑和与三位手下一起玩，确立了四人博弈的游戏规则。

还有史料说，麻将的发明者是明代苏州籍小说家冯梦龙和清代宁波商人陈鱼门。或许，二人也参与了麻将的改进、完善和推广。

无论如何，麻将都是中国古人集体智慧的结晶，而它的发源地则集中指向长三角经济圈，尤其是苏州下辖的太仓。

九、该算一算账了

与阿波罗登月计划一样，郑和的远洋航行也极大程度地展示了国家的财富和科技水准。郑和下西洋证明，中国的发明创造一直犹如蜂窝一样密集，中国不仅是造纸术、印刷术、火药、罗盘的故乡，也是多种建筑、水利、矿业技术的引领者，当时欧洲并未占有科技上的优势。那时，假如某个观察家拥有未卜先知的能力，可能会认为中国正先于英国，在朝着世界上第一场工业革命冲刺。但事实是，这种冲刺很快就慢了下来，并最终变成匍匐前进。

永乐十九年（1421），朱棣迁都北京，以便有效应对北方草原民族的威胁。一个王朝地理中心的转移，肯定会影响整个朝廷的注意力，于是大明的海外开拓政策被大陆防御政策所淡化。好在，朱棣还活着，南洋政策的惯性尚在。但永乐二十二年（1424）夏天，朱棣在北征途中驾崩，他所倡导的海外霸业被叫停也就毫无悬念了。果然，明仁宗朱高炽、明宣宗朱瞻基上台后，相继叫停了郑和的远洋事业。

直到宣德五年（1430），朱瞻基才宣布恢复南洋政策——七下西洋的活动。倒不是因为他可怜郑和，而是因为朝贡国由永乐年间的20个锐减到8个，皇帝的面子有些挂不住了，还因为海洋贸易停滞导致国库收入减少。

然而，七下西洋仍然是地地道道的回光返照。正统元年（1436），新皇帝朱祁镇"决定"不派造船者前往南京，那时他才9岁，应该是大臣们替他做了这个决定。大臣们算了一笔账：永乐年间下西洋花费白银600万两，相当于国库年支出的两倍，这还不包括造船、维修等费用。而建造和修补一艘船平均需要1600两银子，每次出航动用260多艘船，仅造修费用就需40多万两银子。

大明的远洋壮举就此终止。

那么，郑和下西洋，真像几个明朝大臣所说的那样"劳民伤财"吗？真如有些史学家所说的那样，是专制君主"虚荣政治"的典型症状吗？真的是对外"馈赠"多，外方"纳贡"少吗？

不得不承认，郑和下西洋，的确带着"宣示国威"的使命，也的确对航路沿线的国王"馈赠无数"。我们暂且不去评论"宣示国威"有无必要，大量史料证明，郑和下西洋所开展的，并非只有朝贡贸易，还有频繁的、大量的国际贸易和民间互市贸易。

除了朝贡贸易由郑和与其他正使、副使亲力亲为外，其他贸易一般由使团成员上门开展。譬如一些东非国家，对中国丝绸、陶瓷早有耳闻，并心仪已久，然而由于远隔重洋，一直无法实现直接交易。当郑和使团不远万里抵达东非海岸时，当地民众欢欣鼓舞，奔走相告，纷纷拿出当地特产，如龙涎香、没药、乳香（薰陆香）、象牙、斑马、狮子、犀牛、金钱豹、驼蹄鸡等，供中国人挑选。郑和十分注意保护当地人的贸易热情，往往把质量上乘的丝绸、瓷器、漆器、金银器拿出来，与对方交换。如果是国际贸易，买卖双方还要签订合同。因为有些商品交易时间跨度大，譬如胡椒有生长周期，往往需要船队返航时才能完成交易。一些国家，特别是首次与郑和船队做买卖的国家，担心船队一去不复返，无法履行合同。郑和为了打消对方的顾虑，会留下几名"人质"。长此以往，郑和船队的信誉不胫而走，沿途各国争相与大明交易。[①]

在有关史料中，笔者从未发现有郑和船队不讲信用或强买强卖的记载。

郑和下西洋带回了多少"宝物"呢？有人说，约合白银千万两。[②]

对于这一说法，许多人存有异议。大明王朝通过下西洋究竟得到了多少实惠，我查不到准确的数字。但是一些残存的史料，却给我们留下了想象的空间。下西洋结束三年后，南京的守备太监突然接到圣旨，明英宗朱祁镇急调300万斤苏木、胡椒入京，充当朝廷官员的饷银。此后若干年，用苏木、胡椒代饷银的范围越来越大，甚至负责京城守备的士兵，也从中受益。

这些存量巨大的香料，都是下西洋的成果。

十、一声长叹

多说无益，因为禁海令被严令执行了。

从弘治十三年（1500）起，无论何人，只要被发现建造超过两个桅杆的船只，就要被判处死刑。而在嘉靖三十年（1551），就连乘坐这种船出海都是犯罪行为。有一个故事说，成化十三年（1477），当大臣们重提宝船航行这个想法时，兵部职方司郎中刘大夏派人烧毁了

[①] 见马骏杰：《郑和下西洋》，中国财政经济出版社2017年版。
[②] 见章宪法：《海上大明：郑和舰队的七次远航》，江苏凤凰文艺出版社2019年版。

郑和的航海日志，刘大夏的理由是："郑和前往西方的航海浪费了上百万的金钱和谷物，而且成千上万的人死于此……这是一个极其糟糕的行动，大臣们本应予以强烈反对。即使这些旧资料现在还保存着，也应该被烧毁。"对此，兵部尚书余子俊大为愤怒，但皇帝朱见深没有任何反应。

雨果说，当一种观念的时代到来，没有什么力量能够阻挡它。这句话的反面是，当一种观念的时代过去，没有什么力量能够挽留它。结束国家航海项目的决策贯彻得畅通无阻，巨大的远洋船无所事事地停泊在港口里，很快就成了廉价木材，被拆卸一空。铁工厂被废弃，航海仪器和资料缺乏管理，船队人员或者受雇于大运河的小船，或者被投入建筑和交通行业。不久，大明就不再拥有海洋主导地位，虽然朝贡使团仍在流入，但已是乘坐外国船只而来。到了15世纪中期，印度洋周边国家的使团，一般都远离中国水域了。①

大明船队不再独霸海疆半个世纪后，葡萄牙、西班牙船队才绕过好望角，抵达印度洋，进而走遍世界，成为海上商业与殖民帝国。在此之前，以印度洋为中心，西起红海，东到日本海的整个亚洲大陆南缘的长弓形的海上通道，才是世界贸易的中心，更是世界的活力中心。在此之后，欧洲主宰的大航海时代，使得大西洋成为世界动力的源头。中国的"退守内陆"与欧洲的"海上扩张"，是划分世界史的依据。②

与郑和远航的主旨是和平，基础是和谐与宽容大相径庭的是，欧洲人的每一次远航都带有经济掠夺、军事征服甚至地理占有的目的，都夹杂着对当地人的矮化与压制。如1768年英国皇家派出一支远航队，公开宣称前往塔希提岛观察金星凌日，以便准确地测出地球到太阳的距离。船上载有多名天文学家、科学家和画家，船长是航海家、制图师、海军中尉詹姆斯·库克。他们不仅观察到了金星凌日，而且抵达了澳大利亚东海岸和被荷兰人发现但未登陆的新西兰，然后宣称这些岛屿归英国所有。就连1798年拿破仑进攻埃及时，都随队带着165名学者，一大

---

① 见［德］罗德里希·普塔克：《海上丝绸之路》，中国友谊出版公司2019年版。
② 见［韩］朱京哲：《深蓝帝国：海洋争霸的时代1400—1900》，北京大学出版社2015年版。

成就是建立了一个名叫埃及学的新学科,长远目的则是为法国占领埃及奠定语言、文化、法理基础。

西方人认为,中国在15世纪初放弃海权是一个"千年之谜"。因为其他航海大国往往经过百年争斗,受到对方的驱逐而成为悲惨的输家,不得不离开这一蓝色的舞台。而大明从蓝色的舞台退出,根本没有任何外力的干扰,纯属自主选择。这一点,是令拥有殖民主义思维的外国探险家和政治家匪夷所思的。

答案,应该与地理、政策和文化有关。

一是地理因素。中国的海岸线长度达到3.2万公里,而陆地边界线仅有1.8万公里,但这道陆地边界线是它与它不稳定和好斗的邻国共享的,尽管明代来自倭寇的骚扰和19世纪来自海上的侵略使得中国数度蒙羞,但它没有被这些侵略者推翻,而来自陆上的侵略者则屡次做到这一点。

二是政策因素。回望中国二十四史,强盛的王朝总是把精力集中在陆地上,土地和人口一直是它的首要问题。只有分裂时期的偏远和弱小政权,才会把目光投向海洋。譬如春秋战国时期,注重发展水产和水师的,是相对边远的齐国、吴国和越国;三国鼎立时期,最重视水军建设的,是相对弱小的东吴;宋辽金元并立时期,发展海上贸易最积极的,是武力羸弱的南宋。虽然中国与海洋存在长期而重要的关系,但历代中国统一王朝本质上都是大陆国家,海洋从来不是国家政策和国家身份的核心。它更关心内部稳定,而不是对外关系,它担心对外贸易会引发不安定,因为这会在世俗和精神层面上引入外国思想,并使商人集聚起个人财富,而这些人是在儒家社会体系中居于最下层的社会不稳定因素。"重农抑商",是除宋朝之外其他所有王朝的国家政策,商人在古代中国人眼里几乎就是投机取巧、唯利是图的代名词,挣再多的钱也没有什么社会地位,也想着捐一个官做。道理很简单,当中华帝国对海外无欲无求,国内又能做到太平、富庶、风调雨顺、衣食无忧,人的举止端庄优雅,能够按照儒家学说组织社会、礼遇那些皓首穷经的人,朝廷为什么还需要更多地注意海外的世界呢?正如亚当·斯密分析的那样,中国主动放弃了海权,没有"鼓励对外商业活动,因此失去了比较优势和国际劳动分工带来的优势",使得经济"长期处于静止状态",只能听任那些毫不起眼的西欧小公国在殖民扩张之路上狂奔。

三是文化因素。在中国人的传统性格里,一向缺乏向外的张力。"安土重迁",在百姓心中根深蒂固。"守业守成",是历代君主共同的选择。千年前的秦始皇虽然纵横六合,但他建造的长城,本质上与农夫的篱笆没有什么两样,只不过他的院子更大一点罢了。因此我们看到,永乐除了下西洋、编纂《永乐大典》外,还有一项同样引人注目的盛举——把国都从长江南岸的南京迁移到靠近长城的北京,并重修被冷落数百年的长城。明朝科举主要考核举人对儒家经典的掌握程度,但朱元璋最讨厌孟子,认为孟子"君视臣如草芥,则臣视君如寇仇"的思想不利于君主专制,因此科举所用的经典删去了不利于皇权的章节,经典的解释也以朱熹的注疏为主,以保证纲常不变。这样选取的举人,当然都是些循规蹈矩者,对皇帝只有效忠,不敢怀疑。儒家思想的僵化,就是从这个时期开始的。以人性为主、强调人格和公平正义的孔孟学说,从此被阉割为统治者维护专制权威的工具。①

一位西方学者认为,中国从海洋倒退的关键因素,是信奉儒家学说的官吏们的保守性,这一保守性在明朝因为对蒙古人早先强加给他们的变化而加强了。在这种复辟气氛下,所有重要官吏都关心维护和恢复过去,而不是创造基于海外扩张和贸易的更光辉的未来。根据儒家学说的行为准则,战争是一种可悲的活动,而军队只有在担心发生蛮族入侵或内乱时才有必要重视。达官贵人对陆军和水军厌恶的同时,也伴随着对商人和商业资本的疑虑与不满。虽然达官贵人们并不想完全停止整个市场经济,但经常通过没收商人的财产或禁止他们经商来干涉个别商人。中国民间进行的对外贸易,在达官贵人眼里就显得更加令人疑虑,而这不仅仅是因为外贸较少受到他们控制。②

此外,大多数知识分子目睹了方孝孺、于谦等人的悲惨结局,不再愿意冒着生命危险卷入政治斗争,也不再愿意将目光投向未知的世界,

---

① 见[美]许倬云:《大国霸业的兴废》,东方出版社2021年版。
② 见[英]保罗·肯尼迪:《大国的兴衰》(上),中信出版社2013年版。

便选择了安于现状。一些人设坛讲学，却拒绝为科举考试培养学生；一些人注重为村庄和家庭制定规则，女子裹脚的习俗随之形成；还有一些人倾向自省，通过静坐与沉思来完善自己，勤力实践朱熹所倡导的："日省其身，有则改之，无则加勉。"更有一批人以中庸为人生信条，一再标榜和推崇老子的那句话："我有三宝，持而保之：一曰慈，二曰俭，三曰不敢为天下先。"大清名臣张廷玉在专制君王乾隆登基后，只能黯然致仕，并一再感叹："万言万当，不如一默。"一个印度老牌政治家对明清时期的中国和欧洲做了一个比喻：中国是一个有教养的中年人，喜欢平静的生活，不热衷于新的冒险，不喜欢打乱规律的生活，忙于研究古典文化和艺术；而欧洲则是个毛头小伙儿，桀骜不驯，富有激情和探求精神，渴望到各处去冒险。中国不乏美妙动人之处，然而，夕阳无限好，只是近黄昏。①

固守住疆界，笼络住人口，成为明清实行海禁的真正目的。特别是到了清代，顺治帝发布了两次"禁海令"，要求商船一律不准私自出海；为了对付郑成功，顺治帝和康熙帝又发布了三次"迁海令"，勒令沿海居民一律内迁30里。连续三次强制性的"迁海"，波及范围北起山东半岛，南到珠江三角洲，不但造成了滨海千里荒无人烟的历史悲剧，而且使得"隆庆开禁"后稍有复苏的外贸业又遭到毁灭性打击。即便是大清后来放松"海禁"，也是有条件、有地点、以收税为目的、在朝廷主导下的放松。所有的海上民间贸易，都被视为"海盗"，都属于禁止的范围；所有远洋的华商海船，无论运送了多少中国商品，都不受大清保护。与此相反，西方国家一直用武力支持商人开拓市场，争夺航线，甚至武装殖民。西方商人在仗剑经商，而中国商人却是非法经营。如此说来，中国民间商船屡屡被外国公司劫持，香料基地和贸易航线全被西方控制，也就怪不得别人了。

在朝廷眼中，世界上最大的海洋与世界上最高的山脉一样，不过是上天赐给他们的免费长城。那漫长的海岸线，是他们无法逾越的精神边

---

① 见［印］贾瓦哈拉尔·尼赫鲁：《爸爸尼赫鲁写给我的世界史》（上册），中信出版社2016年版。

界。直到用蒸汽机驱动的、用钢铁打造的、用火炮武装起来的西方舰队逼近中国海岸，尤其是英国炮舰"康华丽号"大摇大摆地游弋在南京下关江面，将火炮对准谈判中的静海寺，用人造的闪电和雷鸣向对方示威的时候，大清官员们才猛然醒悟：大洋原来也是路，而且是最快捷、最宽阔的路——当然只是洋人而非自己的路。

我只有发出一声长叹：郑和下西洋就这样成了一个传奇，也仅仅是一个传奇。

这一声叹息，是萦绕在曾经盛极一时的海上强国心头的噩梦。

难怪梁启超说，郑和之后，再无郑和。

历史也说，郑和之后，再无太仓。明末，娄江上游水利失修，刘家港走向衰落，其枢纽地位被新兴的上海港替代。

十一、一份答卷

即便是停摆的钟表，每天也有两次是准时的。560年后的1996年，太仓港终于搭上了浦东开发的快船，被批准为国家一类口岸，正式对外国船舶开放，是全国唯一享受海港待遇的内河港口，全国第一个实现跨省通关一体化的港口，江海联运中转枢纽港。如今太仓港已形成内河喂给、长江集并、沿海内贸、近洋直达、远洋中转五大航线网络，成为上海国际航运中心北翼干线港，拥有码头泊位95个，每年进出船舶14万艘，2022年集装箱吞吐量802万标准箱，列中国第10位，世界第22位。尽管有一张如此亮丽的成绩单，尽管太仓在2022年全国百强县排名中名列第15，但仍然在苏州下辖的4个县级市中排名垫底。

太仓必须弯道超车。

这个弯道，只能是蓝色的大海。我在采访时得知，太仓人正在实施"以港强市、以城兴港"和"沪太同港化"战略，提出了"上海下一站，下一站上海"的形象化目标，而且在2022年公布的全国县域发展潜力百强县排名中，超越了苏州的三个兄弟县级市，名列全国第二位。

太仓人能把潜力变成现实吗？这个现实是3年、5年还是无法确知的未来?

一个西方学者说,不确定性是21世纪第二个10年的重要主题。①不确定性来自世界百年未有之大变局加速演进,来自单极世界带来的战争风险,来自单边主义、保护主义、霸权主义的威胁,来自世纪疫情的深远影响,来自各国应对风险挑战的能力。而中国应对一切不确定性的最大确定性,就是新时代中华民族独有的思想伟力、战略定力、民族自信和大国担当。

我感觉,深蓝色的太仓不会在民族复兴航程中掉队,她应该有底蕴有气概有能力交出一份确定性答卷。

希望本书再版时,我能出示这份答卷。

> 丝路上的太仓:太仓,位于长江入海口南岸,与上海崇明岛隔江相望。它起点很低,一开始不过是春秋时期吴王的粮仓。它的崛起也很偶然,元朝为了提高漕运效率,决定改运河漕运为海路漕运,并把海路漕运的起点选在了太仓。为此,朝廷在此设立了两个万户府,还引娄江入海,把太仓刘家港变成了大型海港。它的辉煌出现在明朝,因为郑和把下西洋的起锚地选在了刘家港。太仓因郑和而闻名,可谓一个人的港城,也是大明走向世界的见证。现代的太仓,先是搭上了浦东开发的"快艇",最近又加入了长三角经济圈的"航母编队",成为上海国际航运中心北翼干线港。太仓2022年GDP超过1650亿元的成绩单,大部分来自海洋经济的贡献。

---

① 见[英]杰里米·布莱克:《大英帝国300年》,中国友谊出版公司2021年版。

第四章　河姆渡为你奠基
—— 宁波

作为唐宋时期的东方名港，宁波到了明代依旧是承接日本朝贡贸易的指定港口。意外的是，嘉靖二年（1523），两个日本朝贡使团居然在宁波拔刀相向，酿成了一场震惊中外的流血事件。要弄清事件的起因，还需要从大明的贸易政策谈起。

一、一种叫"贡"的贸易

中国式改朝换代，属于典型的大拆大建，不仅要换国号、皇帝、年号，更要换体制、机制和国策。大明，是一伙饿疯了的农民通过造反建立的朝代，开国皇帝朱元璋就是乞丐出身。朱元璋称帝后，便把解决"吃得饱，睡得着"问题作为头等大事，一直采取重农抑商政策，对给前朝带来巨大财富的外贸产业，根本不以为然。他还根据信国公汤和关于海岛地区"穷洋多险，易为贼巢"的奏报，严禁沿海居民私自出海贸易、捕捞和探险，"朝贡贸易"成了官方唯一认可的对外交往方式。

所谓"朝贡贸易"，又叫"随贡贸易"，是大明独特的外贸制度。多数史学家认为，从唐代开始，中国皇帝就自认是天朝上国，一直对"八方来贡，万国来朝"乐此不疲。大明建立后，朱元璋也延续了前朝的做派，派出使者出使朝鲜、日本、安南、占城等，说明大明继承了中国正统，敦促各藩属国前来朝贡。郑和下西洋，也是以让"四夷宾服，万国来朝"为目标的。同时，大明准许外国使节在"进贡"的前提下，用所乘坐的船舶、车马，携带商品来中国，在朝廷指定的场所——会同馆开市交易。对于前来朝贡的使团，大明特别设有负责接待的官员，专门建了免费提供住宿和吃喝的驿馆，回赠的物品也异常贵重和丰富。对于大明来说，朝贡显示的是一种政治隶属关系；对于前来朝贡的国家来说，则把"贡品与馈赠之间的关系"看作一种商业交易。实际上，这是一种先"贡"后"易"的垄断贸易。

对于"朝贡贸易"，西方世界颇有微词，认为是一种不平等的贸易。连许多中国学者也认为这是外贸领域的倒退，是中国皇帝"自大症"的典型症状，也是造成中国封闭落后的制度根源。在很长一段时间，我也认可上述观点，直到看到一本书。

这本书叫《丝绸之路：中国—波斯文化交流史》，作者是法国史学家阿里·玛扎海里。他在该书的"导论"中，对中国"朝贡贸易"给出了全新的解释。

他首先声明："丝绸之路仅仅依靠中国，而完全不依靠西方。这不仅仅是由于中国发现和完成了这条通向西方的道路，而且这条路后来始终都依靠中央帝国对它的兴趣。疆域辽阔的中国是19世纪之前世界上最富饶和最发达的国家，丝毫不需要西方及其产品。相反是西方人都需要中国并使用各种手段以讨好它。"意思是，丝路贸易的主导者是中国，中国采取任何贸易政策，都是天经地义的。

他进而指出："明王朝在关隘上拥有一种非常有效的控制制度，外国人进出中国时都有一种如同海关网一样的机构，当时根本不能像进磨坊那样随便自由进入中国，中国官府严格地要求进出境的关文，某些买卖是被严格禁止的，如禁止出口铜钱。外国人只能以使节的身份进入中国，或者至少是以某一使节侍从的身份入境，任何人都不能以普通商旅的身份越过中国关卡。因此，西方人觉得这种做法很奇怪，因为我们的理想是财产和人员能自由地穿越边界。"

那么，中国人真的不关心贸易吗？他接着说："这些使节团的仪礼性特点会使人认为，15世纪的明朝皇帝和西域国王并不关心贸易。事实上绝非如此。我们掌握有大量在明朝与穆斯林国王之间交换的外交文书，信中双方都希望维持丝绸之路上各自所属一段的安全，这样做有利于贸易，所以驼队和商船按季节往返于丝绸之路上。在伊朗，有时是国王亲自为某些商行经纪人提前数年垫付资本；有时又是商贾们联合起来向国王进贡，以便从他那里获得从事某种季节性或定期的商业旅行的特权。最后，国库、国王以及市场上经常性地对布帛、药品、小五金用品、中国瓷器和纸张等的需要，也是刺激丝绸之路上商人们的兴趣和导致这些浩浩荡荡的使节团每年往返的原因。"①

这个法国人说得够直白，也够透彻了。一句话，"朝贡贸易"也是一种贸易，朝贡国也是受益者。

景泰四年（1453），日本朝贡使团来华，礼部官员对其所带的货物稍加压价，日本使团就表示，如果明朝不按拟定的价格收购货物，他们将拒绝回国。景泰帝竟然不顾货物的价值，指示礼部官员"远夷当优待之，加铜钱一万贯"。日本使团仍不满足，再次要求加价，景泰帝又指示给日本使团500匹绢、1000匹布。②

长此以往，各国外交使团前往大明朝贡，就成了一本万利的买卖。如此巨大的利益，当然会让周边各国趋之若鹜，后来竟然出现了一些假冒朝贡使团来大明"揩油"的外国商队。朝贡贸易鼎盛时期，关联国家超过150个，真、假朝贡使团络绎不绝。

大明很要面子，但绝非冤大头。洪武十六年（1383），大明朝廷设计了堪合制度，由使臣将堪合送到周边国家，告诉对方，凡是前来中国的使者，必验堪合相同，否则以假冒论处，并第一次向暹罗发放了堪合。永乐二年（1404），开始向日本发放堪合。《明会典》记载，明代获得堪合的国家有15个，包括日本、占城、暹罗、爪哇、满剌加、真腊（今柬埔寨）、浡泥、苏禄、古里、苏门答腊等。从此，朝贡贸易又被称为"堪合贸易"。

除了堪合制度，大明还对于前来朝贡的国家作了一系列限制性规定，包括朝贡期限、路线、停靠的港口、贡使停留的地点、贡船数量等。其中，朝贡的指定港口是："宁波通日本，泉州通琉球，广州通占城、

---

① 见［法］阿里·玛扎海里：《丝绸之路：中国—波斯文化交流史》，中华书局1993年版。
② 见黄彰健校勘：《明英宗实录》卷237，中华书局2016年版。

暹罗、西洋诸国。"①

既然宁波是中日往来的唯一港口,那么日本人在中国发生纠纷的地方只能是宁波。

宁波的名字,也拜那位乞丐皇帝所赐。洪武十四年(1381),为避国号"明"之讳,朱元璋取"海定则波宁"之意,将明州改称宁波。

二、争贡事件

前来大明朝贡的国家共有三类。第一类是积极向化的朝贡国,与大明有隶属关系,受中国文化影响深,态度最为恭顺,如朝鲜、越南;第二类是追求贸易利益的朝贡国,如暹罗、真腊、爪哇、琉球等,它们有利就来,无利则去,琉球甚至把朝贡贸易作为财政收入的主要来源;第三类是既向化又背离的朝贡国,日本即属此类。

尽管大明一直希望利用朝贡贸易笼络日本,但两国关系一直掺杂着不和谐的音符。利益需要时迎来送往,不绝于道;利益淡薄时视为寇仇,音问两绝。

大明初期,中日有一个蜜月期,日本在十年内向大明朝贡达七次之多。洪武二年(1369),大明在宁波设立了市舶提举司,专门负责接待日本勘合贸易的"贡船"。但胡惟庸案发生后,朱元璋认为日方与胡惟庸串通,对倭寇打击不力,于是断绝了与日本的朝贡贸易,还在《皇明祖训》里把日本列为"不征之国",理由是"得其地不足以供给,得其民不足以使令"。

求变,是天下有为之士唯一不变的选择。第三任皇帝朱棣与父皇朱元璋不同,他认为应当以开放的态度处理对外关系,决不能简单粗暴,因噎废食,既然倭患主要来自日本,那就恢复中日朝贡贸易,双方共同抑制倭寇。而日本幕府、武士以及商人也有强烈的贸易愿望。双方一拍即合。

---

① 见〔清〕张廷玉等:《明史·食货志》,中华书局1974年版。

永乐元年（1403），朝廷以方国珍都元帅府花厅为基础，改建了宁波市舶提举司，新建了市舶库和市舶码头，还设置了四明驿、嘉宾堂、迎宾馆，用来接待日本朝贡商队。朝贡商队入住后，一切食宿、交通、医疗、文娱都由驿馆负责。

下一年，明朝大臣赵居任被派往日本，就堪合贸易一事进行谈判。日本实际统治者足利义满在京都热情接待了赵居任一行，双方签署了堪合贸易协议，史称"永乐协议"。协议规定，日本十年一贡，人限二百，船限二艘，不得携带武器，违者以盗寇论处。双方还约定，每逢朝廷改元，会将新勘合和底簿送到日本，并把未用完的旧勘合和底簿收回。大明一朝颁赐给日本的勘合有永乐、宣德、景泰、成化、弘治、正德6种。

永乐四年（1406），宁波市舶司内又设置了安远驿，作为专门接待入贡使者的场所。

作为一个务实主义国家，日本看到了堪合贸易带来的巨大利润，开始挖空心思扩大贸易规模。在日方强烈要求下，宣德七年（1432），双方签署"宣德协议"，规定日本仍是十年一贡，但人数放宽到三百，船只增加到三艘。

日本的堪合船上通常载有三类货物：一是进贡方物，是国王献给大明的贡品，大明对此回赠"赏赐物"。二是使臣自进物，是朝贡使团正、副使以及成员进献的物品，实际上是大宗商品，大明按照数量付钱。三是国王附搭物，基本是国家贸易商品，到后期则被日本私商的商品所取代。这些私物，凡官方不愿收购的，均可以在宁波销售。同样，日商也可以沿途购买所需货物，运回日本销售赚取差价。日本输入的货物以刀剑、硫黄、铜、扇、砚、屏风、描金物为主，中国输出日本的货物主要是铜钱、丝绸、书籍、字画、布、铁器、瓷器、漆器、水银、药材、脂粉。日本购进的生丝价格为每斤250文，运回日本售价为5000文，利润高达19倍。日本带来的刀剑是每把800到1000文，明朝则以10贯（一贯等于1000文钱）以上收购，每条贡船的利润一般在1万贯以上。[①]

[①] 见王慕民：《明代宁波在中日经济交往中的地位》，原载《宁波与海上丝绸之路》，科学出版社2006年版。

如此厚利，自然使得日本上下趋之若鹜。起初，朝贡贸易的组织权一直掌握在幕府手中。随着幕府地位的下降，朝贡贸易权逐渐被大名①所垄断。到了后期，大名大内氏控制了从濑户内海到中国的海路，大名细川氏则控制了九州南部到中国的海路，双方在对明贸易上形成对立格局。

正德十一年（1516），日本第16次堪合船带回的正德堪合被大内氏扣留。

嘉靖二年（1523），大内氏以正德堪合组成第17次朝贡贸易团，出动3艘船只共300多人，由谦道宗设任正史，前往宁波。细川氏得到消息后，立即从幕府讨来已经作废的弘治堪合，派鸾冈瑞佐和宁波人宋素卿乘坐一艘贸易船共100多人，劈波斩浪，日夜兼程，于随后赶到宁波。宁波市舶司检验时，发现堪合有新旧之分。谁真谁假？谦道与鸾冈发生争执。接下来，宋素卿暗中向宁波市舶司太监赖恩行贿，使得后到的鸾冈货船先于谦道船队进港验货。随后，市舶司在宴请日本外交团队时，又把鸾冈的席位安排在谦道之上。这一无脑之举，无异于火上浇油。本就愤愤不平的谦道，终于彻底失控。

宴会之后，谦道率领手下武士打开东库，抢出被收缴保存的武器，攻入贸易团队下榻的嘉宾堂，杀死了手无寸铁的鸾冈，焚烧了嘉宾堂，然后赶到外国货船停泊处，烧毁了宋素卿的船只，还追着宋素卿，一直杀到绍兴城下。在折回宁波时，他们一路杀掠，造成多名军民伤亡。在宁波市区一通抢劫后，他们夺船逃进大海。大明备倭都指挥刘锦、千户张镗率军追赶，不幸战死。中国有一首《鸟鹊歌》，完美诠释了这一事件：

　　南山有鸟，北山张罗；
　　鸟自高飞，罗当奈何？

---

① 大名，是日本古时对领主的称呼，由名主一词转变而来。所谓名主，就是某些土地或庄园的领主；土地较多、较大的称大名主，简称大名。

这一恶性事件，严重影响了朝廷对朝贡贸易的判断。大明给事中夏言甚至声称倭患"祸起市舶"，朝廷趁机下令关闭宁波市舶司，中日之间的朝贡贸易走到了尽头。我第二次走进宁波那天，正值人间四月，天上飘着细雨，我顺着静水深流的奉化江，终于找到了宁波市舶司原址。可惜，展现在我面前的，是江厦公园里的一片小树林和一个小亭子。导游告诉我，为了证明这里有过市舶司，当地复原了市舶司门外负责办理报关手续的来远亭。面对这座似亭非亭的新建筑，远道而来的我只有摇头、纠结与感喟。

后来，人们再也没有听到谦道的任何消息，中国东南沿海泛滥的倭患不知是否与他有关。我们只知道，那个躲进绍兴城的宋素卿，被大明判了死刑，掉了脑袋。我们还知道，日本太政大臣丰臣秀吉曾有一个绮丽的梦想：我一旦以武力征服中国、朝鲜半岛之后，就把日本天皇安置在北京，让我的养子丰臣秀次当中国的关白（相当于宰相），而我则定居在宁波城，以控制整个东亚海域。

当然，丰臣秀吉的梦想只是一个空想。

接下来的时间，还是让我们从漫天血雨中走出来，了解一下宁波的前世今生吧。

三、河姆渡为你奠基

北纬30度线，穿过日本本州地震带、喜马拉雅大裂谷、地中海、百慕大三角，由于涡旋、气旋、风暴、磁场的相互作用，是火山、地震、海难、空难频发的区域，被称为死亡旋涡区；这条线又贯穿世界四大文明古国，是一条世界文明线，仅在中国就诞生了拉萨、重庆、长沙、武汉、南昌、景德镇、徽州、杭州、宁波等城镇。

宁波，北临杭州湾，外环舟山群岛，深阔的甬江穿城而过，形成了天然的河口港，非常适合帆船寄泊避风。宁波地势西南高，东北低，主要山脉有四明山、天台山，北濒杭州湾，东临东海，与舟山群岛隔海相望。它属于亚热带季风气候，全年无冻，北赤道暖流与北太平洋寒流的背向回流，使此地每年夏、秋季节常刮偏南风，深秋、冬季常刮偏北风，航海气候条件优越。深水岸线长280公里，接近全国的四分之一，可谓得天独厚。在中国18000公里的漫长海岸线上，宁波处于中段，西接绍兴、杭州，北通太仓、扬州，南接台州、泉州，向东北越海可达琉球群岛和日本列岛，是浙东运河[①]的出海口，具有优越的地理、区位和海上交通优势，是建设国际大港的绝佳地带。

早在7000年前，河姆渡先民就借助独木舟，"以船为车，以楫为马"，勇敢地向大海索取生活资料，成为华夏大地海洋文化的曙光。河姆渡遗址出土的雕花木桨、有段石锛和萧山跨湖桥遗址出土的独木舟残骸，就是明证。

此地造船历史也相当久远。公元前10世纪的《逸周书》记载："周成王时，于越（宁波一带的古族群）献舟。"

公元前473年，越王句践完成灭吴大业后，为进一步巩固自身的海上优势，便在句余之地（今宁波市江北区慈城镇城山渡）修建了春秋时期第一座真正意义上的港口城市——句章。依山临江而建的句章港，是一个具有军事和商贸双重功能的港口，具备大规模集结战船的能力。从此，越国在此营造战船，兴办舟师，并设法吸引"海人"前来贸易，使之成为与碣石、芝罘、琅邪、会稽齐名的五大古港之一。[②]

说起来，句章港能让司马迁特别关注，还是因为句践一个不成器的后代。汉元鼎六年（前111），与汉朝和平共处22年的东越王余善，不知受了谁的蛊惑，居然趁南越国宰相吕嘉反叛之际，突然向汉朝发起攻击，连克3座要隘，还击杀了3名汉军校尉。到这里，按说他应该有所收敛了，但他却是一个有两分颜色就开染坊的人，他自以为实力顶天，便擅自刻制玉玺，缝制龙袍，自封为东越武帝。中国版图上岂能有两个武帝？元封元年（前110），汉武帝派出4路大军会攻东越，其中横海将军韩说率领一支水军从句章港南下，沿着海岸线长驱直入，顺利完成了对东越王城冶城（今福州市屏山南麓）的包围。之后，汉军

[①] 又称杭甬运河，西起杭州市滨江区，跨曹娥江，经绍兴市，东到宁波甬江入海口，全长239公里。是京杭大运河的延伸，也是大运河与海上丝绸之路连通的重要水道。
[②] 见刘士林：《中国海上丝绸之路城市廊道叙事》，东方出版中心2017年版。

将劝降标语绑在箭上射入城中。很快,城中贵族就向汉军献上了余善的人头。①

四、最澄与日本茶道

唐开元二十六年(738),今宁波地区由县升为州,因为当地有一座四明山,所以朝廷将它命名为"明州"。从此,这个新名字作为一个显赫的政治单元横空出世。

明州的兴盛,除了基因里自带的地理、区位优势,还有四个加持因素:

第一,海上丝路相对于陆上丝路的比较优势。作为陆上丝路的主要运输工具,一峰成年雄性骆驼——"沙漠之舟",可以驮150公斤左右的货物;即便是一艘载重量5000公斤的小型帆船——"海洋之舟",也相当于一支30多峰骆驼的驼队,更别说中型与大型商船了。唐代,中国船只普遍采用了钉榫接合技术,保证了船的坚固性;发明了水密隔舱技术,解决了船舱漏水问题;掌握了季风的规律,提高了帆船行进速度,海运风险明显降低。而陆上丝路需要穿越多个国家,常常被国与国之间的战争所阻断。加上陶瓷、珊瑚之类的易碎品,经不住陆路颠簸,只能走海路。这也是大唐失去西域以后,陆上丝路日渐沉寂,海上丝路不断兴盛的主因。

第二,"衣冠南渡"带来的产业升级。西晋"永嘉之乱"、唐代"安史之乱",导致了两次"衣冠南渡",大批人才进入江浙地区,使之成为丝绸、茶叶、瓷器的主要产地,宁波的"甬绣"与"蜀锦""苏绣"齐名,越窑的青瓷是国际市场上的抢手货,天台山、四明山的茶叶是茶中上品。而这三大特产,恰恰是海上丝路的紧俏商品。

第三,杭甬运河开通。唐代开凿了从明州到杭州的杭甬运河,从明州驻地三江口出发,循姚江西上,过曹娥江、钱塘江就可直达杭州,再

---

① 见〔汉〕司马迁:《史记·东越列传》,中华书局2006年版。

通过京杭大运河就可到达中原。

第四，南岛路开通。日本与新罗关系破裂后，前往登州的北路受阻，日本不得不开辟从九州岛南下，经琉球群岛中部前往明州的南岛路。

基于以上原因，明州一跃成为与交州、广州、扬州齐名的唐代四大名港之一。大量日本人在此登陆。

有一个留学僧，叫最澄，俗姓三津首，据说有中国血统，是汉献帝的后裔。他12岁出家，20岁在东大寺受具足戒，有幸阅览了鉴真带去的天台宗经文，从此对天台宗情有独钟，并梦想有朝一日到天台宗的起源地天台山受教。正好日本组建遣唐使团，他欣然报了名。

贞元二十年（804），最澄以"入唐请益天台法华宗还学生"的名义，带着弟子兼翻译义真，加入了第十二批遣唐使团。

跨海之旅一如既往地艰难，途中多次遭遇大风，船队也被风浪吹散。正使藤原葛野麻吕所乘的第一艘船，随风漂到福州；最澄搭乘的由副使石川道益带队的第二艘船，在海上漂了20多天，才幸运地抵达明州。37岁的最澄因为船只长时间颠簸，在海上就生了病，靠着对天台山的向往，才支撑着病体没有倒下。

从明州上岸后，副使石川道益在向明州刺史孙阶递交外交文书后，马不停蹄地赶赴长安。生病的最澄也拿到了孙阶签发的度牒，但只能在原地休整。

十多天后，康复的最澄才带着义真前往台州。在台州，他受到了刺史陆淳的热情接待。为了方便他抄写佛经，陆淳还赠给他大量纸张。在天台山期间，他一边学习天台宗教义，一边雇用几十人誊抄经书。离开时，陆淳亲自为他签发了返程度牒。今日本京都的千年古刹比叡山延历寺，仍保存着这份度牒，被奉为日本一级文物，史称"明州牒"①。

回国后，最澄以天台宗经义为主，融合了台、密、禅、戒各宗的教义，在比叡山创立了日本天台宗。比叡山天台宗以《梵网经》为律，推出了"十重四十八轻戒"，倡导"一切众生皆有佛性"，提出在家或出家

---

① 明州牒，不仅包括明州刺史孙阶颁发给最澄的牒文，还包括台州刺史陆淳颁发的回程度牒，是二府文牒合二为一的文书。

都可受戒成为菩萨，公开宣称天台宗为大乘戒，鉴真及其弟子们的奈良六宗为小乘戒，从而引发了日本佛教界长期的律仪之争，有时双方甚至到了口不择言的地步。

是与非的矛盾不是悲剧，是与是的冲突才是悲剧。在漫长的历史和人生中，不是所有的问题都只有一个标准答案，很多问题可能有多个解法。鉴真派的戒律很成体系，很有权威；最澄派的戒律自成一体，也能自圆其说。我这样说，是站在佛教本土化与创新性发展的角度，最澄的做法无可厚非。因为真正让人生燃烧的，不是冷冰冰的知识，不是唯唯诺诺的顺从，而是活生生的问题，尤其是火花四溅的批判性思考。

此外，最澄对中日文化交流还有一大贡献，就是将中国茶道引入日本。

中国是茶的故乡。唐代，饮茶已经十分流行。这一风尚也不可避免地影响到了寺院，大部分得道高僧都喜欢品茶，茶和茶道甚至成了修行的一部分。在天台山，最澄很快就学会了饮茶、品茶和中国的茶道。在他回国的行李中，除了佛经、佛器，还有浙东茶叶和天台山、四明山的茶籽。

回国后，他把茶籽种在比叡山延历寺、日吉神社等地，结束了日本列岛没有茶树的历史。他把种出的茶叶敬献给了嵯峨天皇，还向天皇详细介绍了中国茶道。此后，茶文化在日本生根、发芽、开花，最终形成了以"和、敬、清、寂"为理念的日本茶道。

如今，日本茶道已经融入了日本人的血液，成为日本文化的一大特色。

五、坐上神舟去高丽

一个国王伟大与平庸的标志，就是能否做到审时度势。北宋建立后，占据江南十三州的吴越国王钱俶纳土归宋，在中国历史上第一次实现了一个强盛的割据王国与中央政权的和平交割，包括明州在内的吴越之地避免了生灵涂炭。随后，朝廷在明州设立了市舶司，使之成为与广州、杭州齐名的三大名港之一。

令明州窃喜的是，契丹人建立的辽国控制了燕云十六州和辽东半岛，往返北宋与高丽、日本之间的商船不再选择走北路，而是选择走南路，从明州登陆。

也许有读者会问，日本、高丽人走南路，为何不选择长江口、浙江口、椒江口、瓯江口，而是选择甬江口的明州？据分析，原因有三：

一是有一条杭甬运河，从甬江口直通杭州，然后与南北大运河相连，水路交通便捷。

二是甬江口航道稳定，既不像长江口过于宽阔、江岸变化大，也没有杭州湾的怒涛激流，而且甬江口招宝山就是明州外港——定海港码头，外国船舶随时可以停泊。定海港码头距离州府所在地的明州内港，仅有11海里。

三是唐代有通航的习惯。唐朝中后期，日本遣唐使多在明州登岸，新罗商人张保皋也多次率船队来明州贸易。①

更令明州振奋的是，北宋熙宁七年（1074），朝廷下令："非明州市舶司而发过日本、高丽者，以违制论。"从此，明州港成为北宋与高丽、日本官方贸易的唯一通道。这种一港独揽两国外贸的格局，直到14年后密州市舶司成立才有所改变。

当时，作为辽国共同的敌人，北宋与高丽建立了同盟关系。政和七年（1117），北宋在明州设立了高丽司，并在月湖菊花洲建造了国家级迎宾馆——高丽使行馆，专门接待高丽使者和商队。据明州市舶司统计，前来北宋的高丽使团有57批，前往高丽的北宋使团也有30批。

双方影响最大的一次"航海外交"，发生在北宋末年。

宣和四年（1122）9月，高丽睿宗去世，王子继位。高丽向北宋报丧，其中提到："愿得能书者至国中。"意思是希望北宋派一位擅长书画的人来高丽交流。

---

① 见施存龙：《两宋时期明州为枢纽港的中朝航海》，原载《宁波与海上丝绸之路》，科学出版社2006年版。

宋徽宗决定派两位特使前去吊唁，顺便为新王登基贺喜。前往高丽交流的书画家，他选中了徐兢。

徐兢，今安徽和县人，出身于官宦之家，凭借父亲的恩荫走上仕途，做过两个县的县令，时任奉议郎、提辖，熟悉航海，擅长书画，是集官员、航海家、书画家于一身的全才。

为了彰显国力，宋徽宗下令明州招宝山船厂建造两艘天下最大的船，分别取名"循流安逸通济神舟"和"鼎新利涉怀远康济神舟"。

皇帝之所以把这一荣光而艰巨的任务交给明州造船厂，是因为他们有这个实力。北宋时期，明州是全国11处官营造船厂之一。宋真宗末年，年产量为167艘，列全国第六位。到了宋哲宗年间，年产量达到600艘，跃居全国首位，并成为打造大型使船的御用船厂。

半年后，两艘神舟建造完毕，载重量两万斛，相当于1100吨。史书记载，两艘神舟"巍如山岳，浮动波上"，意思是像漂浮在海上的大山一样。

第二年5月24日，趁着夏至后的东南季风，船队从明州招宝山起航，两艘万斛神舟居中，6艘中型客船列于两侧，场面之宏大，"震慑夷狄，超冠古今"。

26天后，船队抵达礼成港（今韩国仁川市），两位特使和随使徐兢踏上了高丽国土。很快，万斛神舟抵达的消息传遍了高丽，人们争相到码头一睹大船风采，一时间"倾国耸观，欢呼嘉叹"。

其间，徐兢给高丽人留下的印象只有一个，这个画师总是与他们交流与艺术无关的事情，尤其对风土人情兴趣盎然，总是问个没完没了，也总是坐着马车在各地逛个不停。高丽画师们一致认为，徐兢不是来交流书画艺术的，而是来借机游山玩水、猎奇探险的。

一个月时间转瞬即逝，徐兢的笔记越记越多。一天凌晨，徐兢放下手中的毛笔，看着案前一尺多高的笔记，长出了一口气：任务完成，该回家了！

返航的路与来时的路没有区别，只是由来时的顺风变成了回时的逆风。船队在海上足足漂泊了54天，才终于抵达明州。

接下来，徐兢把在高丽期间的笔记整理成书，命名为《宣和奉使高丽图经》。书中不光有文字，还有他擅长的图画。它不仅细致介绍了高丽的城邑、山川、风俗、典章制度，而且详尽描述了宋代先进的航海工具、航海技术以及航海路线，其中包括万斛神舟的打造过程、指南浮针的应用及海图测绘技术，堪称12世纪中国航海的百科全书。

拿到这本图文并茂的书册，宋徽宗拍案叫绝，下诏赐徐兢同进士出身，授知大宗正丞事，兼掌书学。

六、明州保卫战

宋朝，是一个极富戏剧性的朝代。按照嫡长子继承制，第九子继承皇位几乎是不可能的，但在宋朝偏偏发生了。

靖康二年（1127），金军攻克开封府，徽、钦二帝和大批皇子、公主、大臣成了俘虏，史称"靖康之变"。宋徽宗有32个儿子，唯有第九子赵构当时不在京城，没有被俘。

随后，赵构在应天府（今河南商丘市）继位，成为南宋第一任皇帝。金国听说又出了个赵氏政权，立即挥兵南下，试图把这个幼年朝廷扼杀在摇篮里。

在金国做过质子的赵构，当然清楚金国的战斗力，所以果断放弃应天，率领军民一路退却，从应天、扬州、镇江、杭州，逃奔越州（今浙江绍兴市）。

一味南逃绝非长久之计，赵构也过够了一夕数惊的日子，但究竟逃到哪里才是终点呢？赵构一直愁容满面，唉声叹气，恨不得自杀了事。一天，有个大臣提出了一个大胆而离奇的建议：金人不善涉水，不如把朝廷搬到海上。

赵构眼前一亮，随即采纳了这个建议。然后，他和大臣们把出海地选在了明州。原因其一，明州离越州最近，可以沿运河走水路，逃亡速度快。其二，明州有船厂，逃亡船只数量多，质量好。其三，明州富庶，逃亡补给有保障。

南宋建炎四年（1130）1月25日，明州三江口，北风凛冽，江水刺骨，

"逃亡船队"带着无尽的留恋与悲壮进入茫茫大海。4天后,船队抵达昌国县(今浙江舟山市定海区),在那里建立了中国第一个海上朝廷。

赵构登岛的同一天,完颜兀术率领金兵占领了临安。很快,完颜兀术接到了赵构身在明州的探报,便派出4000精兵日夜兼程杀向明州。

金兵杀到明州城下那天,正好是除夕。负责守城的大将名叫张俊,与岳飞、韩世忠、刘光世并称南宋"中兴四将",对赵构有拥立之功,是公认的皇帝心腹。赵构临行前,给张俊留下手诏:"惟卿忠勇,事朕累年,朕非卿则倡义谁先,卿非朕则前功俱废。卿宜勉力,共捍贼兵,一战成功,当封王爵。"①

此刻,张俊站在城头上,表情凝重。皇帝的手诏意味着,功成了封王,功败了丢命,说得好听一点它是一张大饼,说得难听一点它就是一道催命符,但自己作为一名将军,没有选择的余地,只有随机应变的可能。

趁敌人远道而来,立足未稳,张俊决定主动出击。

两军大战于鄞州(今浙江宁波市鄞州区)高桥。

这是一场南方水军与北方骑兵的较量。南方水军利用港湾河汊,神出鬼没地袭击着岸上的马队。高桥民众看出了金兵马队的软肋,纷纷拿出自家草席铺在金兵必经之路上,战马一踏上去,就打滑跌倒,宋军趁机掩杀,取得了高桥大捷。从此,草席被宁波人称为"滑子"。

失败的只是金兵先头部队,大队人马很快赶了过来,明州城岌岌可危。本应与明州共存亡的张俊,发现大势不妙,就编造了一个"皇帝命我前往台州扈从"的谎言,率部匆匆逃离。在此战中,张俊自私、投机、狡诈的本性,暴露无遗。至于后来他在秦桧的授意下,站出来诬陷岳飞,也就不难理解了。因此,在如今杭州西湖畔的岳王庙里,他的生铁铸像只能跪着,和秦桧、王氏、万俟卨一起,接受万千游人的鄙夷与唾弃。

金兵进入明州城,一通劫掠后放火焚烧。繁华秀丽的明州城立时化为一片焦土,只剩下城北门的一座观音堂和几间破屋,在料峭的寒风中

---

① 见〔元〕脱脱等:《宋史·张俊传》,中华书局1995年版。

瑟瑟发抖。

尽管如此，江南密布的水网，湿热的气候，还是让习惯在大平原上横冲直撞的金兵认识到了自身的劣势，然后明显放慢了南下的速度，最终形成了双方划淮河分治的格局。

战后，四散而去的百姓重新回到明州。他们擦干脸上的泪水，用非凡的韧性和勤劳的双手，在几十年间重建了这座城市，并改名庆元。

接下来，南宋在庆元新建了市舶司；大元把温州市舶司、上海市舶司、澉浦（今浙江海盐县）市舶司先后并入庆元市舶司，直属中书省，使庆元港成为三大市舶司之一；大明则把宁波定为日本朝贡贸易的指定港口。种种迹象表明，宁波将长盛不衰。

变故，来自那场日本"争贡事件"。

七、双屿港

"争贡事件"发生后，大明取消了宁波的朝贡指定港地位。尽管嘉靖十九年（1540）又允许日本使团入贡，但入贡规模被限定为"舟不过三艘，夷使不过百人，送达京师五十人"，并常常因人数超额或不到贡期不许登岸，致使对方在嘉靖二十七年（1548）后不再来华。明朝后期，安远驿改为海道司，嘉宾馆改为西君子营，市舶司设施被海防设施所代替，宁波港失去了"日出千杆旗，日落万盏灯"的昔日繁华。

火山要喷发，总要有一个出口。官方贸易被禁止了，走私贸易必然大行其道。这不是朝廷几句禁止、几场打击就可以避免的。

即便是走私贸易，也需要交易场所。于是，宁波的双屿港，以其独特的地理位置，成为海上走私贸易基地。

双屿港，今天叫双峙港，位于宁波东南50公里处，是舟山群岛所属的六横岛与佛渡岛之间的一个港湾。港面上有两个呈八字形的小岛，故名双屿。双屿港内水深浪静，非常适宜帆船停靠。日本、琉球的商船前往宁波，大都经过双屿港水道，遇到风浪就在双屿港停泊。久而久之，它就成了宁波港的前站。外来商船为了获取额外利润，一般会超限额搭载一些货物，登陆宁波前都把这些货物卸在双屿。发现商机的中国商人开始驻扎在双屿，专门与暂时停靠的外国商船进行贸易。嘉靖三年（1524），双屿港堆满了以丝绸、瓷器为主的中国出口货物。李光头、许栋等组成的中国商团，在此与外来商船交易。

16世纪初，葡萄牙占领马六甲之后，把殖民的矛头对准了中国。但葡萄牙人在广州沿海吃了败仗，只得沿海岸线北上寻找机会。

明嘉靖五年（1526），福建海商邓獠杀死福建左布政使查约，越狱入海，在双屿港经营走私生意。一天，邓獠与葡萄牙人偶遇，通过交谈找到了契合点，便邀请葡萄牙人进驻双屿港。

应邀而来的葡萄牙人，俨然一副主人派头，他们筑码头、建仓库、修道路、开商店，甚至兴建了医院和教堂，妄图把双屿作为长期基地。史载，双屿常住居民3000人，其中葡萄牙人1200人。为了协调岛上事务，葡萄牙人和中国海商共同建立了一个自治市政机构，由司法行政官、审计官、法官、市议院议员、大总千户等构成。

双屿港一度成为连接东西方的贸易金融港，比世界公认最早的意大利里南娜自由港还要早。来自欧洲、亚洲、非洲十几个国家的商船和中国福建、浙江、江苏沿海的商人，在双屿港互通有无，舶客数以万计。嘉靖二十年（1541），葡萄牙冒险家品笃游历了双屿港，他在《远游记》一书中说："双屿比印度任何一个葡萄牙人的居留地都更加壮丽富裕，在整个亚洲，其规模也是最大的。"日本学者藤田丰八在《葡萄牙人占据澳门考》一文中，则把双屿港称为"十六世纪的上海"。

如此辉煌的港口，居然倒在一次商业纠纷上。

话说驻双屿港的葡萄牙兵头裴利亚的儿子贝留拉，把货物赊销给了一个商人。谁知这商人是个骗子，未付货款就一走了之。贝留拉气急败坏，居然纠集手下，乘着夜色袭击了双屿岛上的一个小渔村，杀死了10名百姓，劫掠了12户人家。乘船逃往陆地的渔民，第二天就报告了官府。此事逐级上报到朝廷，明世宗朱厚熜勃然大怒，任命朱纨为浙江巡抚，授闽浙两省军务指挥权，全权处置这一事件。

朱纨是一个著名的鹰派人物，也是一个极端的排外主义者，他主张将双屿港的葡萄牙人、倭寇和亦商亦盗的中国海商赶尽杀绝。

嘉靖二十七年（1548），朱纨带领官兵雷霆出击，一举攻入双屿港，葡萄牙殖民者和中日私商丢下几百具尸体，仓皇退走。战后，明军烧毁了岛上的1000多座建筑，用木石柱塞住了南北水口，让这个标注在世界地图上的国际贸易走私港，变成了彻头彻尾的废港。

双屿港从此淡出了历史的视线。

八、因为"一口通商"

元、明、清三代，朝廷长期实行"海禁"政策，但这一政策很少被彻底执行过，结果是沿海走私盛行，基层官吏普遍睁一只眼闭一只眼，许多官吏还从走私中提成，久而久之，走私贸易额反而超过了"海禁"前的规模。元朝末年的中国首富沈万三，主要财富来自外贸走私；明朝末年的中国首富郑芝龙，更是完全依赖走私。究其原因，中国经济与西方经济有极大的互补性，双边贸易受到市场的强烈刺激，更何况有大批华人本身就在海外经商，他们的主要贸易伙伴往往就是中国大陆的同乡甚至亲友。近乎疯狂的海上走私，变相挑战了朝廷的政策权威，因此，当强势的大清入主中原后，便以近乎歇斯底里的态度实施"海禁"，宁波就是"海禁"与走私的最大受害者之一。康熙二十四年（1685），大清的"海禁"政策一度松动，在宁波设立了浙海关，宁波重新看到了繁荣的希望。

在当时英国购买的中国商品中，茶叶主要产于浙江、福建，丝绸主要产于浙江、江苏，瓷器主要产于江西、浙江，浙海关具备离大宗出口商品主产区近的优势。粤海关不但距离出口商品主产区远，运输费用高，在出口商品价格上缺乏竞争力，而且负责代理关税和贸易的"十三行"包买包卖，无端刁难。因此，英国东印度公司的商船便选择绕过广州，也绕过早已与英国东印度公司交恶的闽海关，直接到浙海关采购商品。此前，浙海关主要与日本、荷兰等国贸易，由于这几个国家经济衰退，宁波已经很久没有接待过外国商船，变成了一个几乎被遗忘的角落，因此物价和税收较低，没有粤海关那么多税外的"规礼"，并且尚未执行"保商"①制度，这对于英国人来说当然是一个商机。

乾隆二十二年（1757），英国商人多次违反大清禁例进入浙海关，并有"移市入浙"的趋势。这种态势引起了乾隆的不安，他认为宁波位于长江三角洲，距离帝国经济中心太近，如果放任外国商人自行选择交易口岸，宁波很有可能成为第二个澳门。加上粤海关海防比浙海关坚固，有利于防范外商走私，因此下令增加浙海关税率，使欧洲商船无利可图，从而乖乖地返回广东。但浙海关将税率与粤海关拉平，进而提高到粤海关的一倍之后，欧洲商船仍照单全收，摆明了是在对抗"十三行"的垄断和粤海关的"规礼"。于是，乾隆大笔一挥，下诏封闭闽、浙、江三个海关，仅保留粤海关对外通商，这一重大事件被称为"一口通商"。

"一口通商"，打击的是欧洲商船，无辜躺枪的则是宁波。直到80多年后，广州海面响起英国人的炮声。

第一次鸦片战争后，中英签订了《南京条约》，大清被迫开放广州、厦门、福州、宁波、上海为通商口岸，史称"五口通商"。但通商口岸带来的繁荣，受益的只会是张着血盆大口的外国殖民者。

道光二十三年（1843）10月，《五口通商章程》刚刚出台，英国驻宁波首任领事罗伯耽，就率领大小火轮和夷兵船驶进宁波港，迫不及待地做起了港口贸易。开埠第一年，港口贸易就猛增到10.8万英镑。最兴奋的当然是英国人，因为他们通过自由贸易攫取了巨大的经济利益，而大清官方收入寥寥，平民百姓则任人盘剥，民族工业更是受到肆意打压。

下一年，宁波港的贸易额就开始下降。到了1849年，贸易额仅剩下开埠当年的十分之一。原因在于，距离宁波港134海里的上海也于同期开埠，上海港凭借优越的地理位置和交通条件，逐渐吞噬了宁波港的海向腹地和部分陆向腹地，以至于宁波港退化为前者的支线港和辅助港。

更惨的是，19世纪中后期，温州、杭州相继开埠，使得本就少得可

---

① 这是大清实行的类似于"保甲"的外贸制度。鉴于外国商人在中国口岸停留时间短，为了防备他们偷税、寻衅滋事，官府就让一位信用良好的行商为某一艘商船上的全部外国人作担保，保证外国人不违法并照章纳税，否则，保商要向官府负责所保商船全部货物的关税。

怜的宁波港货物再次分流。①

1949年，宁波港的吞吐量仅有4万吨。

无奈之下，宁波商帮只能远走他乡，在世界造船与航运市场上奋力搏击，并出现了两位世界级"船王"。其中董浩云创立了董氏航运集团，20世纪40年代由上海直航法国和美国旧金山，开中国远洋航运之先河；包玉刚创立了香港环球航运货运集团，在20世纪80年代拥有了世界上吨位最多的船队。

九、向前看

残酷的历史一再证明，祈祷与流泪无用，管用的只有自立与奋起。历史的指针指向1985年，双屿港所在的舟山群岛动工建设舟山港。2006年，宁波港与舟山港合并，组建了宁波舟山港集团，成为浙江海洋港口一体化、协同化、集群化发展的一个样板。

2022年，在港口进出口货物吞吐量排行榜上，宁波舟山港以12.24亿吨高居全球第一，成为名副其实的世界第一港；在全球集装箱吞吐量排行榜上，宁波舟山港以3300万标准箱，列上海港、新加坡港之后，位居第三。它是中国最大的矿石中转基地和原油转运基地，还是国内沿海最大的液体化工储运基地。借助于港口的带动，宁波市也成为长三角的南翼，经济总量在长三角城市群中，居上海、苏州、杭州之后，位列第四。

问题在于，按照新华·波罗的海国际航运中心发展指数，进出口货物吞吐量并不是衡量一个港口竞争力的最主要指标。以集装箱吞吐量、货物吞吐量、桥吊数量、集装箱泊位长度、港口吃水深度为内容的"港口条件"一项，只占波罗的海指数的百分之二十；以政府透明度、数字化程度、关税税率、营商便利度、物流绩效为内容的"综合环境"一项，占指数的百分之三十；以航运经纪服务、船舶工程服务、航运经营服务、

---

① 见张明华：《海上丝绸之路：宁波的历史与未来》，浙江大学出版社2018年版。

海事法律服务、航运金融服务为内容的"航运服务"一项，则占了指数的百分之五十，这恰恰是中国多数港口的弱项。按照2022年新华·波罗的海国际航运中心发展指数，在世界前十名航运中心城市中，中国有三个，上海排名第三，香港排名第四，宁波舟山排名第十。

对此，宁波必须继续奋起。因为自从河姆渡升起中国第一缕海洋文明的朝霞，宁波人就具备了丰富的想象力、强烈的进取心、非凡的冒险精神、天生的商业基因。在古代，"宁波"和"海员"，"福建"和"水师"，"广州"和"商人"是连在一起的。

这一点，我们大可放心。因为我在到访宁波时发现，当地人似乎只顾埋头挣钱，不太懂得享受生活。比如，这个参与发明了麻将并将麻将推广到全国的城市，如今没有几个人打麻将。比如，一到晚上，整个宁波城行人稀少，几乎一团漆黑，夜经济并不红火。

如今，宁波正致力于打造"21世纪海上丝绸之路"国际经贸合作交流中心、国际港航物流服务中心、国际人文合作交流中心、面向中东欧的产能对接合作中心。宁波舟山港也在加速推进由"运输大港"向"国际强港"的转变。

考虑到旅游业是当今世界第一大产业，舟山群岛正着手开发以海钓、探险、潜水为主题的休闲度假游，世界高端旅行客群也已经瞄准这个拥有近1400个岛屿的中国第一大群岛。在中国近期的一份游客问卷调查中，百分之七十以上的游客首选海岛游，一半以上的年轻游客选择自驾游，而最大的旅游消费群体则是女性主导的85后客群。休闲旅游无疑是后疫情时代世界经济的一个新风口，不知中国的其他沿海城市是否意识到了这一点？

通常，我们总是喜欢向后看，而不是向前看；看我们曾经达到的高度，而不是我们希望达到的高度；尤其喜欢和历史上的自己比较，或者和去年同期相比——这叫同比，或者和上个月相比——这叫环比，并因此惊叹于自身的成就。但我们应该清楚，一个国家以及这个国家的城市强大与否，主要取决于和其他国家及其城市比较，而且这种比较理应是全方位的，不仅包括经济数字，还应该包括民族士气、道德凝聚力、文化创造力、受教育程度、人口流入状况、大众创业环境、军事动员能力等。这些因素中的任何一个，都可以在重要历史关头成为支配性因素，都更为接近兴衰的秘密。

因此，我所期待的未来宁波，是文化的宁波、海洋的宁波、世界的宁波。

> 丝路上的宁波：宁波具备建设世界一流港口的一切条件，一是地处中国大陆海岸线中部，长江"T"形结构的交会点上，直接面向东亚和环太平洋地区；二是位于杭州湾南缘，有舟山群岛作为屏障；三是进港航道水深18米以上，是理想的深水港区；四是多年平均气温16摄氏度，是常年不冻港；五是可以通过浙东运河沟通钱塘江与京杭大运河，拥有广阔的经济腹地，是中国远洋运输的理想集散地。因此，早在春秋时期，这里的句章港就是中国五大古港之一。唐、宋、元、明四朝，朝廷都在此设立了市舶司。到了清朝，"海禁"稍一松动，就在此设立了四大海关之一的浙海关。从唐至今，它从未跌出中国三大港口之列，如今的宁波舟山港货物吞吐量更是高居全球第一。依托宁波港而崛起的宁波市是中国首批沿海开放城市，还是长三角南翼经济中心，2022年GDP已突破1.5万亿元大关。

第五章　海上零公里
—— 泉州

南宋末年，威尼斯商人雅各第一次来到泉州，被这个帆樯林立的港口和人潮涌动的城市惊得目瞪口呆："我以为家乡威尼斯是世界上最大的城市，到了泉州才发现，威尼斯不过是一个稍大一点儿的镇子。"他说得没错，这可是一座人口过百万的港城，在西方是连想也不敢想的事。

一、那时泉州

亲眼所见的，未必是真相，譬如魔术。依照地图找地名，未必找得到，因为地名常常在变。隋代，泉州这个名字是属于今福州的。唐代，新设了武荣州，州治在今南安市。唐景云二年（711），今福州改名闽州，武荣州则改名泉州，州治东迁到晋江入海口。

坐落在晋江入海口的泉州，北距福州180公里，南距厦门90公里，地势西北高、东南低，东南部与台湾隔海相望，属于南亚热带海洋性季风气候，年均降水量超过2000毫米。在唐朝358个州中，泉州的自然禀赋一般，加上远离京城，因此并不引人注目。

40多年后，"安史之乱"爆发，唐朝失去了对西域的控制，中外贸易不得不转移到海上，这就给身处东南沿海的泉州带来了难得机遇。更重要的是，唐朝对外商采取优惠政策，不允许泉州榷利院随意提高税率，禁止地方官员敲诈外商；还设立了海路都指挥使，保证了航道安全。元和六年（811），又将泉州由中州升格为上州。问题是，面对送上门来的诸多红利，泉州人能把握得住吗？

还真让一个泉州人把握住了。他叫留从效，今泉州永春县人，出身寒门，从小小的衙兵做起，一步步升到将军，并在唐末动乱中夺取了泉州、漳州，成为割据一方的军阀。为了保境安民，他周旋于南唐、后周与北宋之间，并被南唐任命为清源军节度使。南唐保大四年（946），留从效着手扩建泉州城。他不仅整修了港口，还把周长3里的唐城扩建到20里，从里到外分别是衙城、子城、罗城，城门有水关直通江海。他还在主要街道和城郭周边种满了刺桐。刺桐，又叫海桐，因枝干长满锐刺，树叶形似梧桐而得名。它原产于印度和马来西亚，是一种落叶乔木。刺桐花开在春天，花期长达三个月，而它长叶总是晚于花开，每当花开时节，枝上缀满簇簇红花，远看恰似一团火焰，蓬勃着无穷的喜庆；到了夏季，树叶浓密茂盛，远看形同一把绿伞，奉献着无尽的清凉。刺桐花即便散落在地，也像一颗颗朝天椒，辣人双眼。由于城内外栽满刺桐，这座城市从此有了一个雅致的别称——刺桐城。

如果说，唐末的留从效为泉州敲响了开场锣鼓的话，那么泉州作为一个主角登场，始于宋代。众所周知，从汉到唐，中国的对外开拓主要面向西域、漠北和云贵高原、青藏高原，因此是一个大陆国家，是一个以农业为本、以工商业为末、重本抑末的社会。朝廷一直从维护社会稳定的角度出发，强制多数百姓种植粮食，朝廷收入也长期依赖农业税。但泉州所在的福建地区，位于东南沿海，是一片坚硬而吝啬的土地，自古人多地少，农耕条件恶劣，种庄稼没有多少收成，只能利用亚热带气候种植一些甘蔗、柑橘、荔枝。民不堪命，便去家离国，颠沛流离于茫茫海上，听天由命于海角天涯，足迹遍及台湾岛、琉球群岛和一些东南亚海岛。后来，当地人居然学会了苦中作乐甚至以苦为乐，适应了"以海为田"的冒险日子，从渔业、造船业和海上贸易中觅得了生机。他们所造的"福船"，是中国古代四大船型①中最适合远洋的船型。五代之

---

① 包括福船、浙船、广船、沙船。福船，又称白艚、福建船，是一种尖底海船，适合远洋航行；广船，又称广东船、乌艚，头尖体长，上宽下窄，以铁力木建造，比松杉所造的福船坚固；浙船，又称浙江船，船体狭长，船底前半部呈V字形，后半部呈U字形，不怕搁浅，适合南北航运；沙船，又叫防沙平底船，适合在水浅多沙的北方海区航行。

后，中原王朝向北发展受到辽、金、元的阻隔，向西发展受到西夏的羁绊，东西方交流被迫转向海洋，亚欧之间形成了以西印度洋、东印度洋、南中国海为分区的三个贸易圈。而文人治国的宋朝，是一个直面海洋、重视商业的国度。有宋一代，对于拥有海洋、贸易基因和造船优势的泉州来说，想不出头都难。

北宋元祐二年（1087），朝廷在泉州设立了市舶司。朝廷规定，前来中国东南沿海的客商，必须在泉州报关。这一排他性制度设计，使泉州的国际港地位得到强化。当时，泉州港有三条海外航线：东北线从泉州、明州直达高丽和日本；东南线从泉州、澎湖到今菲律宾；西南线从泉州经西沙、占城、马六甲海峡、锡兰（今斯里兰卡）、印度、波斯湾、阿拉伯海，最终抵达亚丁湾和东非。泉州港的繁荣，也成就了市舶司，泉州市舶司年收入曾高达200万贯（缗），占到了朝廷财政收入的百分之五。

"靖康之变"，引发了第三次"衣冠南渡"，中国经济、文化中心移到东南，南宋把都城设在了长三角的临安，江南也从以扬州为中心的运河时代进入了以杭州为中心的钱塘江时代。泉州距离临安并不太远，大大降低了向都城输送商品的成本；又不像太仓那样距离都城太近，太近了会被朝廷监控得很严。而且宋高宗将大批皇室人口迁入福建，其中有349名皇族成员被安置在泉州，并在此设立了管理皇族事务的南外宗正司，这些皇室子弟的奢华消费，极大地刺激了泉州的经贸。泉州市舶司宣布，只要能招引外商来中国贩货，且能让朝廷获利5万或10万贯的商人，就可经市舶司举荐授予官职；朝廷官员抽买乳香达到100万两，均能官升一级。商人蔡景芳主动出国招商，使泉州市舶司抽解98万贯，被授予从九品的承信郎；大食人蒲啰辛贩卖乳香纳税30万贯，也被授予承信郎。为了安置外商，泉州设立了来远驿。每逢外商到岸，会安排接风宴，并伴有伎乐，这一费用每年高达3000贯。①

由于泉州港对外商的"热情"与广州港对外商的"冷酷"形成强烈反差，泉州港的贸易额超越广州港，首度跃居国内港口第一位。南宋淳祐年间，泉州府总户数达到25.5万户，其中主户19.7万户，客户5.8万户，

---

① 见［美］罗荣邦：《被遗忘的海上中国史》，海南出版社2021年版。

是全国8个20万户的州府之一；城市人口有130多万，与临安不相上下，跻身世界级大城市行列。

泉州是不是世界级大城市，中国史家也许说了不算，因为总有王婆卖瓜之嫌，我们还是听一听旁观者怎么说吧。

二、光明之城

这个旁观者，名叫雅各·德安科纳，是一名犹太商人。

南宋咸淳七年（1271），雅各乘船进入泉州港。

他站在人群中，虽然不露声色，内心却早已一片惊涛骇浪。时年50岁的他，出生在欧洲著名港口城市威尼斯，从小跟随家族的商船在大海上闯荡，自诩见多识广，此刻还是被眼前的景象惊呆了：

> 这是一个被高山围绕着的港口，在宽阔的江面上停靠着大约几千艘各式各样、千奇百怪的大小帆船，它们来自世界各地，争先恐后地涌向港口码头，最大的几艘船有6层桅杆、4层甲板、12张大帆，可以装载1000多人，这些是中国人自己的货船。

住下后，他在日记中激动地写道：

> 这是一座很大的港口城市，甚至比辛迦兰（今广州市）还大，商船从中国海进入到这里……整个江面上充满了让人惊奇的货船，每年单是装载胡椒的船只就有几千艘，还有众多的货船装载着的其他货物。它们有的来自阿拉伯，有的来自印度、锡兰、小爪哇，以及很远的北方的国家，比如北方的鞑靼，也有很多的船只来自我们国家和法兰克其他王国。①

---

① 见［意］雅各·德安科纳著，［英］大卫·塞尔本编译：《光明之城》，上海人民出版社2000年版。

他曾经以为家乡威尼斯是世界上最大的城市，到了泉州才发现，威尼斯不过是一个稍大一点儿的镇子。他慨叹：

> 在这个城市里，从中国各地运来了丰富至极的商品，不管是美丽的上品丝绸还是其他奇珍异宝，都让人爱不释手……建筑物的数量太多了，以至它们只能挤在一起，形成了一个个社区……每一位商人，无论是做大买卖还是做小买卖，都能在这个地方找到发财的办法，在这里有着世界上最多的商店，而且每一种商品都有着特定的市场，比如说丝绸市场、香料市场、海鱼市场等等，它们一座紧挨着一座，坐落在高大的城墙边上。

更让他惊异的，是这座城市对多元文化表现出的博大胸襟："一起生活在这座城市的各种民族、各种教派，都被允许按照自己的信仰来行事，因为他们的观念认为，每个人都能在自己的信仰中找到自己灵魂的拯救。"饶有兴味的是，这里的人们生活自由，文化疆界意识淡薄。雅各来访时，他们已分化为接近于文化自由派和守成派的阵营，对于社会到底应该重商开放还是自给自足，对于如何处理内外种族和文化的关系，热烈地争鸣着。由此看来，这座城市已经呈现出种族—文化兼容并蓄的气象，这是本地官民与外国商人在远离"帝都"、临近"荒服"、面向大海所开拓出的一方难为正统所认可的跨文明沟通空间。[①]

但雅各不是哲学家，他更关心城市的表象与景致。

他发现，当泉州城被夜色笼罩时，呈现出的是另一种意想不到的美妙景象："这竟然是一座不夜之城！太阳落山后，城市变得灯火辉煌，在很远的地方都能看得到这些来自道路两旁和庭院里的千万盏灯笼发出的特别灿烂的光。"基于此，他把这座城市称为"光明之城"。

急于贸易的雅各内心激动却语言不通。这时有一个人主动上前来打招呼，说可以为他做翻译。对方脱口而出的竟然是法兰克语，这又惊得

---

① 见王铭铭：《刺桐城：滨海中国的地方与世界》，生活·读书·新知三联书店2018年版。

他瞠目结舌。

怀着巨大的好奇心和无比的新鲜感，雅各在泉州城里徜徉了半年有余，直到冬季东北风起，他才准备搭乘南航的船舶，启程回国。

临行前，他在市场上精心挑选着各种商品：首先是富丽堂皇的丝绸，这些无与伦比的艺术品将装饰在贵妇身上，为她们的美增辉添彩，为她们的高贵无声注解。然后买了在他看来是"用灌木的小叶子做成的饮料"——茶叶。怎能少得了令人目眩神迷的瓷器呢，那些来自福建德化县、江西景德镇、浙江龙泉县的白瓷、青瓷、青花瓷被他装上船。这些浪漫得如同艺术品一样的瓷器，重量大，价值高，按照当时科学的包装法，最贵重易碎的，被埋在装满茶叶的樟木箱子里，让茶叶起到减震抗压的效果，其他的被按照规格，大小相套，放置在远洋帆船的最底部，又安全又压舱。当然，糖、桂皮、生姜、樟脑、药品也少不了被装上船，这些贵比黄金的宝贝可以让他在回国之后大赚一笔。

咸淳八年（1272），雅各已经回国，但始终忘不了泉州带给他的震撼，于是就把所见所闻记了下来。700多年后，这部手稿被英国汉学家大卫·塞尔本发现，进而编译出来，冠名《光明之城》出版。

诡异的是，该书与随后的《马可·波罗行纪》一样，居然受到一些欧洲史学家的质疑，有的说雅各根本没去过泉州，有的说压根就没有雅各这个人。这就好比一个孩子呱呱坠地了，也有出生证，可偏偏有人说这个孩子没有爸爸。

另一些专家则说，雅各实有其人，他的描述是真实的，其中一个依据是，书中说泉州"士子戴的帽子均有两个长长的护耳，像驴耳朵一样"，这个形象恰好与宋代官员流行的幞头相吻合。①

三、一个色目人

雅各离开泉州仅仅四年，南宋的天就塌了。德祐二年（1276）十一

---

① 见罗威尔：《知中·洋人》，中信出版社2018年版。

月，面对元军疾风骤雨般的攻势，南宋大臣张世杰、陆秀夫经过权衡，决定把小朝廷搬到泉州。

把交通方便、繁华绝代的泉州作为"行在"，应该是慎重考虑的结果。然而，令他们震惊的是，南宋属下的这座泉州城，居然城门紧闭，不欢迎小皇帝和他的大臣。下令关闭城门的，是个胆大包天的人，而且他还有外国血统，属于色目人。

这个人名叫蒲寿庚，长得高鼻深目，人高马大。据说，他的先祖是阿拉伯穆斯林商人，早年从海路来到占城经商，南宋初年迁徙广州，受命"总理诸番互市"。南宋中后期，在泉州超越广州成为中国第一大港后，蒲寿庚的父亲蒲开宗又举家迁往泉州。

有宋一朝，香事，已不仅仅是一种生活情趣，还是一种性灵追求。因为宋人对海外的香料需求巨大，且香料价格昂贵，所以朝廷把香料列入了专卖范围，设置了香药榷易署来管理香料的进口与税收。绍兴二十九年（1159），进口乳香所抽取的税，居然占到了全国总税收的四分之一。这也意味着，谁参与香料贩运，谁就会成为巨富。蒲氏家族，就是靠贩运香料发迹的。到绍定六年（1233），由于蒲氏的贡献达到了一定数额，时任安溪县主簿的蒲开宗，被南宋授予从九品的承节郎。亦官亦商的蒲氏家族，很快成为富甲一方的大户。

到了蒲寿庚这一代，蒲氏家族已经拥有400艘商船，上万贯家产，几千名家僮，还有一支人数不详的私人武装。就连他的女婿佛莲名下，也有80艘海船。佛莲死后，人们盘查他的仓库时发现，仅珍珠就有130石。

富，并非蒲寿庚的唯一标签。咸淳十年（1274），海盗侵袭泉州，官兵无能为力，他和哥哥协助官兵击退了海盗，因功被南宋任命为福建安抚使兼沿海都置制使、提举市舶司。景炎元年（1276），他又被任命为闽广招抚使、总海舶，成为泉州的实际控制者。

他如日中天，他所依靠的南宋却日薄西山。德祐二年（1276）二月，元军包围临安。此前，元军统帅伯颜派遣使臣秘密抵达泉州，规劝蒲寿庚认清大势，及时归附，还抛出了高官厚禄的大筹码，但蒲寿庚兄弟没有答应。

没有答应，不代表不动心。蒲寿庚把左右当地政务和防务的精英召集在一起，就泉州何去何从，是玉石俱焚，还是审时度势；是捍卫个人的名节和大义，还是保全全城百姓的生命和财产，进行了深入、细致、全面的分析。

当这伙人坐在一起之前，答案其实就有了。因为人有两种，一种是石头，在任何激流中挺立；一种是咖啡，可以百分之百溶于水。会议召集人蒲寿庚自然属于后者，最终的结论也顺理成章：既然南宋无法保证泉州的安全，我们只能尊奉太皇太后放弃抵抗的旨意，弃宋降元①。

当陆秀夫、张世杰带着小皇帝赵昰，栉风沐雨、步履匆匆地赶到泉州城下，自以为蒲寿庚会高接远迎时，他们看到的，却是紧闭的城门。

缺舟少粮的张世杰不禁大怒，下令强行征调蒲家400多艘海船，然后护送赵昰前往潮州。这一惩罚性操作，反而加快了蒲寿庚降元的步伐。不久，蒲寿庚派亲信孙胜夫秘密出城，前去迎接南下的元军。至元十三年（1276）十二月初八，元军抵达泉州，蒲寿庚与泉州司马田真子献城降元。

忽必烈投桃报李，封蒲寿庚为昭勇大将军（正三品）、闽广都督兵马招讨使、提举福建广东市舶司，第二年提拔为江西行省参知政事（从二品），第三年又晋升为福建行省尚书左丞（正二品），三年连升三级。

鉴于泉州的区位优势，也出于对蒲氏的高度信任，大元决定以泉州为中心开展海外贸易，并先后出台了三大保障性举措：一是最早在泉州设立了市舶司，对进入泉州港的货物只抽取三十分之一的税，朝廷下令："商贾市舶物货，已经泉州抽分者，诸处贸易，止令输税。"② 二是在泉州设立了福建行省、战船建造基地。三是从泉州到杭州的黄金水路上，建立了15个负责护航的海站，最终奠定了泉州的全国商品贸易集散中心地位，使之成为计算中国与东西洋各国航程的起点——海上零公里。以泉州港崛起为标志，江南历史从以杭州为中心的钱塘江时代，进入了泉州、广州交替领先的海洋时代。从此，泉州以水陆复合的贸易网络、

---

① 见苏基朗：《唐宋时代闽南泉州史地论稿》，台湾商务印书馆1991年版。
② 见〔明〕宋濂等：《元史·世祖本纪》，中华书局1976年版。

外向型的产业结构、官民协同的外贸体系，成为亚洲海洋东端的引擎型贸易中心港口。

据统计，有99个国家和地区与泉州保持着密切的商贸往来，泉州销往海外的商品种类有90多种，外国进入市舶司的货物品种达到250种以上。大量东亚、南亚、西亚的使者、客商、传教士、旅行家云集于此，他们无论是信仰佛教、天主教、伊斯兰教、摩尼教还是犹太教，都服从朝廷的管理，都能在这座城市里和平相处。涂门街的清净寺（清真寺）、临漳门外的蕃佛寺（印度教寺院）、南门外的草庵（摩尼教寺）、泉山路的花园头，都是外国人聚居的区域，被称为"泉南蕃坊"。当时，来自阿拉伯、波斯、中亚的穆斯林数以万计，当地人亲切地称他们为"缠头赤脚半蕃商"。其中，也不乏欧洲人的身影。

四、记忆中的刺桐城

这个欧洲人我们在《扬州》一章遇到过，名叫马可·波罗。

至元二十八年（1291），正是江南好风景，细雨嫩寒三月天。马可·波罗拜别了忽必烈大汗，肩负着护送蒙古公主远嫁的神圣使命，率领13艘四桅帆船和600多名随员，带上两年的粮食，从泉州启航。

多年后，他在威尼斯与热那亚的海战中被俘。在热那亚人的监狱里，他向狱友鲁思梯切诺讲起了遥远的中国。

在回忆泉州时，他说：

> 离开漳州，渡过一条河，在美丽的土地上骑马行进5天，就抵达刺桐城了。
>
> 这座城市很大，臣属于大汗。城市居民使用纸币，而且是偶像教徒。这里一切生活必需的食粮十分丰饶，当地居民喜欢娱乐，待人和善，乐于安逸。城中常常看到很多来自印度的旅客，据说是到这里刺青，大概是因为这里有人精通文身之术。
>
> 这座城市有一座名港，在海洋上，是不少船舶停靠的地方，印

度的一切船舶运载的香料和其他一切贵重货物,都会莅临这个海港。这里也是一切中国商人常到的港口。所以,运到这里的商货、宝石、珍珠,多得不可思议。各种船舶运载货物到此以后,就会被商贩转卖到中国各地。我敢说,这里卸下的胡椒,如果拿亚历山大港运载到各基督教国家的胡椒来衡量,那么那里的数量实在微乎其微,大概不及此港的百分之一啊。此城是世界最大的良港之一,商人商货聚积之多,几乎到了令人难以置信的程度。

大汗在此港征收的税,数额巨大。凡是输入的商货,皆抽税百分之十,细货抽税百分之二十,胡椒抽税百分之四十四,沉香、檀香则抽税百分之五十。商人所缴的货物税,连同运费,合计达到到港货物的半价。即便如此,商人还有很大的利润可赚,致使商人仍旧渴望运载新货重来。

抵达刺桐港的河流非常宽大,流很急,是南宋以来可以航行的其中一个支流,它与主流分流处,有一座亭州城(泉州下辖的德化),此城除了制造瓷制的碗、盘外,别无他事可说。制瓷的方法是,先在石矿取一种土,将这种土在风雨太阳之下暴露三四十年,土会在此过程中成为细土,然后可造上述器皿,在上面随心所欲地加上颜色,放在窑中烧制。先人积攒的细土,只有儿子和侄子可以使用。这座城中瓷器市场很多,用一枚钱,就可以购买八个盘子。

泉州的德化,被称为中国瓷都,以出产白瓷而闻名。由于马可·波罗在书中介绍了德化的白瓷,以致欧洲称这种瓷器为"马可·波罗瓷"。讲完泉州,他没忘记介绍来泉州的原因:

我曾奉大汗之命,莅临若干城市。而最后归国时,曾经和父亲和叔父一起送王妃于阿鲁浑国王,因此有机会亲眼看到这些景象。我所说的话,也毫无遗漏。①

---

① 见[法]沙海昂注,冯承钧译:《马可波罗行纪》,商务印书馆2012年版。

他挥别泉州两年之后，另一个意大利人就从泉州上岸了。不过，他不是商人。

五、天主教进入中国

他叫若望·孟高维诺，是带着天主教皇的使命到中国传教的，属于天主教的分支方济各会。

方济各会，又译"法兰西斯派"，也称"小兄弟会"，由意大利人圣方济各于1209年所创，经天主教教皇依诺森三世批准成立。会士穿灰色长袍，因此被称为"灰衣修士"。他们自愿舍弃家庭和财富，提倡像基督一样苦修，过清贫节欲的生活，穿着粗布衣服，赤着脚，以乞食为生。方济各会效忠天主教教皇，重视学术研究和文化教育，提倡保护动物，反对异端。

《扬州》一章提到过，早在至元三年（1266），忽必烈就委托马可·波罗的父亲和叔父返回欧洲，要求教皇派遣传教士到中国传教，可惜首批传教士未能到达中国。1289年，教皇尼古拉四世再次派遣孟高维诺，以教皇钦使的名义前往印度和中国传教。

孟高维诺沿着陆上丝路抵达印度，然后乘船东去，于至元三十年（1293）在泉州上岸。第二年，他抵达大都（今北京），受到忽必烈的孙子——元成宗铁穆耳的接见。元成宗继承了祖父的宗教宽容政策，准许孟高维诺在中国传教，并为他提供了必要的物质支持。

孟高维诺出身于意大利名门，知道贵族阶层想什么，缺什么。因此，他在中国走的是一条精英路线。他认定，只要贵族、官员信仰天主，就能带动全民归主。不到一年，蒙古汪古部王子及其部属就皈依了天主教。

大德三年（1299），他在大都修建了首个天主教堂。时隔6年，又在皇宫附近修建了第二座教堂。借助两座教堂，他收养了40多名孤儿。到1305年，已有6000多人受洗。

孟高维诺的非凡成就，引起了另一伙传教士的嫉妒。他们属于东正教的古老分支——景教，早在唐代就进入中国，几经沉浮，刚刚获得喘息之机。这伙人崇尚"螃蟹文化",见不得别人横行,于是向朝廷告状,诬陷孟高维诺冒充教皇钦使,是个骗子,导致后者受到拘禁。沉冤昭雪之后,孟高维诺深感势单力薄,两次致函教皇克雷芒五世,恳求派一批德行高尚、精通教义的修士来华传教。

1307年,教皇对孟高维诺的传教成就予以认可,宣布设立汗八里(今北京)总主教区,任命孟高维诺为首任大主教,兼管东方教务,拥有简授主教、划分教区、管理神长的权力;派出方济各会传教团前往中国,协助孟高维诺传教。这支7人的传教团,1人因病未能成行,3人在印度病逝,只有格拉德、佩莱格林·卡斯特洛、安德烈·佩鲁贾于皇庆二年(1313)抵达中国,成为副主教。

同年,方济各会在中国设立了第二个教区——泉州教区,格拉德成为泉州主教。他主持修建了天主教堂,还为22位修士修建了山林修道院。格拉德去世后,卡斯特洛、佩鲁贾先后继任泉州主教。

随后来到中国的,是鄂多立克(又译和德理),他既是一名意大利旅行家,又是一位方济各会修士。他从威尼斯入海,大约1322年在广州登岸,然后来到世界闻名的刺桐港。在泉州,他受到方济各会修士的热情接待,有机会就对大教堂和山林修道院表示赞美,还在旅行日记中说泉州"有罗马城的两倍大"。对于汉人、蒙古人、佛教徒、穆斯林、景教徒、天主教徒和谐地生活在一起,他大加赞赏:"这么多不同的民族能够和平相处,并被同一股势力(大元)所统治,这在我看来似乎是世界上最伟大的奇迹。"他还兴致盎然地游览了福州、明州、杭州、金陵、扬州、大都等城市,并在大都传教三年半,然后取道陕西、甘肃、西藏回国,晚年口述完成了《鄂多立克东游录》一书。

不久,孟高维诺和佩鲁贾病逝,两大教区主教同时出现空缺。得到消息,教皇迅速派遣巴黎大学宗教学教授尼古拉斯为汗八里大主教,率领20名修士前往大都,但这队人马在东去途中不知所终。

后至元四年(1338),鉴于大主教空缺已久,元顺帝妥懽帖睦尔派出使团出访天主教廷,要求教皇速派继任者前来主持教务。为此,教皇本笃十二世任命方济各会修士约翰·马黎诺里为使臣,率领修士团回访大元。他们走陆上丝路,于至正二年(1342)抵达大都,觐见了元顺帝,奉上了教皇的复信和一匹神骏超逸的"天马"。"拂朗国进天马",成为轰动一时的佳话。4年后,马黎诺里谢绝了元顺帝的挽留,执意回国。他回国前的最后一站,是天主教徒众多的泉州。他在《马黎诺里游记》中说:"刺桐城,是一个令人神往的海港,也是一座令人惊奇的城市。方济各会修士在该城有三座非常华丽的教堂。"

泉州教区第四任主教为詹姆斯·佛罗伦斯。

明洪武三年(1370),教皇乌尔班五世任命了新的汗八里大主教,但他从未到任,因为大元刚刚被朱元璋起义军推翻。新生的大明全面禁止了一切受蒙古人青睐的"外来教义",包括天主教。①

而早在8年前,泉州教区第五任主教雅各伯(威廉·甘勃尼)就在农民起义中被杀了。

至此,基督教分支——景教与方济各会在唐朝、元朝的两次传播均被人为终止,第三次传播要等到明朝末年的耶稣会了。耶稣会的故事将在《广州》一章和读者见面。

马黎诺里从泉州回国时,一位旅行家从非洲北部来到泉州。很遗憾,这两个人几乎是擦身而过的。否则,世界史一定会收获一段精彩的对话。

六、摩洛哥旅行家

这位旅行家名叫伊本·白图泰,1303年生于摩洛哥。当时摩洛哥正处于马林盛世,在西亚和北非势不可当。这个扩张中的伊斯兰强国,给了他足够的勇气和底气闯荡世界。

22岁时,白图泰离家远行,成功抵达了麦地那和麦加,完成了孜孜以求的梦想。因为麦加是伊斯兰教圣地,不论路程有多远,不论旅途多艰险,每个穆斯林都希望在有生之年至少去麦加朝觐一次。

日子太整齐也太沉闷,所以才有了节日。生活太规律也太平淡,所

---

① 见[法]勒内·格鲁塞:《伟大的历史:5000年中央帝国的兴盛》,新世界出版社2008年版。

以才有了旅游。梦想达成后，按照常规，他应该回家娶妻生子、赡养父母，带着真主的祝福，平安地度过余生。但在见识了海外世界的精彩之后，他再也无法容忍波澜不惊的定居生活，于是决定终生与惊险刺激为伴，做一名职业旅行家。

随后，他又两次到麦加朝觐，并先后访问了伊斯兰世界的中心巴格达和东非沿岸的一系列陌生地区。

德里的苏丹听说了白图泰的故事，托人捎来信件，邀请他到印度旅行。于是，他经黑海、君士坦丁堡、里海、撒马尔罕、布哈拉、阿富汗，于伊斯兰历734年进入德里苏丹国，被苏丹穆罕默德·沙任命为法官，年俸12000第纳尔，并划给他一个牧场，还替他还清了债务。但时间不长，他就厌倦了仕途，辞去了官职。苏丹深知他酷爱旅行，便赋予他一项重大使命：作为苏丹的使者回访中国，并随身给中国可汗带去骏马、舞女、金质浴盆、宝剑等贵重礼品。15位中国使臣也一起返程。

这个庞大的使团，经古里、马尔代夫、锡兰、马六甲海峡、越南东部海岸，最终在元顺帝至元六年（1340）前后抵达泉州。由于一路上历经战乱、海难、抢劫，苏丹送给中国可汗的礼品全部弄丢了，外交使命已经无法完成，因此他把心思全部用在了借机游览上。

他说："我们渡海到达的第一座城市是刺桐城。这是一座巨大的城市，此地织造的锦缎和绸缎，也以刺桐命名。该城的港口是世界大港之一，甚至是最大的港口。我看到港内停有大艟克约百艘，小船多得无数。这个港口是一个伸入陆地的巨大港湾，以至与大江汇合。该城花园很多，房舍位于花园中央，这很像我国一座城市的情况。"

而后，他游览了南方的杭州、广州等一流城市。

中国瓷器令他兴趣盎然，他说："至于中国瓷器，则只在刺桐城和穗城（今广州）制造。系取用当地山中的泥土，像烧制木炭一样燃火烧制。其法是加上一种石块，加火烧制三天，以后泼上冷水，全部化为碎土，再使其发酵，上等品发酵一个月；次等品发酵十天。瓷器价格在中国，如陶器在我国一样或更为价廉。这种瓷器远销印度直至我国。"

出于万分惊奇，他津津有味地介绍了中国纸币和煤炭："中国人交易时，不使用金银硬币，而是使用一种纸币，纸币大如手掌，盖有苏丹的印玺。全体中国人、契丹人烧的炭,是一种类似我国陶土的泥块,颜色也是陶土色,用大象驮运而来,切成碎块,大小像我国木炭一样,烧着后便像木炭一样燃烧,但比木炭火力强。炭烧成灰,再和上水,待干后还可再烧,直到完全烧尽为止。"

对于治安状况,他更是赞不绝口:"对商旅说来,中国地区是最安全、最美好的地区。一个单身旅客,虽携带大量财物,行程九个月也尽可放心。他们安排的每一个投宿处都设有旅店,都有官吏率领一批骑步兵驻扎。傍晚或天黑后,官吏率录事来旅店,登记旅客姓名,加盖印章后店门关闭,第二天早晨官吏率录事来旅店,逐一点名查对,并缮具详细报告,派人送到下一站,当由下一站的官吏开具单据证明全体人员到达。如不照此办理,则应对旅客的安全负责。此种旅店内供应旅行者所需的干粮,特别是鸡和米饭。"

随后,他自称赶往了京城汗八里,但这一说法并未被后代学者认可。您想呀,弄丢了苏丹的礼品,他拿什么去觐见中国可汗。因此,他搪塞说:"我们抵达汗八里时,可汗正离京外出,率领大军去契丹地区的喀喇和林(今蒙古境内)和别失巴里(今新疆破城子),征讨在那里作乱的堂兄弟。""战斗结果,可汗兵败身亡。"

在中国游览半年后,他"只能"回国。

他返程的港口,依旧是刺桐城。"到达刺桐城时,正巧有艚克将开往印度,其中一艘属于爪哇国王扎希尔,船上的人都是穆斯林,而船主的代理人又认识我,所以对我的到来很高兴。"

从刺桐城登船,经过半年的颠簸,来到奎隆和古里。他曾有返回德里的念头,但无颜面对苏丹。于是,他经阿拉伯海、霍尔木兹、开罗、吉达,于伊斯兰历749年抵达麦加,完成了第四次朝觐。①

阳光亘古常新,温暖如昨。当他终于返回家乡,才知道父母都已离世。屈指算来,他已经在外游荡了24个年头。

之后,他又两次远行,并有幸成为摩洛哥苏丹艾布·阿南的幕僚。1356年,苏丹令秘书伊本·朱赞将白图泰口述的见闻记录成书,这本

---

① 见[摩洛哥]伊本·朱赞:《伊本·白图泰游记》,华文出版社2015年版。

书就是《旅途各国奇风异俗珍闻记——伊本·白图泰游记》。论内容和文采，该书并不比《马可·波罗行纪》逊色，但却经历了秘不外传的486年尘封岁月。直到19世纪50年代，该书法文版面世，方才引起轰动。

七、六下南洋

历史告诉我们，许多后世公认的杰出人物，并非生前就得到承认或者受到拥戴，如法国画家凡·高、德国作曲家巴赫；相反，许多当时公认的非凡人物，却被后世遗憾地忽视了。亦黑迷失就是这样一个人物。

他是维吾尔人，至元二年（1265）进入蒙古国宫廷，成为大汗忽必烈的宿卫。

至元八年（1271），忽必烈改国号为"大元"，定都大都。下一年，为了让南海各国知道中国已是大元的天下，并督促各国前来朝贡，忽必烈任命亦黑迷失为使者出海访问。从此，习惯了漠野长风的亦黑迷失不得不融入碧海银沙。每一次出海，他都把泉州作为启航地和返航地。

每个人，在每个行业中，无论他具有怎样非凡的天赋，也无论他如何吃苦耐劳，仍然非常需要机遇才能达到顶峰。试想，假如忽必烈没有发现亦黑迷失的外交与航海天赋，他或许一辈子只是一个带刀侍卫，充其量是一名带兵冲杀的小头目。现在皇帝给了他扬名立万的机会，至于他能否把机会转变为运势，就全凭他的智慧和勇气了。

至元九年（1272），他率领一支船队，奉命出使八罗孛国——也就是今印度马拉巴尔海岸。船队沿岸航行，走走停停，沿途停靠了多个国家和地区。至元十一年（1274），船队经菲律宾群岛返回泉州港。经他斡旋，八罗孛国使臣随他一起到了元朝，向忽必烈贡献了珍宝。事后，忽必烈赏了他一道金虎符。可见，他首次出海是成功的，要知道，只有万户以上才允许佩戴金虎符。

至元十二年（1275），他奉命二次出使八罗孛国，拉近了两国的距离。八罗孛国王派出国师，随亦黑迷失回访大元，向忽必烈献上了名药。忽必烈不仅赏赐了这位国师，还将亦黑迷失提拔为兵部侍郎。

时隔6年，他第三次下南洋，使命是招抚占城。占城不肯臣服，亦黑迷失便和平章阿里海牙、右丞唆都一起攻打占城，可惜没有打出结果。其间，亦黑迷失奉命还朝，因为忽必烈给了他一个新任务。

这个新任务，是前往僧伽刺国（今斯里兰卡）礼佛。于是，他在至元二十一年（1284），拉开了四下南洋之旅。这次出海出奇地顺利，从泉州到僧伽刺国，连童话中的小波折都没有发生。归国后，忽必烈令他留在泉州，随时听候调遣。

亦黑迷失在泉州住久了，便娶了一位眉目如画、活色生香的泉州南安美女，芳名盛柔善。她出身名门，是南宋诗人盛世忠的孙女。这个盛世忠写过一首题为《王昭君》的诗："汉使南归绝佳音，毡庭青草始知春。蛾眉却解安邦国，羞杀麒麟阁上人。"从诗中看出，他颇有文人风骨，如果他在九泉之下得知孙女嫁给了南宋的敌人，是否也会"羞杀"？

此时的忽必烈，已经成为虔诚的佛教徒，接下来赋予亦黑迷失的使命，也与佛教有关。至元二十四年（1287），他五下南洋，奉命到马八儿国（今印度科罗曼德尔海岸）求取佛钵、舍利。这次出海，他的运气似乎已经用光，途中遭遇逆风，用了一年时间才到达目的地。返程时，该国使臣随行，向忽必烈进贡了方物，亦黑迷失也购买了紫檀木殿材献给了朝廷。此时的他，就像一个成名已久的钢琴家，每当演奏完一支曲子，就高悬起弹完最后一个音符的手，微微侧起脑袋，等待大雨倾盆般的掌声。满朝文武都对他表示赞赏，忽必烈也念他辛劳，赐给他玉带，让他掌管国家金库和海外贸易船队。

至元二十九年（1292），他六下南洋，任务是征讨爪哇国，因为对方不仅拒绝到大元朝觐，而且在元朝使者脸上刺上了侮辱性文字。这是在和蒙古大汗玩一种愚蠢而危险的游戏。要知道，成吉思汗踏平花剌子模，旭烈兀血洗巴格达，都是因为类似的侮辱。爪哇国，是印尼群岛东部著名的香料贸易中心，此时已经取代三佛齐国成为地区霸主，并对马六甲海峡的往来船只构成威胁。远征遥远的爪哇，与远征日本一样，是忽必烈称霸亚洲战略的重要一环。为此，忽必烈任命亦黑迷失、史弼、高兴三人为福建行省平章政事，率领500艘海船、2万名军人远征爪哇。忽必烈的要求很简单，就是征服它，惩罚它，让它听话。

带着忽必烈的旨意，这支舰队从泉州后渚港出发，抵达占城后，首先派出使臣前去招抚苏门答腊岛上的几个小国，从外围孤立了爪哇；第二年，亦黑迷失统率水军、高兴统率陆军，一起攻打爪哇。当时，爪哇岛上有爪哇和葛郎两个国家，爪哇王葛达那加剌在与葛郎国的冲突中死于非命。葛达那加剌的女婿兼继承人名叫土罕比耶，他闻听元军已到，便以向大元称臣为条件请求救援，其言语之诚恳、态度之恭顺令人动容，就连具有铁石心肠的元军统帅也被打动。基于此，让我们对那些处处笑脸相迎、迎风流泪的政客保留一份警惕，因为没有哪个阴谋家或刽子手会长成厉鬼的样子，一出场便被人们指认出来。

接下来，元军协助土罕比耶击退了葛郎国军队，并迫使对方投降。战事平息后，元军派出200名军人护送他回国，结果被他设计全部杀死。然后，他集结军队，反过来猛攻毫无防备的元军。元军无心恋战，匆匆登船撤退，最终只有2000多人回到泉州。[1]

元军退走后，土罕比耶自立为王，宣布建立满者伯夷国，成为东南亚最强大的国家。这个满者伯夷国十分嚣张，读者在《苏门答腊》一章还会遇到它。

人类的错误主要分为两类，一乃无知之错，是因为我们没有掌握正确知识而犯下的错误，这是可以原谅的；一乃无能之错，是因为我们掌握了正确知识或拥有胜利的资本，但却没有正确使用而犯下的错误，这是不可原谅的。元军此败，当然属于无能之错。

亦黑迷失因此获罪，被打了50杖，还被没收了三分之一的家产。忽必烈驾崩后，亦黑迷失告老还乡。此前他不清楚，付出真心才会得到真心，却也可能伤得彻底。此后他才明白，保持距离才能保护自己，却也注定永远寂寞。告老还乡的他，就像被摘掉了脑袋的向日葵，只能任生命枯萎。

尽管他下场悲凉，但《元史》还是为他作了传。如果《元史》是暗夜中的大海，他起码也是海上的一座灯塔吧。

---

[1] 见徐晓望：《中国福建海上丝绸之路发展史》，九州出版社2017年版。

八、"东方马可·波罗"

人一生中会有很多理想，坏的叫野心，好的叫愿望，短的叫念头，长的叫志向。当时一个中国青年拥有一个惊世骇俗的大志向，就是用双脚丈量世界。

他叫汪大渊，字焕章，江西南昌人。有人说他像凤凰，心高万仞，壮志凌云。早在少年时代，他就效法司马迁，几乎走遍了半个中国。后来，他慕名来到泉州，见到了各种肤色的外商，看到了堆积如山的货场，也见识了桅杆林立的港湾。尤其是商人、水手所讲的外国风情故事，勾起了他的好奇心。于是，他决定做第一个看世界的中国人，尽管将面临未知的苦难、挫折乃至死亡，但他相信自己能做到，因为他知道：梦想不是因为看到了才相信，而是因为相信才能看见。

至顺元年（1330）晚秋，霜和雪还未走到江南，展现在他面前的仍是青春的海岸与明亮的浪花。20岁的汪大渊从泉州搭乘商船，挥别姑嫂塔（万寿塔），开始了第一次西洋之行。他经海南岛、占城、马六甲、爪哇、苏门答腊、缅甸、印度、波斯、阿拉伯、埃及，渡过地中海到达摩洛哥，然后折返埃及，出红海抵达索马里，又向南直达莫桑比克，横渡印度洋，经澳大利亚、苏门答腊、爪哇、加里曼丹岛、菲律宾群岛，终于在元统二年（1334）夏末，望见了泉州湾东南岸的地标——六胜塔。

元顺帝至元三年（1337），汪大渊从泉州第二次远行，穿越南洋群岛，跨过阿拉伯海、波斯湾、红海、地中海、莫桑比克海峡、坦桑尼亚桑给巴尔岛，经澳达利亚回到泉州。

至正九年（1349）冬，汪大渊路过泉州，恰逢当地组织编修《清源续志》[①]。主编吴鉴认为，泉州作为市舶司所在地、外贸大港，不能没有海路沿线岛国的记载，于是邀请远洋归来的汪大渊撰写《岛夷志》，附在《清源续志》之后。第二年，汪大渊回到南昌，出版了《岛夷志》单行本

---

① 五代时期朝廷在泉州设立清源军，宋代设立清源郡，所以又称泉州为清源。

《岛夷志略》。

透过《岛夷志略》不难发现，汪大渊是通过贩卖瓷器来解决远洋旅行费用的。《岛夷志略》共100个篇章，其中40多篇涉及瓷器，20多篇事关青花瓷贸易。而且，这本书目的性很强，他描绘沿线的山川、地貌、气候、植被等地理状况，是为了记住路线；他描述当地人的居室、饮食、服饰、风俗、性情等人文状况，是为了贸易需要；他记载当地的盐、酒、药等生活用品，是为了商船补给；他对各地土产和商货的详细记载，则是为了知道，当地人想要什么，能给我什么。

为了维护作为一名中国旅行家的声誉和尊严，他在序言中声称："书中的山川、民俗、风景、物产的诡异之事，和那些可怪、可愕、可鄙、可笑之事，都是自己亲身所历，亲眼所见。传说之事，则没有记载。"[1]

他通过自己的亲眼所见、亲耳所闻、亲身所历，向国人展示了一个光怪陆离、异彩纷呈的世界。

旅行者远离了故土，一种莫名的恐惧便会接踵而来，本能地渴望旧的环境。正是在这种如潮汹涌的恐惧中，他才变得敏感而好奇。在他涉足的220多个国家和地区中，最让他惊奇的是澳大利亚。他发现，这座"绝岛"上的土著人，不会生火做饭，住在洞穴里，尚且处于茹毛饮血的原始社会。那里有一种长着灰毛、红嘴，会跳舞，身高六尺，富有灵性的鹤，见到外人便展翅舞蹈，十分乖巧，他称之为"仙鹤"，其实是澳大利亚鸵鸟，这应该是世界上关于澳大利亚的最早记载。他专门解读了外国商队的商业链，他发现，一些意大利、阿拉伯商队，先将欧洲的珠宝、武器和工艺品卖到北非，再将东非的奴隶、北非和西亚的骏马贩卖到印度。关于中国商品的销售范围，他介绍说，马来半岛最喜欢中国的花碗和月琴、胡琴之类的乐器，元青花瓷器和苏杭地区的五色缎已经远销东非。关于商旅云集的南洋，他说，许多南洋国家对客商提供了特殊关照，即使杀人也不用偿命；当地男子会向外来宾客兜售妻子，并以行情看涨为荣；南洋佛国几乎没有战争，所有人都沐浴在佛教文化的慈悲光环之下，因此很多中国南方人为了躲避宋元战火，举家迁居南洋。

---

[1] 见〔元〕王大渊著，汪前进译注：《岛夷志略》，辽宁教育出版社1996年版。

关于中国的管辖范围，他特别提到，当时的台湾属于澎湖，而澎湖隶属于泉州晋江县。本书更大的贡献在于，精心绘就了覆盖半个地球的海上丝路，最早提出了"东洋、西洋"的概念，为郑和下西洋提供了指引。

人生有两大快乐，一是没有得到你心爱的东西，于是你去追求和创造；一是得到了你心爱的东西，于是你去品味和体验。汪大渊的人生是圆满的，因为闯荡世界，他被称为"东方马可·波罗"；他写的《岛夷志略》，被列为"影响中国的一百本书"。

九、陶瓷之路

正如汪大渊描述的那样，中国是瓷器的故乡，瓷器是中国人"化土为玉"的一大创造。

在陶瓷发展史上，通常把用黏土或陶土经捏制成型后烧制而成的器皿称为"陶器"，把经过高温烧成、胎体烧结程度较为致密、釉色品质优良的黏土或瓷石制品称为"瓷器"。瓷器脱胎于陶器，它是中国先民在烧制白陶器和印纹硬陶器的过程中逐步探索出来的。烧制瓷器必须同时具备三个条件：一是制瓷原料必须是富含石英和绢云母等矿物质的瓷石、瓷土或高岭土；二是烧成温度须在1200摄氏度以上；三是在器表施有高温下烧成的釉面。

中国的原始瓷器，发现于4200年前的龙山文化遗址中。东汉末年，浙江上虞将原始瓷器演变为成熟的瓷器——青瓷。与表面粗糙、不够结实的陶器相比，瓷器尽管工艺复杂、价格较高，但因为具有胎质致密、经久耐用、便于清洗、外观华美等特点，所以一旦出现在外国宫廷、官员和富商面前，便受到近乎疯狂的追捧。

晚唐、五代时期，唐三彩陶器[①]、邢窑白瓷、定窑白瓷、越窑青瓷、长沙窑彩绘瓷等，开始行销海外。

宋朝，是中国制瓷的黄金时代。正像宋代画家选用了水墨一样，宋

[①] 产生于盛行厚葬的唐代，多用于冥器，以黄、褐、绿为釉色，所以被称为"唐三彩"，产地主要在洛阳。

代瓷器也显示出对单色的偏爱，或者最多在一种颜色上配上另一种颜色。在宋人看来，适度节制才是最高的奢华。宋瓷的美就在于它无声的富贵、精致的暗影、微妙的和谐，因为它的质地、色泽、声音、光彩，既赏心悦目，又能满足微妙的触觉愉悦。宋瓷的最高境界，是"青如天，白如玉，明如镜，薄如纸，声如磬"。当时的钧窑（在今河南禹州市）、哥窑（在今浙江龙泉市）、官窑（北宋在开封，南宋在杭州）、汝窑（在今河南汝州市）和定窑，被称为五大名窑。还有一种瓷器，在北宋景德年间成为贡品，产地昌南镇从此得名"景德镇"。

元代，景德镇官窑烧制出了"元青花"，使得中国瓷器在国际市场上更为紧俏。而元代名窑所产的瓷器，多数是从泉州走向海外的。泉州海外贸易的兴盛，也极大地刺激了本地陶瓷行业的发展，德化窑、磁灶窑、安溪窑、南安窑、碗窑乡窑、永春窑，都加入了瓷器出口行列，尤以德化窑的白瓷最为抢手。

从泉州出发，一船船精美的中国外销瓷，借助海上丝路流淌到东亚、南亚、西亚、东非和欧洲，改变了外国人的生活，也改变了当时的世界。在东南亚，有了瓷器，人们不再用蕉叶盛饭，卫生与健康状况得到极大改善，人均寿命从28岁提高到35岁；在东非，战败国只要交出10个瓷器，就能换取和平；在奥斯曼帝国，贵族们不仅把中国瓷器神化为能够辨析毒物的物品，而且通过在家门口悬挂瓷器来显示富贵；在日本，来自泉州晋江县的瓷器——兔毫盏，因为拥有纤如毫毛的美丽图案，被奉为国宝。

宋代之前，中国的出口商品一直以丝绸为主。6世纪中叶，两个和尚把蚕种从赛里斯（今新疆）偷到了拜占庭，帮助拜占庭掌握了养蚕织丝技术，使得欧洲不再完全依靠中国供应生丝。从宋代开始，瓷器代替丝绸，上升为中国外贸的主角，最多时每年外销瓷器超过一百万件，使得瓷器几乎拥有了"货币"的属性。明代，江西景德镇，福建德化，广东东兴、博罗、澄迈、揭阳的青花瓷，持续销往海外。尤其是葡萄牙探险家打通中欧贸易线路后，中国瓷器源源不断地输入欧洲，改变了欧洲人的烹调方法、餐饮习惯、健康状况和生活品位，瓷器成为餐具、酒具、茶具、咖啡器皿、装饰品和收藏品，官窑瓷器和定制瓷器甚至成为欧洲皇室、贵族权力和身份的标志。瓷器的输入，使得欧洲人对遥远的中国更加敬佩与神往。因此,英文的中国(China),与瓷器(china)是同一个词语。在17世纪的法文中,也出现了一个新词"希努瓦斯里",最初指"来自中国的商品",后来这个词被欧洲各国广泛采用,含义也扩大为受到中国影响而形成的欧洲新时尚,被翻译为"中国趣味"或"中国热"。在18世纪的欧洲"中国热"中,精美的中国瓷器茶具,以及在闲坐、待客、社交时饮茶,被称为"高雅的时尚"。①

至于瓷器的输入量,简直可以用"铺天盖地"来形容。1732年,瑞典东印度公司"哥德堡号"运送中国瓷器70万件。1752年沉没的荷兰东印度公司"迪特莫森号",载有中国瓷器16.2万件。1760年,丹麦较小的第三贸易公司的中国瓷器订单是328万件。1774年,英国伦敦至少有52家经销和承接定制中国瓷器的专门商店。如果从1513年葡萄牙人首开中欧贸易算起,直到18世纪末,约有3亿件中国瓷器登陆欧洲。②

如果说,丝绸是陆上丝路的主要中国外销品,那么陶瓷则是海上丝路的主要中国外销品,因为靠骆驼、马匹从陆地运输沉重且易损的瓷器,不仅运量有限,而且容易破碎。而在海上运输瓷器,既不易损坏,又可压舱。要知道,古代帆船标有水蛇线和走马线,当船的吃水深度高于水蛇线、低于走马线时,行船最为平稳。要达到这样一个吃水深度,从中国启航的商船一般用瓷器压舱,而从西洋返航的商船则以少量的白银、苏木和大量的贝壳压舱。久而久之,泉州出现了一个用非洲贝壳建房的村落——蟳埔村。

宋、元、明代的海上丝路,更应该称"陶瓷之路"。

十、妈祖保佑

就在我准备将笔锋转向明代之际,一个如雷贯耳的名字突然跳了出来,拦住了我,我不禁哑然失笑。

---

① 见顾涧清、李钧、王文琦:《海上丝路史话》,广东经济出版社2018年版。
② 见李兴华:《作为产品、商品与文化符号的物质媒介》,原载郭杰忠主编:《海上丝绸之路:陶瓷之路》,中国社会科学出版社2017年版。

她既是一个人，又是一个神。对于她，泉州家喻户晓，妇孺皆知。

她叫林默，小名默娘，是福建莆田县湄洲籍官员林愿的六女儿，生于宋建隆元年（960）农历三月二十三日晚。她谙医理，习水性，善良正直，急公好义，被称为海上女侠。雍熙四年（987）九月九日，她在一次海上救援中不幸遇难，年仅27岁。

请注意，当生命之门对这个女侠关上后，神话之门却向这个善良的人儿开启了。传说她死的时候，身穿红色衣服飞到大海上空，并不断"显灵"。每当人们驾船出海，遭遇风浪时，她就会出现，或者化为一只蝴蝶，或者化作一只飞雀，或者化作一缕灯光。船上的人看见了，就可以化险为夷。开始时，她主要是保护船商、渔民、水师等海上活动的安全；到了后来，她能做到呼风唤雨、赐孕生子、福佑年成、保佑婚姻、灭鬼除魔、消灾避难、执掌文运，成了法力无边的"圣母"，被沿海民众尊称为妈祖——女性祖先。

她引起朝廷重视，是因为一次官方航海事件。北宋宣和五年（1123），给事中路允迪出使高丽，返程途中，突然狂风大作，巨浪滔天，使船剧烈摇晃，随时有可能颠覆。情急之下，路允迪等人只好祈求妈祖保佑。很快，海面变得风平浪静，仿佛没有发生任何事儿一般。五天后，使船成功靠岸。此事在朝廷引起了轰动，宋徽宗下旨，为她兴建了"顺济庙"，使妈祖由民间信仰上升为朝廷封神。之后，她的封号越来越高，宋高宗封她为"灵惠夫人"，宋光宗封她为"灵惠妃"，元世祖封她为"天妃"，康熙帝尊封她为"天后"。

作为一种海洋崇拜，但凡有渔民和海商的地方都建立了妈祖庙。出海前，人们都要到妈祖庙里祭拜，祈求妈祖保佑平安。郑和每一次出海，都带领使团成员到南京龙江天妃宫和太仓天妃宫祭拜妈祖像；郑和船队的每一艘船上，都供奉着妈祖神像；如果遇到没有妈祖庙的码头，郑和都带头捐建天妃宫。第七次下西洋前，郑和特地制作了两块关于以往下西洋事迹的石碑，一块立在出发地太仓刘家港，名叫《娄东刘家港天妃宫石刻通番事迹碑》；一块立在起锚地福建长乐南山港，名叫《天妃灵应之记碑》。郑和相信，前六次下西洋之所以能顺利返回，全是天妃保佑的结果。

就在古代有数的几个无神论者纠结妈祖是否真能显灵时，妈祖信仰已经沿着贸易航线,传到了东亚、东南亚、南亚、欧洲、非洲、美洲,天主教教皇在1954年把妈祖封为天主教七圣母之一,妈祖信仰还于2009年被联合国教科文组织列入了世界非物质文化遗产名录,全球的妈祖庙数量已经接近5000座。[1] 当然,对妈祖最为尊崇的,还是她的家乡福建,尤其是泉州。

尽管有妈祖的保佑,泉州却日渐落寞。因为大明是一个以海禁为主调、以朝贡贸易为补充,外国船舶以堪合为凭据、中国商船有船引才合法的朝代。尽管朝廷没有无视泉州,还在此设立了市舶司,但职责却是专门对接琉球的朝贡使团。而琉球使团为了方便,竟然选择在福州登陆。到了大明中期,朝廷干脆把市舶司迁往福州。实际上,福州市舶司也没有多少业务。代之而起的,是风起云涌的海上走私。一批大海盗走到历史的聚光灯下,占有了最好的机位,拥有了最多的镜头。

十一、郑氏父子

崇祯六年(1633)10月22日清晨,号称"海上马车夫"的荷兰,直接把9艘战舰开进了金门料罗湾。突然,荷兰舰队遭到了大明水师的袭击,炮火和硝烟将这个宁静的港湾变成了沸腾的战场。

一个惊恐的荷兰目击者事后描述说:"有3艘中国战船包围了'布鲁克海文号',其中一条船上的士兵不顾一切地把自己的船只点燃,向荷兰战舰撞去。他们的行为正如狂悍而决死之人那样,完全不理会我们的枪炮和火焰。又一艘荷兰战舰正在近岸处,被4艘中国兵船迫近,虽然在接舷战中两度打退了敌人,但最终还是被俘获。其余荷兰战舰狼狈逃入大海,借助大炮和东北风逃到台湾。"

此次海战,大明水师共毁灭一艘、击沉两艘荷兰战舰,斩杀荷兰士兵几十人,一举粉碎了荷兰人的福建殖民梦。福建巡抚在捷报上说:"闽粤自有红夷以来,数十年来,此捷创闻。"

---

[1] 见伍鹏:《浙江海上丝绸之路文化》,经济科学出版社2016年版。

这场海战的大明水师总指挥，名叫郑芝龙，原本是一名海盗。

中国海盗猖獗，始于明朝。与文人执政的宋朝和回族商人管理财权的元朝不同，和尚、乞丐出身的朱元璋，似乎天生带着仇富、仇商基因，一登基就祭出了"海禁"的撒手锏。从此，以海为田的泉州人失去了致富来源，有的去种地，有的移民海外，有的当了朝贡贸易代理者，也有的做起了令朝廷谈之色变的"海盗"。嘉靖以前，海盗规模小而且分散。嘉靖年间，朝廷"海禁"越来越严，中国走私者与日本走私者联合，形成了庞大的武装海商集团，这就是中国史上所谓的"倭寇"。

"倭寇"前赴后继，令朝廷寝食难安。先是安徽人许栋，在宁波双屿岛建立了走私基地。许栋被灭后，安徽人王直接过走私接力棒，成为拥有上百艘战舰的"净海王"。后来，经胡宗宪斡旋，王直接受招安，但很快被朝廷斩首。王直被杀后，他的部下展开了疯狂报复，即便是抗倭名将戚继光、俞大猷，也无力攻下"倭寇"基地烈港。

郑芝龙，小名一官，泉州府南安人，生于万历三十二年（1604），最初不过是会几门语言的翻译，后来跟着舅舅学做贸易，再后来成了一名大海盗，在厦门建立了基地，创立了拥有1000多艘商船、几万名水手的武装走私帝国。对于郑芝龙海盗集团，大明所能采取的办法也只有招抚。而郑芝龙也希望获得朝廷认可，为自己的走私贸易贴上官方标签。双方一拍即合。崇祯元年（1628），朱由检下诏，任命郑芝龙为海上游击。从此，郑芝龙完成了从海盗、海商到官员的华丽转身。

料罗湾海战，就是他被招安后的一次亮丽表演。战后，荷兰东印度公司被迫与郑芝龙达成了海上贸易协定，并向郑芝龙进贡。接下来，郑芝龙开始向南中国海的远洋船只颁发"通行证"——悬挂带有"郑"字的旗帜，每艘船收取3000两白银的费用。从崇祯十四年（1641）开始，出入福建各港的船只几乎都悬挂郑芝龙的旗帜，单是过路费一项，年收入就高达1000万两，相当于荷兰东印度公司的全年收益。特别是对日本的航海运输量，高出荷兰船队7至11倍，成为日本长崎港的最大主顾。[1]

---

[1] 见田培栋：《明代后期海外贸易研究》，原载《北京师范大学学报》（社会科学版）1985年第8期。

可以说，郑芝龙在郑和船队退出南中国海200年后，以一己之力周旋于东洋及西洋势力之间，重新夺回了海上主导权。

崇祯十七年（1644），崇祯帝吊死在景山的歪脖子树上。第二年，唐王朱聿键南下福建，被郑芝龙、郑鸿逵兄弟拥立为帝，改元隆武，史称隆武帝。隆武帝封郑芝龙为南安侯；封郑鸿逵为定虏侯；封郑芝龙的长子郑森为忠孝伯，赐大明国姓朱，赐名成功，他也从此被称为"国姓爷"。仅仅过了一年，清军就大兵压境。清军统帅通过书信向郑芝龙承诺，如果归顺，他将是闽粤总督，总督大印已经铸好了。早前降清的南安老乡洪承畴也写来劝降信，以现身说法敦促郑芝龙顺势而为。

就这样，郑芝龙被推上了冰炭相激的两极选择之中。王朝振荡，你想趋利就只能舍义，不想做忠臣只能做贰臣，不想成君子只能成小人，不想当天使只能当魔鬼，不想进圣祠只能跪在历史的耻辱柱前，根本没有为现实人性的完美预留一点弹性空间。于是，郑氏家族分成两派，一派是郑成功与四叔郑鸿逵，主张凭借海疆，坚决抗清；一派是郑芝龙和他的其余几个儿子，主张顺应大势，归降大清。郑成功深知父亲此次降清，不可能像上次降明那样得到保全，因为大清非大明，所以三次声泪俱下地规劝父亲。然而，郑芝龙去意已决。郑成功无奈地说："如果父亲一去不回，孩儿自当为父报仇。"

顺治三年（1646）11月，郑芝龙不顾郑成功的再三哭谏，只带500人北上福州投降清廷。22岁的郑成功则与郑鸿逵率领郑氏旧部南下，继续抗清大业。

轻信是一桩悲剧，必得以死来句读。郑芝龙双脚一迈进福州，就被大清扣为人质，逼迫他劝郑成功投降，并在他失去作用后除掉了他，就像从前杀死上门投降的王直一样。半个月后，清军大举进犯郑芝龙的家乡南安县，郑成功的母亲田川氏在乱军中自尽。随着郑芝龙被杀，一个足以抗衡西方列强的中国武装航运贸易集团迅速解体，这不能不说是中国航海史上的一大悲剧。

面对国仇家恨，郑成功以飞蛾扑火的精神、夸父追日的气概、精卫填海的毅力对抗大清，还一度包围了江宁府，但十几年过去了，终究无力扭转大势。

你从黑暗出发，见到的一定是黎明。当在陆战中碰得头破血流，郑成功方才意识到，自己的优势在海上，前途也在海上。顺治十八年（1661）三月，郑成功率领25000名将士、几百艘战船，从金门料罗湾启程东去，经过一年苦战，赶走了占据台湾达38年之久的荷兰殖民者，完成了武装收复台湾的伟大壮举。

站上台湾岛的那一刻，郑成功心中如同悬下了千架瀑琴，任海风弹奏。由此，他昂然进入民族英雄行列。

这就是中国人的英雄史诗，其惨烈与壮美程度，丝毫不逊于《荷马史诗》，只是我们没有古希腊盲人那穿透历史的睿智和诗韵淋漓的表述。

郑成功收复台湾前后，是华人移民东南亚最为强劲的时期。一方面，他们长期支持郑成功反清复明，不愿留在大陆接受剃发的羞辱；另一方面，他们在郑成功身上首次看到了在本土之外做另一种中国人的合法性。清康熙十八年（1679），被大清击败的郑成功余部3000人，乘坐70只帆船抵达越南会安港，成为越南阮氏政权认可的华人移民。①

十二、泉州的背影

郑成功收复台湾后，一直倡导反清复明。为了断绝沿海居民与郑成功的联系，大清颁布了史无前例的"迁界令"，导致福建沿海为之一空，也使得泉州港彻底走向沉寂。

"迁界令"，只是在棺材上钉上了最后一颗钉子。其实，泉州的衰落，早就开始了。

在泉州的衰落中，有两个事件特别刺目。

一件是大元末年，泉州发生了持续十年的"波斯戍兵之乱"。信仰伊斯兰教的波斯人组成"亦思巴奚军"，与地方军阀联手对抗大元福建行省，最后被元将陈友定平定。陈友定进入泉州后，把城门关闭三天，

---

① 见［澳］安东尼·瑞德：《东南亚的贸易时代：1450—1680》（第二卷），商务印书馆2013年版。

将西域人全部屠杀。幸存的蕃商只能携钱外逃，宋代形成的蕃人巷变成历史，泉州的海外交通中心地位不复存在。

一件是通关地位的丧失。明成化八年（1472），市舶司从泉州迁往福州；隆庆元年（1567），朝廷解除"海禁"后，把漳州月港作为开放口岸，设立督饷馆征收关税；清康熙二十三年（1684）重开"海禁"后，也把闽海关设在漳州；鸦片战争之后，被迫开放的闽海关迁回福州。就这样，400岁的泉州市舶司变成了一个苍凉的背影，泉州港随之一落千丈。

还有一个因素无法忽视，那就是生态恶化。近代以来，泉州人口持续膨胀，晋江流域的植被遭到人为破坏，水土流失导致泥沙向出海口持续淤积。处在晋江沉积区的泉州港，每年泥沙沉积度达到4.6毫米。渐渐地，泉州港失去了作为优良港口的天然条件。

当屋子里的门被封死，人们必然设法砸开一扇窗。明、清的"海禁"与"迁界"政策，加上泉州生态的持续恶化，迫使素有商业基因和冒险精神的泉州人，开始寻找新的出口。这一出口，就是向台湾和东南亚移民。明万历三十六年（1608），泉州府7县人口锐减到19.3万。顺治元年（1644），泉州府人口不过18.2万。

挽歌并没有因此唱响。今天的泉州，虽然知名度比不上南侧的厦门，甚至比不上北侧的福州，但发达的民营经济，让这个不是省会，不是副省级城市，也不是经济特区的城市，连续20年经济总量领跑福建各地市。人均社会消费品零售总额，也排到了全国第五。

唯一让泉州汗颜的，是这个傲立桅杆上千年的"海之子"已经跌落到海岸上。一个尴尬的指标是：拥有400年世界级大港史的泉州港，对整座城市的经济贡献不足百分之四。更尴尬的是，在2022年全球港口集装箱吞吐量排名中，厦门港位列第14，福州港位列第57，而泉州港只有208万标准箱，比厦门港足足少了1000万标准箱，位列第91。

但令人欣慰的是，1991年，联合国教科文组织"海上丝绸之路"考察队把中国的泉州、意大利的威尼斯、阿曼的马斯喀特、日本的大阪确定为世界海上丝路四大名城，并把泉州认定为海上丝路的起点。2002年，联合国教科文组织把全球第一个"世界多元文化展示中心"定址泉州。2013年，泉州被评为中国首个"东亚文化之都"。2021年，"泉州：

宋元中国的世界海洋商贸中心"项目，被列入了世界文化遗产名录。泉州，还有"世界宗教博物馆"之美誉。综上所述，都是泉州有别于其他沿海城市的文化底蕴。文化是一个城市的灵魂，有灵魂的城市方能行稳致远。

一位专家说，泉州古城是文化传承有序、信仰协同发展的典范。央视主持人白岩松也说，泉州是你一生至少要去一次的城市。遗憾的是，几乎走遍全国的我，直到2023年才首次来到泉州。

可以说，我是以一种朝拜的姿态走进这座千年港城的。我看到，大开元寺辉煌依旧，文庙大气不减，天后宫香火不断，清净寺也游人如织，就连古城内90条古街巷都保存得较为完好。当我欣然走进纵横交错的古街巷，以及街巷深处俯仰可见的书院、宗祠和铺镜，历史的气息扑面而来，恍如有穿越到宋、明时代之感。可美中不足的是，这些街巷路多宽车多宽，无数电动摩托横冲直闯，我只能不停地瞻前顾后，躲着车流前行。尤其是当我穿过逼仄局促的水沟巷，在小巷尽头见到全国现存唯一的市舶司遗址——北宋泉州市舶司时，却遗憾地发现，它目前叫水仙宫，是一座红墙黑瓦的古建筑，有三间房那么大，蜷缩在老旧民居中间，一点儿也不起眼，不知道的还以为是一座土地庙。它脚下那条几米宽的水沟，据说是八卦沟的支沟，直接通向港口，在古代是海商划着小船前来市舶司报关的通道。这条水沟不但年久失修，而且散发着刺鼻的异味。我走出古街，在高处放眼望去，难以体会建筑美学、空间层次、地方特色。这一点，与同处海滨的深圳、青岛、大连、宁波似乎正在拉大差距。若是这个城市在规划理念、天面景观、空间布局、绿化档次、城市管理上下点儿真功夫，情况会不会有所改观呢？

据说，福建正全力建设21世纪海上丝绸之路核心区和福建海峡蓝色经济试验区。接下来，泉州这个"鲤鱼形"城市①，必须捡起丢掉的海港优势，再次跳龙门、求突破、向大海，从沿江时代走向环湾时代，并最终跨入面海时代。

---

① 1352年，元朝对泉州进行了扩建，新的泉州城呈上宽下窄形，形似鲤鱼，从此有了"鲤城"的昵称。

丝路上的泉州：泉州作为联合国唯一认定的"海上丝绸之路"起点，若论港湾大小，泉州湾不如厦门湾、三沙湾和湄洲湾；若论深水港资源，莆田和厦门都超过泉州；若论地理位置，泉州则处在福州和厦门的夹击之中。泉州港之所以能够异军突起，在南宋时期超越广州港成为中国第一大港，得益于三次"衣冠南渡"带来的人才效应，得益于唐代之后海上丝路的持续兴盛，得益于泉州及其腹地的陶瓷货源，更得益于泉州市舶司的招商奖励政策。到了元代，朝廷最早在泉州设立了市舶司，实行了最为优惠的抽税政策，从而奠定了泉州的全国商品贸易集散中心地位，使之成为计算中国与东西洋各国航程的起点——海上零公里，江南历史从此进入了泉州、广州交替领先的海洋时代。但随后的明、清二朝实行了"海禁"与"迁界"政策，加上市舶司迁往福州，晋江水土流失造成下游港区泥沙淤积，泉州港最终走向了穷途。2022年泉州GDP超过1.2万亿元，但港口提供的贡献十分有限。

第六章　那片悲欣交集的港湾
—— 广州

当陆上丝路被南北朝的烽火所阻隔，海上丝路便成为中外交往的主要通道。广州港成为中国的南大门和南洋之路的始发港，就是从南北朝开始的。那时赶往广州的，除了纷至沓来的海商，还有一批接一批的印度高僧。

一、从"一苇渡江"说起

今广州市荔湾区有一个牌坊，上面刻着"西来初地"四个字，这是为纪念一位印度高僧在中国登陆而立的。

这位印度高僧，以"一苇渡江"扬名中国，他出身于刹帝利种姓，是南天竺香至王的三儿子，原名菩提多罗，后来改称菩提达摩。他出家后倾心大乘佛教①，拜印度禅宗二十七代祖师般若多罗为师，自称禅宗二十八祖。到开明包容的中国传教，是他平生最大的夙愿。

中国魏晋南北朝时期，是一个礼崩乐坏、瓦釜雷鸣的乱世，专门用于治世 —— 负责和平年代治理的儒学失去了效用，专门用于治心 —— 负责抚慰芸芸众生心灵的佛教在此时从陆海两路东传中国。其中的海路，从天竺启程，穿过马六甲海峡，经南海进入中国。

---

① 大乘，是梵文"摩诃衍那"的意译，意思是"大的车船或道路"。大乘佛教兴起后，贬称原始佛教和部派佛教为"小乘"。两派的区别在于，大乘宣称既能自度 —— 自我解脱，也能度人 —— 使众生成佛；而小乘要求自度，也就是断除自己的一切烦恼，超脱于生死之外，方能成佛。

南朝梁普通八年（527）初夏，也就是印度洋西南季风劲吹的季节，达摩带着释迦牟尼的衣钵和佛经，乘坐竺密多家族的商船，从海路来到广州，在珠江绣衣坊码头登岸。

绣衣坊，顾名思义，是一个加工丝绸服装和从事丝绸贸易的街区。坊众多是来自天竺、粟特的商人。印度竺密多家族拥有一支庞大的船队，定期往返于广州和南天竺之间，从事中国绣衣和天竺香料的转手贸易。为了方便贸易，竺密多家族在广州定居下来，渐渐成为绣衣坊有名的蕃商。

接下来，达摩也成了绣衣坊的一员，他在竺密多家族宅院的东侧结草为庐，禅坐传教。

得知天竺高僧来到广州，广州刺史萧昂赶紧把消息禀报给了梁武帝萧衍。

萧衍，是梁朝开国皇帝，晚年开始信佛，被认为是史上最执着的"菩萨皇帝"，先后四次舍身出家，朝廷不得不一次次拿出重金把他"赎回"。他下令各地广建佛寺，"南朝四百八十寺"就是他倡导的结果。他还援引佛典"食肉者断大慈钟"之说，主张全面吃素，这就是汉传佛教吃素传统的由来。

达摩登陆广州那年，正是萧衍最痴迷佛教之时。前不久，萧衍首次舍身出家，三天后才回到朝廷。因此，听说一位天竺高僧来到广州，他兴奋得夜不能寐，当即派出使臣迎接达摩北上建康（今江苏南京市）。

10月1日，萧衍在梁宫兴致盎然地接见了达摩。这是佛教传播史上最令人无语的相遇之一。这次相遇，留下的是一段对话。

皇帝自信满满地问："朕继位以来，营造佛寺，译写经书，度僧不计其数，有什么样的功德？"

达摩只回答了四个字："并无功德。"

皇帝脸一沉，问："何以没有功德？"

达摩说："这些只是人天小果，有漏之因，如影随形，虽然有，却不是实有。"

皇帝追问："怎样才算真正的功德？"

达摩说："清净、睿智、妙圆，体自空寂。这样的功德，不是尘世间能追求到的。"

皇帝再问："什么是圣谛第一义？"

达摩答："空寂无圣。"

皇帝急了，老脸涨得通红："回答朕问话的是谁？"

达摩说："不知道。"

对话的双方，一个在出世与入世之间摇摆，追求的是佛教表面的形式；一个早已摆脱了尘世纷扰，达到了出世后的空灵境界。两人根本不在一个频道上。

人生没有单行线，每个十字路口都要被迫作出抉择。达摩感觉，建康也许是他根本不该来的地方，而梁朝治下的广州也不会再欢迎他，他只能另辟蹊径。

十几天后，他悄悄来到长江边，折了一根芦苇投入江中，化为一叶扁舟，飘然北去，这就是传说中的"一苇渡江"。过江后，他先是在江北的长芦寺、定山寺驻锡修行，不久来到北魏都城洛阳，继而驻锡嵩山少林寺。

当时，中国佛教界盛行豪华、排场的讲经、斋会，不太重视打坐修行。对此，达摩十分不满。栖止少林寺后，达摩长年累月地面壁而坐，静心修炼，根本不搭理任何人，被称为"壁观婆罗门"。达摩面壁九年，终于找到了佛法大义与中土文化嫁接的不二法门，悟出了禅理、禅机、禅意，创立了中国佛教第一大宗——禅宗，所以中国禅宗又称达摩宗。汉传佛教中的打坐、禅定，就是从他开始的。

中国佛教各派有一个值得注意的现象：中国化的程度越高，生命就越长。其中禅宗的中国化程度最深，它的寿命最长，并成为主流；法相宗的印度色彩最浓，它的寿命也最短。

在宗教信仰上，中国更多的是一个进口国。达摩身后，一群群佛教、婆罗门教、祆教（拜火教）、景教、摩尼教、犹太教、伊斯兰教、基督教传教者，搭乘远洋商船，不远万里来到广州。因此，广州才有了中国最早的佛寺之一——光孝寺；有了中国最早的清真寺——怀圣寺（俗称光塔寺）。

为此，我们把这条贯通中国、南亚、西亚的远古航线称为丝绸之路、陶瓷之路、香料之路的同时，或许也可以称之为"佛教之路"。

二、广州通海夷道

南方港口与北方港口相比，有两大天然优势，一是气温高，为不冻港；二是雨水多，港口与内陆河道相连。这两大优势，在广州表现得尤为充分。它位于北纬22°至23°线上，属于亚热带季风气候，江河终年不冻。它处于珠江水系的西江、北江、东江三江汇合处，其中西江全长2075公里，是广州连接广西大部分地区的交通大动脉；北江干流全长468公里，与粤北、湘南相连；东江干流全长562公里，与粤东、赣南、闽南相连。它正当珠江水系中心，距离珠江入海口80海里，是中国的南大门。当地属于石灰岩地质，潜流得到过滤，使得珠江航道水量足、水位高、淤浅少。综上所述，广州具备建设大型良港的一切条件。

但远古时期，广州地处岭南，人烟稀少，并不引人注目。春秋末年，吴王阖闾的子孙逃到岭南，修筑了南武城。[①] 秦统一六国后，派任嚣、赵佗兵发岭南，在番禺（今广州市）设立了南海郡，建立了造船工场，拉开了向南海发展的序幕。根据1974年发现的位于广州中山四路的秦代造船工场遗址测算，这里可以建造宽5至8米，长20至30米，载重20至30吨的木船，是胜任南海沿岸航行要求的。[②]

汉元鼎四年（前113），南越国丞相吕嘉发动叛乱。时隔两年，汉武帝派伏波将军路博德、楼船将军杨仆征服了南越国，焚毁了番禺城，将南海路的出发地改在了徐闻、合浦。东汉建安二十二年（217），东吴把交州刺史部迁回番禺。十年后，把交州分拆为交州、广州两部分，广州作为地名首次出现。广州地位恢复后，广州扶胥港（今广州市黄埔区庙头村）成为南海丝路的始发港。

在中国史上，隋朝是一个公认的伟大朝代，尽管它只存在了短短37年，被戏称为给他人做嫁衣裳的王朝。在广州繁荣问题上，隋朝也功不

[①] 见〔东汉〕赵晔：《吴越春秋》，中华书局2019年版。
[②] 见章巽：《我国古代的海上交通》，商务印书馆1986年版。

可没。开皇十四年（594），隋文帝杨坚下诏在广州建设祭海神庙，用来供奉南海神祝融。南海神庙建成后，朝廷举行了盛大的祭祀仪式。之后，所有出海者和入港者必前来祭祀，以求得南海神保佑往返平安。南海神崇拜的形成，进一步提升了广州的中心港地位。

大唐文明的万丈光芒，既照亮了广阔无垠的世界，更照亮了文明交会的条条商路。大唐借助强大的军力，使得陆上丝路变得安全而畅通；借助发达的航海技术，使得远洋运输变得安全而经济。许多南洋、西洋的商旅，选择从海上来到广州，继而登陆中国。在陆上丝路诞生700多年后，海上丝路终于将东洋、南洋、西洋打通。这条海路，被唐代地理学家贾耽称为"广州通海夷道"[①]。

具体线路分为三段：

第一段，从广州登船，出珠江口折向西南，经今海南岛抵达占婆，然后南行至马六甲海峡。这段航程大体需要半个月。从马六甲海峡，南可到苏门答腊东南部的佛逝国、北可到马来半岛南端的罗越国、东可到爪哇岛的诃陵国。

第二段，西出马六甲海峡，经罗华尔群岛、吉打、尼科巴群岛，23天左右到达师子国；然后向西，经一系列天竺沿岸国家，16天左右进入阿拉伯海；西行20天，是波斯湾头的阿巴丹，在此可以看到海中的华表；再西行一天，是黑衣大食；进入波斯湾，改乘小船沿河而上，可以抵达末罗国（今巴士拉）；再向西北行进1000里，就到了黑衣大食国都缚达城（今巴格达）。

第三段，从巴士拉启程，出波斯湾、霍尔木兹海峡、阿曼湾，20天可到今也门的席赫尔，又10天可达今阿曼的哈德角；然后沿着阿拉伯海西岸，经今阿曼的苏哈尔，就可到达亚丁湾和东非的三兰国（今坦桑尼亚桑给巴尔岛）。

这条通海夷道，全长14000公里，途经100多个国家和地区，航行时间89天，是当时世界上最长的远洋航线。

当时，从广州外销的商品主要有丝绸、瓷器、茶叶、铜铁器四大宗；

[①] 见〔唐〕贾耽：《皇华四达记》，此书已经遗失，部分内容收入《新唐书》。

输入的主要商品是香料、珍珠、象牙、犀角等。肤色不同、装束各异的外商频繁出现在广州街头，或操着生硬的汉语，或通过翻译与当地人讨价还价。据统计，唐代每天进入广州港的外国商船约11艘，按每艘船载客200人计算，每年抵达广州的约有80万人次。[①] 广州通海夷道的开通，使广州登上了中国乃至世界第一港的宝座。

面对海量的外国商船，唐朝不考虑抽税吗？

三、市舶使

唐朝皇帝当然不傻。

唐显庆六年（661），唐高宗李治向广州派出市舶使，职责是向外来船舶征收关税，代表宫廷采购舶来品，代表朝廷接纳外国贡品，对市舶贸易进行监督和管理。

这是中国首次设立外贸官员，也是中国海上贸易走向规范化的标志性事件，可谓李治的一个创举，这也进一步印证了李治并非历史诟病的那样缺少主见。李治此举，给朝廷带来了巨额收入。《苏莱曼东游记》记载，贸易季节，广州金库每天入库的税钱有5万第纳尔，折合白银15万两。而唐朝每年的财政收入不过2800万两白银。如果没有淡旺季之分，广州港的税收将是朝廷财政收入的两倍。

唐朝中期以后，市舶使有时由岭南节度使兼任，有时由身为广州监军的宦官兼任。《苏莱曼东游记》第二卷（由哈桑补著）中说：

> 在中国，太监是特任为掌管国家大事和皇家金库的，他们中有许多被派到广州，就是阿拉伯商人所到的地方。当太监和长官们出门的时候，前面总有许多人，手里拿着一种像木铃一样的东西，让它的声音传得很远。凡是太监或地方长官所过之处，街上不许停留行人；要是有人站在自家门口，也该立时走进屋子，把门关上，直

[①] 见张星烺：《中西交通史料汇编》，中华书局1977年版。

到太监和地方长官走过为止。太监们和将军们的衣服，都是用头等丝绸做的，这种丝绸从来没有运到过阿拉伯，在中国也很少，价钱也非常之高。

接着，就是一个阿拉伯侨商拜会广州市舶使的情景：

> 有一天，这个侨商在见其他买主之前，先去见皇帝派到广州来的太监，请他挑选送给国王所需要的从阿拉伯运来的商货。商人看见太监胸口有一粒痣，隐在他所穿的丝绸衣服里面。他自己还以为太监所穿的衣服是双层的。因为他不住地向着那太监瞧，太监就问他："我看你不住地盯着我的胸口，为什么？"
>
> 商人回答："我正惊奇，为什么你身上一颗痣，透过双层衣服还能看得见。"
>
> 太监听了，不禁大笑，接着把衣袖伸出给商人看，说："请数一数吧，看我穿了几件衣服？"
>
> 商人一数，共有五件丝绸衣服，重叠在一起，而胸口的痣，还可以透过五件衣服显现出来。这种透明的丝绸，是生丝，是没有压榨过的。①

这个故事透露了两个信息，一是大唐丝绸产量很高，质量很好；二是这个宦官出身的市舶使很富，可能从外商身上发了不少外财。

据说，岭南市舶使和岭南节度使是天下第一肥缺。唐朝末年，一个起义军领袖看上了这个肥缺。

四、黄巢的请求

待到秋来九月八，我花开后百花杀。
冲天香阵透长安，满城尽带黄金甲。

---

① 见［阿拉伯］苏莱曼著，刘半农、刘小蕙译：《苏莱曼东游记》，华文出版社2016年版。

诗的作者，名叫黄巢，出生在牡丹之乡——曹州（今山东菏泽市）的一个盐商之家，屡次应试进士科皆名落孙山，于是含恨写下了这首《不第后赋菊》。

唐乾符元年（874），河南连续爆发水灾和旱灾，庄稼严重歉收，但赋税有增无减，各州县又隐瞒灾情，致使百姓流离失所，濮阳私盐贩子王仙芝揭竿而起。起义军打到曹州时，黄巢率领亲友和乡亲几千人，加入了造反队伍。仅仅两年，起义军就膨胀到30万人。他们在江淮河汉之间流动作战，打得官军顾此失彼，狼狈不堪。无奈之下，唐僖宗下诏，封王仙芝为左神策军押牙，而王仙芝也有了接受皇命的想法。极度失望之下，黄巢与王仙芝分道扬镳。

两人分手后，王仙芝战败被杀。孤军作战的黄巢自立为黄王，号称冲天大将军，改元王霸，带领十几万义军，向唐朝最为富庶，军力也最为薄弱的南方进发。

乾符六年（879），黄巢起义军翻越五岭，兵围广州。

面对这座富甲天下的海港城市，黄巢没有立刻下令攻城，而是让被俘的越州观察使崔璆，给城内的岭南东道节度使李迢写信，要求他向朝廷上表，请朝廷任命黄巢为天平军节度使。意思很明白，如果给我黄巢高位，我就归顺朝廷。

对于李迢的上表，朝廷群臣一致反对。

随后，黄巢亲自上表，请求朝廷任命自己为安南都护、广州节度使。群臣还是一致反对，右仆射于琮说得更可怕："广州市舶一旦让黄巢掌控，他倒是富了，但朝廷的钱就不够用了。"于是，唐僖宗没有答应黄巢，但也没有完全拒绝黄巢，而是任命他为率府率，也就是护卫东宫、执掌兵仗羽卫的小官。这就好比一个孩子向大人讨一个糖块，大人说："糖块不能给你，你舔一舔我拿糖的手指吧。"

朝廷的告身（委任状）送到广州城下，黄巢羞愤交加，恨不得把皇帝一口咬死。但眼下，他只能拿广州解恨。于是，他发出号令：拼了老命，也要攻下广州城！

攻击战只进行了一天，广州就陷落了，李迢也做了俘虏。但攻城期间，一伙不明身份的雇佣军，让黄巢吃了很大苦头，损失了不少弟兄。

原来，唐朝为了繁荣外贸，允许来自大食、波斯的胡商在广州娶妻生子、开办学校、建立教堂，甚至允许他们参加科举考试，使得胡人数量一度超过10万人，外国人口比例远远超过今天的广州。为了保护蕃坊，胡商组建了一支雇佣军。这些雇佣兵大多是从非洲和南洋贩来的黑人，所以被称为"昆仑奴"。唐文明元年（684），一伙昆仑奴在胡商的授意下，刺杀了贪赃枉法的广州都督路元睿及其手下，然后乘船逃走。"安史之乱"平定后，又是昆仑奴及其主人，配合一支参与平叛后路经广州回国的大食、波斯军队，攻陷了广州城，抢光了府库，从海上扬长而去。这次给黄巢起义军造成杀伤的，依旧是这伙力壮如牛的昆仑奴。

为了惩罚昆仑奴背后的胡商，也为了侵吞胡商的巨额财富，黄巢下令杀尽城内的胡人。一个美国学者说："黄巢让他的部下抢掠、焚烧了这座城市。总共有12万外国人被杀，当时城内总共罹难的人也不过20万左右，可见当时广州城内外国居民人口比例之大。"[①]

一个阿拉伯人也说："不计罹难的中国人在内，仅寄居城中经商的伊斯兰教徒、犹太教徒、基督教徒、拜火教徒，就有12万人被黄巢杀害。这个确凿的数字，是根据中国按人头课税而算出的。此外，黄巢还把那里的桑树砍光了。我们特意提起桑树，是因为中国人用桑树的叶子喂蚕，一直喂到把自己包裹起来为止。因此，这一事件就是阿拉伯各国失去货源，特别是失去丝绸货源的原因。"[②]

有了这场血腥的屠戮，胡商不再喜欢广州，转而把目光投向泉州。

而如愿占领广州的黄巢，因为手下大多来自北方，不适应南方湿热的气候，不久就挥师北上，兵锋直指洛阳和长安，直到他的部下朱温晃下大唐这棵老树上的最后一片枯叶。

五、元丰市舶条

从表面上看，在大动乱中上台的宋朝，其政治、司法、教育制度，

[①] 见[美]魏斐德：《大门口的陌生人》，中国社会科学出版社1988年版。
[②] 见[阿拉伯]无名氏：《中国印度见闻录》，中华书局2001年版。

几乎是唐朝亦步亦趋的翻版。但仔细审视就会发现，宋朝的"小改小革"无处不在。其中外贸机构的设置，堪称经典。

宋开宝四年（971）二月，北宋大将潘美攻入南汉都城广州。仅仅过了四个月，宋太祖赵匡胤就下令在广州设立市舶司。而此时，长江中下游地区还在南唐和吴越手中。宋朝如此急迫地在广州设立市舶司，只能说明这个新王朝眼光独具，对外贸的重视程度远超前代。

简单比较一下就会发现，唐朝的市舶使是一个兼职，也是一个临时性职务，市舶业务是否规范，往往取决于市舶使的个人素质。而宋朝市舶司是一个常设机构，有一套严格的管理制度和运行机制，不会以任何长官的意志为转移。这一变化，可以理解为从人治到法治的转变。

随后，宋朝陆续在杭州、明州设置了市舶司。市舶司的主官仍称市舶使，后来改称市舶提举；次官叫市舶监，也称市舶判官；还设有管理具体事务的孔目、分手、贴司、书表、都吏、前行、后行等吏员。

按照规定，市舶司的抽解与专卖收入，全部归朝廷所有；而未设市舶司的港口，抽解收入则归州县所有。后来，由于地方港口管理较为松散，抽税较为随意，导致许多外商选择在地方港口报关。这就意味着，地方港口越发达，朝廷的收入也就越少。

熙宁初年，宋神宗任用王安石主持变法。由于变法的一个目的，是增加国库收入，所以挥刀砍向了外贸体制。元丰三年（1080），朝廷颁布了外贸管理条例，史称《元丰市舶条》。据了解，这是我国第一部外贸管理条例，也是世界上首部海商贸易成文法。内容包括：

一、一切往返日本、高丽的商船，由明州、杭州市舶司放行；所有前往东南亚及其以西地区的商船，均由广州市舶司放行。市舶司以外港口放行外贸商船的，以欺君罪论处，即使朝廷大赦和官员离任，也不得减罪。

二、外贸商船返回时，须先到市舶司纳税、贸易。两广沿海前往海南的船只，须事先向广州市舶司申领出海凭证。

三、各国进贡物品不再运送京师，一律由市舶司就地变卖。

条例出台后，市舶司所在的广州、明州、杭州，无疑是最大的受益者，外贸持续繁荣，城市不断扩大。反过来，未设市舶司的外贸港口则受到沉重打击，怨声载道。不久，面向东南亚的泉州、面向东北亚的密州提出了设立市舶司的申请，但变法派一直没有批准。直到宋神宗驾崩，保守派上台，朝廷才先后设立了泉州、密州市舶司。

尽管如此，广州的贸易大港地位并未受到威胁。一艘南宋时期的沉船，就是明证。

六、南海1号

1987年，英国海洋探测公司在荷兰图书馆和航海图书馆查到一条信息：1772年，东印度公司一艘名叫"莱茵堡号"的货轮，因为遭遇台风，在中国广东阳江海域沉没。船上除了紧俏商品，还有6箱白银和300多吨锡锭。

当年8月，中英双方联合开展了海上调查。预想中的"莱茵堡号"并未现身，但打捞人员意外发现了另一艘沉船，一抓斗下去，抓上来247件器物，其中有142件瓷器和锡器，还有一条1.72米长的纯金腰带。经专家鉴定，这是一艘宋元时期的沉船，后来被命名为"南海1号"。

当时，中国水下考古还是一片空白，没有经验，没有机构，没有设备，也没有专业人员。为了把这艘沉船保护好、发掘好、研究好，国家文物局、国家博物馆和广东省文物考古研究所，对"南海1号"先后进行了7次勘查、测量和小规模试掘，上万件文物出水面世。①

2007年12月22日上午11时，阳江海域。随着亚洲第一吊"华天龙号"二十几层楼高的巨臂微微上扬，一个长30米、宽10米的橙色沉箱，从湛蓝的海水中徐徐升起，在海底沉睡了800多年后，"南海1号"重见天日，之后被转运到38海里外的海陵岛十里银滩上。

就在"中国十大最美海岛"之一的海陵岛，政府建造了广东海上丝绸之路博物馆，又名"南海1号"博物馆。博物馆由五个椭圆体连环相

---

① 见崔勇、张永强、肖达顺：《海上敦煌——南海Ⅰ号及其他海上文物》，广东经济出版社2015年版。

扣而成，既像起伏的波浪，又如展翅的海鸥。中间最大的椭圆体，是存放沉船的地方，采用了大量的玻璃以满足透光的要求。远远望去，如同一座屹立在碧海蓝天之间的"水晶宫"。

在模拟海水的环境里，"南海1号"得到了妥善保护，考古发掘也得以持续。截至2019年，已经发掘出文物18万件，其中瓷器16万件，以江西景德镇影青瓷、福建德化窑白瓷、福建磁灶窑绿釉瓷、浙江龙泉窑青瓷居多；有124吨铁器凝结物和几万枚铜钱；有金银铜铁锡器、漆器；有女性梳妆用的铜镜、朱砂；还有已经化为淤土的丝绸。人能想象到的器物，船上几乎应有尽有。这些货物多是国家一级文物，总量超过许多省级博物馆，堪称一座"水下敦煌"。

种种迹象表明，"南海1号"应该是南宋时期的沉船。因为在出水的铜钱中，年代最晚的是"淳熙元宝"；其中一件德化瓷罐上，有"癸卯"年墨书。公元1183年，是南宋淳熙十年（癸卯年）。这一年，22岁的铁木真被推举为蒙古乞颜部可汗，还不成气候。北方的金国，进入金世宗晚期，正如日中天。江南的南宋，处于精明强干的宋孝宗时期，仍政通人和。广州港，每天有上百艘货船出入。① 如今，"南海1号"的"水晶宫"可以让人感受海上丝路昔日的繁华与惊险，还可以在专业人员指导下，进入考古发掘现场，体验一把水下探秘的无穷魅力。

七、市舶太监

在历史上，朱元璋是一座绕不开的大山。元末那场摧枯拉朽的农民起义，似乎就是为了把朱元璋从贫瘠土地的皱褶里颠簸出来，使他登上权力的巅峰。历史的机缘有时候像一出恶作剧：把权力放在一个乞丐手中，看他如何处置。

在朱元璋内心深处，也许认为海洋是可怕的，商人是奸诈的。所以，他一登上皇帝宝座，就把"禁海令"写入了《大明律》，公开宣布："片

---

① 见［英］彼得·弗兰科潘：《丝绸之路：一部全新的世界史》，浙江大学出版社2016年版。

板不许入海。"还好，他对各藩属国开了一个后门，就是允许他们以"朝贡"的方式与大明开展官方贸易。为此，大明设立了三个市舶司，福建市舶司专为琉球而设，浙江市舶司专为日本而设，广州市舶司则为占城、暹罗各国而设。广州，又一次站在了历史的聚光灯下。无论是官府直接控制的贡舶贸易，还是私商经营的市舶贸易，广州的规模都首屈一指。

与唐朝有些相似的是，明朝也把深宫中的太监外派到地方掌管市舶大权，形成了市舶太监的"市舶府"与市舶提举的"市舶司"并立的体制。

广州市舶太监的市舶府，又称市舶公馆，初期设在广州城南江边，后来搬到仙湖街奉真观，有正厅5间、后厅5间、左右厢房22间、仪门厅3间、东西耳房2间、大门3间，建筑规模比广州市舶司大一倍以上。万历年间，市舶太监李凤的下属吏役超过400人。

作为市舶司的监督者，市舶太监只是尸位素餐也就罢了，但偏偏他们的权力欲望还特别强，不仅掌管着朝贡事务、关税征收、中外互市贸易和查禁民间私商的权力，还打着贡奉皇帝的旗号，大肆侵夺中外海商，极大地扰乱了市舶秩序，给明朝中期艰难恢复的民间海上贸易带来了沉重打击。成化年间的市舶太监韦眷，是其中最变态的一个。

任何官场腐败，都伴随着蒙蔽大众、使江水倒流、以沙搓绳的企图。韦眷，字效忠，今广西宜山县人，是权阉梁芳的铁杆，心肝比他的上司还黑，脸皮比别人的脚板还厚。成化十一年（1475），韦眷出任广东市舶太监。一到任，他就纠集地痞无赖近百人，掌控渔盐之利，搜刮民脂民膏，动辄鞭笞、逮捕商人，构陷官员，一时间受刑、下狱者不计其数。面对他的高压政策，商人们只剩下两条路可走，要么远走他港，要么向他行贿。

一个名叫马力麻的番商，诡称自己是苏门答剌贡使，企图以进贡为名进行非法贸易。韦眷接受了他的贿赂，准许了他。后来，马力麻的假身份被广东左布政使陈选发觉，便驱逐了他。从此，韦眷恨上了陈选。

撒马儿罕使者从陆路进贡狮子之后，要求取道广东，从海路前往满喇加，一边做生意一边回国，韦眷答应了他。但陈选向皇帝上疏表示反对，皇帝采纳了陈选的意见。如此一来，韦眷更恨陈选了。

有一年，番禺知县高瑶没收了韦眷走私的大宗货物。陈选将此事上奏了朝廷，朝廷派遣刑部员外郎李行、巡按御史徐同爱前来核查。韦眷反戈一击，诬告陈选、高瑶结党营私。李行、徐同爱一向畏惧太监，最终按韦眷所奏定了陈选、高瑶的罪，并把二人押送京城。陈选离开广州时，几万民众聚在岸边喊冤，一时喊声震天，海天变色。结果，陈选在押解途中含恨而死，高瑶被发配永州，而韦眷毫发无损。[①]

韦眷对官员尚且如此颠倒黑白，对外商就更加肆无忌惮了。成化二十三年（1487），天方（泛指阿拉伯地区）回民阿力乘船来到广州，准备前往京城进贡，然后到云南寻访来华40多年的兄长。一进广州港，韦眷就侵吞了他的全部货物。阿力怒不可遏，跑到京城告状。礼部官员答应对阿力予以补偿，并准许他到云南寻亲。韦眷担心事发，急忙通过宫中太监为自己辩护。事情闹到明宪宗朱见深那里，朱见深不仅没有责罚韦眷，反而斥责阿力是外国间谍，下令将他驱逐出境。阿力人财两空，又无处申冤，只好哭着回国。看完这两个故事，如果我再说"古代的公平，就是公字大如天，平字细如线"，您就没有异议了吧？

朱见深是宋英宗朱祁镇的长子，仅凭他为被父亲冤杀的民族英雄于谦平反这一件事，就说明他不是一个昏君。可就连他都如此呵护胡作非为的太监，大明岂能不亡！

八、一口通商

清乾隆二十四年（1759）盛夏，乾隆收到一份特殊的奏报。这份奏报出自直隶总督方观承之手，后面附了一份洋人的诉状。这个洋人来自英国，是目前已知第一个由英国东印度公司出资培养的中英译员，正式身份是东印度公司董事局聘用的"通事"——类似于买办，他有一个中文名，叫洪任辉。

拿到这份奏报，乾隆眉心深锁。他清楚地记得洪任辉，此前浙江水师提督武进升的密折上两次出现过这个名字。

---

① 见〔清〕张廷玉等：《明史·陈选传》，中华书局1977年版。

四年前,一艘三桅商船驶入宁波港,武进升登船接洽。船上载着24000枚番银、1560瓶洋酒以及部分蜡烛、衣料,船长自称是英国东印度公司的洪任辉,祖上在宁波做过生意,自己这一次是来采购丝绸和茶叶的。对于他的说法,武进升没有提出异议。随后,洪任辉不仅将商船上的货物销售一空,还从当地采购了大量生丝、茶叶。英国人赚得盆满钵溢,宁波海关也照例征税。武进升与浙江巡抚周人骥同时密折上奏,称"红毛国商船久不到浙贸易,今洪任辉慕化远来自应加意体恤"。乾隆御笔朱批:"知道了。"

　　过了一年,东印度公司又派洪任辉赴宁波贸易。武进升例行稽查之后,不免警觉起来,因为这艘商船比上次大了许多,水手过百,船上全是装满银圆的箱子,还有不少枪支、大炮。武进升照例向乾隆密折奏报,如实描述了商船的情况,还特意强调有40多名水手没留辫子。乾隆心头一紧,想起两广总督杨应琚的密奏,推测是宁波抢走了广州的外商,担心浙江民风剽悍,易受蛊惑,与洋人相处久了必然惹是生非。与上一次朱批"知道了"不同,这一次乾隆采纳了杨应琚的建议:增加宁波关税,逼迫洋人回到广州贸易。

　　怪事出现了。下一年,进入广州港的洋船反而比去年少了一半。疑惑之余,乾隆将两广总督杨应琚调任闽浙总督,将户部侍郎李侍尧调任两广总督,命令二人追查原因。

　　原来,症结出在广州。康熙二十三年(1684),朝廷为了缓解财政压力,决定重新放开外贸,设立粤(广州)、闽(漳州)、浙(宁波)、江(云台山)四处海关。粤海关设立后,公开招募有实力的商业家族,允许他们在缴纳几万到几十万银两作为"入门券"(保证金)之后,作为官方特许的垄断性商业组织"公行",代表政府经营对外贸易,代海关征缴关税。经海关筛选,有十三家行商入围,史称"十三行"。后来,随着外贸形势的起伏,行商不限于13家,最多时26家,最少时只有4家。[①] 为了

---

① 见梁嘉彬:《广东十三行考》,广东人民出版社1999年版。十三家行商包括伍秉鉴的怡和行、潘绍文的同文行、马佐良的顺泰行、卢继光的广利行、谢有仁的东兴行、梁承禧的天宝行、严启昌的兴泰行、潘文涛的中和行、潘文海的仁和行、吴天垣的同顺行、易元昌的孚泰行、罗福泰的东昌行、容有光的安昌行。

方便经营，行商们把商馆设在今广州荔湾区的珠江边。一时间，"十三行"成为广州最繁华、最富庶的区域，那里有5000多家专营外销商品的店铺，约25万匠人专门从事外销工艺品的生产和制作，涉及漆器、银器、瓷器、纺织、绘画、雕刻等行业。乾隆十年（1745），朝廷下令：凡是抵达广州的外商，都要找一个行商作为"保商"。久而久之，形成了由行商、粤海关、两广官员以及宫廷内务府组成的庞大利益集团。多年来，外商们一直抱怨广州行商包买包卖，把持刁难，他们宁愿前往更远的宁波多交税，也不愿在广州交易。对此，无论是久居广东的杨应琚，还是初任新职的李侍尧，都心知肚明。

也许是收受了行商的贿赂，也许是摸透了皇帝的心思，杨应琚一天之内给乾隆上了四道奏折，说洋船高大如屋，来去无常，装着炮械，云集在商港，对清军水师是一个巨大威胁。从海防角度考虑，洋船应集中在广州港进行贸易，因为珠江口具有两山、炮台、沙淤等天然防御优势。①

乾隆认可了杨应琚的说法，挥笔御批："所见甚是！"并颁布谕旨："明年赴浙江的商船，必当严行禁绝。今后的口岸定于广东，不得再赴浙省。"②意思是，除粤海关外，另外三个海关一律撤销，实行广州"一口通商"，粤海关因此成了实际上的总海关。

乾隆二十三年（1758）正月，李侍尧在广州召集外商，传达了皇帝"一口通商"的谕旨。商人们纷纷表示遵从皇帝的谕旨，唯独洪任辉提出异议，他说："英国贸易船只，去广东还是浙江，都有国家分派。今年的英国商船已于去年十月出发，到底有没有前往浙江船只，我无法预知。"③

乾隆二十四年（1759）五月，英国东印度公司指示洪任辉离开广州，再度试航宁波。如不成功，便北上告状。于是，洪任辉借口回国，乘坐"成功号"洋船来到浙江定海海面。定海镇总兵发现了这艘南来的商船，

① "闽浙总督杨应琚奏报赴浙贸易洋船系图价廉税轻酌定补税条款折"，见中国第一历史档案馆等编：《明清时期澳门问题档案文献汇编》第一册。
② 见《清高宗实录》卷550，中华书局1985年版。
③ 见中国第一历史档案馆藏：《朱批奏折·外交类》第35号。

令他返回广州。随后，洪任辉按原计划直奔天津，并通过贿赂大沽营游击赵之瑛，把诉状送到了直隶总督方观承手中。方观承认为洪任辉远涉重洋，假如不是真有冤屈，定无胆量告御状，便将洪任辉的原状、款单和外文执照一并附上，奏呈乾隆。

接下来，乾隆命令给事中朝铨带着洪任辉赶赴广州，由福州将军新柱和两广总督李侍尧共同审理此案。审理结果是，广州海关监督李永标因监管不力被革职流放，海关有关役吏分别被杖责、罚款、流放；洪任辉被判处"勾串内地奸民代为列款，希冀违例别通海口之罪"，因为是外国人，所以从宽在澳门圈禁三年，期满后驱逐出境；帮助洪任辉写诉状并教外国人学中文的四川秀才刘亚匾，构成私通外夷罪和教授夷人读书罪，被判处死刑，斩立决；与洪任辉关系密切的安徽商人汪圣依，被判杖六十、徒一年。

为杜绝此类事件再度发生，乾隆随后批准了李侍尧提出的《防范外夷规条》。《规条》对外商在广州的逗留时间、居住地点、与中国商人的关系等，作了严格规定。

乾隆二十六年（1761），英国东印度公司来信要求释放洪任辉，顺便提出了减免海关关税和废除保商制度的要求。诉求被逐条驳回。

一年后，洪任辉刑满释放回国。当他乘坐英国商船驶过虎门炮台时，负责监视的大清官员看到，他居然冲着炮台的方向叩谢行礼。该官员在上报乾隆的密折里写道："洪任辉还是懂得畏惧的。"

想来，这个密折实在搞笑，回国的洪任辉犹如鱼儿在水，你怎么知道它是否流泪？

按照"一口通商"后粤海关的定制，西班牙和葡萄牙商船在澳门交易，其他各国商船则进入珠江水道，在距离广州十几里的黄埔港报关，然后由中国领航员带商船入港，办理卸转货物、缴税等手续，货物才能进入"十三行"交易。以广州"十三行"为贸易场所，以黄埔和澳门为外港的广州贸易格局随之形成。

对此，最高兴的莫过于"十三行"，因为外贸垄断，他们得以成为食物链顶端的掠食者。"十三行"中的潘有度、卢观恒、伍秉鉴、叶上林，家产总和比大清国库收入还多，是名副其实的"富可敌国"。其中怡和行的行主伍秉鉴，依靠经营茶叶和走私鸦片而暴富，资产高达2600万两白银，被西方人称为"天下第一富翁"，他甚至在美国投资了铁路、证券、保险，还是英国东印度公司最大的债权人。

朝廷也没有不高兴的理由。当时，中国外销的商品以茶叶、丝绸、瓷器为主，需求旺盛；而销往中国的商品以香料、珠宝等奢侈品和羊毛、呢绒等工业品为主，需求有限。所以，大清外贸长期处于顺差状态，全世界的白银源源不断地流向广州，进而成为皇家内务府的重要财源。"一口通商"前的1754年，广州洋船到港27艘，税银仅52万两。"一口通商"后的1790年，广州洋船到港83艘，税银达110万两。鸦片战争前，每年洋船到港200艘左右，税银突破180万两。①

为此，一个西方国家开始思考改变贸易逆差的办法。

九、茶叶世纪

这个西方国家，是英国。

按照经济学原理，要想实现贸易平衡，必须互通有无。但英国人赫德也承认："中国有世界上最好的粮食——大米；最好的饮料——茶；最好的衣物——棉、丝和皮毛。他们无须从别处购买一文钱的东西。"意思很清楚，中国可以自给自足，对外国产品没有刚性需求。英国要想改变对中国的贸易逆差，几乎没有可能。

但英国殖民者不甘心。17世纪初，英国东印度公司计划用羊毛织品赢得中国民众青睐，打开庞大的大清市场。可40年过去了，依然很少有中国人想买羊毛织品。反过来，中国特产却风靡英国。难怪西方人醋意十足地说，中国人用两种最简单的东西赚了全世界无数的钱：一是把树叶炒成了茶叶，二是用泥土烧出了瓷器。

茶叶，是中国的日常饮品，也是中国的一个文化符号。唐代的书生陆羽，一生嗜茶如命，写了一部《茶经》，把佛、道、儒三教融入饮茶

---

① 见张开城、卢灿丽：《广东海上丝绸之路城市历史文化》，海洋出版社2018年版。

之中，创造出茶学、茶艺、茶道，把中国茶文化带入了一个新境界。诗人元稹曾写过一首宝塔诗：

茶

香叶，嫩芽。

慕诗客，爱僧家。

碾雕白玉，罗织红纱。

铫煎黄蕊色，碗转曲尘花。

夜后邀陪明月，晨前命对朝霞。

洗尽古今人不倦，将知醉后岂堪夸。

唐人封演在《封氏闻见记》中说，早年，饮茶是南方的风俗，北方人没有饮茶的习惯。开元年间，降魔禅师在泰山灵岩寺弘扬禅宗，学禅不能睡觉，也不能吃晚餐，但允许饮茶提神。佛众人人怀揣茶叶，到处煮茶，从此转相仿效，渐渐形成风俗，饮茶的习惯也从山东传到河北，进而传入京都。"禅茶一味"，即由此来。

不过，唐代的茶类似今天的茶汤，需要加入酥油、盐粒等来调味。如果说唐代茶文化尚且有几分粗糙的话，宋代茶文化就艺术多了，当时流行一种斗茶法——先将饼茶碾成粉末，放在碗中，再用微沸初漾的水冲点入碗，然后以茶筅用力打击，直至出现泡沫。茶的优劣，以沫饽出现是否快、水纹露出是否慢来评定。

17世纪初，中国茶叶登陆欧洲。最初，欧洲人认为茶有药效，可以消除噩梦，增强活力，醒神健脑，因此是一种精英阶层的饮料。近代，随着英国产业工人收入的增长，加糖的茶撕下了"贵族专供"的标签，成为继杜松子酒、啤酒、牛奶、咖啡、可可之后最受欢迎的大众饮料。西方的饮茶风尚，就是从英国的"下午茶"开始的。[①]

英国第一则茶叶广告，出现在1658年9月30日的《政治信使》周刊上，内容为："所有医生都推崇的绝好的中国饮料，中文称作茶，现在

---

① 见刘淼、胡舒扬：《沉船、瓷器与海上丝绸之路》，社会科学文献出版社2016年版。

伦敦皇家交易所旁，斯威汀斯—伦茨大楼内的咖啡店有售。"随后，咖啡店的主人又刊登了一整版文章，说喝茶能治疗"头疼、胆结石、尿结石、水肿、便秘、坏血病、失眠、失忆、消化不良、多梦和肠绞痛"。文章进一步解析说："如果与蜂蜜而非糖混合食用，有助于净化肾脏、清洁尿道；如果加水冲泡并混入牛奶，则有助于消除便秘；如果你的身材肥胖，喝茶有助于消脂；如果你饮食过度，它又能促进消化。"①

英国东印度公司在进行中国商品利润评估时，认为生丝和铜价格太高，决定把茶叶和瓷器作为大宗商品。尽管英国1724年实行了关税改革，对东印度公司正规进口的茶叶征收了百分之一百到百分之一百二十五的高额关税，茶叶的消费量仍有增无减。因为大量走私茶叶的涌入，茶叶价格下降了一半，茶叶的人均年消费量从茶叶进口初期的0.1磅上升到18世纪末的2.5磅，英国进入茶叶全民消费时代。随之，茶叶成为利润最大的商品，而在海外贸易中长期占据主导地位的丝绸，则褪去了亮丽的光环，所占比例下降到百分之五左右。1795年，荷属东印度公司破产，英国东印度公司开始主控全球的茶叶贸易。从1815年起，中国茶叶每年输出达1800万斤，而英国东印度公司购茶量占到了中国茶叶出口量的百分之八十以上，每年从茶叶贸易中获利超过一百万英镑，占其商业利润的百分之九十，也为英国提供了百分之十的国库收入。②

接下来，烦恼来了：英国将如何支付购买茶叶的大量白银？因为在中国，从16世纪80年代开始，明朝内阁首辅张居正就推行极富政治想象力的"一条鞭法"，也就是把各地的田赋、徭役、杂税合并为一条，一律折收白银，让白银承担起了货币的功能，这一先进的货币制度也被大清沿用。为了获取有高额利润的茶叶，英国不得不按照中方的要求，用白银交换只有中国才出产的茶叶。

还有一个不容忽视的原因，就是金银的比价。在16世纪的中国，金与银的比价是1比6；而同时期的欧洲，这一比价为1比12。欧洲商人与中国做生意，只要从欧洲购入相对便宜的白银带去中国，就可以获

---

① 见［英］尼尔·弗格森：《帝国》，中信出版社2012年版。
② 见庄国土：《茶叶、白银和鸦片：1750—1840年中西贸易结构》，原载《中国经济史研究》1995年第3期。

得一倍的汇兑收益。白银在中国较高的价值,也是欧洲、美洲、阿拉伯、印度、日本的白银涌入中国的重要原因。

自从人类告别物物交换的原始状态以来,经济的核心内容一直是货币流通。货币长期流入的经济体,小到个人,大到国家,都会持续繁荣;反之,货币长期流出的经济体,都会江河日下。既然持续繁荣的经济体需要长期流入的货币,那么它们一定能长期提供可供货币交换,而且是货币提供方长期需求的紧俏商品。这些商品既得是他们不可或缺的,还得是他们在本土生产的。从16世纪到19世纪初的300年间,由于中国是一个"物产丰盈、无所不有"的国家,除了香料和后来的印度棉花受到中国欢迎之外,欧洲卖给亚洲的钟表、望远镜、葡萄酒等奢侈品,都因价格过于昂贵而受到冷遇,欧洲的钢琴、羽毛笔、假发、紧身裤等则与东方文化相冲突;英国新式织布机织出的布匹,也不如中国数量众多、技艺精湛的家庭作坊群织出的南京土布、松江布、印花棉布物美价廉。因此,在中西贸易中,西方国家一直处于贸易逆差状态,大量白银源源不断地流入中国。英国从1708年到1712年,对华直接出口毛织品、棉花等商品每年不足5000英镑,输入中国的白银则超过5万英镑,是向中国输出白银的第一大国。美国仅1817年,就通过广州输入741.4万银圆,是向中国输入白银的第二大国。其他欧洲国家也多半用白银购买中国的茶叶、生丝、南京土布、绸缎等货物。① 从1600年到1799年的两个世纪里,西班牙统治的拉丁美洲共生产了11.2万吨白银,其中超过4万吨流入中国。大清就像一个黑洞,用不可抗拒的力量吸引着白银,以至于当时的大清被称为白银帝国,18世纪甚至被称为"茶叶世纪"。

一直以来,许多中国学者言之凿凿地声称,公元1700年到1820年,中国由于长期闭关锁国、没有发生工业革命、缺乏海外殖民地,失去了此前对西方的领先优势,从此落后于西方,并在与西方的较量中全面溃败。但外国人提供的经济数据,却与此大相径庭。

按照英国经济史权威安格斯·麦迪森在《世界经济千年统计》中的估算,公元1700年,中国的GDP占全球的百分之二十二,而整个西欧

---

① 见吴家诗等编:《黄埔港史》,人民交通出版社1989年版。

的 GDP 占全球的百分之二十一；从1700年到1820年，中国 GDP 年均增长百分之零点八五，这一速度在全球主要经济体中高居第三位，仅略低于发生了工业革命的英国以及美国。其中法国、西班牙都参加了工业革命，也占有了广阔的海外殖民地，版图面积比大清还要大，但 GDP 却不足大清的五分之一，只与此时闭关锁国、严禁火器、科技倒退的日本相当。到了1820年，已从拿破仑战争中恢复、工业革命成果丰厚，并把大半个地球变成了殖民地的西欧，GDP 占全球的百分之二十三；而告别"康乾盛世"的中国，GDP 却占全球的百分之三十三。看来，科技创新和军事扩张并不足以保证经济的长期繁荣，反倒容易导致短暂繁荣后的长久停滞。那么，究竟什么才能保证经济的长期繁荣呢？答案只能从政治模式和经济本身去找，而核心无疑是货币流通。[1]

对中国的巨额贸易逆差，导致欧美白银严重短缺，诱发了欧美金融危机。1773年，北美殖民地爆发了将英国东印度公司的茶叶倒入波士顿湾事件[2]，进而引发了北美独立战争。也可以说，是中国茶叶间接导致英国失去了美国。

要知道，欧洲并不生产白银，白银最大的来源地是西班牙所属的美洲，因此白银又被称为西班牙银圆。美国独立后，美洲不再向欧洲提供白银。而拿不出足够的白银，将意味着欧洲人不得不退出中国市场。

怎么办？一天，心焦火燎的英国人，找到了一种秘密武器——白银的替代品。

十、鸦片战争

远古时期，两河流域的苏美尔人培育出了一种娇艳的鲜花，取名罂

---

[1] 见罗三洋：《古代丝绸之路的绝唱：广东十三行》，台海出版社2018年版。
[2] 为了支持东印度公司，英国颁布《茶叶法案》，规定东印度公司的茶叶可以免税出口到殖民地，而且是独家销售，为此，美国殖民地的激进派乔装成印第安人，偷袭了东印度公司停泊在波士顿港的船只，将船上的342箱茶叶全部倒入大海。为此，英国加强了对美国殖民地的镇压，美国独立战争拉开序幕。

粟。后来，人们割开罂粟果得到白色胶液，制成了一种药，用于手术前的麻醉。唐代，阿拉伯商人将罂粟带到了中国，用作止痛药。欧洲中世纪，以糖浆和万应解毒剂这两种形式出现的罂粟药品，甚至成了医生们应对黑死病的首选药物之一。到了近代，有人从罂粟果实中提炼出一种让人上瘾的毒品——鸦片。大航海时代，鸦片被欧洲商人归入香料的范畴。葡萄牙人把鸦片作为商品输入中国，但每年输入量只有200多箱，作为昂贵的止痛剂，是只有富人才能使用的药品。英国东印度公司在印度站稳脚跟后，便强迫当地农民大面积种植罂粟，公开进行鸦片提炼，并实行了鸦片专卖制度。①

18世纪下半叶，英国终于找到了破解贸易赤字的办法，那就是开展"三角贸易"：把英国的棉纺织品运往印度，再把印度产的鸦片走私到中国，然后把中国的茶叶和白银运回英国。这与欧美、非洲之间的奴隶贸易，手法惊人地相似。

乾隆四十六年（1781），英国东印度公司高级职员华生建议，将印度产鸦片直接运往大清销售。当时，东印度公司专营的鸦片，每箱成本为250卢比，市场售价为1210至1600卢比，利润高达5倍，增加销量当然是扭转贸易逆差的捷径。为此，东印度公司董事会采纳了这一建议，专门成立了鸦片事务局，具体负责鸦片的生产和出口。此后几十年，东印度公司挖空心思向大清走私鸦片。英国东印度公司在1757年占领孟加拉邦之前，印度产鸦片——"白皮土"每年向广州走私200箱；之后，纯度更高的孟加拉产鸦片——"公班土"开始销往大清，1773年向广州走私1000箱，1800年增到2000箱，1820年猛增到5000箱，1833年居然达到20486箱。每箱"公班土"在广州的售价是3500卢比，而在加尔各答的收进价仅为988卢比，每箱纯利超过2000卢比，几近于抢劫。②

英国人把鸦片源源不断地输入大清，一举扭转了对大清的贸易逆差。其情景，与英国早期移民用酒精促使印第安人爱上喝酒进而花光积蓄类似。可以说，是鸦片这一"类世界货币"，在英国摆脱经济危机，

---

① 见［英］露西·英格里斯：《天堂之奶——一部鸦片全球史》，浙江人民出版社2022年版。
② 见郑彭年：《丝绸之路全史》，天津人民出版社2016年版。

逐渐确立大国地位过程中起了决定性作用。正如当时一个美国商人所抱怨的："鸦片贸易不但使英国人有足够的钱购买茶叶，而且使他们能把美国人运到中国的白银运回英国。"

但一个广州根本填不满英国人的胃口，他们企图再开几个口岸，把鸦片贸易扩展到华中甚至华北。因此，英王乔治三世以补祝乾隆八十大寿为名，派出一支访华使团，以马戛尔尼伯爵为正使，乔治·斯当东从男爵为副使，带着天文地理仪器、船只模型、乐器、钟表、车辆、武器等礼物前往中国。乾隆五十八年（1793）6月，马戛尔尼一行抵达澳门外海，继而沿海岸进入东海，从天津大沽口登岸，取道通州、北京，于9月14日赶赴热河避暑山庄万树园，觐见乾隆皇帝，呈上了乔治三世的国书，完成了中英两国第一次官方高层外交接触。这份国书在向乾隆祝寿的同时，特别申明，英国之所以派出许多洋船前往世界各地，目的并不是"占他国之地方，图别人之财帛"，也不是"助商人之利益"，英国也很大，民众也有钱，还很富足，这一做法只是为了探寻未知的区域，与各国平等相交。在这样一个太平盛世，中国把特产送来，英国也把巧物送去，双方互通有无，对于我们这两个远隔重洋的国家是有很大好处的。为了严禁英国人在国外为非犯法，也为了保证英国人在国外不受欺负，英国有必要派驻一名官员，"永居贵国，管理一总事务"，用来消除双方的误会，保证两国的长期贸易。①

对于这次有名的访问，一个西方政治家大发感慨。如果抛开英国倾销鸦片的背景，他的感慨似乎很有道理："如果这两个世界能增加它们之间的接触，能互相吸引对方最为成功的经验，如果那个早于别国几个世纪发明了印刷术与造纸，指南针与舵，炸药与火器的国家，同那个刚刚驯服了蒸汽，并即将制服电力的国家把各自的发明融合起来，那么中国人与欧洲人之间的信息与技术交流，必将使双方都取得飞速的进步。那将是一场什么样的文化革命呀！"②

---

① 见王宏志：《龙与狮的对话：翻译与马戛尔尼访华使团》，东方出版中心有限公司2023年版。

② 见［法］佩雷菲特：《停滞的帝国：两个世界的撞击》，生活·读书·新知三联书店1993年版。

然而会见结果却很令人遗憾，英国人的要求被乾隆断然回绝。9月23日，乾隆在给英吉利国王的敕谕中说："至尔国王表内恳请派一尔国之人住居天朝，照管尔国买卖一节，此则与天朝体制不合，断不可行。天朝德威远被，万国来王，种种贵重之物，梯航毕集，无所不有，尔之正使等所亲见。然从不贵奇巧，并无更需尔国制办物件。"回到北京圆明园的马戛尔尼并不甘心，他又以书面形式向领班军机大臣和珅提出了六项要求，内容包括允许英国商人在宁波、舟山、天津开展贸易，在北京设立商馆；将舟山附近一处海岛让给英国商人居住和收存货物；在广州附近划出一块地方，任英国人自由往来；减免广州、澳门往来各税，明定海关税则等。10月7日，马戛尔尼收到了《大清皇帝为开口贸易事给英国国王的敕谕》，敕谕对他的要求全部予以回绝。马戛尔尼从陆路南下广州后，乾隆深知英国人贪婪狡诈，恐怕日久生变，所以连发两道"圣谕"，让两广总督爱新觉罗·长麟转给马戛尔尼。其中一道"圣谕"说得更明白："尔等所请之事，与例不符，是以未准，大皇帝并无嗔怪尔等之心。"[①]

有意思的是，西方不说英国使者来华叩关是为了倾销鸦片，却一再揪住大清皇帝让英国使者下跪、拒绝融入世界这两件事不放，说大清无视人权、骄傲自大。实际上，这是所谓的"世上最强大的国家"——英国和所谓的"天下唯一的文明国家"——中国之间的交流，可谓"龙与狮的对话"，因为西方价值观念与东方文化传统存有巨大差异，两国出现关于文化礼仪上的争执和国家利益上的对抗，相当正常。但是，现在有一些观念偏激的人，拿乾隆这道旨在维护国家利益的"圣谕"说事，把它视为"盲目自大，自我封闭"的证据。对此，骆昭东先生分析得很理性，也很客观。

他说："当用传统和近代的方式划分历史的时候，就隐含了这样的前提：传统的朝贡体制代表了落后，而西方国家的贸易政策则是新生的力量。面对先进的西方国家，摆脱代表传统落后的朝贡体制的最优选择

[①] 见长麟抄录上谕，1794年1月1日（大不列颠及爱尔兰皇家亚洲学会"小斯当东中文书信及文件"，第1册第8号文件）。

153

自然是迎接冲击。那么从这种前提出发，相关研究批判清朝封闭国门便似乎有了理论前提。但是，这样显然过分简单处理了西方的冲击，因为西方贸易政策所谓的'先进性'，仅仅是因为西方政府从武力上帮助商人甚至是直接开辟市场。面对这样的冲击，如果清朝简单地打开国门，只会将国家置于西方侵略的危险中。一些研究已经看到了这个问题，所以在强调清朝闭关的同时，也承认清朝闭关适时地抵抗了殖民侵略。但是这样一来，出于上述思维的研究便陷入了这样的自我矛盾：闭关封闭了国家，却抵抗了外部侵略，那么究竟是应该开还是关呢？"①

看历史，要历史地看。历史本来就很复杂，不可能每件事都是非此即彼的选择题，不可能每个问题都有标准答案，因为历史不能割裂，也不能假设，任何观点都是尘埃落定之后的"后眼"，既无益于历史认识，又无益于现实借鉴，人们只能更历史更辩证地看待历史事实，并期待更有鉴别力的后人汲取教训。

时隔6年，乾隆就驾崩了。正如乾隆生前担忧的那样，西方人频频叩关与走私鸦片，造成大清的白银由输入转向外流，进而直接导致了朝廷的经济危机，具体表现为：货币量不足导致经济活力全面下降，尤其是白银外流造成大额交易使用的白银价格暴涨，正常交易所使用的铜钱价值骤降，民众实际收入缩水，物价飞涨，国库收入减少，经济陷入一片混乱之中。从1800年开始的35年间，大清白银外流达到6亿两，主要流入了英国国库。更严重的是，鸦片严重危害了中国人的身心健康。尽管从雍正时起就明令禁止吸食鸦片，后来的乾隆、嘉庆、道光帝也一再下令严禁鸦片，但鸦片贩子与大清官员形成了利益链，导致鸦片走私屡禁不止。19世纪初，吸食鸦片的恶习从沿海扩散到内地，从城镇蔓延到乡村，鸦片成瘾者达到1200万人。为了支付高额的鸦片费用，破产者数不胜数，铤而走险者大有人在。军队也染上了这一恶习，士兵出征时常常身带两杆枪，长枪锈迹斑斑，烟枪却油光发亮。

道光十八年（1838）的最后一天，道光帝终于横下一条心，任命林则徐为钦差大臣，加兵部尚书衔，到广东主持禁烟。第二年3月，林则

---

① 见骆昭东：《朝贡贸易与仗剑经商》，社会科学文献出版社2016年版。

徐一到广州，就通过"十三行"通知外商："鸦片一日未绝，本大臣一日不回！"①6月，林则徐下令，用生石灰和海水，将从英国商人手中收缴来的19179箱，共237.6万斤鸦片全部销毁。

消息传回英国，王室、内阁和议会分成了两派：一派主张远征大清；另一派则表示反对，因为总要给一个出兵的理由，一个自认文明的帝国岂能为了毒品开战？

道光二十年（1840）1月16日，20岁的英国女王维多利亚走进国会，发表了一通火药味十足的演讲。她说，大清向我们倾销茶叶，却不允许我国商品进入，如今又肆意销毁我国公民的商品，这不仅是对商人合法利益的践踏，更是对大英帝国尊严的挑战。谁不讲国际规则，谁就应该付出相应的代价。是时候让大清尝一尝枪炮的滋味了。否则，我们就不配叫日不落帝国！

4月，英国议会下院经过激烈讨论，最终以271票赞成、262票反对，通过了对华作战军费提案和索赔英商损失的决议。6月，一支由48艘战舰、540门大炮、4000名军人组成的"东方远征军"，从印度杀向中国。

中英战争爆发。中国和世界都把这场战争称为鸦片战争，只有英国别有用心地称之为茶叶战争。可见，即便是侵略者，也知道为鸦片而战不体面。

十一、战争后遗症

战争的经过，学过中国近现代史的读者都了解。而战争的结果，中英双方在纪念郑和与妈祖的静海寺，签订了《南京条约》，割让香港，开放广州、厦门、福州、宁波、上海为通商口岸，废止"十三行"独揽中国外贸的特权，允许英国商人在各口岸任意与华商交易，赔偿英国2100万两白银。由于大清国库空虚，"十三行"被逼出钱，其中伍秉鉴被勒令拿出银圆100万两。随后，十几家中国洋行被明令解散，怡和洋

---

① 见《林则徐集·公牍》，中华书局1985年版。

行的商号被专门走私鸦片的查顿——马地臣联合公司据为己有。

"十三行"画上了句号,但"十三行"的外国商馆尚在,并且转而成为西方列强在中国的桥头堡。

咸丰六年(1856),第二次鸦片战争爆发。英军为了阻止广州军民对外国商馆的袭击,拆毁了"十三行"周围的大片民居,形成了类似防火带的空地。12月14日深夜,广州民众点燃了被拆毁的店铺,火势逐渐蔓延到外国商馆区,到次日傍晚,"十三行"街区除了一栋房子外,其余全部化为灰烬。

时隔3年,英国人李泰国被委任为中国总税务司——也就是大清海关总长,在粤设立了海关税务司,全面掌控了广州进出口贸易,并于5年后控制了中国沿海的12个商埠。①

总税务司把大清进口税率确定为百分之五,是当时世界上最低的税率,比之前的粤海关税率降低了百分之五十八,而同期的美国是百分之五十的关税,其他西方国家的关税也保持在百分之二十以上。总税务司确定的税率,明显表现出西方国家对中国掠夺原料、倾销商品的特征。②其结果,自然是外国工业品充斥中国市场,中国的民族工业受到沉重压制,中国的贸易逆差越来越大,对外贸易的三大商品丝绸、茶叶、瓷器统统失去了往日的辉煌。

在丝绸领域,英国工业革命后,欧洲生产的棉布、西洋大锦缎、洋锦、天鹅绒,尤其是英国人生产的棉纺织品、毛纺布匹、印度细布,开始行销中国。③尤其是1850年后,化学染料工艺成熟,欧洲纺织品的颜色比中国纺织品更为多样和鲜艳,中国丝绸因失去比较优势而销量大减。在茶叶领域,英国人把茶树移植到了印度和锡兰,优质的印度红茶和锡兰红茶声名鹊起,中国茶叶市场被不断蚕食。在瓷器领域,中国瓷器被欧洲人反复"盗版"。1700年左右,一个法国牧师把中国制造瓷器的关键原料——高岭土样本送回欧洲。很快,探矿人员就在德国、法国、英国发现了类似的高岭土矿藏。1710年,德国皇家迈森工厂利用萨

---

① 见董志文:《话说中国:海上丝绸之路》,广东经济出版社2014年版。
② 见程浩:《广州港史(近代部分)》,海洋出版社1985年版。
③ 见赵丰:《锦程》,黄山书社2016年版。

克森地区的高岭土，烧出了欧洲第一批真正意义上的瓷器，这是一种洁白、光亮的硬瓷，被称为"瓷中白金"。1759年，英国陶瓷制造商韦奇伍德，通过在原料中添加动物骨粉，烧出了晶莹剔透、质地坚硬、尊贵典雅的"骨瓷"，引领了欧洲制瓷业的潮流。19世纪初，有"欧洲景德镇"美誉的法国中部城市利摩日，利用当地的优质高岭土，烧制出了质量上乘的瓷器，形神兼备的白瓷观音行销亚洲，精美绝伦的瓷钟进入了大清皇宫。①为了取得欧洲瓷器对中国瓷器价格上的优势，欧洲各国政府通过征收百分之一百五十的关税来抵制中国瓷器的进口。就这样，大量工艺精湛、价格适宜的欧洲细瓷，不仅占领了欧洲市场，还打入了美洲、西亚、北非，甚至销到了瓷器的故乡中国，中国进口瓷器的费用在1886年超过了40万两白银。

除了三大商品，中国其他传统产品也面临着前所未有的窘境，如古老的中国铜镜，在18世纪初被欧洲镀锡玻璃制成的镜子所取代；珍贵的中国火镰，在19世纪末被更为方便实用的瑞典火柴所淹没；豪华的中国纸张，则被更具价格优势的欧洲水印纸挤出了世界市场；就连中国最古老的产品——从麝身上取得的麝香，也被以石油副产品为基础的合成麝香所替代。②大清末年和民国年间，中国人的日常用品几乎被欧洲产品所覆盖，当时的棉布叫"洋布"，袜子叫"洋袜"，煤油叫"洋油"，带玻璃护罩的煤油灯叫"洋灯"，火柴叫"洋火"，蜡烛叫"洋蜡"，肥皂叫"洋碱"，香烟叫"洋烟"，机制面粉叫"洋面"，机纺棉纱叫"洋纱"，红色颜料叫"洋红"，自行车叫"洋车"，水泥叫"洋灰"，铁钉叫"洋钉"，十字镐叫"洋镐"，脸盆叫"洋瓷盆"，茶缸叫"洋瓷缸"。就连学校都叫"洋学堂"，学生也被称为"洋学生"。

从19世纪中叶到20世纪中叶，东方经济巨人中国和印度倒下后，地球进入了西方统治世界的时代，也就是帝国主义时代，他们的海外扩张意味着西方得到更大的出口市场，而竞争对手不能依靠关税予以封锁；它也意味着海外投资比起国内投资来拥有更高的回报。从19世纪中

---

① 见陈鸿钧：《海上丝路之舶来珍品》，广东科技出版社2017年版。
② 见［法］阿里·玛扎海里：《丝绸之路：中国——波斯文化交流史》，中华书局1993年版。

期开始，英国成为工业产品的最大输出国，还是资金、"隐形"金融、商业服务、运输服务的最大出口国，英国购买的蔗糖、茶叶、小麦和肉品占到了全部国际贸易量的半数。① 英国伦敦的人口规模从1500年的5万膨胀到1900年的650万，成为全球超级大都市。

值得深思的是，清朝朝廷对于把海关管理权交给英国人没有任何不放心。1863年，英国北爱尔兰人赫德接替李泰国担任总税务司，掌控中国海关达42年之久，他推出了新的会计制度、审计制度、人事改革和高薪养廉制度，一改此前大清官吏贪污成风的局面。② 1861年，大清关税收入仅有490万两。到1904年赫德离职时，海关税收已经达到3020万两，比他上任时翻了6倍多。为此，大清赏给赫德尚书衔，并在他死后追封为太子太保，这是外国人在大清获得的最高荣誉。恭亲王奕䜣公开说："如果我们有100个赫德，我们的事情就好办了。"③ 然而，大清皇室却忘了：这些钱是以外国商品的疯狂倾销为代价的，况且它根本不够外国殖民者塞牙缝的。《南京条约》赔款白银2100万两，《天津条约》赔款600万两，《北京条约》赔款1600万两，《马关条约》赔款2亿两，尤其是《辛丑条约》，逼迫大清赔款4.5亿两，平均一个中国人一两，借以显示对中国人的侮辱。一下子拿不出这么多钱，就要年年偿付利息，《辛丑条约》的本金加利息后来滚到10亿两，中国海关的厘金被迫全部抵押给外国。如果不是大清1911年垮台，中国人不知要赔到几时。

十二、以"晾晒"为名

在沉沉的暗夜里，另一个"强盗"比英国人起得还早，他叫葡萄牙。

葡萄牙占领马六甲海峡后，就把商业殖民的目标对准了中国。正德八年（1513），葡萄牙殖民者阿尔瓦雷斯率一支葡萄牙船队到达珠江口，要求登陆贸易，未获大明批准，后在水面上与中国商人完成了交易。同

---

① 见［英］艾瑞克·霍布斯鲍姆：《帝国的年代：1875—1914》，中信出版集团2017年版。
② 见张宏杰：《顽疾——中国历史上的腐败与反腐败》，人民出版社2016年版。
③ 见王宏斌：《赫德爵士传——大清海关总管》，文化艺术出版社2012年版。

一年晚些时候，葡萄牙人塞克拉再次率领葡萄牙商船进入屯门岛（今香港大屿山），并在此立了一根刻有国徽的石柱，作为葡萄牙人最早到达中国的纪念。

正德十二年（1517），葡萄牙驻印度总督阿方索·德·阿尔布克尔克派出八艘军舰，满载着胡椒前往中国广州，葡萄牙国王的特使皮雷斯也与军舰同行。几番辗转，尤其是通过向宦官行贿，他们获准觐见大明正德皇帝。为了隐藏身份，皮雷斯等人用白布缠头，冒充马六甲穆斯林到了北京。与此同时，马六甲王子也到了北京，向朝廷控诉了葡萄牙殖民者的恶行。葡萄牙人的骗局被拆穿，受贿的宦官被处死，皮雷斯也被囚禁致死。但葡萄牙舰队没有按大明指令滚出中国，而是从广州到了屯门岛，并在那里安营扎寨。

正德十六年（1521），刚刚继位的嘉靖皇帝下令驱逐盘踞屯门岛的葡萄牙人。广东海道副使汪鋐在完成备战后，要求葡萄牙人尽快离去，但对方置之不理。汪鋐派出军队驱赶对方，却遭遇对方的猛烈炮击，屯门海战爆发。

第一拨进攻遇挫后，汪鋐组织50艘战船包围了对方的5艘战舰，并用火攻重创了对方，成功收复了屯门岛，只有3艘葡萄牙军舰逃回马六甲。之后，大明水师见到悬挂葡萄牙旗帜的船只，就立刻击毁。又在新会县茜草湾之战中，再次重创了葡萄牙人。此后20年，中国典籍再也没有葡萄牙侵扰广东沿海的记录。

然而强盗的心是不容易安分的，硬的不行，他们就只能来软的和暗的。嘉靖三十二年（1553），葡萄牙人找到广东海道副使汪柏，谎称商船遭遇风涛，贡物被海水浸湿，请求在澳门临时借住，以便晾晒贡物。然后，私下答应向汪柏缴纳百分之二十的关税和每年500两白银的地租。汪柏拿了好处，也就答应了对方。[①] 不承想，这一"晾晒"，就是400年。

20年后，汪柏接受贿赂一事曝光，朝廷才将葡萄牙人的关税收归国库。对于是否驱逐澳门的葡萄牙人，朝臣之间发生了争论，其中两广总督张鸣冈建议说，葡萄牙人驱逐起来很容易，可一旦他们成为海盗就

---

① 见〔明〕郭棐：《万历广东通志》卷69，海南出版社2006年版。

不好控制了，与其允许非法形式存在，不如采用合法约束。朝廷采纳了张鸣冈的建议，葡萄牙人得以继续留在澳门，前提是葡萄牙人要接受管理，做"中国皇帝的顺民"。为此，朝廷在澳门与香山之间建立了关闸，在澳门设立了保甲制度，后来还出台了《澳夷禁约》，并刻在石碑上，碑文内容包括：禁止蓄养倭奴，禁止贩卖人口，禁止兵船编饷，禁止接卖私货，禁止擅自建设房屋。可是，这种将禁令刻在碑上的伎俩，吓唬本国人可以，要想让这些强盗出身的外国商人遵守，无异于与虎谋皮。

从此，葡萄牙以澳门为基地，迅速展开了与印度果阿、日本长崎、菲律宾马尼拉、欧美各国的贸易，独占了南部沿海的贸易商机。以澳门到果阿的航线为例，从1580年开始，每年运出生丝3000多担，价值24万两白银；1635年之后，每年运出生丝6000多担，价值48万两白银。

十三、西学东渐

大航海时代的西方殖民者，向来是经济与文化双管齐下的，经济手段为主，宗教手段为辅，金钱和上帝上演着二重唱，他们不仅梦想统治世界，还打着救赎这个世界的旗号。

依照这一恒定模式，葡萄牙人窃据澳门后，葡萄牙国王支持的天主教耶稣会，立刻派出传教士前往中国传教。

耶稣会的创立者，是一个西班牙士兵，名叫伊纳爵·罗耀拉。他在当兵时受了伤，成了一个瘸子。住院期间，他看到了圣母和圣子的幻象，从一个邪恶的人变成了善良的天主教徒。在访问耶路撒冷之后，他便梦想率领一支天主教新军队，扫清世界上所有的新教徒。1534年，他在巴黎的一座神学院进修期间，联合其他7名同学创立了一个兄弟会——耶稣会。他们发誓过圣洁的生活，不追求财富而渴求正义，并将自己的灵魂和肉体全部奉献给天主教会，会员们所表现出的全力以赴的忘我精神，简直可以与圣徒保罗媲美。由于这个组织仿效军队制定了严格的会规，所以又称"耶稣连队"。会士除严守绝财、绝色、绝意"三愿"外，还无条件效忠罗马天主教教皇，执行其委派的一切任务，包括到外国传教。他们专司教育，与学生生活在一起，并参加他们的游戏。他们常常出入权势者的宫殿，成为未来国王的家庭教师。现任天主教教皇方济各就是耶稣会士。

明万历六年（1578），意大利籍耶稣会传教士范礼安来到澳门，身份是"果阿至日本的东印度区耶稣会视察员"。此后30年，他6次来到澳门，到处宣讲："中国是个秩序井然的高贵而伟大的国家，相信这样一个有智慧而勤劳的民族，决不会将懂得其语言和文化，并有教养的耶稣会传教士拒之门外的。"他是天主教在澳门的奠基人，利玛窦就是由他派到中国的。

利玛窦，原名马泰奥·里奇，是一个精通神学、哲学、数学、天文、历法、律法、测绘，熟练掌握拉丁语、希腊语、葡萄牙语、西班牙语、汉语的通才。他于万历十年（1582）从海路来到澳门，在华传教长达28年。

在这片儒风浩荡的土地上，为了解决西方宗教"水土不服"的痼疾，他采取了有别于其他任何传教者的策略，一方面用汉语传播天主教，另一方面用神奇的记忆法和存储在他"记忆秘宫"里广博的西方自然科学知识，来博取中国人的好感。他的传教策略和方式，一直被后来的耶稣会传教士所遵从，时称"利玛窦规矩"。

任何铜板都有两面，葡萄牙在给中国带来沉沉阴霾的同时，也通过利玛窦独特的传教方式，给中国意外地送来了瀑布一样倾泻而入的科学阳光。

似乎，他不是来传教的，而是来治病的，来授课的，来普及科学的。他出示的东西，大家没见过；他说过的话，大家没听过。特别是他用汉语撰写的《交友论》，在士大夫中引发了轰动。其中最令人叫绝的，莫过于书中的第24句箴言："朋友过分颂扬带来的危险，比敌人的恶意谴责带来的危险更大。"[1] 渐渐地，中国人接受了这个身穿儒服、满腹经纶的"红胡子"。

他成功觐见了万历皇帝，在士大夫中建立了良好声誉和关系，开启

---

[1] 见［美］史景迁：《利玛窦传——利玛窦的记忆秘宫》，陕西人民出版社2011年版。

了日后西方传教士进入中国之门。在他的影响下，北京有数百人皈依了天主教，其中最著名的是徐光启（明朝礼部尚书）、李之藻（明朝工部都水司郎中）、杨廷筠（明朝监察御史）。关键在于，他向中国传播了西方的几何学、天文学、地理学、物理学、西医、西洋音乐、火炮制造以及人文主义观点，开了晚明士大夫学习西学之风。

历史往往有一种巧合。万历二十八年（1600），利玛窦与徐光启相识。同一年，英国成立了东印度公司。英国东印度公司的成立，推动了远洋贸易，用古代哲学的话来说，是"形而下之器"；利玛窦与徐光启之间的文化碰撞，同样用古代哲学来形容，可谓"形而上之道"。

利玛窦与徐光启等人合译的欧几里得《几何原本》，改变了中国数学发展的方向。许多中文词，如点、线、面、锐角、三角形、四边形、几何、星期，都是他们创造的。

利玛窦制作的《坤舆万国全图》，是中国史上第一张世界地图，极大地震撼了中国知识界，改变了人们对世界的认识。北极、南极、地中海、日本海等词汇，就出自这张地图。

利玛窦把《四书》拉丁文本寄回本国出版，开西方人译述中国经典的先河。他还首创用拉丁字母注汉字语音，成为中国文字拉丁化的创始人。

万历三十八年（1610）5月11日，利玛窦在北京病逝。公元2000年，北京修建了中华世纪坛，坛内雕刻了100位对中华文明作出贡献的历史名人，其中仅有两个外国人，一个是马可·波罗，一个是利玛窦。前者把中国介绍给了世界，后者把世界介绍到了中国。

除了利玛窦，勠力传播西学的耶稣会传教士还有罗明坚、龙华民、汤若望、南怀仁、郎世宁、毕方济、邓玉函、罗雅谷、艾儒略、熊三拔、蒋友仁、利类思、徐日昇。

由他们刮起的这股学习西方之风，被称为"西学东渐"。只可惜，这股有可能引发中国科学革命的风气，因为乾隆、嘉庆厉行禁教而中止。

在许多人看来，乾隆是"十全老人"，很了不起，他执政时期的大清，创造了空前的政治稳定，养活了数量空前的人口，奠定了今天中国的地理版图，是文景之治、贞观之治、开元盛世之后的又一个盛世。这固然不错，但基于历史局限，这也是一个只有生存权没有发展权的盛世，是一个只许有肠胃，不许有头脑的盛世，是一个基于少数统治者利益最大化而设计出来的盛世，是中国历史上民众权利被剥夺得最干净、意志被压制得最萎靡、外来文化被排斥得最彻底的盛世。我们必须承认，一个懂得尊重思想的民族，才会诞生伟大的思想；一个拥有伟大思想的国家，才能拥有不断前行的力量。如果回到当时情景，放眼海外，就会发现，乾隆在位的60年，正好经历了英国产业革命的全过程，新的科技发明层出不穷，新的生产力像蛰伏地下的岩浆突然喷发，工业产值呈几何级数增长，"君权神授"的观念被摧毁，"平等自由"的理念横空出世。乾隆十三年（1748），孟德斯鸠发表《论法的精神》；乾隆四十一年（1776），美国大陆会议发布《独立宣言》，向世界宣告"人人生而平等"。同一年，亚当·斯密出版了《国富论》，奠定了资本主义自由经济的理论基础。乾隆五十四年（1789），巴黎市民攻占巴士底狱，法国大革命爆发。乾隆五十六年（1791），潘恩发表《人的权利》。乾隆五十八年（1793），法国国王路易十六被国民公会判处死刑，"主权在民"的理念付诸实践。1797年，乔治·华盛顿宣布拒绝担任第三任美国总统，形成了总统连任不超过两届的惯例。18世纪，西方世界通过代议制和立宪制，实现了对统治者的驯化，把他们关进了法律的笼子里。它们正是凭借经济自由放任、政治和军事多元化、智力活动自由三者的相互作用，创造了一举超越奥斯曼帝国和大清帝国的"欧洲奇迹"。而在地球另一面，直到乾隆六十年（1795），84岁的乾隆只是因为在位时间不能超过祖父康熙，才宣布来年归政于儿子嘉庆。此后，他又担任了三年零四个月的太上皇，实际掌控国家最高权力长达63年。他视民间社会的活力和自发精神为大清江山永固的最大敌人，积63年之力，完成了中国历史上最缜密、最完善、最牢固的专制统治，扫除了一切可能危及专制统治的思想萌芽，仅文字狱就有130起，连"西学东渐"这道微弱的科学曙光都不能容忍。曾经是新发明故土的中国，逐渐沦为顽固敌视创新的"中庸之国"。因为缺少文艺复兴、启蒙运动的洗礼，清代专制文化的内核未被融化，产生了更多阿谀逢迎的官僚，算命打卦的方士，满口子曰诗云的学究，花拳绣腿的武士，缺的是鲁迅所说的慷慨悲歌、抚尸号哭的勇士，缺的是勇于创新、无畏异端的精神，缺的是忠于自我、虽千万人吾往矣的气概。

此后的大清，变得更加自负，更加封闭，更加僵化。而同时期的西方，却通过渗透到战争之中的工业革命，借助高性能炸药、马克沁机枪和蒸汽运输，形成了傲视全球的军事优势，开创了炮舰外交的黄金时代。当船坚炮利的西方殖民者驾着战舰，操着火炮，扛着洋枪抵达中国海岸时，那些骑着战马、拿着弓箭的大清军队，还有能力保卫所谓的"天朝上国"，打赢区区几千名远道而来的洋人吗？

十四、青春的热土

天行有常，不为尧存，不为桀亡。历史的车轮总是滚滚向前，无情碾碎一切刻舟求剑的教条主义者。

中国人的聪明才智像储量巨大的油田，经由1978年的改革开放这一中国现代最值得钦敬的政策开启了它，并首先惠及了贫瘠的深圳、珠海，也激活了沉寂已久的珠三角。广州，这个2000年来长盛不衰的古港再度崛起，重新成为中国海上贸易的桥头堡。随着香港、澳门回归祖国，珠江流域赢得了更多的关注与流量。2022年，广州港货物吞吐量6.2亿吨，列世界第5位；集装箱吞吐量2485万标准箱，列世界第6位。深圳港货物吞吐量2.78亿吨，列世界第21位；集装箱吞吐量达到3000万标准箱，列世界第4位。香港港货物吞吐量2.1亿吨，列世界第32位；集装箱吞吐量1657万标准箱，列世界第9位。在新华·波罗的海国际航运中心发展指数排行榜上，香港居第4位，广州、深圳也一起入围了全球前20航运中心城市。尤其是粤港澳大湾区规划，使得珠三角城市群拥有了新空间、新引擎、新活力。因此有人把粤港澳大湾区与美国纽约湾区、旧金山湾区和日本东京湾区并称为"世界四大湾区"。

一个美籍华人说，在世界历史的任何一个时期，世界上最有才华、最有创造力、最有技能、最有进取心的人才，永远不会同时出现在同一个地区或者同一个民族。她同时指出，如果一个国家要实现世界性统治地位，而不是区域性的，那么它就必须吸引整个世界最优秀的人才，赢得他们的忠心，并激发他们的工作热情。①

令人欣喜的是，中国的大湾区正在实践这位美籍华人的挑战性设想。它的目标就是打造世界最高端的人才密集型、技术密集型、资本密集型区域，使之成为世界经济版图中最具成长性、最具辐射力、国际化程度最高的地带。它的底蕴是已经基本成形的世界金融、航运、贸易中心，它的优势是怀抱着世界上最美丽、富饶、繁忙的南中国海，它的引力是世界上最包容的文化、最优惠的税率、最开放的政策、最和平的海陆和所有民族、所有背景的个人均能平等发展的社会环境。

到目前为止，与其说珠三角充满活力，不如说我们的祖国伟大。大自然给了它得天独厚的区位优势和资源遗产，前辈们给了它令人艳羡的文化底蕴和商业基因，国家给了它明显优于内地的理念包容与政策扶持。

值得提醒的是，将来，香港、澳门回归的溢出效应总会过去，珠三角开放度上的优势也在长三角地区的突飞猛进面前变得微乎其微，而区位优势在全球一体化的大趋势下足可以忽略不计。剩下来的，恐怕只有年轻一代的创业与奋斗了。

改革开放初期，"时间就是金钱，效率就是生命"是深圳走向现代化的醒目标志。时至今日，珠三角依旧是年轻人汇聚的区域，街上的行人大多步履匆匆，目不斜视。年轻人多的地方一定是快节奏的，快节奏的地方一般很难产生闲适感。广州、深圳、珠海也许很难入列"最具幸福感城市"，但国家复兴的版图并非只有一种色调，难道这些脉动着青春、迸发着活力、燃烧着激情、张扬着个性、沸腾着梦想的城市，不才是热血男儿和有志巾帼心向往之的热土吗？

丝路上的广州：作为中国的"南大门"，古代广州港在中国与南洋、西洋贸易中，具有其他任何中国港口无可比拟的地

---

① 见[美]艾米·蔡：《大国兴亡录》，新世界出版社2010年版。

理优势。它的崛起，是从三国时期重视水军建设与海外贸易的吴王孙权开始的。到了南北朝时期，随着陆上丝路的沉寂和海上丝路的兴起，广州港先是成为海上丝路主港区，进而成为中国第一大港，还是"广州通海夷道"始发港。此后的唐宋元明，朝廷都在此设立了市舶司。特别是大清实行"一口通商"之后，广州作为中国唯一的外贸港口，其贸易数额与税收贡献更是傲视全球。随后，中英、中葡、中荷之间的历次贸易博弈，尤其是两次鸦片战争，都与广州港有关。如今的广州，作为珠江三角洲和粤港澳大湾区发展战略的一极，作为国际大都市和国际商贸中心，将在这个百年未有之大变局中扮演何种角色？这是一个疑问，更是一种期待。

第七章　南洋始发港
—— 徐闻与合浦

早在汉代，徐闻与合浦就像一对相映生辉的双子星座，共同升起在中国大陆的最南端。也就是说，在广州成名之前，徐闻与合浦是南海路最早的始发港，合浦还是中国最早的"南大门"。

一、汉武帝的南海梦

汉元封二年（前109），长安。在金碧辉煌的甘泉宫（在今陕西淳化县），汉武帝刘彻召见了几位心腹大臣。

这一年刘彻47岁。他继位32年来，西征匈奴，开通了陆上丝绸之路，设立了张掖、武威、酒泉、敦煌"河西四郡"；南平南越国，设立了交阯刺史部，下辖南海、合浦、苍梧、郁林、交阯、九真、日南、珠崖、儋耳"岭南九郡"；收复了西南夷，迫使滇国和夜郎归附；对内废除了106个诸侯，消除了内部藩王的威胁。此时的汉帝国，四夷宾服，天下归心。而志得意满的刘彻，不再将目光局限在东方和西部，转而对传说中的南洋动了心思。因为在各郡进献的贡品中，经常夹杂着南洋的象牙、犀角、香药、玻璃、玳瑁、翠羽等珍品。而且不断有方士说，东海神仙安期生在南洋出现了。这对于追求长生不老的刘彻来说，无疑是一个巨大的诱惑。

刘彻对大臣们说："朕数次东巡，多次派方士出海，既没有求得仙药，也没有见到神仙，想来是神仙居无定所、来去不定之故。既然有方士曾在南洋见过神仙，朕决定遣使下南洋，再求仙药。众卿以为如何？"

大臣们明白，皇帝所谓的征求意见，不过是一种姿态，当不得真，因此纷纷称是。

刘彻接着说："出使南洋，博望侯张骞本是最佳人选，只可惜博望侯已成故人，众卿以为何人能担此重任？"

这句话，倒是真的征求意见。

大将军卫青说："陛下，昔日平定岭南时，伏波将军路博德、楼船将军杨仆率军出征，一路所向披靡，立下赫赫战功。此次出使南洋，二人实为最佳人选。只是最近卫氏朝鲜常有异动，乃心腹大患，臣以为可派杨仆从水路进发，配合陆路夹攻朝鲜，下南洋的重任，请交给路博德。"

御史大夫倪宽摇摇头，说："陛下，卫大将军言之有理。只是出使不是打仗，伏波将军长于杀伐，但外交未必擅长，况且战事频仍，良将不宜远离。以臣愚见，黄门译长在陛下身边服务，忠诚可靠，又懂夷语，实为出使南海的最佳人选。"

"好，就依卿所言。"刘彻接着问，"那么，从何处出海为宜呢？"

卫青自认对天下形势了如指掌，因此建议："日南郡居于汉最南端，且与扶南国为邻，其地甚远，应设置障塞，严加防范。至于出海地，臣以为可选择合浦郡的徐闻。"

丞相石庆也附和说："陛下，臣同意卫大将军所请。徐闻确实是出海的不二之选。臣以为，可在徐闻设置左右侯官，以左侯官负责航船出海，右侯官掌管各国船只。"

当年10月，一支由黄门译长任正使的大汉船队，携带大量丝绸，从徐闻扬帆起航。黄门译长携带丝绸出海，被认为是中国丝绸经过南海出口的最早记录，也可以看作海上丝绸之路开通的一大标志事件。因此，我斗胆建议，把元封二年（前109）作为海上丝路元年。

那么，徐闻是谁，合浦郡在哪儿？

二、南海路始发港

汉元鼎六年（前111），汉武帝派兵焚毁了番禺城，征服了南越国，设置了交阯刺史部，下辖岭南九郡。其中的合浦郡下辖徐闻、高凉、合浦、临允、朱卢5县，徐闻县治设在今徐闻县南山镇二桥村。[①]

徐闻，今属广东湛江市，位于雷州半岛最南端，面临琼州海峡，与海南岛相隔27公里，如一把出鞘的利剑插在南海与北部湾之间，是历代王朝控制海南岛的桥头堡，堪称中外货物集散地、西汉使者启航地、西汉南海路始发港。至于徐闻一名的来历，有人说，徐闻三面濒海，因涛声徐徐闻见而得名。权威人士则说，徐闻是壮语，徐的意思是"村"，闻的意思是"泉水"，徐闻指"泉水村"。[②] 徐闻港遗址，在今徐闻县南山镇二桥村、南湾村、仕尾村半岛形岬角一带，前面有三座呈"V"形小岛——三墩岛，古称"瀛岛"。汉代，它们如同三个卫士，挡住了岛外汹涌的波涛。可惜，这片宁静的海湾在1958年被新建的大坝阻断，如今已成为一片农田。[③] 由于徐闻没有内河与内陆相通，其功能主要是作为沿海航线的补给港，货物集散能力有限，因而港口规模不大，遗存不多。

合浦，今属广西北海市，位于北部湾东北岸，处于低纬度的季风带，近海生物多，避风条件好，有大河与内陆相连。据说，合浦是因为南流江与南海在此相交而得名。港口货物运往内陆，一路是从合浦溯南流江而上，经北流河、西江、桂江、灵渠、湘江，进入长江流域，然后走武关道前往长安；另一路是溯贺江而上，走陆路，从潇贺古道翻越萌渚岭，然后从潇水进入湘江，与上一路汇合。因此，合浦是两广进入交州的枢

[①] 《广东通志》《大汉徐闻两千年》认为，西汉时期的合浦郡治设在徐闻县，东汉建武二十年（44）合浦郡治才迁往合浦县，理由是徐闻县在西汉合浦郡名下排列第一位。

[②] 见戴均良：《中国古今地名大词典》，上海辞书出版社2005年版。

[③] 见刘正刚、乔素玲：《徐闻古港——海上丝绸之路第一港》，广东经济出版社2015年版。

纽，也是中原人从海路和陆路前往交州的中转站，还是两汉时期岭南的政治中心和军事重镇。①

两汉时期的合浦郡，郡治应在今合浦县廉州镇草鞋村，理由有二：一是今草鞋村遗址，古城址周长1300米，西面临江，东、南、北三面城墙平直，内有作坊区和大型建筑遗址，周边有护城河，属于汉代郡治级规制；二是位于合浦县城周边的汉墓群，分布面积约70平方公里，地表现存封土堆1056个，汉墓总量近万座，迄今抢救性发掘墓葬超过1200座，并已发掘出郡守级墓葬和徐闻县令的墓葬。2022年初冬，我有幸来到草鞋村考察，发现这个曾经繁华如梦的汉代港口城市，已经望不见波涛汹涌的南海。看来，经过2000多年的冲击，南流江已经把郡治南部10公里的区域变成了沃野。

如果树会唱歌，唱得最自信的可能是椰子林。在阳光、蓝天、碧海、椰子林、银沙滩、红土地的衬托下，徐闻与合浦，北部湾沿岸相隔200公里的两个古港，像一对相映生辉的双子星座，共同升起在中国大陆的最南端。

《汉书》上说："自日南障塞徐闻合浦船行可五月有都元国。"古文没有标点，不同的断句，会得出不同的解释，因此史学界对这段话一直争执不休。有人认为，日南障塞后面应是一个顿号。依照这一断句，西汉南海路就有了三个始发港：日南障塞、徐闻、合浦。②但有人反驳说，第一，历史上从来没有一个叫日南障塞的港口；第二，日南在今越南中部的广治省，从日南到都元国，根本用不了5个月。因此，这段话应解读为：自从日南成为边塞以后，从徐闻、合浦启航，乘船行进5个月，就可抵达都元国。③

汉朝黄门译长走的就是这条南海路。他此次出海，对于今天的读者来说，是一次必须借助古代地图才能看懂的旅游课。船队从徐闻、合浦启航，沿着海岸线行进5个月，抵达都元国——今柬埔寨湄公河下游地区；又行进4个月，到了邑卢没国——今泰国北碧府一带；再走20多

---

① 见熊昭明、韦莉果：《广西古代海上丝绸之路》，广西科学技术出版社2019年版。
② 见梁二平：《海上丝绸之路2000年》，上海交通大学出版社2016年版。
③ 见中共徐闻县委、徐闻县人民政府编：《海上丝路探秘》。

天,到了谌离国——今泰国克拉地峡东侧;上岸步行十几天,进入夫甘都卢国——今克拉地峡西侧;然后船行两个多月,抵达黄支国——今印度东南部的阿里卡梅杜遗址(古港)。黄支国南部隔海相望的岛国,是盛产珍珠、宝石的已程不国——今斯里兰卡,黄门译长就是自此返航的。乘船东返8个月左右,登上皮宗——今马来西亚哥打丁宜;再行进两个月,就到了日南象林——今越南中部。

一位数据分析专家说:从徐闻到斯里兰卡,沿着海岸行进全长约3540到5310海里,在当时没有风帆、行船全靠人划的情况下,如果再将船队休整,开展易货贸易,以及遇到风浪不得不靠岸的时间除去,船队354天走完全程,应该算是轻车熟路了。这也说明,在黄门译长出海前,南海路就贯通了。①

黄门译长出海前后,朝廷在徐闻县设立了左右侯官,负责接待外国使节和商人、管理货仓、征收税费,这也被认为是我国古代海关的雏形。当时,徐闻左右侯官是公认的肥缺,这也是民谚"欲拔贫,诣徐闻"的由来。②

《汉书》上说,黄门译长从海上西去,带去了黄金、丝绸,带回了明珠、琉璃和奇石异物。合浦汉墓群出土了大量琉璃、琥珀、玛瑙、水晶、金花球、龙脑香,它们无不来自海外,这也成为合浦是汉代海上丝路枢纽的有力佐证。

而且,中国作为一个植物王国,最先驯化了桃树、梨树和橘子。桃树、梨树在公元2世纪从南海路传入印度,橘子也在耶稣诞生前经中国—印度航线传入中东地区。在公元前79年被火山灰掩埋的庞贝古城中,有一幅镶嵌画里描绘的树就是橘子。③

或许会有细心的读者问:为什么黄门译长的船队会选择十月起航?为什么往返需要两年时间?

---

① 见陈柏坚:《广州外贸史》,广州出版社1995年版。
② 见〔唐〕李吉甫:《元和郡县图志》,中华书局1983年版。
③ 见〔澳〕杰弗里·布莱内:《世界简史》,上海三联书店2018年版。

三、因为季风

季风一词，来自阿拉伯语中的mawsim，意思是"季节"，它又被称为信风。由于地球的自转效应，在半年时间里，季风会朝着一个方向吹拂；而剩下的半年时间，它会朝着相反的方向吹拂。[1]受到蒙古草原直至赤道区域及澳大利亚北部的气压梯度决定，多数情况下，11月左右，来自北方的大陆风就要吹过中国和东亚海域；从3月开始，东南季风会从太平洋把暖湿气团推向东北亚和华东沿海地区。具体到南海，秋冬季节盛行东北风，10月、11月开始，12月和1月、2月达到鼎盛；春末到夏季盛行西南风，5月、6月开始，7月、8月达到鼎盛。

古代，船只在大海上航行，仅仅依靠桨、橹、篙之类的人力推动，是万万不行的。于是，智慧的古人以风为动力，利用季风发明了风帆。由于科学不发达，古人不可能知道季风产生的原因，但对于古代的船长而言，季风只要在该来的时候来，该走的时候走，让他们得以扬帆起航就足够了。季风，可以说是古代海上活动的起搏器。

如果汤盘里的汤太热，当你长时间地吹汤盘，便会发觉，菜汤会向与你嘴吹的相反的方向移动。海流与洋流的形成也是同样的道理。受季风影响，南海北部的海流，秋冬季节呈西南方向漂流，夏季呈东北方向漂流，并在北部湾形成环流。当海上风场稳定时，浅海余流主要以风海流为主；当风力较弱时，浅海余流以地转流为主；当风海流与地转流方向相同时，会出现流速较强的沿岸流；而当风海流与地转流方向相反时，沿岸流则明显减弱。

如果在东北季风期从徐闻入海，船舶将被海流冲到海南岛西岸而进入南海，无法沿北部湾东岸前往东南亚各国，假若遭遇风暴，甚至会发生船毁人亡的惨剧。如果在西南季风期从徐闻入海，船舶在北部湾转一圈后，仍然会被北部湾环流带回始发港徐闻。最好的办法，就是把徐闻

---

[1] 见[英]理查德·霍尔:《季风帝国》，天津人民出版社2019年版。

作为第一始发港,在东北季风兴起前,顺着北部湾环流航行到北部湾北端的合浦港,在此等候10月的东北季风。东北季风一起,船队就可从中转港合浦出发,顺风顺流地沿着北部湾西部、越南东岸航行,直达中南半岛南端的金瓯角。这就是汉代既有第一始发港徐闻,还须经合浦港中转的真正原因。[1]

黄门译长选择这条航线,说明我国早在2000多年前,就对季风、海流的观测和利用具备了丰富经验。

四、买椟还珠

韩非子讲过一个故事:有个楚国商人,在郑国出售珍珠。商人用一种叫木兰的名贵木料做成盒子,用香料熏香盒子,用珠宝点缀盒子,用玫瑰装饰盒子,还把翡翠缝在盒子上。一个郑国人买走了这个盒子,然后把珍珠还给了商人。[2] 成语"买椟还珠",由此诞生。

故事的本意是讽刺舍本逐末的人。但如果用今天的眼光看,这个郑国人的选择也许并没有错,因为这个盒子不仅点缀着珠宝、翡翠,而且兼具香料的香味和玫瑰的妖娆。

的确,古代的珍珠,是美丽、富贵的代名词,是皇室贵族的装饰品;在梵文中称为"摩尼",被视为圣洁的象征,是"佛教七宝"之一。古代没有人工养殖的珍珠,天然珍珠都取自珠蚌,靠水手潜入浅海中捞取,因此十分稀缺。当时主产珍珠的南海,属于楚国辖区,因此楚国商人自然明白它的价值。但郑国位于今河南地区,很多人一辈子没有见过大海,更不知道南方珍珠的价值,所以闹出"买椟还珠"的笑话不足为怪。

历史上的合浦,是我国海水珍珠的主产地。这里地处亚热带,阳光充足,海域风浪小,海水盐度适中,浮游生物丰富,是珍珠贝生长的最佳区域。合浦出产的珍珠,凝重结实、浑圆粒大、晶莹光润,珠光艳丽

---

[1] 见陈立新:《海上丝路话徐闻》,原载《岭南文史》2000年第4期。
[2] 见《韩非子·外储说》,中华书局2015年版。

而柔和，色彩斑斓而持久，是珍珠中的极品。清代屈大均《广东新语》记载："合浦珠名曰南珠，其出西洋者曰西珠，出东洋者曰东珠。东珠豆青白色，其光润不如西珠，西珠又不如南珠。"

唐代诗人李白也为南珠写过一首诗：

> 越客采明珠，提携出南隅。
> 清辉照海月，美价倾皇都。

当地人也以珍珠为贵、为美、为祥，男孩多叫"珠儿"，女孩多称"珠娘"。

其中一个女孩，名叫绿珠。

五、绿珠之死

绿珠姓梁，今广西博白县双凤镇绿萝屯人。她生在南流江畔、双角山下，以冰雪为肤，以秋水为姿，以诗词为心，以翰墨为香，髣髴兮若轻云之蔽月，飘飖兮若流风之回雪。她脸上常挂着桃花初绽般羞涩的笑。有道是，桃花灼灼美景，不若佳人一笑。是时，她被誉为南流江畔一枝花。

石崇，今河北南皮县人，出生在青州，小名齐奴，是晋朝大司马石苞的六儿子，名动天下的公子。他既好文，是一名文学家，与左思、陆机、潘岳一起位列"金谷二十四友"；又好财，在担任荆州刺史时，靠掠夺外商货物成为巨富；还好官，靠恩荫入仕后，一路升迁，被封为安阳乡侯仍不知足，后来卖身投靠了皇后贾南风和贾谧；更好色，一生娶了几百名姬妾，个个明艳绝伦，国色天香。

石崇公认干得最出彩的事，是元康六年（296）在金谷园摆下盛宴，邀集潘岳等30位名士，登云阁，列姬姜，拊丝竹，叩宫商，宴华池，酌玉觞，把酒赋诗，畅叙中怀。事后，石崇写下了轰动士林的《金谷诗序》。而永和九年（353）的那场醉以及王羲之的《兰亭集序》，可以算是对50年前这一创意性诗会刻意而精彩的模仿。

石崇自认干得最出彩的事，是与王恺斗富。王恺出自晋代豪门东海（今山东郯城县）王氏，是晋武帝司马炎的舅舅，官拜后将军，位高权重，家财万贯，自诩京城首富。为了显示富有，王恺让下人用糖水刷锅。石崇听说后，让家厨用蜡烛烧火做饭。看到王恺在家门口用紫丝做成40里的步障，石崇就用织锦在家门口做了50里的步障。听说王恺用香料粉刷房屋，石崇就用红色的石蜡涂墙。

司马炎看到舅舅比不过石崇，就赐给舅舅一棵二尺高的珊瑚，枝柯扶疏，世罕其比。王恺自认稳操胜券了，便把石崇和同僚请来，想让石崇当众服输。石崇见到这棵珊瑚，居然拿起铁如意，随手把它敲碎了。王恺正要发作，石崇说："不必生气，我来还您。"接着，让人搬来六七棵珊瑚，让王恺随便挑选。这些珊瑚，最高的达三四尺，最矮的也有二尺高，条干绝世，光彩夺目。王恺这才低下了头。[1]

一天，石崇被朝廷任命为交阯采访史，奉命出使安南。在合浦停留期间，他利用权势得到了大量南珠。从安南返程途中，闻听南流江畔有一位美若云霞、穆如清风的女子，便以十斛南珠为聘礼，得到了待字闺中的绿珠。她从花车里走出来的模样千娇百媚，就像牡丹花蕊从花苞里开放出来。

绿珠不但生得美，还有一身技艺，既擅长吹笛，又能歌善舞，因此石崇专门为她改编了一首《明君歌》，作为她的专属歌曲。为解绿珠的思乡之情，石崇还在金谷别馆为她修建了一座百丈高的崇绮楼，据说能"极目南天"，楼内装饰着珍珠、玛瑙、琥珀、犀角、象牙，可谓穷奢极欲。每当石崇与"金谷二十四友"宴饮唱和，都让绿珠出面歌舞敬酒。佳人伴才子的日子，远胜过《西厢》与《红楼》。

霁月难逢，彩云易散。永康元年（300），皇后贾南风玩弄朝政久了，居然将魔掌伸向了太子司马遹（yù）。为此，赵王司马伦以为太子报仇的名义发动政变，幽禁了傻瓜皇帝司马衷，诛杀了贾南风和贾谧，51岁的石崇也被免去了官职。石崇的外甥欧阳建，之前因弹劾司马伦而得

---

[1] 见沈海波译注：《世说新语·汰侈》，中华书局2009年版。

罪了对方。司马伦的党羽孙秀对绿珠垂涎已久，趁机派使者前去索要绿珠。当时，石崇刚刚登上金谷别馆的凉台，面临一河碧水，一群姬妾侍奉左右。使者见到石崇，便告知了此行的目的。石崇叫出几十名婢妾，只见她们一个个体蕴芳香的兰麝，身披轻盈的罗纱，投足如风摆细柳，举手若雏燕凌空，令人眼花缭乱，目不暇接。然后，石崇撇撇嘴，对使者说："任您从中挑选！"使者摇摇头，说："君侯的婢妾标致极了，但我是受命来领绿珠的，不知是其中哪一位？"石崇勃然大怒，说："绿珠是我的爱妾，你们不可能得到她！"使者叹了口气，意味深长地回应说："君侯博古通今，明察远近，敬请三思。"石崇答："不需要三思。"使者出门后，又回来劝他，石崇最终也没有让他带走绿珠。

孙秀恼怒之下，怂恿司马伦杀掉石崇和欧阳建。后者暗中知悉了前者的计谋，便与黄门侍郎潘岳一起规劝淮南王司马允、齐王司马冏发动政变，除掉司马伦和孙秀。孙秀抢先下手，假借晋惠帝的诏命，捉拿石崇、潘岳、欧阳建，并对石崇灭三族。抓人的士兵到了门前，石崇方才意识到大难临头，于是黑着一张脸对绿珠说："我为了你而获罪，无奈啊！"

而作为被争夺者的绿珠，无论她有怎样的心理准备，也不可能有反抗的能力。当这个残酷的结局到来，尤其是听到夫君的怪罪之词时，她只能表现出锥心刺骨的绝望和从一而终的决绝。她没有责怪石崇，只是流着泪说："妾定当死在您面前！"然后，跳楼自尽，像一只剪断翅膀的飞鸟坠入山涧。

那一刻，石崇呆了。为绿珠的刚烈，也为自己的多嘴。但几十年锦衣玉食、风流倜傥的生活，养就了他一身的软骨头，他根本没有和绿珠一起跳楼的勇气。而且，他还嬉皮笑脸地对抓他的士兵说："我最多被流放到交阯、广州罢了。"[1]

唐代诗人杜牧为绿珠写过一首诗：

  繁华事散逐香尘，流水无情草自春。

---

[1] 见〔唐〕房玄龄等：《晋书·石崇传》，中华书局1996年版。

日暮东风怨啼鸟，落花犹似坠楼人。

家乡为她建了一座绿珠祠，是当地小有名气的景点，可惜它躲在一个农村小巷里，平时鲜有游人光顾。我终于找到它时，是一个初冬的午前，几缕斑驳的日光投射在黑色的山墙上，恍如一个看不出年代的旧梦。

六、南珠之殇

绿珠的结局是如此，南珠的结局何尝不是如此？

由于南珠的名气越来越大，销路越来越好，价格越来越高，地方官员开始巧立名目收取赋税，变着法子盘剥采珠人。为了捞到更多的油水，这些急功近利的官员不顾珠蚌的生长规律，一味驱使采珠人进行掠夺性捕捞，浅海的采完了就去深海采，个头大的没有了就采个头小的。过度采集的结果，就是母贝逐渐消失，市场被迫关闭，珠民远走他乡。

其实，真正让徐闻与合浦走向衰落的，并非这些杀鸡取卵的地方官员，而是不断进步的航海技术。东汉末年，出现了"重楼""八曹舰"等大型船只，大型商船已经具备了远岸航行的能力，从广州经南海直航东南亚成为可能，海商再也不必沿着北部湾走远路和弯路。加上徐闻、合浦一带的俚人、乌浒人时叛时附，交阯也在三国时期反叛，不时发兵攻打合浦，从徐闻、合浦向西的航线受到严重阻碍。东汉建安二十二年（217），交州刺史部从广信县东迁到番禺，广州再度成为岭南的中心。不久，广州取代徐闻、合浦，成为南洋海上丝路主港口。

按说，在两晋到清代的漫长岁月里，他们有条件夺回应有的地位，起码不能听任曾经繁盛无比的港口持续衰落下去。他们应该知道，丝绸、陶瓷是海外最抢手的货物。合浦的石康镇是中国五大高岭土产地之一，储量接近2000万吨，且部分矿段平均白度高达百分之七十九，但汉代合浦的陶瓷手工业并不发达，直到唐代合浦县山口镇的英罗窑才烧制出质地一般的青瓷，而宋代制瓷中心已经转移到合浦以北的北流河、浔江沿岸，广西青白瓷几乎全部销往广州，这种只提供原料不出产瓷器的状况一直延续到今天。合浦的常乐镇素有"蚕乡"之美誉，也汇聚了一批从中原南下的工匠，完全可以拥有高质量的丝绸业，但历史上合浦的"杂缯"产量并不大，今天常乐丝绸工业园的规模和品牌也亟待提升。这里的人们除了采珍珠，做月饼，种菠萝，外向型产业似乎有些崛起乏力，只能眼睁睁地看着如云的樯帆远远飘过。在一度辉煌的中国几十个古港中，徐闻与合浦算是最为落寞的一对。即使在中国的2851个县级行政区中，它们也不算有名。

当然，时代变迁是巨大的，历史沉淀是无情的，一代人有一代人的职责、认知、效用。而后代人对相隔多代之前的古人的评价，很难做到绝对中肯合宜，所以我们也需要慎之又慎了。

也许合浦县也很无奈，尽管它在北海市下属的四个区县中，地盘最大，人口最多，还守着329公里的海岸线，但"三大尴尬"一直困扰着它：一是"港口"被划走了，它如今已成为北海市铁山港区的一部分；二是"南珠"游走了，出产南珠的营盘镇也划入了铁山港区；三是"地位"反转了，北海曾经是合浦县的北海镇，如今合浦却成了北海市的下辖县。接下来，不知合浦在实施"向海经济"战略中，怎样突破思想观念、行政区划与产业分工的阻隔，让东港走向世界，让文物成为品牌，把"南珠"做成平台，重新捡拾起曾经的别样辉煌？

即便是北海市的铁山港，也只是扮演了中国西南地区与港澳地区之间转运港的角色，它已经不是广西最大的港口，如今广西第一大港是防城港。

须知，目前的世界不是海上丝路初创时的世界，国际生产与贸易的结构正以前所未有的高速度变化着：农产品和原料产品在相对贬值；工业"生产"与工业"雇工"在互相脱钩；知识密集型产品在所有先进的社会里正在占据主导地位；世界资本的流动和贸易方式在日渐分离；绿色革命无处不在；互联网、人工智能、生物工程成为新的最强劲的经济增长极；外向型经济对高端人才、创新人才、复合型人才的依赖日益强化。关键在于，身处沿海并立志有所作为的决策者，是否做好了思想、机制和人才上的准备？

丝路上的徐闻、合浦：在本书讲述的海上丝路沿线港口、海峡与国家中，它们算是最默默无闻的两个了。岂不知，在汉代，也就是帆船只能沿海岸线行进的年代，它们的名气却大得很，因为它们是中国人下南洋的始发港，合浦还是最好的珍珠——南珠的出产地。但是，当大型商船具备了远岸航行能力，从广州横跨南海成为可能，这对双子星就渐渐陨落了。其中的合浦最为尴尬，因为北海曾经是合浦下属的北海镇，如今合浦却成了北海市的下辖县，就连港口也划给了铁山港区。如今，徐闻县和合浦县的 GDP，分别只有太仓市的六分之一和四分之一。看来，像太仓一样，重铸远古海上丝路沿线港口的辉煌，是每一个沿海县必须面对的重大课题。

第八章　郑和西去第一站
—— 占城

当大型商船具备了远岸航行能力，从广州港横跨南海直航中南半岛成为可能，占城便成为广州的下一站。

一、中南小国

古代的占城，今属东南亚十一国之一的越南。

"东南亚"一词，是太平洋战争时期盟军指挥官为西邻印度洋、东毗太平洋的那片区域所取的军事代称，19世纪曾被称为远印度，还因处于中国以南被称为中南半岛，又因处于印度与中国之间并受到两国文化影响而被称为印度支那。近代航海家甚至把处在热带季风之下、台风带之上、航行更安全、洋流易预测的东南亚，诗意地称为"季风吹拂的土地"。其地域包括今马来西亚半岛部分、新加坡、越南、老挝、柬埔寨、泰国、缅甸；而散布在太平洋和印度洋之间的2万多个岛屿，则被称为马来群岛或东印度群岛，包括今菲律宾、印尼、文莱、东帝汶、马来西亚南部海岛部分。

优越的自然环境，使得东南亚成为中国与印度之间天然的贸易通道，它也得以成为世界史上的一个国际熔炉。全球有6000支种族语言群体，其中六分之一分布在东南亚。东南亚历史最悠久的族群，是操马来语、印尼语、爪哇语、高棉语、孟语、占语的族群，他们在语言学上被划入了南岛语系；后来南下的泰人、缅人、老挝人，则被划入了汉藏语系；而越南语一度被划入汉藏语系，后来被划入南岛语系，但它与占语有很大的区别。当地中海拥抱基督教和伊斯兰教时，东南亚已经受到印度教、佛教、伊斯兰教、基督教的浸染。早在15世纪，阿拉伯、波斯、印度、中国商人就在东南亚的商港和城市定居。大航海时代，盛产香料的东印度群岛，成为欧洲商人和殖民者远航的目的地。自古至今，东南亚一直是商贾云集的区域、多元文化的平台、大国争霸的焦点。

占城，也叫占婆补罗①，位于中南半岛东南部，今越南南方。远古时期，占城地区并无固定的政权和国家。秦始皇平定岭南后，将占城划归日南郡管辖，新设了象林县，生活在那里的人被称为"占人"。占人高鼻深目，头发卷曲，在与马来人融合前，相貌与印度雅利安人类似。他们善于航海，以渔为生，是典型的海洋民族。与人口拥挤的安南相比，占城人口密度较低，不多的人口集中居住在水稻种植区和海港城市里，由于当地盛产木材，农民居住的是木质结构的高脚屋。他们信奉婆罗门教，采用印度的种姓制度，使用南印度的梵文，属于印度文化圈，就连许多地名都来自印度。

占城独立建国，始于东汉末年。东汉初平三年（192），东汉爆发李傕、郭汜之乱，群雄纷纷割据。占人首领区连，是象林县功曹之子，善结交，有威望，身边聚集了一批壮士。他趁着天下大乱，率领手下杀进县衙，杀了县令，自称国王，建立占婆国，中国史书则称之为"林邑""环王""环州国""占城"。②南北朝时期，占婆国占有了整个日南郡。

唐、宋时期，占城定时向中原王朝纳贡，关系还算不错。元朝一建立，两国关系就急转直下。

起因是一场小小的争论。

二、一厢情愿

那是大元占领南宋临安之后，忽必烈召集了一个小型会议，听取群

---

① 补罗，梵语的意思是"城"。占婆补罗因此被简称为"占城"或"占婆"。
② 见［法］马伯乐著，冯承钧译：《占婆史》，上海古籍出版社2014年版。

臣对南海局势的意见。一个广西的武将信誓旦旦地说,从琼州海峡到占城国,走水路只需一天,请给我三千步兵和三千骑兵,我就可以为陛下攻下该国。但福建道宣慰使唆都坚决反对出兵,他说,占城王因陀罗跋摩六世一直心向中土,通过外交手段就可以让他臣服。

"马上治天下"是忽必烈的一贯作风,把读书人列为"臭老九"①也出自他手。他显然没有读过《晋书》,因为他居然像前秦皇帝苻坚对待东晋一样,做出了一个极度荒唐的决定。他于至元十八年(1281)下诏,在尚未臣服的占城国设立占城行中书省,以唆都为右丞,汉将刘深为左丞,兵部侍郎亦黑迷失为参知政事,因陀罗跋摩六世为占城郡王。他就像寓言故事中盲目乐观的农妇,蛋还没有孵好,就数起小鸡来了。

实践证明,他纯属一厢情愿。

前些年,就有大批宋人逃往占城避难。此时的占城王十分同情南宋的命运,内心里存有一定的亲宋抗元情结。因此,当大元使臣进入占城,一读忽必烈近乎天真的诏书,就把满朝文武惹笑了。

于是,忽必烈命令唆都征调5000名士兵、100艘海船、250艘战舰,远征占城。第二年年底,远征军从广州出发,不日进入占城首都毗阇耶(阇槃,今越南平定省归仁市)南侧的归仁港。

为了拖延时间,占城王率兵躲进山中,派出使者与元军谈判。双方谈了一个多月,仍毫无进展。元军抓到一名占城细作,才得知躲在山中的占城王一直没有闲着,他一边大规模征兵,一边向安南、真腊、阇婆(今爪哇)借兵。

唆都大怒,派兵进山搜捕占城王,结果遭遇埋伏,伤亡惨重,不得不退往海边,等待大元的增援和补给。一年后,大元的15000名援军、200艘战船才抵达归仁港。

援军上岸后,大惊失色,因为眼前只剩下被烧毁的元军营帐。细细打听方才得知,九天前,唆都就率所有兵马从陆路北上,相继占领了顺州和化州。于是,这支援军一鼓作气,攻占了占城首都毗阇耶。

接下来,元军使者见到了外逃的占城王。这一次,占城王的态度有

---

① 元朝把境内居民分为十等:一官二吏三僧四道五医六工七匠八娼九儒十丐。

所软化。他表示，自己愿意归顺大元。继而，他双手一摊，苦兮兮地说："国库已被你们搬光，我实在无力进贡了。"

这种死猪不怕开水烫的态度，令忽必烈火冒三丈。他决定派出大军，借道安南，从陆上再次远征占城。

但安南君臣熟读中国历史，知道"假道伐虢"的典故，认定大元想以借道之名，行吞并之实，因此断然拒绝了大元的借道要求。

大元与占城之战的续集，就成了大元南征安南。草原雄鹰对战丛林雄狮，本就是不该出现的桥段。加上剧本策划毫无新意，剧情也与东征日本雷同，因此三次南征都以失败告终，唆都也在战场上丢了性命。就这样，占城国得以保全，忽必烈也无奈地宣布废除占城行中书省。

智慧就是懂得该放下什么、该如何妥协的艺术。至元二十六年（1289），忽必烈宣布放弃对占城的扩张政策，两国重新回到朝贡关系的原点。

两年后，一支大元船队光临占城。

三、马可·波罗路过

这是一支护送大元公主西行的官方船队，船长叫马可·波罗，是一名在中国住了多年的威尼斯商人。

他后来在热那亚监狱里回忆说：

"从刺桐港出发，向西南航行1500里，就抵达了一个国家，名叫占巴（指占城）。

"这是一个富裕的地方，有自己的国王，也有自己的语言，居民是偶像教徒，每年向大元大汗进贡大象。所以，我特别讲一下进贡大象的原因。

"基督诞生后的1278年，大汗派遣男爵撒合都（指唆都），率领很多步骑，前往讨伐占巴王。男爵对占巴王展开了大规模军事行动。占巴王年事已高，军队人数比不过男爵军队，抵挡不住对方，便逃进一座坚固的城堡中，但平原地区的城市民居悉数遭到破坏，国王十分痛心，于是派遣使臣前往朝觐大汗，致辞说：'我主占巴王，以藩臣名义遣使入朝，国王年老，所治之国久已和平安宁，今愿称臣，每年贡象，其数量由大汗来定。请赐给怜悯，下令大汗的男爵和部队不再攻击我国，率领军队到别处去，以后由我王奉大汗之命，代治此国。'

"大汗听完使臣的话，怜悯了他们，于是命令男爵率军队离开占巴，去攻击他国。大汗的命令一到，男爵就率领军队离开了。这就是占巴王成为大汗藩臣的原因。从此，他们每年进贡大象20头，都是国中最大和最美的大象。"

讲完大象的故事，马可·波罗意犹未尽。他说："放下贡象一事不说，我再谈一谈占巴国的若干特点。我听说，这个国家的妇女，未经国王亲眼所见，是不允许婚嫁的。国王见了喜欢，就娶为妻子；不喜欢，就赐给嫁妆，让她出嫁。还应该知道，基督诞生后1280年时，我曾奉命出使占巴，当时国王有子女326人，其中150人是勇武的战士。国王有一万头大象，供他役使，特别命人看守和饲养。还看见有一片大森林，林木呈黑色，名叫乌木，用来制作木箱和匣子。

"这个国家还有一件怪事，海中各种鱼全部聚集到海岸，岸边只见有鱼，不见有水。每一种鱼聚集到岸边三天，三天期满游走，接着别的鱼种再到，停留时间也相同，一直到各种鱼类都到为止，每年如此。我问当地人，当地人说，这是各类鱼前来朝拜国王。

"我还在此地见到了一只龟，奇大无比，比帕多瓦城圣马可的钟楼还大。

"这里的男子死了，就让妻子殉葬。据说，妻子应该跟随丈夫前往另一个世界。"①

马可·波罗的回忆，有多少是他亲眼所见，有多少来自道听途说，有多少属于哗众取宠，只有他自己清楚。

马可·波罗离开占城77年后，中国就改朝换代了。得到大明建国的消息，占城王第一时间派出了朝贺的使者。

---

① 见[意]鲁思梯切诺著，冯承钧译：《马可·波罗行纪》第161章，商务印书馆2015年版。

四、欢迎郑和

占城王之所以急于结交大明,是因为邻居安南。

占城与安南,作为中南半岛双雄,本是半斤八两、势均力敌。但大元三征安南,不仅没有击倒对方,反而使之强化了战争动员能力和战场指挥艺术,渐渐膨胀为一个军事巨人。元军一撤,安南有劲没处使,便拿邻居占城练手,不断蚕食占城国土。

明永乐元年(1403),占城使者拜见了朱棣,状告安南胡氏王朝侵吞占城领土,恳请大明主持公道。第二年,占城王再次派遣使者,状告"安南不遵诏旨,以舟师来侵,朝贡人回,赐物悉遭夺掠"[1]。郑和船队出发前,广西、云南两省的官员也向朝廷奏报,说安南已经侵占大明边界的几个州县。而且,安南陈氏王朝的幸存者陈天平也逃到大明,含泪控诉胡氏的百般恶行。因此,郑和把下西洋的首站确定在占城,是富有深意的。

郑和抛锚的新洲港,即今归仁港,是当时距占城新都佛逝最近的港口。它南北深入内陆,口小内阔,纵深27公里,东侧有半岛作屏障,可以阻隔台风,是一处天然良港。

大明船队的到来,可谓占城的一件盛事。

那一天,占城王骑着大象,率领数百名官员在码头举行了盛大欢迎仪式。郑和向占城王递交了国书,转达了明成祖朱棣的问候,馈赠了丝绸、瓷器、茶叶等礼品。占城王回赠了象牙、犀牛角、伽蓝香等礼品,其中有一块叫"宝母"的奇石,类似"聚宝盆",据说每月十五日晚放在海边,能吸引海里的宝贝前来聚集。[2]

按说,补给完,郑和船队就该南下爪哇了。但船队没有马上走,而是在占城停留了五个月。原因在于,当陈天平控诉了胡氏父子篡位的

---

[1] 见〔清〕张廷玉等:《明史·占城传》,中华书局2015年版。
[2] 见潘仲元:《郑和是穆斯林的好榜样》,原载《郑和研究》1989年版。

真情后，朱棣派遣使者前往安南，训斥胡氏说："尔为陪臣，屡行篡弑，夺而有之，罪恶滔天，不亡何待！"狠话说到这个份上，胡氏硬扛是扛不过去的，干脆扯了一通谎言："我以为陈氏无后才称王的，既然陈氏有后，那就请他回国复位好了。"胡氏怕大明不信，对天发誓说："敢有贰心，神明殛之！"

谎言自古至今都如披着蜜糖外衣的毒药，让人忍不住吞下，又不得不承受后果，它利用的恰恰是人性的弱点。小人也是，外表恭顺内心恶毒，他总是心存侥幸，以为时间会予以掩护。朱棣信了胡氏的话，便在永乐四年（1406）正月，派遣一位广西将军，率领5000名军人护送陈天平回国，并一再叮嘱他们小心谨慎。陈天平进入安南国境后，不仅没有遇到麻烦，而且一路上不断有人迎接和宴请。护送的明军以为胡氏真心迎接陈天平回国，便放松了戒备。当他们进入一道山谷时，突然遭到10万安南军队的伏击，陈天平当场被杀，明军大败而还。

得到消息的那一刻，受到戏耍的朱棣愤怒得七窍生烟，眼光都能杀人。

复仇本身就有穿透山岳的力量。接下来，一支由大将朱能、张辅统率的明军，以雷霆万钧之势杀入安南，给了背信弃义的胡氏大军迎头痛击，最终于永乐五年（1407）彻底埋葬了胡氏王朝，将安南从世界国家名录上抹去。

其间，朱棣一定将明军讨伐安南的消息通报给了郑和。因此，郑和船队一直在占城沿海巡弋，一边从海上对敌人形成威慑，一边防备战败的敌人从海上逃窜。其实，他要做的，只是化身东风，在那条借箭的草船上推上一把而已。

但没人给他化身东风的机会，因为敌人没逃到沿海就被明朝陆军消灭了。

大明灭亡安南胡氏政权后，建立了交阯承宣布政使司。被安南侵占的占城土地，也重新划归占城，其中包括公元1000年前后被安南占领的旧首都因陀罗补罗（今越南广南省东阳城）。从此，占城对大明更为倚重和亲密。

后来郑和六次下西洋，都把占城作为首站，使得占城新洲港地位飙升,进而成为远洋航线的一大中枢。如同元代商船把泉州作为远洋航线的零距离一样,明代商船也以占城来定位远洋的距离和日程。

五、占城印象

郑和的一名随从叫马欢,也是回族,职务是大明使团的通事兼教谕,也就是翻译和教师。后来,他把下西洋的沿途见闻整理成一本书,取名《瀛涯胜览》。他尽管不是小说家,但也算是讲故事的高手,在叙述占城时,他是从这个国家的方位切入的:

> 占城国在广东海南大海以南。自福建福州府长乐县五虎门开船,向西南行,好风十天可到。这个国家南连真腊国,西接交阯界,东、北濒临大海。占城国的东北方向一百里,有一个海口,名叫新洲港。岸边有一座石塔,各处的船只在此停泊登岸。岸上有一个寨子,设有两个头目,住着五六十户人家,负责把守港口。去西南方向一百里,就到了这个国家的王城,名叫占,这是一座石城,有四座城门,分别派军人把守。
>
> 国王崇信佛教,头戴三山玲珑插花金冠,如同中国戏剧花脸所戴的一样;身穿五色锦绣花番布长衣,下身围着带色的丝绸手巾,光着一双脚。他出门都骑着象,有时也坐着小车,由两头黄牛拉着前进。
>
> 国王的宫殿屋宇高大,上面盖着细长的小瓦;四边的墙壁用砖灰砌成,颜色洁白;宫门用的是坚固的木材,上面雕刻着野兽和家畜一类的装饰。民房用茅草覆盖,屋檐高不过三尺,只能躬身低头出入,不低头的谓之有罪。平民一律身穿紫色衣服,白衣只有国王才可以穿,民间私自穿白衣的会被处死。国内的男子蓬着头,妇人把头发绾在脑后。他们肤色很黑,上穿无袖短衫,下围色布手巾,都赤着脚。
>
> 国王在位超过30年,需要退位出家,让弟兄子侄暂且掌管国

事，国王前往深山持斋受戒，吃素，独居一年，对天发誓："我此前为王，在位无道，愿狼虎吃我，或者病死。"一年期满，假如国王没有死去，便再次登上王位，重新管理国事。

当地没有纸和笔，他们有的把羊皮捶薄，有的把树皮熏黑，用白粉笔写字来记录。

此地的历法，没有闰月，十二个月为一年。一昼夜分为十更，用鼓声来记录时间。

这个国家的刑罚，犯罪轻的，用藤条抽打脊背；犯罪重的，割去鼻子；偷盗的，砍去双手；通奸的，在脸上烙上疤痕；罪大恶极的，把梗木削尖，立在小船上，然后让罪人坐上尖木，使尖木穿过嘴巴而死，然后把死尸留在水上示众。

介绍一个国家，不可能不讲气候与物产。他说："这里气候暖热，没有霜雪，常年如同中国的四五月，草木常青。山中出产伽蓝香、观音竹、降真香、乌木。伽蓝香只有这里的大山出产，天下再无出处，价格极其昂贵，只能以银子来兑换。"

大凡一本游记，要想吸引读者，往往辅以奇闻逸事：

这里有一类叫"尸头蛮"的妇女，她的眼睛没有瞳孔。到了夜里，她的头会飞出去吃别人家小孩的粪尖，这个小孩便被妖气侵入腹部，必死无疑。她的头飞回来后，与身体相合，依然如故。如果有人知道了她的秘密，在她的头飞出去时，将她的身体转移到别处，那么她的头飞回来无法与身体相合，就会死去。当地法律规定，有这类妇女的人家是一定要报官的，如果隐匿不报，除了要将这个妇女杀死，还要将她全家治罪。

这里有一个直通大海的深潭，叫鳄鱼潭。如果民间出现纠纷，官员无法决断的，就让争讼的二人骑着水牛进入深潭。理屈的，鳄鱼就会出来吃了他；理直的，即使往返深潭十次，也不会被鳄鱼吃掉。

海边的大山里，有一群野水牛，本是农家耕牛走入山中，自生自长，年久成群，只要见到有穿黑色衣服的生人，必然赶来把人抵死，十分可恶。

作为船队成员，作者当然不会忘记船队的功能和成就，并以此作为每一章的小结："这里的买卖交易，使用七成的淡金或银。中国青瓷、丝绸和玻璃珠，最受当地人欢迎，他们一般用淡金购买。他们常把犀角、象牙、伽蓝香等，进贡给大明朝廷。"[1]

六、占城稻

富家不用买良田，书中自有千钟粟。
安居不用架高楼，书中自有黄金屋。
娶妻莫恨无良媒，书中自有颜如玉。
出门莫恨无人随，书中车马多如簇。
男儿欲遂平生志，五经勤向窗前读。

这首诗名叫《劝学诗》，作者是一位皇帝，名叫赵恒，史称宋真宗。诗中提到的"粟"，本意是"谷子"，果实称小米。但这里泛指"稻谷"，包括谷子的果实小米和稻子的果实大米。而宋真宗所说的这种稻谷，与占城有关。

占城稻，又称早占，顾名思义产于占城。这种水稻穗长、无芒、粒小，优点一是耐旱，"不择地而生"，适合在一些地势稍高的地方种植；二是早熟，从种到收只需要50多天。唐末和五代时期，福建就引种了占城稻。[2] 北宋建国后，采取了重文抑武的国策，边境战事平息，人口迅速膨胀，粮食问题便成为朝廷一大难题。于是，耐旱的占城稻进入了皇帝的视野。

---

[1] 见〔明〕马欢：《瀛涯胜览》，广东人民出版社2018年版。
[2] 见〔元〕脱脱等：《宋史·食货志》，中华书局1985年版。

大中祥符四年（1011），宋真宗派人从福建取了三万斛稻种，分给江淮、两浙耕种。为了推广这一优良品种，宋真宗在宫中开辟了两亩地，带头试种占城稻。一有空闲，他就挽起裤脚，撸起袖子，扛着农具，有模有样地下地干活，赚足了大臣和宫女的眼球。

北宋末年，江淮、两浙超过七成的农田栽种了占城稻。南宋中期，两浙、江南东路基本普及了占城稻。农民把占城稻与晚稻配合种植，形成了双季稻，使得粮食产量大大增加，缓解了人口剧增带来的粮食危机。

到了明代，占城稻已成为长江流域最为常见的水稻品种。[①]

可悲的是，随着占城稻插满中国，占城的苦日子却降临了。

七、山河沦陷

占城的苦日子，缘于他们欠下的旧债。

想当年，安南胡朝被明成祖和占城联合灭亡后，占城夺回了此前被安南占领的所有土地。按说，占城应该知足了，但古今中外，真正能做到急流勇退、适可而止的少之又少。占城王也未能免俗，他刚从北邻的安南身上找回尊严，接着就把勉强积攒起来的那点儿自信发挥到了极致，突然发兵攻打西邻的真腊，让真腊国王尝到了被偷袭和被痛殴的滋味。那段时间，占城王宫里传出来的，几乎全是笑声。

而占城北方传来的，几乎全是哭声。因为被执行死刑的安南，在地狱里仍未被放过。当时，明朝皇帝派到占领区的太监，叫马骐，名义上是监军，实际上大权独揽。事实证明，这就等于明朝把安南这个小红帽交给一个狼外婆照管。太监对安南人的勒索无所不用其极，仅孔雀尾巴就要1万支，数量不足时就拿当地官员的屁股出气。

牛顿力学定律有时候在社会生活中同样适用：有一个作用力，就有一个反作用力，大小相等，方向相反。当地人申诉无门，只有造反。在这个太监进驻13年后，一场因孔雀尾巴引发的国民起义终于爆发。挑

[①] 见朱星宇：《北宋占城稻问题探析》，原载《辽宁行政学院学报》2008年第1期。

头造反的，是俄乐县一名小小的巡检，名叫黎利。

一开始，连黎利都怀疑，自己有能力对抗大明吗？历史的吊诡之处往往在于：那些在当时看来不可能的事，常常在各种因素下最后成真。君士坦丁大帝在公元306年即位时，基督教不过是个神秘的东方教派，如果当时有人说基督教会成为罗马国教，一定会引起哄堂大笑。在公元600年，如果说一小群住在沙漠里的阿拉伯部落会征服从大西洋到中亚的辽阔土地，更是痴人说梦。黎利的实践同样如此，经过不分昼夜、死缠烂打、愈挫愈勇的游击战，这群乌合之众居然神奇地挫败了明朝驻军，于1428年建立了越南后黎朝，首都设在升龙（今河内）。事后，马骐以激变番邦罪被明朝处斩。尽管这种惩罚很是解气，但已经于事无补。

赶跑明军后，后黎朝策划了对占城的报复。1446年，后黎朝大军攻陷占城首都毗阇耶，俘虏了占城国王。

好在，占城底蕴尚存。第二年，一名占城贵族驱逐了越南人，夺回了被涂炭的首都。

1460年，后黎朝黎圣宗继位。作为"中华文化圈"国家的一员，黎圣宗全面引进中华文化，参照唐律出台了法典，颁行了以忠孝节义为主要内容的《二十四训条》，规范了乡试、会试、廷试三级科举考试制度，形成了一整套以儒学为中心的政治、司法、文化政策，主动吞下了儒家文化的钓钩、钓线，连同坠子。[①]

后黎朝热切尊奉的儒家，尽管不是一种宗教，但也是一种与宗教并驾齐驱的高级哲学，是一种对全人类有影响的文明。儒家文化尊奉礼义秩序，教人成仁成圣。代表人物孔子，从不高蹈，时刻把自己的主张放在生活中，放在国家治理的可操作性上，他对"仁"的推重，对君子的礼制和仁的目标下应该具有的爱心与道德放到个人修为的至高境界加以推广。孟子发展了孔子的学说，把孔子"仁者爱人"升格为"仁政"，还提供了一套道德修养的功夫论，就是养"浩然之气"，让"万物皆备于我"。

可以说，孔孟之道可以不借助任何超自然的力量，就能让人获得一

---

① 见梁志明：《中国越南老挝柬埔寨文化交流史》，国际文化出版公司2020年版。

种深刻的感悟，那就是对人生荣辱沉浮、对生活穷通得失持达观态度，从而使他们在前路坎坷时，仍不计得失地全力以赴；在可能颗粒无收的情况下，仍旧坚持辛勤劳作；在愤怒满腔时，依然保持冷静与克制；在有一万条理由哭泣时，依旧尽量保持微笑。正是博大而深邃的儒家文化，也让受其恩泽的国家拥有了一种特质，这种特质在和平年代表现为和谐共融，在战争年代表现为忍辱负重。后黎朝的崛起，儒家功不可没。

当一个人忍辱之后还有志气、骨气、底气，自然会找宿敌算账。

接下来，占城的太平盛世成为遥远的回忆，一去不复返的"旧日好时光"只能在梦里重温。问题在于，自负的占城王又不甘心向北方的"后生"低头，没办法，双方只能在拳台上一较高低。1470年，黎圣宗以占城拒绝朝贡为由，亲率26万大军以锐不可当之势攻入占城。面对敌众我寡的危局，占城王槃罗茶全在进行全民动员的同时，向外国紧急救援。此时的大明，刚刚被后黎朝击败，根本没有心气出兵。而能提供帮助的，似乎只有西邻真腊。但特使到了真腊，却碰了一鼻子灰，因为两国有长达百年的争斗史，旧恨未了，60年前占城又发兵偷袭了真腊，双方可谓仇深似海。按说，真腊不趁火打劫就算不错了。

结果，孤立无援的占城被后黎朝大军按在地上摩擦，首都阇槃失陷，6万人被杀，3万人被俘，阇槃一带成为后黎朝的平定省。槃罗茶全被软禁在一条船上，死后脑袋被割下，挂在船头，旁边写着："古占城元恶茶全之首"。

作为一个国王，死前被剥夺自由，死后被枭首示众。后黎朝的做法，很有些赶尽杀绝的味道，似乎不符合儒家文化传统。

八、傀儡岁月

其实，后黎朝并未对占城赶尽杀绝。

黎圣宗公开宣布，占城王之所以被枭首，是因为他"冥顽不化"。只要占城人"深明大义"，那就没有理由不让这个国家活下去。随后，他立一名温和恭顺的占城王族为傀儡国王，占城作为一个国家形态依然存在，仍拥有今日芽庄到胡志明市一带的版图，只是国土仅剩下可怜的五分之一。

最应该继承王位的，是槃罗茶全的儿子们。如今，鹊巢鸠占，王权旁落，他们的出路无非是两条：一是混吃等死，二是远走他乡。于是，槃罗茶全的一个儿子斯雅帕乌林率残部逃往苏门答腊的亚齐，皈依了伊斯兰教，成功建立了亚齐苏丹国；另一个儿子也逃往马六甲，同样成了伊斯兰教徒。受到南邻国家的影响，伊斯兰教成为占人的主要信仰。

16世纪末，后黎朝皇帝被架空，阮氏和郑氏以灵江为界，形成了南、北两大军事集团。北方的郑氏，类似于三国时代的曹操和日本的幕府将军，奉后黎朝正朔，挟天子以令诸侯，与中国保持了藩属关系；而南方的阮氏，也使用后黎朝年号，但天高皇帝远，难以获得正统地位，只能把目光放在积蓄军事和经济实力上。这也意味着，拥有海洋贸易传统的越南南方开始了与以农业立国的越南北方的竞赛。阮氏在经营南方的顺化和广南时，不仅善待华人移民，而且富有想象力地利用了南部沿海这个华人南下贸易的要冲，建立了国际贸易港会安（也称海铺），当地生产的蔗糖大量销往中国、日本以及欧洲国家。阮氏统治下的广南地区成为东南亚重要的贸易中转站和地区贸易中心，它也因此被当时的中国人称为广南国。17世纪40年代，仅在会安港经商的华人移民就超过5000人。李塔娜教授估计，18世纪阮氏政权大约三分之一的税收来自贸易。阮氏政权还迅速接受了葡萄牙人和其他殖民者带来的军事技术，为军队装备了欧洲火炮和火枪，还拥有一支数量超过200艘的装备着火炮的舰队，并享有了欧洲人送给它的新名字——"交阯支那"。阮氏与郑氏两个世纪的较量，几乎就是齐国与鲁国比拼的翻版。天长日久，拥有海外贸易优势的阮氏集团占了上风。

阮氏政权首先吞并的是占城。1693年，阮氏派兵攻入占城，俘虏了占城国王婆索，将占城改为顺城镇，逼迫占人改穿汉服。不久，顺城镇暴发鼠疫，占城贵族借助外援击退了阮氏军队。随后，婆索的弟弟继婆子掌控了顺城镇，并要求与阮氏谈判。令阮氏喜出望外的是，他谈判的条件只有一个，就是保留"王"号。结果，占城王如愿被阮氏封为没有任何实际权力的"镇王"。

统一的土地，需要有一个与之匹配的名号。1802年，在战争中获胜的阮氏政权首领阮福映称帝，建都顺化，拟定国号为"南越"，并遣使前往大清，请求嘉庆帝予以册封。嘉庆帝考虑到历史上的"南越"包含广东、广西地界，而阮氏的地盘充其量是安南故地，因此决定封阮福映为"越南国王"。这个略显刻板的中国皇帝为他们取的"越南"国名，一直沿用到21世纪的今天。

完成统一大业的越南阮朝，是一个富有远见的王朝。面对西方殖民者的渗透和天主教文化的挑战，也为了限制占人所信仰的伊斯兰教，他们大力推崇"国学"，在全国各地兴建了一批文庙，学校教学、官方文书、科举考试一律采用汉字，从而牢牢占据了文化高地。

而在行政体制上，阮朝也不保守。越南与中国西南部一样，分布着大量少数民族居住区，中国遇到的地方土司问题，越南也同样遇到了。中国明、清二朝的做法是，在少数民族聚居区采取"改土归流"政策，也就是改土官治理为朝廷派流官治理，从而一举消除了分裂隐患。实践证明管用的好办法，越南没有理由不学。1834年，阮朝明命帝宣布废除占人自治制度，实施从中国学来的"改土归流"政策，将占人官员全部替换成京族官员，改顺城为平顺省，要求占城一切法律文件均使用汉字。失去乌纱帽的占族首领阮文承，显然不具备刘禅"乐不思蜀"的境界，他嘴上没有说什么，但毕竟心怀不满，因此小动作不断。

为此，阮朝和他算起了总账。而被人算总账，往往是追悼会上的事儿。结果，阮文承被以"参与叛乱"的罪名凌迟处死。拥有1600年历史和360年傀儡史的"占城"，就这样被越南从世界国别史的黑板上彻底擦去。[1]

天堂只在那些已然逝去的日子里。占人有的逃亡山区，有的逃亡柬埔寨、老挝，有的迁往马来西亚、苏门答腊，还有的甚至迁居中国海南岛，因信仰伊斯兰教后来被划为回族，而人口过剩的京族则大量迁入原占族居住区。时间不长，远古时期由占人和高棉人居住的南越，就成了京族占多数的区域。失去了民族语言、文化支撑的占城，作为一个独立

---

[1] 见刘志强：《占婆与马来世界的文化交流》，社会科学文献出版社2013年版。

的民族国家再也没有站起来，也不可能再站起来。

推而广之，在21世纪大幕拉开之际，许多国家遇到的一个主要问题是，在这个没有经济边界的世界上，在这个既有潜在机遇又有潜在危险的地球上，在这个举世公认的全球化时代，如何保持一个区域的文化特性和传统特色。这是因为，在全球化浪潮的剧烈冲击下，技术理性与资本逻辑已完成合谋，传统意义上的民族认同和家国意识正日益淡去，作为主权标志的边界越来越无关宏旨，只有建立在价值观基础之上的民族特性和特色文化，才能够保证这个民族国家持久而坚韧的生命力。一切军事、政治的起点和终点，都是文化。即将或正在让一个国家倒下的，一定是穿着意识形态外衣的外来文化。

请看阿富汗历史博物馆门楣上的一句话：只有一个国家的历史和文化活着，这个国家和民族才活着。

> **丝路上的占城**：占城，是一个古代小国，位于今越南南方，拥有漫长的海岸线。占城国首都南侧的归仁湾，是一个从南北方向伸入内陆的天然港湾，它口小内阔，拥有一定的纵深，东侧有一座半岛作屏障，适合大型船只停泊。港湾内的新洲港（今归仁港），是古代海上丝路大港，也是从广州下南洋的必经一站。元朝建立后，忽必烈曾发动了一次远征，但因安南国的介入无果而终。更多的时候，占城与西部的真腊国和北部的安南国互相征战，最终被越南后黎朝征服，进而成为越南的一部分。只剩下一个叫"占城稻"的农作物品种，活在海上丝路商旅的记忆里。

第九章　捡起遗落的文明
—— 柬埔寨

从占城新洲港驾船南行，就进入了美丽的泰国湾。泰国湾的北侧，今有属于柬埔寨的磅逊港、金边港、西哈努克港。曾几何时，这里躺着一个了不起的文明古国——吴哥，还有号称世界第八大奇迹的吴哥窟。

一、吴哥的微笑

童话之于人生，犹如母乳之于生命，是一份无可替代的给养。关于吴哥窟，柬埔寨《吴哥窟导游手册》中有一个童话。说的是公元57年，中国奴隶龙胜居住在柬埔寨的一个庄园。一天，五名天女下凡，来到龙胜所服务的庄园。其中一个名叫塞达羌的天女，见到怒放的鲜花，心生欢喜，忍不住摘了六朵戴在头上。塞达羌此举，惹怒了雷神，雷神惩罚她给龙胜当6年妻子。婚后，塞达羌用灵巧的双手，织出了五彩锦缎，帮助龙胜成了富翁，还为龙胜生了一个男孩，取名维萨康姆。6年期满，塞达羌飞回了天庭。男孩发现母亲不见了，十分伤心，于是流着泪离家出走，四处寻找母亲。一天，他在林中发现了一群翩翩起舞的天女，赶忙上前打听母亲的下落。受惊的天女四散而去，只剩下一个天女呆呆望着走近的男孩。原来，她就是男孩的母亲。她把儿子带到天庭，经过苦苦哀求，得到了雷神的谅解。雷神把男孩留在天庭抚养，还传授给他各种高超的建筑技术。男孩成年后返回人间，带领人们建造了吴哥窟……

作为一名中国作者，对于柬埔寨童话把吴哥窟归功于中国后裔，我很感动，也很骄傲。但职业素养提醒我，我必须保持冷静，保持客观，因为一旦童话被当成历史，我们就会陷入一种判断上的敷衍与肤浅。实际上，吴哥窟出自吴哥王朝苏利耶跋摩二世（1113—1150年在位）之手。他被西哈努克亲王誉为"柬埔寨的拿破仑"。他和拿破仑一样，不仅善于攻城拔寨、灭房歼敌，统一了水真腊与陆真腊，吞并了占婆，占据了湄公河三角洲，还是一位建筑迷，在真腊都城吴哥①以南两公里的地方，建造了吴哥窟。

印度教②有三大主神，梵天是造物主，湿婆是毁灭者，而毗湿奴是保护者，负责维护宇宙秩序，有"救世者""绝对者""世界之主"的称号。吴哥窟最初的名字，就叫"毗湿奴的神殿"。苏利耶跋摩二世不仅自称毗湿奴转世，还在病逝前要求将他的尸骨安放进吴哥窟。

如此看来，吴哥窟与泰姬陵一样，都出于帝王的私心。泰姬陵是印度莫卧儿王朝皇帝为亡妻所建的陵墓，吴哥窟是吴哥国王为自己所建的神殿和陵寝，而且两座建筑都几乎耗尽了王国的财富。但两者的不同在于，前者被认为是国王的私人行为，所以莫卧儿王朝很快丧失了民心，走向了衰落；而后者在名义上是为广大信众所建的印度教神庙，所以王国的向心力、凝聚力、号召力不降反升。

这座世界上最大的庙宇，共动用了30万高棉百姓和工匠，耗时长达35年。从空中望去：一道碧波荡漾的护城河，环绕着一个郁郁葱葱的绿洲，绿洲中间，就是坐东朝西的吴哥窟。

吴哥窟是由台基、回廊、蹬道、宝塔构成的建筑群。它建在三层台基之上，每层台基四周都有石雕回廊，浮雕多取材于印度史诗《摩诃婆罗多》《罗摩衍那》中的神话故事。③浮雕中数量众多的舞娘，是印度教神话中的天国仙女，统称阿帕萨拉。在印度创世神话《乳海翻腾》中，

---

① 吴哥一词源于梵文，意思是都市，它是柬埔寨吴哥王朝的都城，位于今柬埔寨暹粒省境内。
② 源于印度婆罗门教，出现在公元2世纪，是印度国教，崇拜三相神，宣扬种姓制度，相信轮回转世，以梵天、毗湿奴、湿婆为主神。佛教与印度教的主要区别是，前者主张众生平等，后者主张实行等级制度。
③ 见《梦幻旅游：人一生要去的50个地方》，陕西师范大学出版社2003年版。

她们是在善神与恶魔搅拌乳海的过程中，由毗湿奴幻化海水气泡而成。她们既是娱乐众神的美丽天使，又是魅惑恶魔的妖艳舞姬。浮雕中的阿帕萨拉，腰肢纤细，臀部丰腴，袒胸露乳，姿态婀娜，面带神秘的吴哥式微笑，被誉为"东方的蒙娜丽莎"。

吴哥窟建成100多年后，迎来了一批中国客人。

二、《真腊风土记》

元贞元年（1295），元成宗派遣一个使团出使真腊，其中一名翻译名叫周达观，来自浙江温州的永嘉县。

使团从温州港起航，经海南岛北部、北部湾、占城，抵达真腊海岸，然后从湄公河的一条支流北上，在暹粒河码头上岸，步行50里，最终在元贞二年（1296），也就是马可·波罗被热那亚人俘虏那年，抵达了真腊首都吴哥。

周达观在真腊停留了整整一年，因为他遇到了一位姓薛的同乡。老薛已在真腊定居35年，娶了当地老婆，也算"真腊通"了。老薛热情款待了这位小老乡，还为他担任向导，让他领略了盛大的斗象仪式、闭目凝神的佛像、宏伟的巴戎寺、诡异的九头蛇石雕……周达观天天都被震撼着，激荡着，澎湃着。

一年后，周达观返回中国，把所见所闻整理成了一本书，取名《真腊风土记》。

周达观最关心的是贸易。他介绍说："真腊人善于交易的都是妇人，所以中国人到了这里，先要娶一位当地女子，来帮助他打理生意。每天一次集市贸易，日出开市，午时罢市。没有店铺，只是用蓬席之类的物品铺在地上，听说也交租赁地盘钱。小交易用米谷和中国货，中等交易用布，如果是大交易，就用金银。真腊不产金银，他们最喜欢中国金银，其次是中国丝绸，然后就是真州的锡镴、温州的漆盘、泉州的青瓷等。粗重之物还有明州的席。"

对于当地的物产，他介绍说："（此国）细货有翠毛、象牙、犀角、黄蜡，粗货有降真、豆蔻、画黄、紫梗、大风子油。"

作为一个年轻人，他好奇心很重："这里十分炎热，每天如果不洗几次澡就难以过去，到了夜里也不免洗一两次。最初，没有浴室和浴桶，所以每个家庭必须建有一个水池，否则就是两三家合用一个水池。不分男女，都是裸体进入水池。只有父母老年人在池中，年轻的子女才不敢入池。如果年轻子女先进了水池，那么年长者也应该回避，如果是同辈则不必避讳，只需用左手遮住阴部入水即可。有时三四天，有时五六天，城中的妇女会三三五五，都到城外的河中沐浴。到了河边，就脱掉身上所缠的布入水。聚集在河中沐浴者，动辄上千人，虽然是官府的妇女也没有区别。她们没人害羞，从脚到头，都能看见。城外的大河，天天能见到浴女。中国客商闲暇时间，颇以观看妇人沐浴为乐，听说还有人到河中偷窥。"

他惊奇地发现，在真腊乃至整个东南亚，由于女性的生育功能赋予了她们施行巫术和充当祭司的能力，所以女人的价值从未被质疑过，在这里"一个人女儿越多，他就越富有"。男子结婚时需要送给新娘彩礼，甚至要和新娘的家人同住，夫妻婚后一般是住在妻子而不是丈夫的村子里。如果一个妇女对丈夫不满意，她随时可以要求解除婚约，只需要按照当地规矩赔他一笔钱就行了。如果丈夫提出离婚，妻子就可保留彩礼。离婚时，婚内的孩子双方平分，老大归母亲，老二归父亲，依此类推。女人所享有的独立自主也体现在两性关系上，她们在求婚和做爱方面都非常主动，既满足对方性生活和感情需要，又要求对方满足自己的需要。周达观绘声绘色地描述了他到访真腊时妇女对丈夫的期望："若丈夫适有远役，只数夜则可，过十数夜，其妇必曰：'我非是鬼，如何孤眠？'"

他接着说："中国人中的水手，看中了真腊不穿衣服，而且米粮易求，妇人易得，房屋易办，买卖易做，往往都逃到这里。"

他把吴哥都城称为"州城"，说："州城周长二十里，有五座城门，每座城门都有两道门。唯有东门开了两道门，其余的都开一道门。城外有深深的护城河，河上建有大桥。桥的两旁，共有石神54个，如同石将军一样，巨大而狰狞。桥的栏杆都是石材，凿成了蛇的形状，石蛇都有九个头。54个石神都以手抓着蛇，有不容许蛇逃走之势。城门上方有五个大佛头,面向四方。其中一个佛头,是用金装饰的。城门两旁,端坐着石象。"

在介绍王宫时,他说:"宫中有一座金塔,这是国王夜里就寝的地方。当地人都说塔中有九头蛇精,乃是一国的土地主,系女身。每天夜里都要见国王,先与国王同寝共眠,即便是王后也不敢打扰。二更时分,国王才能从塔中走出,然后与妻妾共眠。如果蛇精一夜不见,国王死期将至;如果国王一夜不去,必然遭遇灾祸。"

他特别提到了吴哥窟,并称之为"鲁班墓":"鲁班墓在南门外一里多地,周长有十里,有石室几百间。"①

鲁班是中国工匠的鼻祖。有一个被他称为"鲁班墓"的地方,您可以想象到他对其中工艺的震惊。

总体而言,《真腊风土记》虽史料价值不可替代,但只是一本类似日记或见闻录的作品,平铺直叙,缺少文采,并没有将吴哥窟的绝世惊艳描述出来。

三、遗落的文明

周达观文笔平平,33年后来到吴哥的汪大渊也不是文人,同样没有笔力描绘伟大的吴哥窟,他只是根据宗教形态说吴哥窟是"桑香佛舍"。但他这一句话,却透露了一个重大变故,那就是吴哥窟已经从印度教神庙变成了佛教寺庙,佛陀开始主导真腊人的精神世界。

我想,无论内容如何变,都不会影响吴哥窟建筑群的绝世辉煌。只要信众不减,远离硝烟,它仍会像泰姬陵和万里长城一样世代长存。

问题是,它偏偏避不开战火硝烟,原因在于那些一衣带水历史上又总是水火不容。

真腊的东邻,是同属于印度文化圈的占婆。尽管两国拥有相同的血缘、文化与宗教,按说应当和平相处、共同对敌才是,但当双方没有

---

① 见〔元〕周达观原著,夏鼐校注:《真腊风土记校注》,中华书局2000年版。

共同的敌人，其中一方又胃口很好时，战争就难以避免了。1145年至1149年，吴哥王朝曾攻入占婆，并统治占婆5年。1177年，占婆又反过来攻入吴哥，统治时间也是5年。1203年，吴哥王朝阇耶跋摩七世率军再次攻陷占婆，使得占婆臣服吴哥达24年之久。

大概在13世纪末，吴哥遭遇了一场大洪水，洞里萨湖水上涨到吴哥通的城墙根，后来灌进城内。洪水肆虐期间，一场宫廷政变不期而至，信仰印度教的吴哥老王阇耶跋摩八世被杀，由信仰上座部佛教[①]的因陀罗跋摩三世取而代之。就是这位新王把上座部佛教引入了吴哥。

上座部佛教的传入，是吴哥由盛转衰的划时代事件。其直接后果是：从前，吴哥国王被看成神王，是毗湿奴转世，菩萨的化身；如今，民众不再相信国王即神王的神话，失去了对婆罗门教的敬畏，更不会心甘情愿地为建设高大的庙宇和征服邻近的国家卖命了。吴哥国王被推下神坛，他的威望降低了，神权崩溃了，执政基础丧失了。如此一来，暹罗对吴哥的入侵就很难遇到广大民众的反抗，从而变得轻而易举。

暹罗，曾经是吴哥的一个藩属小国，其建立者被称为泰人，与老挝的老族、缅甸的掸族、越南的越族和中国的壮傣语族各民族有着共同的渊源，都是越王句践的后代。这支泰人，既有着远古越人的强悍，又有着祖先句践的智慧，这一点在对付宗主国吴哥王朝上表现得淋漓尽致。他们的做法是，一边步步为营地蚕食吴哥领土，一边诚心实意地推广上座部佛教。上座部僧侣都是苦行僧，只要有一间草棚栖身，一把稻米果腹就心满意足了。这完全符合疲惫不堪、饱受摧残的吴哥民众的口味，简直成了暹罗向被征服地区民众提供的一种可贵精神补偿。[②]

从1351年到1431年的80年间，暹罗先后三次攻陷吴哥王朝首都吴哥通，不仅一次次将王宫和寺庙中的金银财宝洗劫一空，而且将大量城中居民押往暹罗为奴。

吴哥通第三次陷落之后，时隔两年宣布复国的王子，终于决定避开暹罗，把都城向东南方向迁移，落脚在湄公河东岸今磅湛省的斯雷桑托

---

① 上座部佛教，又称南传佛教，盛行于东南亚的泰国、缅甸、柬埔寨、老挝。
② 见［美］马丁·弗·黑尔兹：《柬埔寨简史》，福建人民出版社1972年版。

县。后来，由于遭遇大洪水，新都被淹，都城被迫再迁到人口稠密、交通便利的四岔口（后改称金边）。国王和他的后裔，从此在这个十字路口治国、恋爱、生子，直到今天。

就这样，吴哥通像一个孤儿，被无情地冷落与舍弃。吴哥通的"双胞胎兄弟"——吴哥窟，则被原始森林覆盖，进而被野生动物占据，成为一个缥缈的传说。而且，由于吴哥王朝的梵文档案在历次战争中被焚毁殆尽，人们再也找不到任何关于吴哥的梵文记载。

历史中和文学中总有一些美丽的谜面没有谜底，吴哥恰如《三国演义》中的貂蝉，像雾像雨又像风，无人知道她的下落和结局。

四、掀起你的盖头来

于是，周达观的《真腊风土记》，就成了研究吴哥文明最珍贵的史料之一，被译成了法、英、日等多种语言。

一天，法国生物学家亨利·穆奥读到了《真腊风土记》，也读到了詹姆斯·宝灵所写的《暹罗王国和人民》，他决定到中南半岛去收集标本，顺便寻访那个古老的东方王国。

1858年，穆奥乘船抵达新加坡，继而取道曼谷，在暹罗、柬埔寨、老挝展开了旷日持久的旅行。进入柬埔寨之后，他从贡布、金边一路向北，坐船进入洞里萨湖，然后登上了一座位于吴哥窟西北1.5公里的小山——巴肯山。

此时已是1859年的冬天，他在暹粒向导的引领下，一路追逐着野猪和昆虫，用砍刀砍开密林，在丛林里越走越深。突然，他在一块被树根和藤蔓缠绕的石头上，发现了古老的文字。那一刻，他的脸上满是惊异。然后，他们兴奋地沿着一条石头铺成的大道前行，终于看到了吴哥寺高耸的塔尖。他在日记中写道："看到这些塔尖的一刹那，我的心在战栗。此时，你除了能够怀着敬慕的心情默默凝视之外，没有办法再组合一个词去赞美这一建筑史上奇妙的景观了。"

随后，他停下了匆匆的脚步，坐下来观察这片遗迹，记录这片遗迹，描绘这片遗迹。他的观察日记和手绘作品，让"安静"了数百年的吴哥窟重新"复活"。这个绝世美人的盖头，被这个西方人掀了起来。

他的画，除了反映吴哥窟的布局，也刻画了富有吴哥特色的露台、屋顶、柱子、门廊、画廊和浮雕细节，包括其中的植物、动物、舞者、珠宝首饰、军事武器。他甚至拿吴哥窟与埃及金字塔相比较，说吴哥窟的四面佛头像是"四个埃及风格的巨大头像"。

他在日记里，对高棉遗迹给予了最高赞誉："吴哥是高棉王国的国都。此地庙宇之宏伟，远胜古希腊、罗马遗留给我们的一切。一见到吴哥窟的刹那，人们立刻忘却旅途的疲劳，喜悦和仰慕之情油然而生，一瞬间犹如从沙漠踏足绿洲，从混沌的蛮荒进入灿烂的文明。"

人生有四季，岂能无风雨。1861年，穆奥在老挝丛林考察时，感染了疟疾，最终因此而丧生，年仅35岁。他在临终前给家人写信，表示此生已经无憾，他说："看到如此之多美丽、壮观又新奇的景致，我心满意足了。"

同样遗憾的是，穆奥最引以为豪的珍稀蝴蝶标本，在运回欧洲途中遇上了风暴，沉入大海。好在，他的日记手稿，由暹粒向导辗转转交给了他的家人。3年后，他的弟弟在欧洲发表了他的日记和绘画，并加了一个《暹罗柬埔寨老挝诸王国旅行记》的书名，吴哥窟由此轰动了世界。①E.曼尼卡首次见到吴哥窟时，半张着嘴巴，脑袋是蒙的："时间在这里停滞，空间里弥漫着神圣的苍凉。"一位美国作家则感慨："与高棉人的这些建筑相比，洪都拉斯和危地马拉的玛雅人建筑，就像是头脑简单的初学者的作品。"②

后来，吴哥窟被联合国教科文组织列入世界文化遗产名录，与中国万里长城、印度泰姬陵、印尼婆罗浮屠并称为"东方四大奇迹"。吴哥窟已成为一个民族的坐标、象征和图腾，并被绣在了柬埔寨国旗上。

有一种大胆的说法，吴哥及吴哥窟原本建在海边，早在湄公河三角洲形成之前就已存在。若果真如此，那就意味着大海向后退却了500公

---

① 见《亲历者》编辑部：《柬埔寨千年的微笑》，中国铁道出版社2017年版。
② 见[美]亨德里克·威廉·房龙：《房龙地理》，鹭江出版社2011年版。

里，几乎就是天方夜谭。可如果按照大陆漂移说，澳大利亚都能脱离亚洲大陆漂移得如此之远，这点奇迹也就不算什么了。关于吴哥遥远的过往，或许永远是个谜。但这里的确有过一个城市，在当时的地位比今天的纽约还重要，而它却永远消失了，成了国旗上的风景。当吴哥成为世界文明中心时，巴黎还是一个由气味难闻的简易住宅凑成的渔村，这样的历史往事是多么令人五味杂陈呀。

五、因为地势

如果您是个地理迷，一定能总结出多数国家带有规律性的地理形态：凶猛的火山喷发，大规模的冰川入侵，恐怖的山洪泛滥，塑造了一个国家的山山水水，使国家自然以山为凭，立为国界；使内地自然以水为路，走向海洋；使居民滨河而居，占据冲积平原世代繁衍。

柬埔寨地形图基本符合以上规律，稍有差异的是，这里没有南北走向的山脉，没有阻碍别国军事渗透的天然屏障；而且，北部边界和柬越边界的一部分，是低矮的山丘。易受攻击的地势，是柬埔寨历史上反复出现的一个特点，也是柬埔寨对外关系中的一个主题。反之，在柬埔寨的强盛时期，它也很容易向东部平原和泰国中部扩张，将统治区域延伸到越南古人没有完全占领的湄公河三角洲。[①]

柬埔寨的第一王朝扶南乏善可陈，第二王朝真腊也一分为二，最强盛的莫过于第三王朝吴哥。公元802年诞生的吴哥王朝，共传了34代，历时628年，版图最大时包括今整个柬埔寨和部分泰国、老挝、缅甸、越南疆域，是当时东南亚最辉煌的国家。明代，吴哥王朝以贺年、求封、谢恩等名义向中国遣使23次。即便大明实行"海禁"后，朝廷依旧下诏："唯琉球、真腊、暹罗许入贡"[②]。双方的交易规模十分庞大，譬如洪武十六年（1383），大明向真腊赐予织金文绮32匹，瓷器19000件。洪

---

① 见［美］大卫·钱德勒：《柬埔寨史》，中国大百科全书出版社2013年版。
② 见《明实录》，中华书局2016年版。

武二十年（1387），真腊向大明贡献大象59头，香6万斤。郑和下西洋，曾经到访真腊。

真腊朝贡的最后记录，是景泰三年（1452）。① 此后，大明派出去的使者，再也找不到曾经的真腊。原来，这个国家已经南迁金边，并且在万历十五年（1587）有了一个新名字：柬埔寨。

从地理位置上来说，真腊新首都金边，比老首都吴哥通更靠近大海，坐落在洞里萨湖与湄公河之间的三角洲地带，是一个内河港口，沿着湄公河南下就可进入南中国海，适合发展海上贸易。但是，由于湄公河入海口被安南占领，这就使得湄公河畔的金边，处在了一个尴尬的位置。要想从金边出海，要么向安南借道，顺湄公河而下；要么走内陆，前往西南部海岸。

即便避居内陆，天高皇帝远，金边仍然没有逃出地理大发现时代西方殖民者鹰一般的眼睛和狗一般的嗅觉，因为这里出产鹿皮和香料。

1498年，葡萄牙航海家达·伽马找到了传说中的印度，开辟了欧洲到印度的贸易航线。不久，第一批葡萄牙人就以观光客的身份来到了真腊，除了为繁华的湄公河贸易感叹不已，也为当地的恶劣气候叫苦不迭。

后来，观光客变身传教士。大概在16世纪90年代之前，一批葡萄牙传教士拜会了柬埔寨国王萨塔一世。经过争取，他们获准在这个佛国传播天主教。

观光也好，传教也罢，都好比是戏剧中迷惑观众的烟幕，真正的殖民大戏的主角一定会出场。不久，葡萄牙、西班牙、法国军人果然如期而至。一支葡萄牙人武装，甚至成了萨塔一世的禁卫军。1593年，由于葡萄牙人无力帮助萨塔一世对抗暹罗，这个国王居然向占据马尼拉的西班牙人求救。西班牙人借机派出一支远征军，试图吞并柬埔寨。进军途中，他们动用武力抢劫马来人的营地。不承想，反而被马来人杀得血流成河。西班牙妄图殖民柬埔寨的企图，就这样成了一个笑料。

19世纪，暹罗、安南日益强势，开始争相主导柬埔寨国王的废立。研究东南亚的学者认为，古老的柬埔寨运气比较好，它虽然受到两个强

---

① 见〔明〕严从简：《殊域周咨录》，中华书局2009年版。

邻的不断蚕食与蹂躏，却由于这两个强邻相持不下，力量互相抵消，反而存活下来。而东部同样古老的占婆运气却没有这么好，它完全处在安南的铁锤和铁砧之间，根本无路可逃。

在两个邻国的交互作用下，柬埔寨国王像走马灯一般换来换去。国王被扶持上台后，例行的动作就是称臣、签约、割地。1845年，已经上台四年的柬埔寨国王安东，被迫与暹罗、安南签订合约，将东、西部的部分国土割让给两国，向两国同时称臣。此时，柬埔寨领土已经缩减到吴哥王朝时期的一半。这时的柬埔寨，只能学蚯蚓，悄悄地躲进地下寻找营养，等待美好的雨季来临。

然而，安东并不甘心做一条"蚯蚓"，他具有强烈的民族意识，一直试图摆脱暹罗和安南的控制。后来，他病急乱投医，暗中向欧洲列强求援。

他求援的目标国，是法国。

六、引狼入室

人类文明之所以走到今天，是因为无论在什么年代，总还有一部分人，用真善美去反抗弱肉强食的丛林法则，拒绝与假恶丑同流合污。16世纪的文艺复兴、17世纪的宗教改革、18世纪的启蒙运动，是欧洲走出黑暗的中世纪，引领人类进入第二次轴心时代文明的三大标志性事件。

启蒙运动的领袖和导师，是法国人伏尔泰。他在文章中写道："一些知名人士在讨论，谁是最伟大的人物——是恺撒、亚历山大、成吉思汗，还是克伦威尔？有人回答:毫无疑问是艾萨克·牛顿。非常正确，因为我们应该尊敬推崇的正是以真理的力量来统率我们头脑的人，而不是依靠暴力来奴役人的人，是认识宇宙的人而不是歪曲宇宙的人。"卢梭则是旧制度的批判者，他在《社会契约论》中描绘的幸福时代是："人民掌握真正的主权，国王只是其人民的仆人。"他们的思想，如同冲破黑暗的文明之光，打破了欧洲中世纪的神学枷锁，开启了科学与理性之门。

1789年，巴黎市民进攻巴士底狱，法国大革命爆发。其实，当时监狱里只关押着7个人，市民们却为此酣战了一天，付出了牺牲98人的代价，因为巴士底狱是专制王权的象征，摧毁它是推翻专制统治最具象征意义的行动。随后，法国最高权力从国王手中转移到国民议会名下，法国大革命纲领《人权和公民权宣言》正式通过。《宣言》共17条，是人类历史上第一份正式的人权宣言。《宣言》面世后，意味着即使是最穷的人，在他的寒舍里也可以对抗国王的权威，他的家则意味着"风能进，雨能进，国王不能进"。

1792年，法兰西第一共和国诞生，和君主制一起被消灭的，还有路易十六的肉体。12年后，大家票选出一位军人出身的新领袖，他叫拿破仑·波拿巴。拿破仑的气质做派很合民众的胃口，也足够勤勉。1811年，随着连续四次反法同盟灰飞烟灭，法国几乎成为整个欧洲的主宰：拿破仑兼任了意大利国王、莱茵邦联保护人、瑞士联邦仲裁者；他的哥哥约瑟夫·波拿巴先后担任那不勒斯、西班牙国王；他的三弟吕西安·波拿巴担任五百人院议长；他的四弟路易·波拿巴担任荷兰国王；他的幼弟热罗姆·波拿巴担任威斯特伐利亚国王；统领波兰的是他麾下的元帅；强大的奥地利、普鲁士是他的战败国；地域广阔的沙皇俄国也成了谦卑的小伙伴。拿破仑遭遇滑铁卢之后，共和派和君主派交替上台，但这丝毫没有阻碍法国走向世界的步伐。最强盛时期，法国几乎占据了百分之九的世界陆地面积。

考虑到法国在世界舞台的形象与影响，1856年，安东致信拿破仑三世，希望得到他的帮助，帮助柬埔寨索回被安南占据的国土。岂不知，安东寄予希望的拿破仑三世，是拿破仑一世的侄子，他和自己的叔叔一样，一向奉行海外扩张政策，是一个典型的殖民主义者，触角已经延伸到了安南。这封东方来信，吊起了法国人的胃口。只是，他还需要一个机会。

安东死后，长子诺罗敦继位。不久，诺罗敦的弟弟西伏塔亲王发动叛乱，诺罗敦被迫流亡暹罗。1862年，诺罗敦借助暹罗军队平定了叛乱，重登王位。就在这一年，安南被法国远征军击败，不得不向法国求和，将南部的三个省割让给法国，被法国人称为交趾支那。此后，法国"创造性"地通知柬埔寨，自己继承安南曾经的"宗主国继承权"，开始

207

和暹罗公开角力。

1863年，法国交阯支那总督格兰迪埃尔，率领军舰经湄南河河口北上，兵临柬埔寨首都，声称按照诺罗敦父亲的遗愿"保护"柬埔寨，帮助其脱离暹罗而独立，条件是签署一份《法柬条约》。《条约》规定，法国向柬埔寨派驻领事，给予法国通商、传教、自由居住、商品免税等一系列特权。迫于无奈，诺罗敦草签了这份兵临城下的协议。

随后，法国人的触角越伸越长，胃口越来越大。1887年，法国直接宣布，将安南、交阯支那与柬埔寨合并，组成法属印度支那联邦，联邦首脑是法国总督。

柬埔寨作为印度支那联邦的成员国，正式沦为法国殖民地。法国总督在柬埔寨首都派驻了首席殖民官，在各省派驻了驻扎官。1897年，首席殖民官威尔尼维尔利用刺刀，"劝说"诺罗敦签署了修改后的《法柬条约》，规定国王只是名义国家元首、佛教保护人，国王的行政命令、人事任免必须经首席殖民官批准方能生效，诺罗敦成为地地道道的傀儡。

按照经济殖民与文化殖民并行的一贯做法，法国人要求当地人学习法语，穿法式服饰，皈依基督教。与此同时，平民需要将土地让渡给法属庄园并成为契约劳工。接下来，法国将柬埔寨的低价原料源源不断地运往本土。柬埔寨棉花，支撑起了法国纺织业；柬埔寨香料，被用来加工享誉全球的法国香水；柬埔寨的动物毛皮，被加工成了法国贵族妇女的毛裘衣帽；从柬埔寨进口的生丝，占到了法国进口原料的六分之一；① 柬埔寨突飞猛进的橡胶种植业，一直被法国牢牢把持着，法国人开办的红土种植园公司，种植规模在1935年上升到世界第二位。②

出于殖民扩张和收买人心的需要，法国人在柬埔寨并非无所作为，他们经常拿出来标榜自己的事情有两件：一件是1907年，逼迫暹罗归还了吴哥窟所在的暹粒省和马德望省等领土；另一件是从1908年起，法国远东学院对吴哥窟遗迹开展了为期60年的精心修复，使这座古典美的千年古寺重新焕发出别样荣光。

---

① 见陈显泗:《柬埔寨两千年史》，中州古籍出版社1990年版。
② 见 P.A. 波波金夫娜:《第二次世界大战前印度支那橡胶业的法国垄断组织》。

七、西哈努克

1941年，第二次世界大战进入转折阶段，日本偷袭了美国海军基地珍珠港，整个中南半岛被日本纳入了势力范围。

越南西贡，一位19岁的柬埔寨青年眉头紧锁。他叫西哈努克，是含着金汤匙、流着贵族血在1922年来到这个世界的，是时任柬埔寨国王西索瓦·莫尼旺的外孙，此时正在西贡的法国学校留学。这一天，埋头苦读的西哈努克，接到了柬埔寨王室和法国总督的指令，要他火速回国继承王位。

柬埔寨王室分为两支：一支是奉诺罗敦王为始祖的诺罗敦家族，一支是奉西索瓦王为始祖的西索瓦家族。西索瓦·莫尼旺国王驾崩后，两个家族为王位继承权展开争夺。由于西哈努克之父出自诺罗敦家族，之母出自西索瓦家族，他同时具备两个家族背景，加上他相对年轻，又接受了法国式教育，比较容易控制，所以法属印度支那总督琼·德库裁定，由西哈努克继位。

在别人看来，这类似于天降馅饼。但西哈努克一向视傀儡国王为柬埔寨人的耻辱，因此对当这个名义国王非常抵触，如果不是父亲诺罗敦·苏拉玛里特以死相逼，他断然不会回国继位。

其实，表面儒雅、文静的西哈努克，有一颗坚韧的心，远不像法国人想象得那样易于控制。他始终忠于国家和人民，巧妙地周旋于各方势力之间，绝不放过国家独立的任何机会。

天降大任之际，总要配上一段令人懊丧的考验期。1945年3月，日本以武力占领了法属印度支那全境，任命亲日派首领山玉成为"自治政府"代理人。3月13日，西哈努克向世界宣告，法国对柬埔寨长达80年的"保护"终结。8月15日，日本无条件投降，法国人卷土重来，逮捕并流放了山玉成。西哈努克一方面宣布3月13日为柬埔寨独立日，一方面又出于对越南入侵的恐惧，认可了法军的重新回归。

此后，他进入法国索缪尔骑兵军事技术及装甲兵学院接受高等教育。然后，展开了对以美国为首的西方各国的一系列外交访问，通过国际舆论寻求对柬埔寨独立的支持，终于在1949年获得了法兰西联邦内的独立地位。但由于柬埔寨军事权和警察权依旧掌握在法国手中，他发表了"在完全独立达成之前，绝不返回首都金边"的宣言，从而在国内掀起了反法示威的高潮。

再长的阴影，也会随着日落而消失。1953年，法国殖民当局陷入越南、老挝民族解放战争的汪洋大海，一时间焦头烂额，根本无力约束柬埔寨。抓住机遇，西哈努克亲自发起了"争取独立的王家改革运动"，他直接来到法国，以柬埔寨国王的身份提出了独立要求。随后，他到了加拿大和美国，还接受了《纽约时报》的采访，一再发出民族独立的呼声。回国后，他在西部的马德旺聚集了一支军队，准备与法国人进行武装对抗。在双方即将进行军事摊牌的关键时刻，法国殖民当局迫于前线吃紧和国际舆论压力，最终答应给予柬埔寨独立与主权。11月9日，柬埔寨王国宣布独立。

围绕权力继承，柬埔寨政治舞台上曾上演过无数父子、兄弟、君臣之间的骨肉相残、殊死搏杀，其情节之离奇复杂，一波三折，比发生在丹麦王宫里的故事可要精彩多了。我们找不到哪个君主曾完全摆脱这个阴影。如今，这古老的故事即将由西哈努克和他的父亲、他的儿子、他的重臣、他的伙伴们重新演绎一遍，他们虽无太多的创意，却也把这种帝制文化中的天性凶残，诠释得淋漓尽致。

1955年，他将王位让给父亲苏拉玛里特，自己出任首相，从此被称为西哈努克亲王。父亲病逝后，他重新成为国王。他出国访问期间，王室发生政变。后来他通过与共产主义者合作，三度夺回政权，结果被合作者软禁。合作者失败后，他传位给儿子，自己成为太王。儿子又陷入了政治斗争的旋涡，他不得不充当调解人的角色。

活得快乐，就是对不公平的命运最好的报复。晚年的西哈努克，一直寓居中国，并经常一脸慈祥、灿烂地出现在体育看台，直到2012年在北京病逝，享年90岁。

水唯善下能成海，山不争高自极天。他离开人世多少年了，柬埔寨人仍记得那个头发花白、满眼笑意、和蔼可亲的老元首。而从20世纪70

年代走过来的中国人，也都还记得那个和蔼的西哈努克亲王。更重要的是，他的继任者们一直没有忘记他的嘱托，始终把中国作为最可信赖的老朋友。如今柬埔寨成为明确支持中国共建"一带一路"倡议的国家。

以他的名字命名的西哈努克港，位于柬埔寨西南方向的磅逊湾入口，是一个不需要疏浚的深水港，也是柬埔寨唯一的现代化商港、免税港和经济特区。依托港口发展起来的西哈努克港市，是柬埔寨第三大城市，也是风光旖旎的旅游胜地。

柬埔寨有一句谚语："不要选择一条笔直的路，也不要拒绝一条曲折的路，请选择你的祖先走过的路。"由此看来，柬埔寨拥有根深蒂固的历史持续性和拒绝变革的惯性，保守主义大行其道。因为柬埔寨首都长期处于内陆，它的文化是大陆文化，以农牧业为主要经济形态，具有强烈的重农意识，拥有封闭、保守的特性，厚重而典雅。好在，这个历经沧桑、命运多舛的国度，一直具有公然向预言挑战的能力，而且开始更多地关注南部出海口。

柬埔寨还有一句谚语："河水高涨时，鱼吃蚂蚁；河水低潮时，蚂蚁吃鱼。"如今的柬埔寨，不再是东南亚最饱受战争摧残的国家，却被腐败问题所困扰。一直困在悲剧循环中的柬埔寨，好不容易经济上复苏了，难道又会陷入另一个泥淖？

其实，人们大可不必为柬埔寨过度担忧，因为一个真正好的国家，不是理想国家，而是一个有缺陷的、可以不断改进的，彼此尊重、愿意妥协、求同存异的国家。

丝路上的柬埔寨：古代柬埔寨，虽然位于泰国湾北侧，但并没有多少有名的港口，只是因为曾经的真腊、吴哥与中国关系密切，因此大凡下南洋、西洋的中国商船和使船，都要在此落脚，并逆湄公河而上，前往该国都城进行双边贸易。如今柬埔寨的三大港口，似乎没有多少亮丽的表现。我们期待着这个新闻不断的君主立宪制国家，既能继续保持与中国的传统友谊，也能在海洋经济上有所斩获。

第十章　卡住你的咽喉
——马六甲海峡

谁控制了马六甲，谁就扼住了威尼斯的咽喉。

——葡萄牙航海家托梅·皮莱资

一、黑石号

　　1996年夏，一家德国水泥厂的老板蒂尔曼·沃特法和员工乘凉闲聊。沃特法的嫂子来自印尼，所以企业雇用了许多印尼人。一名印尼员工聊到了他的家乡苏门答腊。他说，岛的周边有一片清澈见底的海域，海底有许多古代的中国沉船，岸边的渔民常常能捡到海浪推上来的中国瓷器，一倒手就能卖个好价钱。

　　47岁的沃特法一向中规中矩，不是一个喜欢刺激的人。但听闻此言，他眼中仿佛点亮了一盏灯，整个人突然变得亢奋起来。随后，把水泥厂交给身边人打理，平生第一次给自己放了一个长假。他休假的地点，就是苏门答腊。

　　沃特法带上与他聊天的印尼雇员，行色匆匆地赶往那片沉船的海域。

　　鉴于沉船打捞本身的风险以及由此带来的文物归属纠纷，这个精于算计的商人聘请了专业打捞团队，还与印尼政府签订了打捞文物的共享协议。一切就绪后，一场有可能血本无归，也有可能一夜暴富的打捞开始了。

　　结果，他和他的团队很幸运。他们带着博弈的心态下水，得到的却是不间断的收获和炸裂般的惊喜。

1997年，打捞团队发现了第一艘沉船"鹰潭号"，船上装载着14世纪大明的大量宝物。

1998年，他们发现了第二艘沉船"马热尼号"。船上不仅有11世纪宋朝的宝物，还有一门轻型火炮。

同一年，在苏门答腊旧港以东250公里的勿里洞岛附近海域，他们发现了第三艘沉船。由于周边有一片黑色礁石，所以这艘沉船得名"黑石号"。

这是一艘阿拉伯缝合沉船，长18米，宽6.5米，算是一艘小型货船。出水的长沙窑瓷碗上，印有唐宝历二年（826）的铭文。结合其他器物考证，"黑石号"被确定为9世纪上半叶的唐代沉船。

沉船不大，但货物数量惊人。货物装在一个个大坛子里，保存完好，有6.7万件唐代瓷器，足以填满一座博物馆。仅长沙铜官窑瓷器就有5.65万件，还有200件越窑青瓷，350件邢窑白瓷，200件河南巩县白釉绿彩瓷，700多件广东地方窑口烧造的粗糙青瓷。另有少量的金器、银器、铜镜、钱币、银铤、铅条、香料、玻璃瓶、漆盘、象牙器、砚墨等。其中最名贵的，当数巩县窑产的3件唐青花瓷盘，这是迄今为止发现的最早、最完整的青花瓷。

"黑石号"的打捞，被考古界称为20世纪末最重要、年代最久远的深海考古发现之一。美国《国家地理》杂志感慨："这是一次千年前'中国制造'的集中展示，出自湖南长沙的瓷器更是其经典。"

由于"黑石号"打捞文物原产于中国，扬州博物馆、上海博物馆、湖南博物馆均表示了强烈的购买意向，但沃特法狮子大开口，要价高达4000万美元，而且声称必须整体购买。那时中国各大博物馆经费不足，没有哪家能拿出这笔巨款，只能望而却步。最终，它们被新加坡圣淘沙休闲集团以3000万美元的价格整体买走。因囊中羞涩而错过这批价值连城的中国文物，也成为中国博物馆人心中永远的痛。

"黑石号"出水的瓷器，以碗为主，其次是执壶、杯、盘、盂、盒、罐、熏炉、油灯、生肖等瓷塑。面对如此众多的出水文物，慕名而至的考古专家们既惊喜交加，又疑窦丛生：有的瓷碗上标有产品用途、产地和年号，是否带有广告性质？许多瓷碗绘有西亚风格的椰树、椰枣纹、胡人表演图案和《古兰经》铭文，是否说明唐代瓷窑已经有了"外国定制"？还有两件白釉绿彩瓷器，底部刻有"盈"字款和"进奉"款，属于专供皇室享用的物品，按规制应该进入皇室的大盈库，为什么会出现在远涉重洋的外国商船上？这艘商船是否搭载了外交使节或兼有外交使命，这些大盈库所拨物品是否就是唐朝的国礼？尤其是，"黑石号"来自哪里？船上的中国货物在哪里装船？准备驶向何方？

我们多么期望沉船会说话，告诉我们答案。

二、旧港

公元400年至600年前后，马六甲海峡海盗猖獗。要想从南中国海把货物顺利运往印度洋，一般有三个途径：一是在马来半岛上一个叫克拉地峡的地方卸货，然后通过河运把货物运到半岛的西侧；① 二是从真腊南下，到苏门答腊岛东南部的转口港——旧港（今巨港）进行贸易和补给，然后在当地人保护下，穿过马六甲海峡或巽(xùn)他海峡西去；三是从南中国海东侧南下，穿过望加锡海峡和龙目海峡，然后西去进入印度洋外海。来自阿拉伯的商船，一般会选择第二个途径。

当"黑石号"按照第二个途径，从北向南，无限接近勿里洞岛时，商船触礁了。

与陆上运输比起来，海运无疑是最为经济的，然而也是相对危险的。由于古代航海技术不够发达、船体不够坚固，加上暗礁、漩流、台风，沉船率一直居高不下。古典时代和希腊化时代，地中海外海沉船率为1比30到1比20；宋元以来，中国沿海的沉船仍在10万艘以上，更何况千年前的唐代了。

顺着商船下沉时阿拉伯船长期待与无助的目光，我们的视线被吸引到苏门答腊岛东南部的旧港，它应该是"黑石号"赶赴的港口。

---

① 见［美］斯图亚特·戈登：《极简亚洲千年史》，湖南文艺出版社2017年版。

地质学家告诉我,印度洋拍岸浪的常年侵蚀,造成苏门答腊岛的海岸线相对平缓,岛屿周边的天然良港不多。而苏门答腊岛最大的河流——穆西河的入海口,水域辽阔,水道纵横,既有可供船舶避风的港湾,又有河流通向岛内,便于运输岛上的黄金、香料和木材,所以当地人在此建设了旧港。旧港位于苏门答腊岛东南部,别名巴邻旁,又被称为水城,当时是室利佛逝的国都,如今是印尼苏门答腊省的首府。

7世纪之后,陆上丝绸之路被战争阻隔,西域和大食商人开始选择从海路来到中国。于是,这条西汉时期开通的远洋航路,突然繁忙起来。西亚、南亚东来的船舶,中国西去的船舶,大都需要在旧港中转。这里不仅是一个贸易港,更是一个补给港。对于远航的船员来说,后者比前者更为重要,因为如果不能及时补充淡水、食物和蔬菜,往往会患坏血病而死。

由此,旧港成为往来商船必停之所。

唐代,东南亚各国为了控制航线、港口,展开了你死我活的争斗。以旧港为中心的室利佛逝之所以能够崛起,一方面,是因为旧港庞大的转口贸易,为它四处征战提供了足够的财力;另一方面,是因为此国的士兵"服药在身,刀不能伤。陆攻水战,奋击向前",邻国不得不听从它的号令。

东来西往的商船,一般都会乖乖地进港停泊。因为擦身而过的,都会受到无情惩罚。惩罚的办法,就是出动战船,把商船上的人杀得一干二净。①

三、义净停留过

在玄奘从陆上前往印度取经42年后,另一位高僧也从海上出发了。

他俗姓张,字文明,法号义净,生于贞观九年(635),齐州(今山东济南市)人,少年时代在齐州土窟寺出家为僧。36岁那年,一向以法

---

① 见〔宋〕赵汝适:《诸蕃志校释》,中华书局1996年版。

显、玄奘自励的他,携弟子善行,从广州登上了一艘波斯商船。

20天后,二人顺利抵达室利佛逝。该国崇信佛教,是大乘佛教的一大中心。义净在此停留了半年,潜心学习梵文和巴利文①,因为到印度取经,语言关必须过。其间,善行因病返回大唐,义净只能孤身前往印度。他经末罗瑜国(今印尼的占碑)、羯荼国(今马来西亚的吉打)、倮人国(今安达曼岛),于咸亨四年(673)爬上印度海岸。他先后访问了30多个印度国家,在那烂陀寺留学11年,研修了当时流行的中观、瑜伽、因明、俱舍等学说,求得梵本佛经近400部、金刚座真容一尊、舍利300粒。

15年后,他满载而归,再次路经室利佛逝。他感到,这里尽管终年潮湿、天气溽热、民风慵懒倦怠,但全民信佛、物价低廉、来去方便,是安放心志、静心译经的好地方。加上室利佛逝国王的盛情挽留,他下决心留了下来,专心翻译梵本佛经。由于本地缺乏翻译用的纸和墨,他被迫在永昌元年(689)跟随商船回到广州采购纸张笔墨,还请到了一个叫贞固的律师,然后在北风初起的季节,重新回到室利佛逝。

天授二年(691),他派弟子大津将自己的著作《南海寄归内法传》《大唐西域求法高僧传》《梵语千字文》和新译的佛经送回大唐。他所著的《高僧传》,没有采用传统的僧传形式,而是按57位僧人出行的顺序,分别叙述他们的籍贯、生平、出行路线、求法状况。他首次传授了印度拼音法,用中国"千字文"的形式写出了一批梵语单词。

四年之后,他才带领贞固、道宏,作别室利佛逝国王回国。义净归来,是震动朝野的一件盛事。女皇武则天不仅派出特使前往迎接,还率领群臣迎到洛阳上东门外。随后,御赐他"三藏"称号,让他专心翻译佛经。

他先后建立了洛阳福先寺、长安西明寺、洛阳内道场、长安大荐福寺四座译场,翻译佛经、律、论239卷,直到先天二年(713)正月十七日坐化于大荐福寺,世寿79岁,法腊59岁。

---

① 巴利文与梵文都属于古印度语言,巴利文主要流行于信奉上座部佛教的地区,如斯里兰卡、缅甸、泰国、柬埔寨;梵文主要流行于信奉大众部佛教的地区,如印度、巴基斯坦、尼泊尔。

当叶片落尽，生命的脉络才历历可寻。他与法显、玄奘并称"三大求法高僧"，与鸠摩罗什、玄奘、真谛并称"汉传佛教四大翻译家"。他往返南海途中的一座礁，1983年被国家命名为义净礁。他的家乡济南市长清区，有一座保存完好的千年古刹，一直叫义净寺。

也因为义净，中国人记住了室利佛逝。一个让义净前后住了7年的地方，该是一个多么令人遐想的所在！

四、三佛齐

宋代，中国史书为室利佛逝改了一个名字——三佛齐，梵文本义是"吉祥胜利"。

实践证明，它配得上这个名字。当时，巽他群岛杀声突起，东爪哇王国与三佛齐爆发了一场海洋争霸战，最终以农业国——爪哇王国的失败，海上贸易强国——三佛齐的胜利而告终。获胜后的三佛齐王国不仅拥有了15个属国，而且实现了对马六甲海峡和巽他海峡的控制，成为中国与南亚、西亚海上交通的咽喉。中药，就是在这个时期通过三佛齐传到南印度和阿拉伯地区的。

宋朝，是最重视海上贸易的朝代。磁罗盘、水密舱、平衡舵、转轴桅杆的发明，使得宋朝拥有了南海丝路主导权。鉴于宋朝在海上的强势地位，三佛齐主动加入了宋的朝贡体系。宋朝则通过封官、赐钱、赏物彰显"大国上邦"的威望。三佛齐每隔一段时间，就派遣使者到宋朝进献方物。三佛齐王子继承王位，也要上书宋廷请求封爵赐赏。王安石变法后，宋朝实行扩张性货币政策，每年造出大量铜钱，所以三佛齐向宋朝进贡樟脑、调味品等方物后，被回赐铜钱6.4万贯，白银1.05万两。这种宋朝铜钱，由优质红铜铸造，深受各国青睐。后来，尽管宋朝把铜钱作为禁运物资，甚至规定"铜钱流出中国达到一贯，判处死刑"，依旧难以阻止铜钱外流。11至13世纪，三佛齐流通的基本货币，都是中国铜钱。

需要说明的是，中国对于三佛齐的了解，主要来自赵汝适的《诸蕃志》，就连《宋史》中的《三佛齐传》也大多抄自前者。然而，赵汝适所言也非亲眼所见。赵汝适是宋太宗的八世孙，曾任南宋提举福建路市舶司，兼任泉州市舶使。他一有机会就找泉州港的外商聊天，有针对性地了解海路沿线国家的人文地理和奇闻逸事。几年下来，居然借助道听途说，凑成了一本书。下面，请看他听来的三佛齐：

三佛齐国人多姓蒲，城市由砖砌成，周长几十里。国王出入都需要乘船，他身缠缦布，随从为他打着绢制的伞，军人手持金标护卫着他。国民散居在城外，有的住在船上，有的住在覆盖着茅草的木板上。

他们熟悉水陆作战，只要国王一声令下，随时可以调动出发。军队由酋长率领，士兵自备兵器和干粮，遇到敌人敢于拼命，因此征服了周边各国。

国内文字使用番书，以国王的指环为印，有时也使用中国文字，只是在上表宋朝时使用。

这里国法很严，男女通奸都要处以死刑。

国王死了，国民需要剃去头发，换上孝服。国王的侍女都要求殉葬，在木柴堆点燃后，跳入火中，说是"同生死"。

有一座叫金银山的佛，佛像用金子铸成，每当国王继位，需要首先铸造金形来代替他的身躯。国民如果有病情严重的，用与自己身体同样重量的银子，去施舍国内贫困的人，就可以延长生命。国王被俗称为龙精，不敢吃稻米，只能吃沙糊，否则会导致天旱而谷贵。有一座百宝金冠，非常重，每当举行大型朝会，只有国王能戴在头上，其他人都无法戴上。国王传位时，把各个儿子聚集在一起，谁能戴上金冠，就把王位传给谁。

传说这个国家地面忽然裂成了穴，几万头牛从穴中奔突而出，国人竞相捉牛，大餐多日。后来用竹子和木材堵上了大穴，这种状况从此停止。

此国的商品，除了玳瑁、香料以外，还有珍珠、没药、象牙、珊瑚树、琥珀、番布、番剑等，都是大食各番国所产，聚集到这个国家。外商要想赚取巨额利润，一般都会用金银、瓷器、丝绸、糖、铁、酒、米、干良姜、大黄、樟脑等物品进行广泛交易。

  这个国家处在海上，扼各国商船往来的咽喉，古代使用铁索来防备海盗，操纵起来很有技巧，如果商船到了就放开铁索。由于多年安宁，这道铁索已经撤而不用。铁索堆积在水边，当地人敬它如佛，商船来了就祭祀它。涂上油就光芒如新，鳄鱼也不敢越过它。①

赵汝适听到的三佛齐，几乎就是海上不落的太阳。

但历史不是封闭的城堡，沉寂的墓地，僻静的峡谷，历史是百舸争流，是优胜劣汰，是你方唱罢我登场，是无可奈何花落去。就像很多盛极而衰的王朝退出历史舞台一样，南海强国三佛齐也没有逃过盛极必衰的宿命。

早在宋淳化元年（990），东山再起的阇婆（东爪哇）就不断骚扰三佛齐，一度攻入旧港，16年后才被击退。面前的猛虎刚被赶跑，背后的豺狼就到了。宋天圣三年（1025），南印度朱罗王国突然发难，对三佛齐发起多路袭击，首都旧港被摧毁。三佛齐被迫把首都迁往末罗瑜，末罗瑜国民从此有了一个新名词——马来族。13世纪末，东爪哇大举进攻苏门答腊岛，末罗瑜的属国见大势已去，纷纷承认了东爪哇的宗主权。末罗瑜王朝只能再次逃难，钻进苏门答腊岛西部的内陆山区，再也没脸称三佛齐，而是改称米南加保国——意思是"胜利的水牛"。从此，他们被阻隔在时代之外，只听清风鸟语，不闻都市欢唱。据说米南加保族至今保留着母系氏族社会的遗风，提倡男嫁女娶，财产由女人掌管。三佛齐的家业形同一片丛林，开始可以做家具，后来做筷子，再后来只够做牙签，最后干脆没柴烧了。

明洪武三十年（1397），留守旧港的马来族王子拜里米苏拉公开反对东爪哇，试图收复三佛齐故土。东爪哇满者伯夷派大军杀向旧港，拜里米苏拉抵挡不住，只得带领族人仓皇逃往淡马锡（今新加坡）。

---

① 见〔宋〕赵汝适著，杨博文校释：《诸蕃志校释》，中华书局2000年版。

五、海外飞地

接下来出场的国家，纯属意外，仿若平地一声雷，突然从沉默中崛起。然后，又在某个时段，突然变得平凡，或从此消失，或若有若无，留下的只是一个名字和一段记忆。

话说马来族王子逃走后，旧港变得群龙无首，1000多名华人出于自卫需要，拥戴广东南海人梁道明为首领。梁道明带领华人与马来人，以百折不挠的勇气、视死如归的气概、灵活机动的战术，成功击退了满者伯夷军。战后，梁道明被推举为国王，建立了一个华人政权，史称新三佛齐王朝。

消息传回梁道明的故乡，大量中国军民从广东乘船来到新三佛齐。十年间，投到梁道明麾下的有几万人。

名声在外了，军民增加了，但这个华人政权一点儿也不稳固。原因在于，它有三个直接的敌人。

第一个是被击退的满者伯夷。假以时日，他们随时可能卷土重来。

第二个是逃走的马来族王子。他不会甘心老巢长期被占。果然，明建文四年（1402），马来族王子所建的满剌加国一度发兵攻打新三佛齐。

第三个是海盗陈祖义。陈祖义，广东潮州人，大明初年因为犯事，举家逃到南洋，入海为盗。他盘踞马六甲海峡十余年，成为全球最大的海盗集团头目之一，拥有海盗过万，战船近百艘，活动区域遍及日本、中国台湾和南海、印度洋等地，劫掠过往船只过万艘，攻陷过50多座沿海城镇，一些南洋国家甚至向他纳贡。朱元璋悬赏50万两白银捉拿他，但毫无下文。

朱棣上台后，也盯上了这个海外华人政权。他双管齐下。

一个举措是，永乐三年（1405），朱棣派梁道明的同乡监察御史谭胜受和千户杨信，带上敕书前往三佛齐招安。接到敕书，梁道明顿感找到了可供依靠的大树。很快，他就带上大臣郑伯可前往大明进贡，留下副手施进卿主持政务。梁道明接受招安后，选择回了广东老家。

另一个举措是，悬赏重金捉拿海盗陈祖义。陈祖义闻讯逃往印度尼西亚，投奔渤林邦国，后来当上了渤林邦国首领。朱棣见悬赏未果，便派遣下西洋的郑和寻机招抚陈祖义。

永乐三年（1405），郑和率船队第一次下西洋。返程途中，船队进入旧港。郑和依照朱棣"怀柔远人"的策略，派人规劝陈祖义改邪归正，接受朝廷招安。

作为一个海盗，陈祖义想要的根本不是什么朝廷的招安，而是郑和宝船里数不清的宝物。他计划诈降，在海盗船队接近郑和船队后发动突然袭击。

反常必有妖。郑和生就一个最强大脑，表面对陈祖义十分痛快的归降，心中已是警钟大作。恰好，代理旧港政务的施进卿紧急求见，向郑和告发了陈祖义的秘密计划。郑和将计就计，做好了反偷袭的一切准备。

在海盗船队临近时，郑和船队突然变换阵形，把海盗船队圈在中央，然后由甲板上的炮手负责把愤怒的火炮全部打完。此战的难度，尚且抵不上一场例行演习。接下来，就是大明文员向郑和报告战果了：歼灭海盗5000余人，烧毁海盗船10艘，缴获海盗船7艘，收缴伪铜印两枚，生擒陈祖义。

永乐五年（1407）九月，陈祖义被郑和押解回朝。朱棣下令斩杀了陈祖义，赏赐了旧港之战的有功将士，在今南京狮子山下建造了静海寺，用来纪念大明王朝的海外功绩。后来，静海寺也成了供奉郑和塑像的地方。

更有标志意义的是，朱棣打破了此前只在国内民族地区设立宣慰使司的惯例，宣布建立旧港宣慰司，作为大明在南洋的最高行政机构。施进卿因揭露陈祖义阴谋有功，被封为旧港宣慰使，从三品。

大明宣慰司辖区，包括今马来西亚和新加坡全部、印尼大部分、泰国和菲律宾的一部分。这一区域，也可以看作大明的一块飞地。

郑和最后一次下西洋，正值旧港宣慰使施进卿病逝，其亲属就继承权问题发生争执。他的儿子施济孙派亲信丘彦成出使大明，要求继承父亲的职务，皇帝答应了他，所以郑和受皇帝的委托，专程出使旧港，顺便宣布皇帝的任命。郑和来到旧港才大吃一惊，原来施进卿留有"本人死，位不传子"的遗嘱，而且施进卿的女儿施二姐比施济孙的威望高、手腕硬，如今已经牢牢控制了旧港宣慰司。于是，郑和顺水推舟，改封施二姐为旧港宣慰使。

郑和的决定，朱棣不会不同意，因为朱棣获得皇权的过程与施二姐如出一辙。需要提及的是，当郑和在本次出海途中病逝，中国船队不再下西洋之后，旧港宣慰司被满者伯夷接管，施二姐被迫移居爪哇的华人新村。

一个瑰丽的国家梦，化为一缕袅袅的青烟。

六、苏门答剌国

我们的故事还必须讲下去，因为在旧港西北部，还站着一个名叫苏门答剌的岛国。岛上火山活动频繁，但物产丰富，还出产黄金，苏门答剌的梵文原意就是"黄金岛"。

那时，苏门答剌被视为东洋与西洋的分界点，有"西洋要会"之称。因此，朱棣刚刚继位，就派遣使者赐给苏门答剌酋长丝绸，表达了招徕之意。宦官尹庆出使爪哇时，也顺便访问了这个国家。苏门答剌酋长宰奴里阿必丁派遣使者，随着尹庆到大明进贡。朱棣封宰奴里阿必丁为苏门答剌王，并赐予了王印、金币和成套的衣服。①

永乐三年（1405），郑和船队经过这里，代表朝廷赏赐了礼物。

不久，苏门答剌王受到西部邻国那孤儿花面王的侵略，在阵前被毒箭射中而死。王子尚且年幼，无法为父王报仇，王后一狠心，居然当众发誓："谁能替我报杀夫之仇，夺回失地，我就嫁给他，与他共掌国政。"话音刚落，一个渔翁自告奋勇说："我能替你报仇。"随后，渔翁率军击败了敌军，杀死了花面王，收复了失地，为王后报了杀夫之仇。事后，王后信守诺言，嫁给了渔翁，称渔翁为老王，家室和赋税一类的事务，都听老王裁制。先王的幼子，也称老王为义父。② 永乐七

---

① 见〔清〕张廷玉等：《明史·苏门答剌传》，中华书局1974年版。
② 见〔明〕马欢：《瀛涯胜览》，福建人民出版社2016年版。

年（1409），郑和第三次下南洋路经苏门答剌，老王尽职地向大明进贡了方物。

永乐十年（1412），先王的儿子锁丹罕难阿必镇已经成年，对老王的合法性提出疑问，认为渔翁是"伪王"，继而与部族首领合谋，杀掉了老王，夺过了本该属于自己的王位。由于谋杀计划不够周密，导致老王的儿子苏干剌逃脱。苏干剌也是一条汉子，发誓为父亲复仇，便纠集残余部众，依托大山建了一座山寨，不时率众侵扰苏门答剌国，从而成为新王的心头之患。①

站在阴影里的人，总感觉太阳对自己不公。永乐十三年（1415），第四次下西洋的郑和再次来到苏门答剌，对新王和贵族普遍给予了赏赐。而躲在深山的苏干剌，居然以郑和没有赏赐自己为借口，悍然发兵攻击郑和。

郑和正愁找不到这伙搅局者，于是率领明朝和苏门答剌联军给予了迎头痛击，一直追到喃渤利国（即南巫里），最终生擒了苏干剌及其妻子，并将他们带回大明定罪。

新王感谢大明的圣恩，经常向大明进贡。随后，郑和在苏门答剌设置了造船厂和补给站，作为船队的大本营，还成了苏门答剌的唯一销售商，利用商品差价赚得盆满钵满。譬如，郑和船队购入的最大宗货物是胡椒，正是中国对胡椒的巨大需求，促使胡椒从印度南部移植到苏门答剌北部，以致后来苏门答剌的胡椒产量超过了原产地印度。郑和船队在此采购的胡椒价格为每斤0.01两白银，运回大明后售价为每斤0.2两白银，差价超过20倍。再譬如，苏门达剌还是瓷器钴料苏麻离青的贸易中心，郑和带回了大量苏麻离青，使得景德镇青花瓷持续热销海外。还譬如，郑和船队从包括苏门答剌在内的沿线国家赚回了大量金银，解决了中国自唐宋以来贵金属紧缺的局面，从此银子取代了劣金属和纸币成为中国的主要货币。② 一位外国史学家认为，明朝组织官方贸易船队六

---

① 历史记载在这里出现矛盾，《瀛涯胜览》说苏干剌是渔翁的嫡子，《明实录》说苏干剌是渔翁的弟弟。鉴于《瀛涯胜览》的作者马欢当时到过这个国家，所以笔者采纳了马欢的说法。

② 见江寒秋：《郑和下西洋的经济账》，原载《齐鲁周刊》2017年第33期。

下西洋，以及中国同时期在越南和缅甸进行的扩张，都刺激了东南亚对中国市场的商品生产。如果我们必须界定东南亚"贸易时代"起点的话，那么郑和在1405年首次下西洋就是最佳选择。①

苏门答剌强盛时期，几乎占据了整个苏门答腊岛。从此，人们用苏门答剌来称呼整个岛屿。

16世纪，苏门答剌国被占人建立的亚齐苏丹国占领。这是一个伊斯兰教国家，首都建在今班达亚齐（位于苏门答腊岛西北部），它不仅控制了苏门答腊北部海岸，还一度吞并了旧港。在西方殖民者到来后，他们浑身是胆，骁勇善战，百折不挠，愈挫愈勇，使得亚齐成为当时唯一没有被殖民者统治的港口。这种状况，一直坚持到1903年被荷兰征服为止。在大航海时代，为了将印尼的胡椒和丁香销往欧洲，他们勇敢地开辟了一条直通红海地区的商道。这条商道避开了葡萄牙人在印度洋的堡垒，从亚齐出发，途经马尔代夫群岛，直接穿越印度洋，进入奥斯曼帝国控制下的红海诸港。通过这条商道，亚齐苏丹曾于1564年派遣使节前往觐见奥斯曼苏丹，为他送上了镶嵌着珍珠、钻石和红宝石的大项链；作为回报，奥斯曼苏丹给亚齐派去了几名火器铸造专家和炮兵，以帮助他们对抗马六甲的葡萄牙人。到16世纪60年代为止，亚齐每年有1250到2000吨胡椒通过这条商道运抵埃及。

除了开辟这条商道，亚齐还有一个精神层面的贡献：它是伊斯兰教进入印尼的起点。

由于佛教、印度教在东印度群岛有长期而深厚的基础，在印尼和马来人改宗伊斯兰教时期，很少有捣毁印度教、佛教寺庙的情况发生。即使是伊斯兰教盛行整个印尼之后，印度文化的"内在气质"依旧存续着，至今印尼仍有许多印度教寺庙和印度教教徒。正如人类学家格尔茨所说："在印尼，伊斯兰教不是构建了一个文明，而是适应了一个文明。"

---

① 见［澳］安东尼·瑞德：《东南亚的贸易时代：1450—1680》（第二卷），商务印书馆2013年版。

七、马六甲

讲苏门答腊，实在无法避开马六甲。

马六甲海峡，位于马来半岛和苏门答腊岛之间，全长1080公里，呈东南—西北走向，西北部最宽处达370公里，东南部最窄处只有37公里，水深25米至150米，两端连接缅甸海与南中国海，沟通太平洋与印度洋，是亚洲与大洋洲的十字路口，被称为"东方的直布罗陀"。

马六甲，是满剌加的音译，这个名字源于一个叫满剌加的王国。

王国奠基者，是马来族王子拜里米苏拉。满者伯夷军队攻入旧港后，他率部逃到今新加坡岛。不久，因为刺杀了当地酋长，他只得继续逃亡。逃亡途中，他在一棵满剌加树下小憩时，遇到一条猎狗与一只小鼠鹿对峙，弱小的小鼠鹿居然将猎狗踢进了河里。为此，他认定这是一块吉祥之地，便将这块土地命名为满剌加，他也成为满剌加酋长。

然而，这却是他最糟糕的选择。一个生活在"十字路口"的酋长，就和坐在繁忙火车站出口正中间的人一样，是不可能得到安宁和静谧的。满剌加的发展史，几乎就是各个商业帝国你争我夺的历史。

当时，满剌加身边的暹罗是大明的藩属国，但暹罗也有自己的藩属国，这个不幸的小国，就是初生的满剌加。当时，满剌加每年必须向暹罗交纳40两黄金。这就好比，一个孤儿肩膀尚且稚嫩，就需要把辛辛苦苦挣的一点小钱交给大恶霸。

好在，远方的大明伸出了友谊之手。永乐元年（1403），朱棣派遣宦官尹庆出使满剌加，在宣示威德的同时，赏赐了价值高昂的礼品。拜里米苏拉受宠若惊，也看到了独立为王的曙光。

时隔两年，拜里米苏拉派遣使者出使大明，表示愿意像中国的属郡一样年年进贡。同时，请求封国内的西山为一国之镇。

这个小酋长意图很明显，就是向大明皇帝求封为王。问题是，满剌加远离中国，也不可能成为中国领土，大明皇帝凭什么封一个外国小酋长为王呢？岂不知，"领土"的概念，在中国古代帝王心目中并不特别重要。在他看来，最重要的是"主权"，倘若外国人甘愿奉天朝为"宗主"，天下多封一个"异姓王"，并非什么大不了的事儿。于是，朱棣正式加封拜里米苏拉酋长为满剌加国王，赠予了诰印、彩币、龙衣盖，还应对方的请求，封满剌加的西山为镇国之山。

结果是，满剌加也成了大明藩属国，在逻辑关系上可以与大明藩属国暹罗平起平坐了。但逻辑不代表军力，接下来，暹罗发兵满剌加，抢走了大明赐给满剌加国王的诰印，逼着他们继续进贡。

郑和下西洋时，先是到暹罗谴责了对方的无理行径，然后来到满剌加，帮助满剌加脱离了暹罗的控制，使之成为受大明保护的独立国家。郑和的策略是，公开抑制佛教国家暹罗和印度教国家满者伯夷的发展，鼓励支持信仰伊斯兰教的满剌加。这倒不是因为什么宗教目的，郑和本人就是佛教徒，而是因为一个听话的满剌加对他的远洋事业很重要。

当时的郑和船队在中国与阿拉伯之间往返，一次季风只能走一半航程，两年才能到达终点。一般说来，从中国前往阿拉伯的船只，大约停泊在爪哇与马六甲海峡一带；而从阿拉伯返回的船只，大约停泊在印度南部。所以，郑和船队要想前往阿拉伯或东非，必须在爪哇和马六甲海峡一带建立中转站。

由于郑和帮助满剌加赢得了独立，对方自然同意郑和把中转站建在满剌加。经过反复勘察，郑和最终在满剌加港口附近设立了官厂，作为远洋船队的大本营。官厂如同一座小城市，里面设有仓库，用来囤积粮草、物资和商品。周围设有排栅，类似于城墙；建有四座城门，并且有钟鼓楼负责报时。出使各国的船只都从这里出发，又都回到这里聚齐，然后将购回的货物码放在仓库，等候西南季风到来的五月中旬，一起返回中国。

尽管满剌加的崛起得益于大明的强力支持，但他们在意识形态上，没有像安南那样采用中国的儒家思想，而是选择了伊斯兰文化。特别是1446年，满剌加王朝的第四代国王穆扎法尔·沙继位后，自称"苏丹"，奉伊斯兰教为国教，使得满剌加成为伊斯兰教向东传播的基地。随着伊斯兰教在东南亚的影响日益巩固，当地人的肉食消费种类逐步下降，因为穆斯林的清规戒律不再允许他们吃猪、狗、蛙、蛇等不洁之物。而佛教国家除了虔诚的佛教徒不杀生，其他人根本没有食物禁忌，他们不仅吃猪、狗，甚至连蜥蜴、青蛙、蝙蝠、老鼠、蟒蛇也吃。[①]

从贸易角度看，接受伊斯兰教有利于吸引穆斯林商人；从军事角度看，伊斯兰"圣战"大旗也提升了军队战斗力。除了偶尔引发与东南亚印度教、佛教的矛盾，可以说，满剌加的实力不降反升。这不，穆扎法尔·沙当政后，一边派出由儿子领衔的高规格使团向大明朝贡，一边与爪哇建立了姻亲关系，然后公开拒绝向信奉印度教的暹罗纳贡，并两次击退了暹罗军队的入侵，彻底埋葬了暹罗征服满剌加海峡的梦想。接下来，他依靠强大的舰队，控制了马来半岛大部、苏门答腊西部以及整个马六甲海岸。到了1478年，满者伯夷城也被满剌加一口吞下。伊斯兰教成为这片群岛统治阶层和各个城市的宗教，古老的信仰、神话和习俗只能在农村延续。满剌加俨然成了继三佛齐、满者伯夷之后的第三个地区霸主。

就这样，满剌加全盘继承了明朝贸易网络，成为中国、印度和阿拉伯商人之间的贸易桥梁。满剌加都城马六甲市，则成为不折不扣的海洋城市。中国的丝绸、陶瓷、漆器、樟脑、大黄、干良姜、白芷，印度的棉布、胡椒，苏门答腊的胡椒、金子，马来半岛的胡椒，西爪哇岛的胡椒，婆罗洲的樟脑、胡椒，菲律宾的蔗糖，马鲁古群岛的丁香，班达群岛的肉豆蔻、肉豆蔻衣，帝汶的檀香，马来西亚西部的锡，统统汇集到马六甲市，再转运到世界各地，马六甲俨然是全球商品的集散中心。当时满剌加城的街道上，通行84种语言，比今天任何一个国家都富有"国际"色彩。

这个"香料美人"名扬四方。

正所谓，木秀于林，风必摧之；堆出于岸，流必湍之。当西方人嗅到这个群岛诱人的香气时，她的安宁结束了，危险即将到来。

[①] 见[澳]安东尼·瑞德：《东南亚的贸易时代：1450—1680年》（第一卷），商务印书馆2013年版。

八、闻"香"而至

当哥伦布发现新大陆的消息，带着翅膀传到威尼斯里亚尔托桥——中世纪的"华尔街"时，引起了威尼斯商人的极度恐慌，证券、债券下跌近一半。此后，当哥伦布看起来并未找到通往香料群岛和中国的道路时，威尼斯商人们才稍稍松了一口气。但是，达·伽马和麦哲伦的航行，证实了一条通往东印度群岛的航线的确存在。于是，中世纪文艺复兴的两大中心——威尼斯和热那亚开始为当初拒绝参与东方海上探险而捶胸顿足，但他们醒悟得太晚了，他们控制的地中海已经变成了内陆海，他们与印度、中国的海外贸易已经降到无足轻重的比例。大西洋成为新的商业热点，意大利城邦的荣耀时代结束了。

那时的欧洲，既没有土豆、玉米，也没有西红柿，甚至不知道咖啡、红茶、砂糖的存在，虽然胡椒、丁香、肉豆蔻已经广为人知，但由于长期被奥斯曼帝国、埃及、威尼斯所垄断，始终是平民难以触及的奢侈品。闻听东方航线的尽头，坐落着一个幽香四溢的乐园，那里是收获香料的沃土，是黄金国的所在之处，西方新兴海权国家葡萄牙、西班牙、荷兰、英国鱼贯而入，大航海时代应运而生，商业革命的钟声随之敲响。

最先站上印度洋沿岸的，是葡萄牙人。葡萄牙副王弗朗西斯科·德·阿尔梅达虽然在印度扎了根，但活动区域仍局限于印度洋沿岸。葡属印度总督阿尔布克尔克到任后，改变了阿尔梅达的保守策略，设计了把穆斯林从香料运输中完全排挤出去、控制整个印度洋的宏伟蓝图。

但要实现控制印度洋出入口，彻底垄断香料贸易的计划，需要做到三点：攻占满剌加，控制马六甲海峡入口；占领亚丁，控制红海入口；夺取霍尔木兹，控制波斯湾入口。1509年，葡萄牙人洛佩斯·西奎拉率领5艘舰船抵达满剌加。他们除了想得到欧洲紧缺的香料，还理直气壮地提出，为了把你们的商品销出去，请允许我们在此建立一个贸易据点。意思是，我葡萄牙人是来帮助你们发展，给你们送钱的。

满剌加人虽没见过什么世面，但也并不是白痴。对于葡萄牙人在印度洋地区以贸易为名、行征服之实的行径，满剌加苏丹采纳其首相的建议，先是允许葡萄牙人上岸贸易，然后在王宫里摆下宴会，准备在宴会上将葡萄牙商人和船员一网打尽。可是，消息被泄露了，大部分葡萄牙人驾船逃脱，上岸的20多名葡萄牙人则当了俘虏。

葡萄牙人被扣，成了葡萄牙武力入侵的借口。

时隔两年，阿尔布克尔克率领一支由18艘舰船、1200名葡萄牙军人、300名印度援兵组成的舰队，开进马六甲港，提出了释放战俘、惩罚肇事者以及割让一块土地修建要塞的一揽子要求。满剌加苏丹被迫处死首相，释放葡萄牙俘虏，但阿尔布克尔克依旧拒绝停战。当时的马六甲市拥有10万人口，其中有3万名军人，按说满剌加苏丹不一定会输。但满剌加多数居民信仰印度教和佛教，并不支持穆斯林统治者，而人数众多的满剌加军队装备又过于落后，结果战争的进程大大出乎苏丹的预料，葡萄牙人只以阵亡28人的代价，就占领了马六甲大桥，继而攻占了满剌加王宫与清真寺。苏丹见大势已去，黯然丢下富甲一方的首都，率领亲信狼狈退往内陆。立国百年的满剌加王国从此灭亡，只留下以满剌加（马六甲）命名的海峡，在葡萄牙人的炮声中瑟瑟发抖。

在天使轰然倒下的地方，恶魔狞笑着站了起来。由此，葡萄牙人卡住了南太平洋的咽喉——"东方直布罗陀"，也彻底击碎了威尼斯商人控制欧洲香料贸易的美梦。

葡萄牙在马六甲立足，看似远在天边，但却为中国近代的苦难埋下了伏笔。而以"天朝上国"自居的中国，却对此不以为意。满剌加遭遇葡萄牙入侵时，曾经派人向宗主国大明求救。大明收到求救信时，满剌加已经落入葡萄牙之手长达9年，葡萄牙人还切断了景德镇窑厂的苏麻离青钴料供应，致使景德镇窑工不得不生产红绿彩瓷。令人啼笑皆非的是，明武宗朱厚照对葡萄牙入侵满剌加的回应是：不许佛郎机（指葡萄牙）到大明朝贡。

占领马六甲后，葡萄牙建立了葡属马六甲殖民地，开辟了里斯本—好望角—马六甲航线，控制了印度洋香料贸易。

当他们发现马鲁古群岛才是真正的丁香、肉豆蔻产地时，他们又发兵占领了马鲁古群岛和巽他群岛。

1513年，葡萄牙人到达中国，开始了充满波折但前景诱人的中葡贸易。

时隔30年，葡萄牙人从宁波到了日本。随后，开辟了从中国澳门到日本的航线。

为了维持漫长的东方航线与据点，葡萄牙不得不将葡属印度分割成三个属国。这三个属国的总督于1571年走马上任，第一位驻扎在东非，负责管理非洲海岸；第二位驻扎在果阿，负责管理从霍尔木兹到孟加拉湾的区域；第三位驻扎在马六甲，负责从孟加拉湾到澳门的航线与据点。

1580年前后，仅驻扎在马六甲的葡萄牙总督，就控制了18条特许航线。他们通过经营特许航线权，获得了丰厚的回报。而果阿 — 马六甲 — 澳门 — 日本的特许航线，是获利最多的一条。[1]

航海大发现，让东西方直接贸易变为现实。就这样，一个人口不到200万的小国，在16世纪控制了跨越半个地球的商业航线，垄断了世界上的香料、食糖、黑奴贸易，成为世界性商业帝国。欧洲的海上贸易中心，也从威尼斯共和国，转移到了伊比利亚半岛。

就在葡萄牙睥睨天下、优哉游哉之际，一个远道而来的欧洲邻居从背后捅了葡萄牙一刀。

九、"海上马车夫"

这个背后捅刀子的国家是荷兰，在日耳曼语中叫尼德兰，意思是"低地之国"，以风车、郁金香、木底鞋、麝猫香而著称。

古希腊历史学家希罗多德坚称："土质松软的国家养育生性软弱的人民。"对此，我一度深表质疑。然而，了解的国家和地区多了，我不得不承认，任何文化都是自然地理的产物，地理决定一个国家的性格。

---

[1] 见［美］桑贾伊·苏拉马尼亚姆：《葡萄牙帝国在亚洲》，广西师范大学出版社2018年版。

这也是近些年历史学界愈加流行的一种解读历史的观念。荷兰人功利的性格，就来源于他们与自然的战斗。荷兰位于欧洲西北部，总面积只相当于两个北京，是著名的低地国家，有五分之一的国土来自围海造田。直到今天，仍有三分之一的国土位于海平面以下，是青蛙与苍鹭的乐园。如果没有一系列水利设施阻挡，荷兰人口最稠密的地区每天将被潮汐淹没两遍。这里每天都能听到流水的声音和无休止的预告灾难的声音。因此，荷兰全境都需要精确的协调与合作，需要忍耐，需要秩序，需要准时，迟到与不负责任是联系在一起的，纪律就是一切。这里的生活没有罗马的轻浮，也甚少天主教的浮夸和排场，一律按照严格的加尔文教派的规则进行。一句话，荷兰是一个机械的、技术的、合作的社会。

荷兰崛起的故事，是从银色的鲱鱼开始的。由于洋流的作用，每年夏季都有大批的鲱鱼游到荷兰北部沿海，荷兰渔民每年可以从北海捕获1000万公斤的鲱鱼。14世纪的荷兰，人口不足100万，却有20万人从事渔业，是鲱鱼为五分之一的荷兰人提供了生计。当时，荷兰一个渔民发明了只需一刀就可以剔除鱼肠的方法：他一刀把鲱鱼的肚子剖开，把内脏取出，把鱼头去掉，然后把盐放入鱼腹，这样就可以保存一年以上，继而畅销到整个欧洲。就这样，荷兰渔民的一把小刀，将任何渔民都可以得到的资源，转化为荷兰独有的资本。借助鲱鱼，荷兰开始了商业建国的途程，鹿特丹作为世界级大港，就是从一只只装满鲱鱼的大缸起步的。

如果说最早的远洋国家葡萄牙、西班牙主要是通过暴力去掠夺财富的话，那么紧随其后的荷兰，由于缺少人力资源和强大的王权，十分自然地选择了依靠商贸积累财富的发展模式。说起来，荷兰的地理优势太明显了，它地处西北欧，有漫长的海岸线，其中面朝大西洋的北海，背靠广袤的欧洲大陆，欧洲的两条主要河流莱茵河、马斯河从这里入海。为了排涝，他们修建了多条运河，构成了欧洲最发达的水上交通网，使之具备了成为欧洲商品集散地的基本条件。作为贸易中间人、代理人、加工者和推销商，荷兰商船从西班牙、葡萄牙的港口装上丝绸、瓷器、香料、黄金，然后把它们运销到欧洲各地。返航时，又为这两个海上霸主运去波罗的海的小麦、芬兰的木材、瑞典的铁器、荷兰的海军等"补给品"。

荷兰能在贸易竞争中脱颖而出，是从建造成本低廉、容积巨大、丑陋实用的商船入手的。以往的欧洲商船，一向用笨重的木材建造，船尾设炮座平台，可架设火炮，必要时用作军舰。而荷兰冒险建造了一种仅能运送货物、不用装置火炮的平底商船。这种三桅商船，甲板很小，船肚子又大又圆，因为在许多欧洲国家，商船缴纳的税取决于甲板的宽度，甲板越窄，纳税越少，利润也就越高。

但是，1543年，西班牙国王通过政治联姻的方式，取得了荷兰的统治权。当西班牙国王宣布荷兰是西班牙的神圣领土时，荷兰人认同了；当西班牙国王调整荷兰的行政区划时，荷兰人接受了；当西班牙国王为荷兰派驻女总督玛格丽特时，荷兰顺从了；当西班牙国王菲利普二世把手伸向荷兰的钱袋子时，荷兰人不干了。

荷兰的独立战争十分惨烈。战争初期，由于莱茵河以南的南方10省（今比利时、卢森堡及法国部分地区）信仰天主教，莱茵河以北的北方7省（今荷兰）信仰加尔文教，不同的宗教信仰导致荷兰南北方各自为政，结果15万荷兰人喋血沙场。残酷的现实，迫使荷兰南北方摒弃宗教分歧，建立了三级会议统一指挥体系，赶走了西班牙军队。不久，在天主教贵族的运作下，荷兰南方10省向西班牙妥协，宣布重新效忠西班牙腓力二世和天主教会。荷兰北方7省只能坚定地团结起来，继续与西班牙苦战。1581年，他们在海牙宣布：荷兰脱离西班牙独立。

让人看不懂的是，荷兰人将新独立的国家托付给了英国女王伊丽莎白一世。英国女王爽快地答应了他们的要求，还派出军队保护荷兰人的生命财产安全。但不久，精明的商人们发现，英国女王收取的保护费，比他们赶走的西班牙国王还要高。1588年，荷兰7省联合起来，宣布成立荷兰联省共和国，由各省的商业精英共同执政。

谈荷兰，避不开加尔文教。这一具有巨大影响的世界性新教教派，诞生在日内瓦，广泛流传于荷兰、苏格兰、英格兰，由法国宗教改革家约翰·加尔文所创。他比马丁·路德小26岁，是法国北部一名主教秘书的儿子，13岁就在教堂做事。后来，父亲被开除教籍，一怒之下逼迫他改学法律，在他可怜的脑瓜里装满了法条、辩护和诉状。父亲死后，他没有按照父亲的期望成为一个著名律师，却回到自己最初的爱好，清空了脑瓜中的法律知识，专心钻研神学，成为宗教改革的弄潮儿，写下了不朽的《基督教原理》，提出了"先定论"：一个人是否得到拯救，成为上帝的"选民"，并不以人的善恶功罪为转移，一切取决于上帝预先的拣选。为此，他受到天主教会的迫害，不得不离开巴黎和罗马，带着宗教改革成果的行李四处流亡，最终在瑞士的日内瓦找到了研究和思索圣教的一席静地，顺便把这个三等小镇变成了泱泱基督教帝国的精神首都。他认为一个人的得救光有信仰是不够的，还必须有善功。只要你勤奋地工作，拼命地创造，把世俗劳动当作神圣的宗教活动对待，恰恰说明你已经领受了上帝的救恩；反过来，你如果好吃懒做、挥霍浪费，就会成为上帝的"弃民"。加尔文教鼓励人们以任何正当的方式增殖财富，包括放贷取利，却禁止人们酗酒、淫乐、挥霍放纵。须知，天主教的《圣经》坚决反对拜金主义，把收取利息看成罪孽，但丁还在地狱里为他金融界的朋友们专门准备了一个小壁龛。而加尔文教对以钱生钱的宽容，是对放债人和金融业的巨大鼓舞，在客观上鼓励了资产阶级经济竞争，使世俗经济活动获得了神圣的意义和根据。很快，绝大多数荷兰人具备了天主教国家连想也不敢想的口袋里要有钱的信念。可以说，没有加尔文教，荷兰就不可能成为现代资本主义制度的先驱。

这个以加尔文教为旗帜的新生国家注定与众不同，当其他欧洲国家还纠缠在狂热的宗教斗争中不能自拔时，它却在建国宪章中明确提出实行宗教宽容和解政策。几乎一夜之间，它就像磁石般吸引了无数的宗教难民，来自西班牙、葡萄牙和东欧的犹太教徒，法国的胡格诺派[①]教徒，德国的路德派[②]教徒，英国的贵格派[③]教徒，比利时和卢森堡的新教徒，纷纷带着资金、技术和自由的思想移民荷兰，思想家笛卡尔、斯宾诺莎

---

① 新教派别加尔文教在法国的称谓，反对君主专制，因此长期遭受法国王室的迫害。
② 新教派别，以马丁·路德的宗教思想为依据，强调因信称义，认为人要得到上帝的拯救，不在于遵守教会的规条，而在于对上帝的信心，信徒可以通过祈祷直接与上帝沟通。
③ 英国新教教派，因"听到上帝的话而发抖"而得名贵格（意为颤抖），相信教徒可以直接与上帝和耶稣对话，无须"中介"，倡导自由，因此受到英国圣公会和清教徒的打压，许多人移民他国。

都是外来移民。其结果，阿姆斯特丹的人口由3万蹿升到20万，鹿特丹的人口由0.7万猛增到4.5万，荷兰成为欧洲的"人才洼地"，取代安特卫普成为欧洲纺织品染整和生产的领头羊，形成了从炼糖工业到军工厂再到化工产品的庞大工业体系，构建了在北欧无可匹敌的贸易网络。

这个新生的国家，前路总是荆棘丛生。它一成立，其主要贸易对象西班牙就宣布，禁止荷兰商船驶入西班牙，一艘也不行。重压之下，荷兰人决定绕过西班牙和葡萄牙，直接将货物运往东印度和美洲大陆，从精明的欧洲中间商，变成世界远洋贸易的斗士，加入全球殖民竞争。意思很明白，你不让我在欧洲活，我就到世界上活。

但荷兰人要沿着葡萄牙人开拓的航线到东方去，必须有可靠的资料，可葡萄牙人已将航海资料作为国家机密，国王曼努埃尔早就颁布法令，严禁地图中包含有关果阿航线的任何说明，凡是泄露秘密的早期地图均被销毁或篡改。但荷兰人范林斯霍滕作为葡属果阿大主教的仆人，在印度生活了7年，他于1595年发表了《旅行日记》，书中列举了欧洲、印度、中国、日本之间的各条航线，还收录了他在果阿秘密复制的一捆海图。这样一来，葡萄牙保守了近百年的秘密变成了航海常识。

《旅行日记》发表当年，一支荷兰船队就绕过好望角到了印度，第二年抵达了爪哇岛的万丹。最初7年，荷兰在亚洲陆续成立了14家贸易公司，它们彼此竞争，导致香料收购价格不断抬高，而销售价格却严重下滑。各公司整合，成为必然。1602年，联合东印度公司宣告成立，资本为650万荷兰盾，出资时间以10年为一期。这是世界上第一家股份制公司，出资股东是荷兰各省，公司最高权力机关是理事会，理事会负责任命联合东印度公司总督及其他雇员。这个贸易公司具有准国家机构性质，是一个拥有至高权力的政治实体，它以三级会议的名义保持陆军和舰队、发动战争、签订条约、获得领地、夺取外国船只、建立城堡、铸造货币。

这个站在时代顶端的现代化公司，尽管比英国东印度公司晚成立两年，但资本总量是两年前成立的英国东印度公司的10倍，它以数额巨大的资本、稳定的投资结构和灵活的经营机制，显示出无可匹敌的优势。它成立仅仅3年，就从背后狠狠捅了葡萄牙人一刀，将后者赶出了巽他群岛、马鲁古群岛以及班达群岛，控制了丁香和肉豆蔻贸易。此前，每年欧洲人购买的香料数额巨大，大约为300吨丁香、200吨肉豆蔻、80吨肉豆蔻衣。荷兰东印度公司垄断丁香和肉豆蔻贸易后，立即谋求将运往欧洲的数量减少到高峰期的一半，这种"饥饿营销"的结果，当然是导致价格成倍增长。

最初3年，荷兰东印度公司每年向亚洲派出12艘以上的商船，是葡萄牙的3倍、英国的2倍。而1604年成立的法国东印度公司，1616年成立的丹麦东印度公司，全都因为荷兰东印度公司的打压未能振兴与繁荣。17世纪20年代，荷兰东印度公司平均有117艘船可供差遣。30年代，船只增加到148艘。60年代，船只达到创纪录的257艘，因此荷兰被称为"海上马车夫"。

在早期竞争中，英国之所以落了下风，一个原因是，荷兰东印度公司根据净收入对经理们予以激励，这就鼓励了后者拼命增加交易量，而英国东印度公司却是按净利润对后者予以考核。另一个原因是，英国实行的是每次航海就与股东清算一次的机制，当船队遭遇海盗或发生海难时，股东的分红回馈就将归零，它终归难以与永久性的荷兰东印度公司相抗衡。

正是在加尔文教的熏陶下，荷兰成为现代资本主义制度的发明者。他们将银行、证券交易所、信用、保险以及有限责任公司有机地统一为相互贯通的金融和商业体系。1609年，阿姆斯特丹证券交易所成立，它是世界上第一个证券交易所。荷兰人还发明了最早的操纵股市的技术，如卖空、洗盘、对敲和逼空股票。由此带来的爆炸式的财富增长，使得荷兰这个小国迅速成长为欧洲强国之一，有能力把触角伸向全世界，并且把资本主义模式移植到东印度公司和西印度公司所属的各个殖民地。纽约的华尔街，就是荷兰西印度公司的一大手笔。

在两大印度公司中，发展最顺利、成就最辉煌的当数联合东印度公司。1619年，荷兰东印度公司总督科恩已经拥有了稳固的中心——爪哇岛。为此，他在爪哇岛西北海岸新建了巴达维亚城（今雅加达）。为修建城市和聚集人气，科恩采取了将荷兰人和华人向巴达维亚移民的政策。但荷兰只有几百万人，在国内不费多大力气就能幸福地生活，要他们去地球的另一面谋生,这对任何人都没有多少吸引力。况且在往返阿姆斯特丹与巴达维亚的航行中,会有百分之四十左右的人因为缺少新鲜蔬菜和洁净的淡水,引起坏血病而死,因此并没有多少人赶来。于是,科恩派船到中国东南沿海劫掠当地居民,还通过扣留爪哇万丹的华侨船只,迫使华侨到巴达维亚做劳工,后来还通过免除华侨的人头税来吸引华人偷渡者,致使巴达维亚的华人数量超过了万人。迅速崛起的巴达维亚,是一座由砖石砌成的房屋、政府大厦、医院、教堂、运河构成的灿烂城市,是荷兰亚洲殖民帝国的行政中心和东印度群岛的贸易中心,被誉为"东方的皇后"和"热带的荷兰"。以此为基地,荷兰四面出击,深度介入了当地的"转口贸易",构建起了连接大西洋、印度洋和太平洋的全球贸易网。

所谓的"转口贸易"是这样进行的:先将马鲁古群岛的丁香、班达群岛的肉豆蔻卖到印度和波斯湾,再用交易得来的钱购买印度棉布,卖到印度尼西亚。之后,把印度尼西亚的胡椒、暹罗的苏木卖到中国,再进口中国的丝绸、瓷器、茶叶,和暹罗、柬埔寨的鹿皮,波斯、越南的丝绸一起卖到日本,最后在日本购买白银和铜,再卖给中国、印度以及东南亚各地。要知道,在陌生的国度维持如此庞大而烦琐的贸易体系,需要精湛的商业技巧和强大的武力支持。而想要在远离祖国的海上贸易竞争中取得胜利,不能仅仅做一个单纯的商人,必须成为"挥舞刀剑的商人"。在这一点上,荷兰人别有心得并长袖善舞。科恩认为,必须在英国东印度公司发展壮大之前将其消灭,因此他决定先发制人。

但在伦敦,荷兰、英国两家东印度公司董事会缔结了协议,荷兰、英国按照二比一的比例收购香料,英国也在马鲁古群岛的安汶岛建立了一个小型商馆。对此,科恩大为恼火,他认为董事会不了解情况,对英国让步太多,因此拒不执行这个协定。

1621年,科恩率领一支由12艘战船组成的舰队,进入班达群岛。这个群岛由一个贵族组成的议事会领导,每个贵族代表一个生产肉豆蔻的岛屿。科恩对于同这么多人谈判感到厌烦,便对包括这些贵族在内的15000名岛民举起了屠刀,他们不是被杀,就是被带到巴达维亚沦为奴隶,或者被就地隔离活活饿死。然后,科恩将荷兰种植园主及其奴隶移民到这个世界肉豆蔻之都，由这些人把所有产品统统供给荷兰东印度公司，从而掐断了英国人得到肉豆蔻的源头。

时隔两年，科恩随便捏造了一个罪名——谋反罪，下令屠杀了英国东印度公司驻安汶岛的11名英国职员及其10名日本雇佣兵，铲除了英国这个处处掣肘的"盟友"，迫使后者向西收缩。最终，英国仅在东南亚勉强守住了爪哇岛西端的万丹，这也成为荷兰、英国战争爆发的一大诱因。

1624年，荷兰东印度公司侵入中国台湾，盘踞台湾达38年之久。

1632年，7艘商船装满香料返回荷兰，荷兰东印度公司为这批货物花费了200万荷兰盾，销售额却是1000万荷兰盾，扣除400万荷兰盾的费用，利润是成本的两倍。后来，荷兰东印度公司以30分钱一磅的价格在印度和东南亚购买香料，在荷兰出售的价格却是4个荷兰盾一磅，获利百分之一千二百。[1] 1640年至1671年，荷兰东印度公司在阿姆斯特丹股票交易所的股价一直居高不下。

为了把中国和东南亚的稀有商品源源不断地运回荷兰，荷兰东印度公司绝不会放过马六甲这一黄金海峡。在直接进攻马六甲城失败后，他们转而找到满剌加王族后裔建立的柔佛王国，双方达成了联合进攻葡萄牙殖民者的协议，条件是荷兰人帮助柔佛建立一个替代亚齐的贸易网。1641年，在柔佛苏丹的协助下，经过5个月的围城战，荷兰成功占领了马六甲，取代葡萄牙成为马六甲的新主人。[2]

就这样，葡萄牙人在马六甲、斯里兰卡、科钦（今印度南部）的堡垒先后被荷兰人攻占。而葡萄牙人在今日本长崎、印度海岸、缅甸南部、阿曼湾、波斯湾、圣多美岛的据点，也被趁火打劫的当地人一一夺回。到17世纪60年代，葡萄牙——这个长期霸占东非—马六甲—日本航线达一个半世纪的海权帝国，已经收缩在了东非、中国澳门和小巽他群岛一带。这一切的始作俑者，无疑是把奸商本色发挥到极致的荷兰人。

---

[1] 见［美］亨德里克·威廉·房龙：《荷兰共和国的衰亡》，北京出版社2001年版。
[2] 见［美］林肯·佩恩：《海洋与文明》，天津人民出版社2017年版。

十、关于"公海"的官司

　　大到一个国家，小到一个人，如果只知道以力服人，不懂得以理服人，是很难持久的。

　　早在17世纪初，一个名叫范·海姆斯凯尔克的荷兰船长，曾经率领一支探险队试图发现通往东印度群岛的航线，并在马六甲海峡捕获了一艘葡萄牙船只。此前，天主教教皇曾用一条"教皇子午线"将全球切为相等的两份，一份送给了西班牙，一份送给了葡萄牙。为此，葡萄牙一直把环绕东印度群岛的海域理所当然地看作私有财产，于是宣称荷兰船长无权进入葡萄牙领土，更无权扣押葡萄牙船只。

　　葡萄牙人将荷兰告上了法庭。

　　荷兰东印度公司只能聘请律师应诉。他们聘请的律师是一个聪明的年轻人，名叫格劳秀斯。

　　这个年轻律师的辩护词震惊了所有人。在法庭上，他引述了奥维德的神话《变形记》中农夫变青蛙的故事。

　　故事发生在一个名叫吕西亚的穷乡僻壤之地。一天，烈日当空，骄阳似火，女神拉托娜口干舌燥，忽然发现山谷中有一个清澈的池塘。正当她跪下来喝水时，一群粗俗的农夫过来阻止她。她争辩说："水对于每个人都是自由开放的，也应该如此。大自然创造了阳光、空气和水，不是让谁据为私有的。"然而，那群农夫不为所动，还恐吓她、骂她，让她"滚开"。最后，当农夫们看到威胁和侮辱也不奏效，干脆跳进池塘，把水搅得浑浊不堪。女神非常生气，决定给他们一个小小的惩罚。于是，她大声诅咒说："你们就祖祖辈辈待在烂泥塘里吧！"接下来，那些农夫果真以烂泥塘为生了，还似乎很知足，他们一会儿潜入水底，一会儿浮出水面，一会儿又来到芦苇岸上歇息，嘴里不停地说着脏话。变形就在此时发生了，他们的声音开始嘶哑，脖子开始鼓胀，嘴巴开始变宽，脸部凸了起来，背部成了绿色，肚子也鼓了起来。于是，世界上一个新的物种——青蛙诞生了。

然后，年轻律师把占据海洋的人比喻为吕西亚的农夫。他借用女神的话，认为海洋对所有来往者都是自由的，一旦超出从陆地上发射的一枚加农炮炮弹所能达到的距离，海洋就应该是一个对所有国家的所有船只自由开放的"公海"。

"公海"，这是首次在一个法庭上被公开陈述的惊人词语，格劳秀斯也因此被誉为"国际法之父"。出于各自利益，这一论点受到了葡萄牙、西班牙海洋业人士的强烈反对。有意思的是，同样受益的英国，居然有人站出来公开挑战格劳秀斯的"海洋自由论"或"公海论"。这位英国人名叫约翰·塞尔登，他发表了著名的关于"领海"或"封闭海洋"的论文，探讨了一位君主将其国家四周围绕的海洋视作本国领土的自然权利。这一著名的争论，直到300多年后出台了《联合国海洋法公约》方才尘埃落定。

在法庭内外，审判结果其实已经不重要了。重要的是，格劳秀斯的"海洋自由论"已经为荷兰突破葡萄牙、西班牙对海权的垄断奠定了法理基础。

1667年，荷兰又进军印尼东部的自由贸易港——望加锡，驱逐了葡萄牙驻军和英国商人，建立了荷兰东印度公司分站，非荷兰人再也无法直接得到丁香和肉豆蔻。从此，荷兰在东南亚一家独大。

到17世纪中叶，荷兰已成为称霸全球的商业帝国。当时，荷兰东印度公司拥有了1.5万个分支机构，贸易额占到世界总贸易额的一半，悬挂着荷兰三色旗的商船达到1万多艘。在东亚，占据了中国台湾，垄断着对日贸易；在东南亚，把印尼、马来半岛变成了殖民地；在非洲，从葡萄牙手中夺取了好望角；在大洋洲，用荷兰的西兰省命名了一个新国家——新西兰；在南美洲，占领了巴西；在北美洲的哈得孙河河口建造了新阿姆斯特丹城，今天它叫纽约。荷兰殖民地是它本国面积的62倍。

我不得不说，荷兰在东南亚的成功，是以向当地人转嫁战争与垄断的双重痛苦为前提的。为了控制港口、航线和岛上的丁香树、肉豆蔻，荷兰人动辄发动战争，甚至实施种族灭绝。班达群岛已经没有原住民。马六甲的人口，因为殖民者的反复征服损失了四分之三，直到当代才恢复到殖民者到来前的规模。荷兰人除了购买低于市价的香料,还从爪哇人、马来人那里夺取了物资供应权,使得马鲁古群岛的米价飙升了5倍。后来,愤怒且绝望的岛民只得砍掉丁香树去种植水稻。

荷兰一家独大,也是对整个东南亚自由贸易体系的毁灭性打击。17世纪中叶,东南亚贸易的其他玩家,如葡萄牙、西班牙、英国、中国、日本、古吉拉特、孟加拉人全部亏损,无一幸免。毫无疑问,这个时期应被视为东南亚贸易的危机时期。

然而,荷兰统治者和三级会议对殖民地的大小并没有多少兴趣,他们只把殖民地当成收入来源,以维持他们的奢侈生活,所有殖民地便成了他们水磨里的磨料。一旦出现紧急情况,他们只负责为殖民地提供军舰,让殖民者随机处置,为所欲为,以便恢复秩序,他们就算尽了责任。

为所欲为,是荷兰本土对殖民地的授权。过河拆桥,则是古往今来所有殖民者的本性。这不,独霸东南亚的荷兰人,终于向华人移民收起了乐善好施的面孔,换了一副凶神恶煞的嘴脸。理由嘛,无非是巴达维亚的华侨越聚越多,让殖民当局感到了某种压力;华商控制了从中国到巴达维亚的贸易,让荷兰人感到眼红。1740年10月9日下午,巴达维亚城内几户华侨房屋起火。按说,荷兰殖民当局应该抓紧组织灭火,但他们却说这是华侨"点火为号",试图与城外的起义者"里应外合"。当天晚上,他们便派军队挨家挨户搜查、屠杀华侨,并鼓励当地居民对华侨疯狂屠杀、洗劫。屠杀持续了7天,近万名华侨不论男女老幼统统被杀,华侨的鲜血染红了城西那条日夜鸣咽的红溪河,这就是骇人听闻的"红溪惨案"。在惨案中,侥幸逃脱者仅有100余人,中国至巴达维亚的贸易线也落入荷兰手中。这是一件令人发指、罪恶昭彰的著名谋杀案,恶劣程度足以使全人类蒙羞,也为开满郁金香的荷兰留下了永远洗刷不掉的耻辱。

按说,乾隆主政的大清朝廷应该有所动作,即便是不出兵教训对方,起码也应该给予断绝贸易关系的惩罚,但朝廷讨论了整整3年,得出的结论居然是:被杀的华侨"咎由自取",杀人的荷兰人"令悔过自新,仍准照旧经商"。试想,当大洋对岸苦苦渴盼祖国声音的华侨听到这一消息,心中是何种滋味,脸上是何种表情。有此一例,我们更可以深刻理解，为何华侨的爱国之心，希望国家强盛之心会尤为真挚持久。

历史有时如同蹩脚的连续剧，情节惊人地相似。一天，嚣张而恶劣的荷兰人被另一个欧洲国家从背后捅了一刀，就像从前他捅西班牙的刀子一样。

十一、"日不落帝国"

在欧洲西部，有一个岛国与荷兰隔海相望，它的全称是"大不列颠及北爱尔兰联合王国"，通常被称为"英国"。在英国，所有的地区距离大海都不超过80英里①，而且在精神上这个距离还要近得多。因此，这是一个典型的海洋国家，建设一支强大的海军几乎是全民的共识。

英国的发迹史，最早可以追溯到1588年的一场海战。一方是拥有131艘战舰、8000名水手和21000名士兵的西班牙"无敌舰队"，它已经称霸世界半个多世纪。一方是大约有110艘战舰的英国舰队，其中大部分是征用的商船，动力不足，但其战船速度更快、更灵巧、配有更强力的火炮，代表崛起中的英国。腓力二世治下的西班牙乃跨海峡作战，是进攻方；伊丽莎白一世主政的英国乃本土作战，是防守方。至于腓力二世之所以发兵攻打英国，据称是因为英国女王伊丽莎白一世通过宗教改革和血腥立法，把英国变成了新教国家，他企图把信奉天主教的苏格兰女王玛丽扶上英国王位，但伊丽莎白识破了他的阴谋，下令砍下了表侄女——玛丽的头颅。

始于16世纪的宗教改革运动，是指以1517年马丁·路德提出《九十五条论纲》为起点，历时130年的基督教改革运动。改革的起因，是罗马天主教会声称人们只要购买了"赎罪券"，就可以赦免自己因原罪而必须承受的苦修，进而升入天堂。改革的方向，是把《圣经》作为唯一的基督教权威，反对罗马天主教会滥用职权，拒绝承认教会的等级制度，要求罗马天主教会放弃宗教统治。运动的结果是，形成了与罗马

---

① 1英里约等于1.609公里。

天主教会分庭抗礼的三大新教派别：德国的路德教（又叫信义宗、福音派）、英国的安立甘教（又叫国教会、圣公会）、荷兰的加尔文教（又叫归正宗、改革宗），打破了天主教会的精神束缚，为西欧资本主义发展和多元化的现代社会奠定了基础。在英国，国王亨利八世以王后凯瑟琳没有生下儿子为由提出离婚，与禁止离婚的罗马教皇产生对立。后来，亨利八世与年轻的女侍安妮·博林再婚，同年便生下了伊丽莎白，结果被逐出了天主教会。于是，他敦促国会通过了《至尊法案》，规定英格兰教会不再受制于罗马教皇，而以国王为英格兰教会的最高元首。伊丽莎白一世即位后，完成了自上而下的宗教改革，宣布圣公会为国家教会。天主教会被驱逐出英国，其他新教派别也同时遭殃，这当然少不了激进的清教徒[①]。

其实，西班牙以宗教原因出兵只是一个借口，真正的原因还是金钱——是英国把海外贸易与赤裸裸的海盗行为结合在一起，竟然纵容海军于1577年抢劫西班牙的太平洋商队，向西班牙的贸易垄断地位发起了挑战。说起来，英国与西班牙的一升一降，在战前就初露端倪了，因为西班牙人从新大陆和殖民地获取的巨额财富，并没有真正转为投资和发展，而是将一部分财富用来装饰皇宫——金的用具、金的容器、金的马桶，一部分财富用来购买欧洲的工艺品，另一部分财富到印度、日本购买香料、瓷器和丝绸供贵族享受，这样一个西班牙是难以在强国舞台上站稳脚跟的；相反，转手到英国的财富，主要用于工业和科技投资，催生了新的资本主义工业。

战争初期，"无敌舰队"试图凭借人多、船大的优势，一举歼灭英国舰队。但"无敌舰队"的战船太庞大、太笨重了，英国人根本不给对手发挥威力的机会，英国人驾着轻快的小战舰靠过来，连续向对手开炮，然后跑掉。接着，英国人把没人驾驶的木船点燃，让它们顺风漂向"无敌舰队"，自己则躲在远处欣赏挤在一起的敌船在大火中挣扎。经过几

---

① 属于加尔文教派，因要求清除圣公会中的天主教成分而得名。他们崇尚工商业活动，是创业精神的代言人，但限制一切纵欲、享乐甚至消费行为。为了逃避英国圣公会的迫害，一伙清教徒于1620年乘坐"五月花号"船逃亡新大陆，成为美利坚民族的"源头"。

天的绞杀战,"无敌舰队"一败再败,加上逃走时遭遇暴风雨,结果庞大的舰队仅剩下43艘残破船只,三分之二的士兵魂归大海。以此为节点,以弱胜强的英国拥有了争夺世界海洋霸主的实力,西班牙则一蹶不振,黯然退出海洋大擂台。[①] 战后,伊丽莎白一世在马车上对士兵发表了演讲:"我深知我有一副弱女子的身躯,但我有王者的心和胃口。我坚信,无论是帕尔玛还是西班牙,甚或欧洲的任何君王,从此都不敢再踏入我王国的边境。"

1600年诞生的英国东印度公司,在挤走葡萄牙,占据印度洋沿岸之后,开始向荷兰东印度公司占据的马六甲海峡和马来群岛渗透。随着安汶岛事件的爆发,英国与荷兰对香料贸易的争夺进入白热化。

价格战相当惨烈。英国东印度公司发起价格战的底气,来自公司体制和机制的变革。1657年,它获得了新的皇家特许状,模仿荷兰东印度公司,由临时性"合资"企业,转变成了一家永久性公司组织,摈弃了每次航海当即分配所有资产的惯例,采用了向股东分配红利的制度,股份第一次变身为具有营利性质的可自由买卖的证券,1666年的分红比例达到百分之四十,1674年的分红比例甚至高达百分之九十,高昂的红利带来了持续的股东投资,公司总资产在1685年达到170万镑,是1659年改制时的4.6倍,从而具备了与荷兰东印度公司一较高下的资本实力。17世纪70年代,英国东印度公司年均进口胡椒约为411万磅;荷兰东印度公司也如出一辙地大量输入胡椒,1670年达到934万磅。而荷兰人预计欧洲胡椒年消费量应该为720万磅。两国对胡椒的大量进口,导致胡椒价格由1磅18便士下跌到1675年的7.2便士,双方两败俱伤、损失惨重。即便如此,英国仍不顾后果地大量进口胡椒,目的无非就是挑战荷兰的垄断地位。

军事战更具决定意义。1651年,英国议会通过了《航海条例》。按照《条例》,外国货物只能通过雇用英国船员的英国船只或货物发源地国家所属船只,进口到英国及其殖民地。这对于以在全球各地运输货物为主要经济来源的荷兰来说,无疑是一个重大的打击。尽管英国与荷兰

---

① 见《人类大历史:世界文明史上的16个转折点》,中国旅游出版社2005年版。

都是新教国家,这个问题也足以在两国之间产生隔阂并导致公开作战。①从1652年到1674年,英国主动发起了三次英荷战争。这是一场连对手身上有几个毛孔都熟知的战争,两支白人军队纠缠在一起,像盒子里的两颗豆子般滚来滚去。最终,荷兰败北,被迫接受了英国《航海条例》,荷兰对香料贸易的垄断被打破。1799年,拖欠英国债务的荷兰东印度公司宣布解散。双方还于1824年签订了《英荷伦敦条约》,荷兰承认英国对马六甲、新加坡的占领,答应交出在印度的所有据点和权益,偿还拖欠英国的10万英镑债务;英国同意将苏门答腊岛上的据点和产业让给荷兰。根据《条约》,英国占据了整个马来西亚,而荷兰保留印度尼西亚。就这样,在打败西班牙、葡萄牙之后,英国人也将荷兰赶下了海上霸主的宝座。

作为一家公司,英国东印度公司有权立法、司法和执法,拥有全球性的治外法权和刑事豁免权;它不仅纳税,还收税,而且是向地球上三分之一的人口收税;它不仅频繁地与世界各国政府合作,而且在认定这些政府"不识时务"时,会频繁地颠覆它们;它多次自费组建军队攻击世界各地,经常同时在全球发动三四场战争,战争对象还常常是法国、中国、印度、俄国、土耳其等一流大国。当这家董事会作出决议时,从白金汉宫到紫禁城,地球上每一位帝王都要侧耳倾听。倘若没有这家公司,英语成为全球性语言的机会将十分渺茫。

这家公司能与政府平起平坐,是通过铁血方式获得的。1635年,英王查理一世无法从英国东印度公司获得足够的利益,转而支持新建了"库尔滕集团"。查理一世不仅给库尔滕公司颁发了亚洲贸易许可证,还出资1万英镑成为大股东。下一年,库尔滕集团装备了4艘武装商船前往中国,但由于澳门葡萄牙当局作梗和明朝官员掣肘,这次远航未能取得任何效益。加上荷兰东印度公司占领了中国台湾和马六甲,英国几乎被排挤出东方贸易市场,只是由于莫卧儿帝国的特殊优待,英国东印度公司才维持了在印度的商业地位。英国经济持续下滑,民众对国王日

---

① 见[英]布莱恩·莱弗里:《海上帝国:海军如何"锻造"现代世界》,海洋出版社2017年版。

益不满。英国东印度公司趁机资助苏格兰,以宗教争端为借口起兵反抗查理一世的统治,又煽动英国议会拒绝拨款镇压苏格兰暴动。接下来,查理一世宣布解散议会。1642年,议会也分裂为保皇派和独立派,英王与议会独立派之间爆发内战。一开始,国王军占了上风,但因为军费紧张,不得不派库尔滕船队前往亚洲开展贸易,路上遇到一个叫暴风的巨兽,它鼓起双腮吹气,直吹得额头上青筋爆裂,导致多艘商船沉没于大海,库尔滕集团不得不进入破产程序。查理一世卖掉王后的首饰,也买不到足够的火药和马匹。结果,国王军被克伦威尔统领的近代化铁骑——议会独立派军队击败。1649年,在东印度公司的操纵下,英国议会将查理一世送上了断头台,同时将库尔滕集团并入了东印度公司。从此,东印度公司的业务爆发式增长。尽管查理一世的儿子——查理二世和詹姆士二世兄弟卷土重来,企图实施王权专制,恢复天主教,但在1688年,英国东印度公司联合荷兰东印度公司发动"光荣革命",以英国议会的名义驱逐了詹姆士二世,迎立詹姆士二世的女儿、新教徒玛丽公主和她的丈夫——荷兰执政官威廉三世为英国"共王"。其结果有两个,一是英国从此确立了议会权力高于国王的准则,资产阶级革命取得了彻底胜利,英国东印度公司从此操纵英国政治达百年之久;二是威廉三世和玛丽公主把全球最先进的荷兰金融体系移植到了英国伦敦,使得此前相对落后的伦敦,摇身一变为世界金融的伟大中心,成了汇票、有价证券、黄金交易的中心市场。耐人寻味的是,詹姆士二世逃亡时,宁可扔掉英格兰传国金玺,也不肯抛弃手提箱中的东印度公司股票。①

凭借海外殖民者令人瞠目的作为,19世纪末,本土面积仅有24.4万平方公里的大英帝国,已经控制了2800万平方公里的土地和3.9亿人口,铺设了超过15万公里的世界跨海电缆,拥有了连接英国、印度、北美、澳大利亚、非洲的国际电报网络,无可匹敌地主宰了这个电报时代。到第一次世界大战爆发时,英国在五大洲建有43个殖民地,覆盖了全球四分之一的陆地,管理着3200万平方公里的土地和4.31亿人口,掌控了接近百分之七十的海洋,统治着世界大约四分之一的人口,世界上

---

① 见[美]马士:《东印度公司对华贸易编年史》,中山大学出版社1991年版。

三分之一的商船悬挂着英国米字旗。如果您绕地球一周，随时都能遇到英国殖民地，它也因此被称为"日不落帝国"。英国经济学家杰文斯描述说："北美和俄国的平原是我们的玉米地；加拿大和波罗的海是我们的林区；澳大利亚有我们的牧场；秘鲁送来了白银，南非和澳大利亚的黄金流向伦敦；印度人和中国人为我们种植茶叶，我们的咖啡、甘蔗和香料种植园遍布东印度群岛；我们的棉花长期以来栽培在美国南部，现已扩展到地球每一个温暖的地区。"

他说得没错，英国在世界各地为所欲为，对于海上战略要地更是费尽心机。在马来半岛，英国把槟城、马六甲、新加坡合并成立了海峡殖民地，先是隶属于英属印度马德拉斯省，后来升格为英国直属殖民地。由于新加坡扼守太平洋和印度洋的交汇点，因此成了英国海峡殖民地的新省会，进港船只、贸易额和知名度狂飙突进。此长彼消，从前的海峡殖民地省会槟城和从前的满剌加首都马六甲逐渐衰落。

英国占领时期，出于殖民经济的需要，他们引进了数万名印度和中国的契约劳工，把他们安置在挖掘锡矿与生产橡胶、茶叶的城镇，进而把马来半岛变成了一个马来人、华人、印度人并存的种族大熔炉。

英国人在1957年离开前，留给马来西亚的几乎就是英国本土政治体制的翻版。英国人将马来西亚的政治主权授予马来族，保留了作为国家象征的9名世袭君王，作为9个州的最高元首，使得它成为东南亚5个保留君主的国家之一；设立了英国式议会，马来人和穆斯林占据了议会多数席位；设立了掌管国家事务的首相，第一任首相是接受英国教育、钟爱威士忌、穿着英式毛呢套装的东古·阿卜杜勒·拉赫。这一设计，使得占该国人口百分之三十三的华人、百分之十的印度人明显处于弱势。简单说来，务农为主的多数马来族群，一直害怕被教育程度高、住在都市中的华人族群推翻。联邦首相东古曾经如此谈论华人："他们每一个人撒一泡尿，这个国家就沉了。"这股恐惧驱使马来人大力宣扬"马来人至上"，以马来人信仰的伊斯兰教为国教，强调保守的习俗以固守种族和宗教的分界，并制定了一套官僚系统，确保马来人能掌握经济命脉和政治权力。独立早期，联邦政府就在英军协助下，对以华人为主的马来亚共产党进行了暴力镇压。由于所有的马来人都是穆斯林，伊斯兰教在马来西亚被种族化,结果导致马来人、华人、印度人三大族群之间的尖锐隔阂,这也是新加坡被"踢"出联邦的主因。当地罕有族群之间的通婚,政治立场依照族群和宗教来区分,马来人和穆斯林有巫统,华人有华人公会,印度人有国民大会党。宗教自由受到冲击,印度教寺庙和基督教教堂越来越难以取得官方核发的运营许可,敬拜的场所也遭到攻击。潜移默化的伊斯兰化,促使成千上万的华人离开马来西亚,留下的华人也将孩子送往华语学校读书。①

如今的马六甲海峡,已经彻底摆脱了西方殖民主义的阴霾,变成了当地人的海峡,由新加坡、马来西亚和印度尼西亚三国共同管辖。马六甲海峡全年通船量超过10万艘,是苏伊士运河的3倍,巴拿马运河的5倍。近年来,从马六甲海峡通过的船只,一半以上来自中国。

十二、新加坡现象

在现代国家中,新加坡是如此之小。如果在人类事业中只重量不重质的话,我大可以把它撇在一边。但它和瑞士、挪威、丹麦一样,将民族传统与现代文明无缝衔接在一起,成为一个化平凡为神奇的范例,使得任何人都无法忽视它。

新加坡有两个别称:一是"狮城",据说这个小岛最早是被一个马来王子发现的,王子登上岛屿后,遇到了一头雄狮,这头狮子向王子俯首称臣,因此"新加坡"的梵语本义就是"狮子";二是"花园之城",为了保证足够的绿地,各类建筑只有向高空发展,目前新加坡绿化覆盖率高达百分之五十,处处大树林立、绿草茵茵。

起初,新加坡是一个灌木丛生的荒岛。1800年,英国东印度公司营业部高级员工斯坦福·莱佛士,抓住荷兰本土被拿破仑占领的机会,控制了荷兰殖民地爪哇岛。但拿破仑战争之后,英国被迫将爪哇岛归还荷兰。1819年2月29日,莱佛士进入荒凉的新加坡,单方面宣布东印

---

① 见[英]迈克尔·瓦提裹提斯:《季风吹拂的土地》,上海人民出版社2021年版。

度公司从苏丹手中获得了新加坡的治理权,并在那里建立了以"商业自由"为原则的贸易自由港,他也因此成为新加坡总督。

从贸易角度看,这座小岛的优势是四面临海,地理位置优越,适合货物中转,但其劣势也显而易见。

它最初的国土面积只有581.5平方公里,经过坚持不懈地填海,国土面积达到719.1平方公里,但仍比中国香港小近400平方公里,是一个弹丸小岛。

它的淡水资源严重匮乏,被迫挖了一条海底隧道从马来西亚进口饮用水。

它最初人口只有190万,而且超过百分之七十是来自中国的偷渡移民。

1923年出生的李光耀,祖上是太平天国运动爆发后来新加坡避难的广东梅州移民。他从英国剑桥大学法律专业毕业,并获得律师执业资格后回国。1954年10月,他与从英国归来的华人、当地华人左派学生和工会领袖成立了人民行动党,在选举中当选立法议院议员,然后与马来亚共产党合作,为新加坡争取自治地位。1959年,新加坡自治邦成立,人民行动党在选举中成为立法议院第一大党,李光耀出任自治邦政府总理。但自治是有限的,并非法律意义上的完全独立,国防、外交仍由英国人掌管。1963年,新加坡经过全民投票,决定加入马来亚,组成主权国家——"马来西亚"联邦政府。

新加坡拥有优良的海港,马来亚拥有广阔的腹地,两者优势互补,应该能成就一个统一而强大的区域霸主。但在经济上绝对合理的做法,在政治上却往往行不通,东方的马来西亚和西方的南斯拉夫就是如此,原因无非是民族构成与深入骨髓的传统文化。

合并之后,新加坡成为联邦的一个州,但李光耀仍保留新加坡总理的名号,这让联邦首相东古很不舒服。加上李光耀奉行禁欲主义,崇尚科学,而东古奉行享乐主义,实行贵族政治,理念的不同导致双方格格不入。特别是随着新加坡的加盟,华人数量占到了联邦总人口的百分之四十二,已经与马来族人口不相上下,以李光耀为首的华人精英将来难保不代替马来族官僚。基于此,以东古为首的巫统及其执政联盟,利用国会人数上的优势，于1965年8月8日将新加坡"踢"出了联邦。作为主动的一方，马来西亚只能听任东南亚霸主梦破灭；作为被动的一方，李光耀流下了失望的泪水。新加坡只能另起炉灶，独立建国。

被一脚踢开，并不意味着世界末日。人类进化史一再证明，每一代人都必须重新去奋斗，不然就会像进化迟缓的尼安德特人一样招致灭亡。

建国初期，新加坡似乎比较繁忙：欧美商品一般先运到新加坡的仓库储存，亚洲哪个国家需要，商家就从新加坡调货，所以新加坡实际上扮演了一个大仓库和搬运工的角色，钱都被西方赚走了，这里仍旧是一片棚户区，甚至连室内卫生间都极为少见，失业率更是高达百分之十四。

成吉思汗有两句训词："越不可越之山，则登其巅；渡不可渡之河，则达彼岸。"李光耀决定摆脱单一的转口贸易格局，从1962年开始，拿出10万亩土地建设裕廊工业园。要知道，当时新加坡的国土面积仅有108万亩，一下子拿出十分之一的土地发展工业，这个人不是疯子就是赌徒。实践证明，李光耀赌赢了，到1968年，工业园已经拥有了3500家企业，提供了17万个就业岗位，造船、修船、石化、机械工程、现代物流初具规模。

针对工业园发展中遇到的工人技能较低、高端人才匮乏问题，新加坡实施了国家培训战略，出台了工人出错高额罚款制度，逼迫工人自动提升技能，使得新加坡实现了从劳动密集型产业到技能密集型产业的转变。

老天一向眷顾奋斗者。就在新加坡奋力转型之际，越南战争爆发，美国把新加坡作为后勤基地，给其带来了大量订单，也让新加坡积累了一定财富。随后，他们成功引进德国禄来公司发展相机制造业，引进荷兰飞利浦公司发展电子产业。从建国到1984年，新加坡GDP年均增长百分之九，被誉为"亚洲四小龙"[①]之一，一个烈火烹油般的繁荣时代徐

[①] 指20世纪60至90年代，亚洲四个发展速度快的经济体：韩国、新加坡、中国香港、中国台湾。

徐展开。

有了钱，新加坡并未贪图享受，而是凝心聚力发展造船、炼油等资本密集型产业和生物科技、机器人、微电子等精密制造产业。

新加坡还把大笔资金花在教育产业和人才引进上。他们认识到，决定城市型国家成功的首要因素是人力资本，而非物理基础设施，一个人上学时间每增加一年，收入通常增加百分之八；拥有本科学历的人口比例每提高百分之十，城市人均产值提高百分之二十，这就是人力资源的外部性。我发现，在这个弹丸小岛上，居然有两所大学——新加坡国立大学、南洋理工大学——进入QS世界大学排行榜（2022年）前20位，与中国相当。

作为世界上贸易依存度最高的岛国，新加坡原本是全球经济打个喷嚏就跟着感冒的国家，但却每每凭借产业升级显示出强大的免疫力。自20世纪60年代以来，每一次全球区域性经济危机，都未能把它击倒。每一次全球性产业转型，它总能找到自己的位置，总会在新兴产业领域先行一步。从独立初期的劳动密集型产业到技能密集型产业再到科技密集型产业，从代加工到化工、炼油中心和金融中心，它的每一步都与全球经济升级同频。它目前涉及的石化、服务、信息技术、精密制造、生物医药、钻井平台、旅游、现代物流、金融保险业，几乎全是高端产业，一直扮演着世界经济大趋势领跑者的角色。

同样重要的是，李光耀并未刻意模仿风靡一时的社会制度，而是探索出了一条符合自身国情的独特发展道路。李光耀坚定地认为："每个国家都必须发展自身特有的代议政府风格。"

譬如，人民行动党长期一党执政。对此欧美国家一再加以诟病，但执政的人民行动党始终保持自我革命精神，坚持"用最优秀的人才做最优秀的工作"，遵从"精英治国"理念，以透明、高效、廉洁的政府运作赢得了广大选民拥护，避免了政府更迭带来的政策变化和社会阵痛。

譬如，推行高薪养廉政策。新加坡领导人深谙人性的弱点，明白"衣食足知荣辱"的道理，一方面坚持高薪养廉，2012年，新加坡政府官员减薪，总理李显龙的年薪由230万美元降到170万美元，仍然冠绝全球领导人年薪，是美国总统年薪的4倍，新加坡部长年薪为110万新元①，常任秘书年薪也超过60万新元；一方面坚持公开透明，出台了公务员财产公开制度、公务员日记制度，公职人员的聘用、考核、调动、处分，都由一个独立于政府和国会的公共服务委员会负责；一方面坚持高调反腐，反贪污调查局直属于总理办公室，拥有绝对的权威，政府官员腐败被抓的概率高出菲律宾40倍。既照顾了官员的财务需求，又占据了道德制高点，让腐败成本大到不想腐的地步。根据"透明国际"发布的2022年全球清廉指数排行榜，新加坡在全球180个国家中位列第五，是唯一跻身前十的亚洲国家。

譬如，推行"强制储蓄"。在消费信贷风行欧美的年代，新加坡却推出了"强制储蓄"计划。这一计划要求一个工人把总工资的百分之五十交给成立于1955年的中央公积金。1986年，这一比例降低到百分之三十六，并延续至今。其中，雇员支付百分之二十，雇主支付百分之十六。②

譬如，不鼓励居民赌博。对于通过吸引外国赌徒来到一座大型赌场以获取盈利，新加坡感到非常高兴。但它并不鼓励本国居民参与赌博，他们在进入赌场时必须支付至少70美元额外费用。

譬如，征收交通拥堵费。作为人口密度世界第二的国家，新加坡出台了一项征收交通拥堵费的制度——以电子方式向驾车者征收由于他们的驾驶行为所产生的社会成本。其结果是建成了一个人口高度密集、交通井然有序的城市国家，它的交通甚至比美国的许多小城镇还要通畅。③

譬如，在刑罚中保留鞭刑。新加坡法律规定，大到强奸、抢劫、贩毒等重罪，小到涂鸦、破坏公共设施和他人财物等轻罪，都要施以鞭刑。"大赦国际"坚决谴责这一原始的刑罚，专门致信要求新加坡废除鞭刑，但新加坡依然故我。因为"大赦国际"以一把标尺去量世界各国的法律，一再强调"对罪犯的惩罚应避免违反人权的行为"，这当然会引发具有

---

① 2023年7月27日，1新加坡元等于5.39元人民币。
② 见［德］弗兰克·特伦特曼：《商品帝国》，九州出版社2022年版。
③ 见［美］爱德华·格莱泽：《城市的胜利》，上海社会科学院出版社2012年版。

不同文化和法律传统的各国政府的反感。一位新加坡行政官员就反驳说："对付在新加坡泛滥的某些罪行，在司法中使用鞭打是必要的。对于那些游手好闲、无事生非的人来说，监狱生活未尝不惬意，只有鞭打才能产生实在、长久的效果。"1993年，一个18岁的美国少年费尔在新加坡涂鸦和破坏汽车，被判监禁4个月、罚款2214美元、鞭刑12下。消息传到美国，总统克林顿向新加坡方请求为费尔减刑。时任新加坡总统王鼎昌以"尊重"的姿态，将费尔的鞭刑减为4下，其余刑罚不变。鞭刑执行后，皮开肉绽的费尔哭着说："我永远都不会忘记新加坡。"

譬如，不准居民出门携带口香糖。新加坡政府认为，居民随地吐口香糖污染环境，因此出台法律禁止居民出门携带口香糖，一经发现就予以鞭刑。这正应了街头杂耍师傅那句话：猴子不爬竿，只能使劲敲锣。

一个办法再笨，只要管用，就不失为一个好办法。李光耀也说："不论采用什么制度，起决定作用的是实行这个制度的人的素质，因为他们将决定要建立一个怎样的社会和怎么样使人民各尽所能。"后李光耀时代的新加坡，尽管存在着移民压力，社会服务成本也逐渐增加，但它的社会与政治稳定并未面临威胁。它也没有一味依赖变化无常的高科技制造业，而是勠力将自己打造为亚洲首要的离岸金融中心。它警告同为货物集散地的中国香港避免与中国内地冲突，同时伺机从香港的不安中获利。

根据2022年的数据，新加坡人均GDP为13万美元，居卢森堡之后，列世界第2位；拥有世界1600多家金融机构的分支机构，是世界第三大金融中心、第三大外汇交易市场、第六大财富管理中心、第三大离岸人民币中心；每天的原油加工能力超过130万桶，列荷兰鹿特丹、美国休斯敦之后，为世界第三大炼油中心，还是亚洲石油产品定价中心。在方便旗国竞争中，新加坡船舶注册数持续攀升，悬挂新加坡国旗的船舶总吨位近1亿吨，位居全球第5位；海事燃油销售突破5000万吨，是世界最大的加油港；集装箱吞吐量达到3730万标准箱，列上海港之后，居全球第2位；依照新华·波罗的海国际航运中心发展指数，新加坡得分94.88分，在世界20大航运中心城市中高居第一。

我要重申的是，数字讲述的并非故事的全部，潜在的故事还在于教育、人才和策略，长远的故事则在于港口、航线和海洋。

正如《海权论》的作者马汉所说："谁掌握了世界核心的咽喉航道、运河和航线，就掌握了世界经济和能源运输之门；谁掌握了世界经济和能源运输之门，就掌握了世界各国的经济和安全命脉；谁掌握了世界各国的经济和安全命脉，就变相控制了全世界。"

新加坡现象，是否就是一个注脚？

> 丝路上的马六甲：马六甲是位于马来半岛和苏门答腊岛之间的漫长海峡，全长1080公里，呈东南—西北走向，是连接缅甸海与南中国海，沟通太平洋与印度洋的国际水道，被称为"东方的直布罗陀"，如今由新加坡、马来西亚、印度尼西亚三国共同管辖，每年有10万艘船只通过，是与霍尔木兹海峡齐名的"海上生命线"。在历史上，该海峡作为海上丝路的必经之地，发生了一系列惊心动魄的故事，也引发了数不清的战争。马六甲海峡史，可谓一部全球海上争霸史。

第十一章　东方十字路口
—— 斯里兰卡

穿过马六甲海峡向西，会有一座四面布满港口的岛屿欢迎您，承接您，给您目不暇接的寺庙、慢节奏的生活和数不清的珍奇。似乎，它就是为海上丝路而生的。这座岛屿，如今是一个国家，名叫斯里兰卡。

一、洞中乾坤

如果您留心天气预报的话，定会发现，局部地区永远有雨。七月的印度洋，就是这样一个局部地区。

法显站起身，走到洞口，感受着淅淅沥沥的雨点和海上送来的略带咸味的海风。过了许久，他才回过头，深情地扫了一眼自己栖身的山洞。

说是山洞，可它一点儿都不局促。法显记得，有一次他开坛讲经，山洞里足足坐了1000名信众。山洞的角落里，还码放着一批经书。两年来，他居然在岛上求得了《弥沙塞律》藏本，还得到了《长阿含》《杂阿含》《杂藏》，这些都是中国所没有的佛典。①

他是65岁离开长安，前往天竺求法的。从陆路出发时，随行的僧人有10位。最终到达天竺的，只剩下法显和道整。后来，道整决定留在天竺，法显是孤身一人从海路回国的。义熙五年（409）初冬，他搭乘商船，乘着印度洋的季风，横渡孟加拉湾，历经14个昼夜，到达了上

---

① 见〔东晋〕法显：《法显传》，复旦大学出版社2015年版。

座部佛教的大本营——师子国。

师子国，是漂浮在印度洋上的一个大岛，形似一个梨，总面积6.56万平方公里，西北隔着保克海峡与印度半岛相望，相隔最近的地方只有33公里；南部接近赤道，处在印度洋主航道中心线附近，是海上丝路的贸易中转站和货物集散地，素有"东方十字路口"之称。公元前6世纪，北印度的僧伽罗人迁移到这座孤岛，因"僧伽罗"的本义是"狮子"，所以他们建立的国家被称为"狮（师）子国"。公元前247年，印度孔雀王朝的阿育王派儿子摩哂陀来到该岛，引导僧伽罗人摈弃婆罗门教改信佛教，修建了岛上第一座佛塔，佛塔中供藏着佛陀的锁骨舍利。从此，师子国成为僧众公认的佛教乐土，它今天的名字斯里兰卡，僧伽罗语原意就是"乐土"。公元5世纪左右，一位南印度的泰米尔贵族（属古印度达罗毗荼人）征服了师子国，在岛上建造了大量印度教寺庙，形成了印度教与佛教分庭抗礼的格局。① 因为这里盛产红茶，是世界四大产茶国之一，所以这个岛国曾被称为"锡兰"，意思是"茶叶"。

本来，这是法显返程中的一站，但一登上这座岛屿，他就被岛上林立的佛家寺院、浓郁的宗教氛围、和谐的社会环境深深吸引了。为此，他停留了将近两年。

当时，师子国王城叫阿努拉德普勒，位于今斯里兰卡中北部，公元前380年就是王权所在地，是岛上最老的城市和佛教圣地。城内除了豪华的宫殿，就是满城的佛寺。在岛上，上至国王，下至百姓，全都崇信佛法，每月中有三天，出家人与居士会集中在一起听法。听法那天，国王会准备可供5000名僧人食用的斋饭。国王还为僧众建了新的精舍，建造前会举行躬耕仪式，由国王扶着金犁用牛耕地，凡是金犁圈起来的民户和田宅，一律割给寺院。

作为一个取经者，法显最关心的还是佛教圣迹和佛学典籍。在圣物中，佛牙无疑具有至高无上的地位，而师子国就收藏着释迦牟尼的一颗佛牙。这颗佛牙，传说是4世纪印度羯陵伽国发生动乱后，由一位王子和公主偷偷带到师子国的，此后被供奉在王宫中，成为师子国的国宝。

---

① 见陶红亮：《印象科伦坡》，海洋出版社2018年版。

师子国的另一件国宝，是一棵2600年树龄的菩提树，据说是印度阿育王的女儿僧伽蜜多亲手栽植的，它来自释迦牟尼成佛的那棵菩提树的树干。

在佛牙瞻仰仪式上，法显终于见到了传说中的佛牙。这一激动人心、万人瞻仰的仪式，持续了十天，佛牙才被从精舍中请出，沿着装饰一新的街道行进，一路上受到众人的膜拜和供养，一直到城北的无畏山寺。一时间，僧侣与信众云集，或烧香，或燃灯，各种法事昼夜不停，供养满90天才送回精舍。拜谒无畏山寺时，法显在一尊高二丈的青玉佛像旁，突然看见一把出自中国的白绢扇子，于是他想起了去国十几年的风雨历程，想起同行的僧侣有的留在本地，有的已经死去，如今只剩下他孤身一人，不觉悲从心生，神色凄然，泪水盈满了双眼。

佛牙回归精舍后，法显便四处寻访圣迹，拜会高僧，研习佛法。其间，他在科伦坡以南，发现了一座海拔182米的小山，山腰有一个月牙形岩洞，洞口宽53米，纵深8米，洞内最高处46米。它更像一座天然宫殿，又像专门给法显准备的讲坛。在这里，他开坛讲经，传佛布道，与慕名而来的高僧大德彻夜长谈，共同感悟佛学的真谛。

东晋义熙七年（411），法显已经77岁高龄，他离开故土已有12个年头，应该回国了。

望着山洞里一堆堆取自天竺的佛经，还有师子国所独有的佛经，法显感觉，如果不能在有生之年回到故土，把这些梵文佛典译成汉文，那他12年来的艰难付出将付诸东流。

8月，法显搭乘一艘可乘载200人的外国商船，从师子国南部海岸的加勒港启程东去。① 接下来的故事，可以拍一部名叫《海上历险记》的大片。具体内容，我在《青岛》一章已叙述过。

二、往事会说话

其实，中国与师子国的交流史，早在法显之前就开始了。

---

① 见戴之昂：《海上丝路历险记》，复旦大学出版社2008年版。

往远了说，500年前，由汉朝黄门译长率领的大汉船队，曾经抵达这个被称为"已程不"的岛国，用黄金和丝绸换回了明珠、璧流离和奇石异物。① 不知什么原因，访问完这个岛国，大汉船队就匆匆返航了。

往近了说，在法显滞留天竺期间，师子国也发生了一件与中国有关的事。当时，师子国国王优婆帝沙一世得知东晋皇帝司马曜崇奉佛教，便命人精心制作了一尊玉佛，派遣沙门昙摩从海路运往中国。海上的航程并不遥远，正常情况最多需要两年，但似乎好事总是多磨，这尊佛像在海上居然走了整整10年，直到义熙二年（406）才运到建康。而此时，应该亲手接收玉佛的司马曜，早在10年前就离奇地驾崩了。这尊高四尺二寸、洁白温润的玉佛，被供奉在建康瓦官寺，与顾恺之所绘的维摩诘像、戴安道雕刻的佛像一起，被称为"瓦官寺三绝"。90多年后，南齐皇帝萧宝卷为了取悦宠妃潘玉儿，竟然将这尊玉佛改制成发钗和钏镯。历史上暴殄天物者，无人能出其右。

法显回到中国16年后，师子国国王刹利摩诃先后派出3个使团，携带国书和佛像到访中国。还有19名师子国比丘尼，分两批搭乘商船，从广州上岸，继而到达建康，在南林寺为出家的成年女子受戒，为中国女子出家为尼破除了法理上的藩篱。从此，中国佛教有了比丘尼受戒的戒法。

稍显可惜的是，后来前往天竺取经的玄奘和义净，并未到达师子国。但他们在天竺都了解到了这个东部海岛的佛教盛况，并且把相关内容写入了《大唐西域记》和《大唐西域求法高僧传》。

中国与斯里兰卡的交流史，可以用两个字概括，那就是——佛缘。

接下来，我必须给一位师子国高僧以笔墨，因为他和法显一样，是中、斯"佛缘"的缔结者。

三、不空

我要说的高僧，生于武则天丢掉皇位的唐神龙元年（705），俗称不

---

① 见〔东汉〕班固：《汉书·地理志》，中华书局1962年版。

空，出生在师子国。

他幼年失去双亲，后来跟随叔父来到中国，10岁周游武威、太原，活脱脱一位仗剑走四方的少年游侠。

唐开元七年（719），南天竺高僧金刚智从广州进入中国，随后进入大唐东都洛阳弘法。得到消息，少年不空赶到洛阳广福寺，拜金刚智为师。

那时的佛经，多是梵文原典。要研修佛法，就需要学习梵文。让金刚智惊奇的是，这个少年仅用10天时间，就通晓了梵文语法。于是，开始教他佛法。

此后，不空一直不离金刚智左右，经常跟随师父陪同崇佛的唐玄宗来往于长安、洛阳之间。由于他精通梵文，金刚智让他参与了译经。

开元二十九年（741），金刚智在圆寂前叮嘱不空："本师平生所学，都已传授给你了。我圆寂后，你若想成就大德，必须回到家乡和天竺求法。"遵照师父的遗训，他和弟子含光、慧辩等37人，带上唐玄宗的国书，踏上了漫漫回乡路。

他先是到达广州，受到了南海郡采访使刘巨邻的供养，为当地的万千信众剃度、灌顶。出海之前，刘巨邻特地找到广州蕃坊蕃长，通过他叮嘱船主，务必保证不空及其弟子的安全。

年底，不空一行乘坐昆仑舶离开广州。当商船到达今爪哇中部的诃陵国时，突然遭遇了黑风暴，船上的人无不惊慌失措，几位僧人念经祈福，也没有任何效果，连慧辩也急得哭了起来。但不空淡定地说："我有佛法，可保平安。"不空右手持五股菩提心杵，左手持般若佛母经夹，口中念念有词，不一会儿，海上便乌云散开，风平浪静。接下来，一头出水的鲸鱼掀起小山般的海浪扑向商船，眼看商船摇摇欲坠，又是不空让慧辩念诵起《娑竭龙王经》，海面再次恢复了平静。于是，众人纷纷拜倒在不空脚下。

不到一年，不空一行就抵达了师子国。师子国国王阿伽菩提六世闻听不空是大唐特使，又是回归故里，便隆重接待了他，请他在宫中住了七天。其间，国王每天用金壶盛满香水，亲自为不空洗浴。后来，不空移驻佛牙寺，拜高僧普贤阿黎为师，研修密宗。他在故国住了三年，不仅佛法精进，而且搜集了大量佛典。

天宝五年（746），不空和弟子带着师子国国王致唐玄宗的信函、礼品及1200卷佛典，乘船返回中国。回到长安，他就入宫为唐玄宗灌顶受戒。"智藏"的法号，就是唐玄宗赐给他的。

"安史之乱"爆发后，叛军攻陷长安，唐玄宗逃往四川避难，太子李亨在灵武前线自行宣布登基，是为唐肃宗。其间，身处长安大兴善寺的不空，多次向唐肃宗通报城内消息。唐肃宗还朝后，对不空分外尊重。唐代宗李豫继位后，更加厚待不空，给了他"大广智三藏"的尊号，他从此有了"不空三藏"的美名。他先后在中国弘教40多年，由他受戒的比丘达2000人，他因此与善无畏、金刚智一起，被尊称为中国密教"开元三大士"。他还组织翻译密宗等佛经111部，与鸠摩罗什、玄奘、真谛并称为"四大译师"。①

大历九年（774），不空身患重病，自知时日无多，便向唐代宗上表告辞。唐代宗不仅赐药以示慰问，还加封他为肃国公。

一天，不空沐浴完毕，换好衣衫，然后安然入定。我们不知道，大历九年的这个清晨，当他坐在大兴善寺等待涅槃的最后时刻，他是否会想起遥远的故国，师子国的阳光、海风与绿树。

我们只知道，他把自己的肉身永远留在了中国，也让中国记住了这个师子国高僧。

四、擒王行动

9至11世纪，南印度朱罗王国进占师子国。元、明时期，师子国爬出棺材，以僧伽剌国和锡兰国的名称重新站了起来，海岸的近十个古港挤满了外国商船。本地出产的宝石、香料、象牙、珍珠、琉璃、玳瑁、乌木，中国的丝绸、瓷器，印度的麝香、白檀、小豆蔻，阿拉伯的玛瑙、乳香、没药、琥珀、红珊瑚、金银器，纷纷在此完成交割。

---

① 见江勤政：《中国和斯里兰卡的故事》，五洲传播出版社2017年版。

在这个中转岛，中国的身影从未缺席。元初，忽必烈派亦黑迷失六下南洋，其中第四次是专程前往僧伽剌国礼佛的。但影响最大的，还是明代郑和七下西洋，而且郑和每次下西洋，都访问了这个岛国。①

第一次下西洋，郑和将《法华经》送进该国供养。

第二次下西洋，郑和向该国佛寺布施了1000两黄金、5000两白银、50匹绸缎、2500斛香油、4对金丝幡、5个古铜香炉、5个黄铜灯盏、5个俄金香盒、6对金铸莲花、10对蜡烛、10炷檀香。然后立了《布施碑》，碑文以汉文、波斯文、泰米尔文三种文字镌刻，如今收藏在斯里兰卡国家博物馆。

永乐七年（1409），郑和第三次下西洋路经此岛。岛上的僧伽罗人与泰米尔人，通过杀人比赛，已经分裂为三个国家。郑和经过的，是岛屿西部的僧诃罗王国。执掌僧诃罗国朝政的人，叫维罗·阿罗吉湿婆罗（中国史书称之为亚烈苦奈儿）②。这是一个走路捡不到钱都感觉亏了的人，一贯贪婪、暴虐、不敬佛法，他依靠对过往商船的敲诈，积累了大量财富，并在合法国王出国期间，独揽了朝政大权。大明船队到访时，亚烈苦奈儿认为郑和有支持敌党的意图，便试图加害郑和。郑和察觉后，便离开了这块是非之地。

等到郑和西去归来，亚烈苦奈儿把郑和引到岸上，让儿子纳颜索要金银财宝。面对纳颜的敲诈，郑和严词拒绝，拂袖而去。

但是，郑和与随行的官兵回不去了，因为他们回船的水路已经被横七竖八的树木所阻断。无疑，对方是要劫持郑和。而且，亚烈苦奈儿暗中调集五万大军，试图劫持停在港口的大明船队。

按说，郑和的选择应该只有两条：要么就地谈判，接受敲诈；要么寻找新路，逃回船上。然而，向来不按套路出牌的郑和，却大胆地做出了第三种选择——"擒王行动"。他对手下说："敌人倾巢出动，后方必定空虚，而且认为我们孤立而胆怯，很难有所作为，如果此时出其不意，攻其不备，便可取得奇效。"他暗中派人从其他道路回到船上，组

---

① 见周绍泉等：《郑和与锡兰》，原载《南亚研究》1986年第2期。
② 见[锡兰]尼古拉斯、帕拉纳维达纳：《锡兰简明史》，商务印书馆1972年版。

织船队官兵拼死抵抗敌人的大军；而他亲自率领2000名官兵，从一条偏僻小道，乘虚攻入对方的王城，生擒了亚烈苦奈儿及其妻子、头目。当前线的敌人重新围攻王城时，郑和率部下硬是坚守了6天，并在第7天凌晨悄悄带着亚烈苦奈儿等俘虏撤出，他们且战且退，最终在傍晚时分抵达船队。郑和使团尽管取得了胜利，但也付出了惨重的伤亡，副使朱真、千户何宗义等几十名高级军官牺牲。①

永乐九年（1411），郑和船队还朝，将俘虏们押上了大明朝堂，群臣纷纷要求杀掉他们，但朱棣怜悯俘虏们无知，释放了亚烈苦奈儿和妻子以及众头目，还供给他们衣食，命令他们在王族中选择一位贤明之士作为国王。有一个叫邪把乃那的人，俘虏们都说他贤明，朱棣就派使者封他为新王。

至于那个被废掉的旧王，也因为一再表示痛改前非，被大明派军队送回锡兰。有了这一次被淋成落汤鸡的教训，他应该能养成出门带伞的习惯。

宣德五年（1430），郑和第七次下西洋时，专门前往安抚和慰问了这个名叫锡兰山的岛国。② 他在与新王会见的同时，不知有没有问起旧王是否服气之类的话。

五、在马欢眼中

马欢，是郑和第三次下南洋时加入大明船队的。恰恰就是这一次下南洋，大明船队在锡兰国发生了上一节讲到的惊心动魄的故事。因此，马欢在自己的著作中，为这个佛国花费了大量笔墨。最有冲击力的记叙，都与佛有关：

> 从锡兰国的一个码头泊船登岸，在海边山脚下的光石上，见到

---

① 见《明实录》，中华书局2016年版。
② 见〔清〕张廷玉等：《明史》卷326，中华书局1974年版。

了一个长二尺的足迹，传说佛祖从这里上岸，留下了这个脚印。脚印中的浅水一直不干，人们用手蘸着水洗脸拭目，说是"佛水使人清净"。左边有一座佛寺，里面有释迦牟尼真身像侧卧在床上，至今不朽。佛像的寝座以沉香木制作，镶嵌着各色的宝石，十分华丽。旁边供奉着佛牙和活舍利子。据说，这就是佛祖涅槃的地方。

向西北行进50里，才到锡兰国王城。国王崇信佛教，尊敬象、牛。人们将牛粪烧成灰搓遍身体，不吃牛肉，只喝牛奶，牛死了就埋葬。如果私自宰杀牛，按照王法将被处死，除非交纳牛头金来赎死罪。王城之内，大家小户每天凌晨先将牛粪用水调稀，涂遍房前地面，然后拜佛，就是把两手平放在前面，两腿直伸在后面，胸膛和腹部全部贴在地上而拜。

王城的旁边，有一座大山，高耸入云。山顶有一个人的右脚印，深入石头二尺多，长八尺有余，说是盘古的足迹。山中产各种宝石，每当遇到海水漫过，在沙中寻找就可以得到宝石。常言说，宝石是由人类祖先的眼泪凝结而成。

锡兰远离中国，当然与中国风俗不同：

这个国家地广人稠，物产丰富，仅次于爪哇国。男子上身赤裸着，下身围着手巾，体毛被剃得干干净净，只留下头发用白布缠起来。如果父母死亡，就不剃体毛，以示孝敬。女子把头发绾在脑后，下身围着白布。新生的婴儿，男的把头发剃光，女的让头发疯长。

人没有酥油奶，就没法吃饭。人们想吃饭的时候，就躲在暗处去饮食，不让别人看到。岛上的人有口嚼槟榔和荖叶的习惯。米谷、芝麻、绿豆都有，唯独没有大麦和小麦。椰子很多，油、酒、糖、饭，都用椰子来制作。人死了就火化后埋葬，死者亲属的妇人，会一边用两手拍打胸脯，一边抢天呼地地号哭。果实有芭蕉子、波罗蜜、甘蔗。瓜、茄、蔬菜、牛、羊、鸡、鸭，样样皆全。

在这里，大明船队与当地人进行了易货贸易。给马欢留下印象最深

的是锡兰特产：

> 附近海中有一片雪白的浮沙，阳光洒在沙上，光彩潋滟，天天有珍珠螺蚌聚集在上面。国王在此建了一个珍珠池，二三年一次，让人把螺蚌倒入珍珠池内，派人看守，淘出珍珠后上交王宫。当然，也有人偷窃去卖的。
>
> 国王以金子做钱，一个金子重一分六厘。他非常喜欢中国麝香、丝绸、青瓷、铜钱、樟脑，因此会用宝石、珍珠来交换。国王还经常派人购买珍珠、宝石，随同大明船队向朝廷进贡。

马欢关于锡兰的叙述，并无多少惊人之处，本着"信言不美"的原则，也应不会有多少水分。

六、走向世界的锡兰红茶

郑和、马欢离开不久，由西方殖民者开创的大航海时代就到来了。这个著名的"乐土"从此不再安宁，先后成为葡萄牙、荷兰、英国殖民地。

随之，雨水充沛、气候温和的斯里兰卡，成为殖民者种植橡胶、咖啡等高利润经济作物的热土。鉴于中国茶叶在欧美持续热销，1852年，一个名叫詹姆斯·泰勒的苏格兰人，来到了英属殖民地斯里兰卡，致力于将咖啡种植转向茶叶种植工作。1867年，他从中国福建买了一棵品种优良的古茶树，种在了斯里兰卡北部高地，并拓展为斯里兰卡的第一个茶园。1872年，他又创办了一家茶叶加工厂，并在三年后将第一批锡兰红茶送到伦敦市场拍卖，大获成功。从此，中国茶叶垄断欧洲市场的局面被打破。

茶，有绿茶与红茶之分。绿茶，又称不发酵茶，是以茶树新梢为原料，经杀青、揉捻、干燥等工艺制作而成，茶叶色泽和冲泡后的茶汤以绿色为主调；红茶，又称发酵茶，是经萎凋、揉捻、发酵、干燥等工艺精制而成，茶叶色泽和冲泡的茶汤以红色为主调。锡兰高地茶，通常为碎形茶，呈赤褐色，含钠量低，是世界红茶市场的佼佼者。其中的乌瓦茶，风味具有刺激性，稍显苦涩但回味甘甜，透着薄荷、铃兰一般的芳香，与安徽祁门红茶、印度大吉岭红茶并称"世界三大红茶"。因此，锡兰红茶不仅远销英国，而且进入了香港家庭，成为英国东印度公司的一大利润来源。

事实上，斯里兰卡是印度独立的副产品。第二次世界大战结束之后，世界性的民族独立运动风起云涌。在印度、巴基斯坦和缅甸从英国治下独立之后，斯里兰卡独立势力经过与英国政府反复协商，终于在1948年获得独立地位，成为英联邦的自治领，国名仍为锡兰。

斯里兰卡曾在殖民时代发展出一支共产党，其中还有一支势力较大的托洛茨基派——兰卡平等社会党。两派都由受过教育又风度翩翩的西化精英所领导，而两者作为名义上的马克思主义者，也都反对"恐怖主义"，都没有试图起义暴动。1970年，由斯里兰卡自由党、兰卡平等社会党和锡兰共产党组成的政治联盟——"联合阵线"在议会选举中取得压倒性胜利。在新政府推动下，斯里兰卡颁布了具有民主社会主义性质的新宪法，从而正式摆脱了英联邦自治领身份。1972年，为了消除自治领时代的阴影，新政府改国名为斯里兰卡，定都科伦坡。1978年，该国定名为斯里兰卡民主社会主义共和国。

如同多数殖民国家一样，斯里兰卡独立之后承袭了欧洲殖民者带来的"资产阶级文明"，奉行的是资本主义制度，是一个实行三权分立的议会民主制国家。有意味的是，它的国名至今未变，从而成为世界上唯一的空有"社会主义"之名，却无社会主义之实的国度。

独立之后，该国孜孜追求一种类似英国工党和北欧国家倡导的宁静的、温和的"社会民主主义"目标，对于人民的福利和生活预期运作相当到位。简言之，就亚洲的标准而言，20世纪70年代之前的斯里兰卡，是一座罕见的谦和之岛，类似拉丁美洲的乌拉圭。

那时，这里不仅有油画般唯美的风景，有世界著名的锡兰红茶，还有慢节奏的生活，是无数人心中的佛国圣地和旅游目的地。

七、面对危机

　　面对民族独立浪潮之后的新时代，每一个国家都必须三管齐下：为国家利益提供军事保障，满足国民的经济需求，保证经济的持续增长。简而言之，就是大炮、面包、投资。三者如果不能实现大致平衡，就会引发难以预料的动荡，进而导致国家在很长一个时期内暗淡无光。

　　对照以上要求，我不免为斯里兰卡深深地担忧，尽管它有着俊俏而闲适的外表和温和而宁静的开端。

　　因为，20世纪70年代之后的斯里兰卡，可谓一地鸡毛。

　　一方面，信仰佛教的僧伽罗人与信仰印度教的泰米尔人，关系一直比较紧张。僧伽罗人似乎是一个孤独的民族，在任何地方都没有多少同胞，他们已经被大部分信仰印度教的印度人推到了最后的堡垒——斯里兰卡南部三分之二的土地上。而且，僧伽罗人就像前南斯拉夫的塞尔维亚人、伊拉克的什叶派教徒一样，虽然人口占多数，却有着充满危机的、受压迫的少数民族的情结，原因在于他们不像其他国家的佛教徒那样严于律己、善于思考，而信奉印度教的泰米尔人更有创业精神、更有活力。泰米尔这个少数族群，在受过教育的高等阶层中，占有四分之一的高比例。他们深知，一切精神文化均以语言为根本，因此当僧伽罗政府在20世纪50年代决定以僧伽罗语取代英语作为官方语言时，泰米尔人表达了强烈的怨恨之情。20世纪70年代，一个主张分离的泰米尔运动，得到印度南部一个邦的支持，发展出一支武装组织，也就是今日泰米尔猛虎组织的老祖先，并从80年代中期开始，发动了一场内战，成为自杀式炸弹攻击最有名的先驱之一。泰米尔人尚未强大到足以脱离政府而独立，斯里兰卡政府则虚弱到无法以军事方式击败他们。由于双方都不肯妥协，所以尽管有印度、挪威等第三方势力试图调停斡旋，但这一内乱之源和恐怖主义威胁直到21世纪初才得到缓解。

　　是占总人口百分之七十五的僧伽罗人在政府中的话语权过大吗？是占总人口百分之十五的泰米尔人没有地位吗？是语言和宗教的隔阂

吗？对此，我也深感困惑，看不出他们为什么走不到一起。他们来自同一块土地，又生活在同一个孤岛上，有着接近2000年的共同历史，面对过共同的侵略者，也通过并肩战斗赢得了独立，然而他们始终不能和平相处。与此相对照，东部不远处的新加坡也是一座孤岛，也有华人、马来人、印度人三个族群，但他们之间并没有根本性矛盾。两个民族的差异必有原因，但再大的差异也不足以形成同归于尽的借口，但愿时间这个伟大的清洁工，能够洗刷两个民族间冤冤相报的历史惯性以及由此带来的斑斑血迹，携手走向充满希望且和煦如春的明天。

另一方面，英国长期的殖民统治，导致该国经济结构相当单一，严重依赖茶叶、橡胶等少数农作物，粮食和石油长期依靠进口，而该国旅游人口也主要集中在俄罗斯、乌克兰等少数国家，一旦暴发全球性疫情和经济危机，或者俄罗斯、乌克兰擦枪走火，斯里兰卡就需要拿出非常手段来摆脱困境。国家内部的民族矛盾总有缓和的办法，而国家的经济结构所带来的影响有时候却是致命的。非常手段即便管用，也不过是临时性措施，解决不了根本性问题。一旦经济上的结构性矛盾得到显现，经济泡沫就会破裂，国民收入就会停滞，国家的债务风险就会被无限放大。果然，新冠疫情暴发后，面对旅游业这一支柱产业的直线下滑，斯里兰卡政府手忙脚乱、应对失据，一方面采取了减税行动，导致国家财力迅速萎缩；另一方面推行"转向有机农业"政策，全面禁止进口和使用合成肥料、杀虫剂和除草剂，直接导致全国粮食产量锐减，农民收入下降，通货膨胀加剧。由于国民经济出现"雪崩"，国家无力偿还外债，政府不得不宣布进入"经济紧急状态"，进而正式宣布破产，总统和总理相继辞职，这也使得它成为石油美元霸权收割世界的新一轮行动中率先沦陷的国家。我一直奇怪，这个处在海上丝绸之路要冲的岛国，为什么只是埋头植物园并专注于旅游，而不向浩瀚而富饶的大海要效益呢？

在一个世纪前，航运业是一个充满浪漫色彩的行业；在如今的信息化时代，航运业的浪漫色彩已经消退，集装箱船到达自动化码头，短短几小时便装卸完毕，并消失在夕阳之中。当今的航运业作为基础性产业，共有近200万名船员，为8.6万艘商船提供服务，运送着90亿吨货物。这就意味着，占全球人口总数万分之二点四的人，在占地球表面面积百分之七十一的海面上，运送着全世界百分之九十的外贸货物，提供了全球一半人的粮食并让另一半人远离寒冷。他们将最高效率生产地的商品运输到可赚取最大利润的地方，几乎提高了所有地区人们的生活水平，在进入21世纪后的15年让10亿人摆脱了贫困。① 因为自由贸易和集装箱运输，在过去20年间，参与全球经济的人数从10亿人激增到40亿人左右。21世纪，应该可望成为海洋世纪。

只要地球不变冷，印度洋就将一直存在。海水将一直亘古不易地澎湃着，冲刷着，守候着，并深情地拥抱着每一艘匆匆的航船。海底的生物、矿物尤其是多金属结核将一直蓬勃地生长着，脉动着，等待着，并慷慨地向人口膨胀的人类奉献能源与希望。海洋总在运动，总会存在，人们见或不见，听或不听，用或不用，它都泰然自若，心怀坦荡，宠辱不惊。正如诗人所说，它就"在那里"，永远只顾着做自己的事情，"永不停歇"。

斯里兰卡和日本、英国、新加坡、澳大利亚一样，四面环海，空间无限，是一个典型的海洋国家，处在东西方航运的必经之路上。问题在于，贴着海洋标签的斯里兰卡是否拥有正确的身份认同并作出合乎身份的战略选择。

中国援建的汉班托特港，已经于2012年投入运营。我没去过斯里兰卡，不知道另外那些环岛而建的密密麻麻的港口，在国家最需要的时候奉献了多少？不知道在1340公里的漫长海岸线上，斯里兰卡布局了多少与海洋相关的现代产业？

相信所有的故事都会有圆满的结局，如果没有，说明还没到最后。时间绵延不绝，总会给人希望。

丝路上的斯里兰卡：斯里兰卡处在东西方海上交通的十字路口，是一个印度洋岛国，仅航线港口就有10个，是古代中国人下西洋的重要一站。这样一个优越的地理位置，自然成为

---

① 见［美］萝莉·安·拉罗科：《海上帝国：缔造并扩大自由贸易时代的船东和金融家们》，中信出版集团2016年版。

西方殖民者争夺的目标。大航海时代，它先后被葡萄牙、荷兰、英国殖民者占领。1948年方才宣布独立，定国名锡兰，后改名斯里兰卡。如今，这个岛国的经济总量仅有中国泉州的一半。值得注意的是，她没有借助身为岛国、港口众多、资源丰富、位居印度洋交通要冲的天然优势，集中力量发展海洋经济，而是把产业发展的重点放在了旅游业和农业上。

第十二章　都是香料惹的祸
—— 印度

在中世纪之前，印度是中国人下南洋的目的地；大航海时代，印度又是欧洲探险家和殖民者的目的地。贯通东西方的海上丝路，交会点多数时候会选择印度。而中国认识印度，是从皇帝的一个梦开始的。

一、梦里的金人

东汉永平七年（64）正月十五日晚（一说四月八日），洛阳北宫笼罩着水一样的月色，宁谧而神秘。夜半时分，一个身形高大的金人飘然进入汉明帝刘庄的梦乡，金人头顶散发着光芒，从空中轻盈地飘来，绕着宫殿飞行，最后落到殿庭之前。当时，皇帝心中洋溢着一种从未有过的温馨。[1]

第二天上午，他召集群臣解梦。太史傅毅说："听说西方有佛出世，其身高一丈六尺，遍体黄金色。陛下梦中所见的金人，或许就是佛吧！"

从此，汉明帝再也忘不掉那个给他带来温馨体验的梦，因此决定派遣使臣前往西方寻梦。

第二年，汉明帝派遣使者蔡愔、秦景、王遵等十多人出使天竺。当他们到达大月氏（yuè zhī，今阿富汗）时，遇见了中天竺高僧摄摩腾和

---

[1] 永平求法在古籍中有公元60年、61年、64年、68年四种说法，本章的年份参考了〔南朝宋〕范晔《后汉书·西域天竺传》，时间节点采纳了白马寺明代《重修古刹白马禅寺记》的碑文。

竺法兰。在使者恳求下，两位高僧答应到中国弘法。

永平十年（67），洛阳城的石板路上响起清脆的马蹄声，一匹高大的白马驮着佛经和佛像步履铿锵地东来。它昂首阔步的姿态，永远定格在佛教东渐的扉页里。

汉明帝见到佛像，感觉正是梦中的金人，便把佛像供奉在南宫清凉台，把佛经收藏在兰台石室里。随后，汉明帝在城西雍门外建造了精舍，供两位高僧居住并翻译佛经，这是中国内地第一座佛寺。因白马驮经而来，所以这座佛寺取名白马寺。

在白马寺，摄摩腾和竺法兰穷尽毕生精力翻译佛经，他们把佛所说的某一段话称为一章，共选取了佛关于持戒、忍辱、断欲、精进、观空等主题的42段话，编成了中国现存的第一部汉文佛典《佛说四十二章经》。这部佛典反复强调了持戒的重要性，告诉佛教弟子应该如何修行：

沙门问佛：什么是善？什么最大？什么最强健？什么最明亮？佛答：行道守真是善，志向和真道相合最大，忍辱最强健，内心清净最明亮。

佛说：金钱与美色对人来说，如果不能舍弃，就好比贪恋刀刃上的蜜，尽管不足一餐的享受，却有被割掉舌头的祸患。

佛言：爱欲对于人，犹如手持火炬逆风而行，必有烧手之患。

佛问沙门：人的生命有多长？一个沙门回答：数日之间。佛说：你不明白生命的真谛。又问一个沙门：人的生命有多长？这个沙门回答：一顿饭的工夫。佛说：你还不知道生命的真相。再问一个沙门：人的生命有多长？这个沙门回答：呼吸之间。佛说：善哉，你已经明白道了！

这两位中国佛教的鼻祖，再也没有离开洛阳，圆寂后葬在白马寺。他们毕生弘扬的佛法如一粒种子，已经扎根在中国的沃土里。

《后汉书》还介绍了这两位天竺高僧的故国：

天竺国，还有一个名字叫身（yuān）毒，处在月氏国东南几千里的地方，风俗与月氏相同，气候潮湿炎热。

这个国家濒临大海，习惯乘坐着大象作战。它的战斗力比月氏弱，信佛教，不杀伐，已经成为风俗。

> 身毒有几百座城市，每个城市都有首领。有几十个国家，每个国家都有国王，虽然大小不一但都称身毒。
>
> 这里出产象、犀、琚瑁、金、银、铜、铁、铅、锡，还出产细布、香料、胡椒、石蜜、姜、黑盐等。
>
> 身毒与西方的大秦、安息通过海路进行交易，利润达到十倍。身毒还拥有大秦的珍宝。①

中国人关于天竺的信息，不过如此。汉代黄门译长率领的大汉船队，到师子国就返航了，根本没有踏上天竺海岸。

这也标志着，中国与天竺的交往尚未起步，那时的天竺还是一个传说。为此，我们有必要认识一下这个宗教古国。

二、佛教东渐

许多人都有一种疑惑，这个先后产生了婆罗门教、佛教、耆那教、印度教的国度，到底是一个何等神奇的存在？

打开印度地形图我才发现，这是一个有利于哲学产生的国度：崇山峻岭环绕四周，崎岖的山路危险难行，构成了即使今天也令人却步的天然屏障；大河蜿蜒通向遥远的大海，广袤无垠的森林像巨大的圣殿；这里的土地可以生产人们所需要的一切物品，不需要走出森林参与什么经济竞争和政治交往，人们有充足的时间安居其中，就宇宙之谜和人生价值进行苦思冥想。正是这片群山环抱、大河滋润的肥沃土地，长出了棉花和水稻，也长出了思想。

印度古典宗教的创立者，是古印欧人的一个分支。公元前20世纪中叶，这伙起源于南高加索的古印欧人，收拾起自己的帐篷，打点好行囊，越过兴都库什山和喜马拉雅山之间的山口，南下来到印度河、恒河、布拉马普特拉河流域，借助先进的战车，夺走了古印度文明的缔造

---

① 见〔南朝宋〕范晔：《后汉书》，中华书局2000年版。

者——达罗毗荼人①的土地，抢走了他们的女人，建立了名为印度斯坦的灿烂国家。此后，他们自称雅利安人，意思是高贵者。

接下来，雅利安人对人数占优的达罗毗荼人还是不放心。他们精心设计了一套种姓制度，将人分为主管精神的婆罗门、主管军政的刹帝利、负责工商业的吠舍和底层劳动者首陀罗四种，进而给这一等级制度披上了神秘的宗教外衣，创立了古吠陀教——后称婆罗门教。

种姓制度将百姓打入了社会底层，婆罗门教又让贵族压榨百姓变得理所当然，百姓上天无路，入地无门，只能在哀叹中艰难度日。

有一件事匪夷所思却千真万确，那就是，历史上最热忱、最坚定的改革家大多出自豪门。这些千金之子一向养尊处优，怡然自得，直到有一天，他们接触到了底层民众的深重苦难，所见所闻令他们惊骇万分，并最终使他们成为现实制度的掘墓人。

在古印度，公开站出来反对种姓制度的，就是两位千金之子，一位是古印度迦毗罗卫国净饭王的儿子，名叫乔答摩·悉达多，生于公元前565年②；另一位名叫筏驮摩那，与前者生活在同一时代。

更匪夷所思的是，公元前6世纪，东西方居然同时诞生了孔子、老子、乔答摩·悉达多、筏驮摩那、琐罗亚斯德、泰勒斯、毕达哥拉斯等一众伟大的先知，从远古神话、原始信仰、古典史诗中爆发性地升华出一连串高级哲学和宗教。这是一种具有深远意义的精神变化，这种变化推动了文化上的彻底变革，一方面摧毁了旧的宗教文明，另一方面发现了一个绝对不变的真理世界。与真理世界相比，自然世界不过是一种表象，并黯然失色为前者的阴影。这个时代，被雅斯贝尔斯称为"轴心时代"，也被誉为人类文明的童年。

筏驮摩那创立了耆那教，后来被尊称为摩诃毗罗，意思是"伟大的英雄"。耆那教和佛教一样，都反对种姓制度，都宣称能通过修行寻求解脱。但耆那教从来没有像佛教那样流行，一直是精英的信仰，要求严

---

① 又称德拉维达人，是印度最古老的民族，至今有2亿多人，主要分布在印度、斯里兰卡、巴基斯坦。泰米尔人是其中的一个分支。

② 这是中国学者根据南齐僧人的记载推证的时间，南传佛教国家一般认为佛祖生于公元前624年。

格苦修和禁欲，甚至达到饿死的程度。① 耆那教的不杀生和非暴力原则，是印度文化的伟大理念之一，甘地及其自由运动也深受其影响。耆那教今天依旧在印度工商阶层熠熠生辉。

乔答摩·悉达多创立佛教，也是从苦修开始的。他离家出走后，在加雅岛的一棵菩提树下禁食打坐。面对着那棵树，他一遍遍地问自己："我该怎么做，才能引导人们从无穷无尽的灾难和痛苦中走出来，获得永恒的解脱呢？"

打坐49昼夜之后，他在似乎受到天启的刹那间大彻大悟，从此被尊称为释迦牟尼，意思是释迦族的圣人；还被称为佛陀，意思是觉悟者。不久以后，他找到了很多志同道合的人，这些人相信他发现了人类痛苦的解脱之道。这些敬仰他的人成立了一个群体，我们也许可以称之为僧尼教团。

那么，他在菩提树下，究竟悟到了哪些解脱一切困惑的方法呢？佛典告诉我们，他得到的最大启发是，如果人类想从人世间的痛苦中解脱，必须理解佛教的四大真理：第一，人生是苦的；第二，苦的原因在于欲望；第三，只有消灭一切欲望，才能消灭苦因，断绝苦果；第四，要做到这一切，只有通过八正道——正见、正思维、正语、正业、正命、正精进、正念、正定，以涅槃——断除烦恼成佛为最终目的。换一种通俗的说法，人不要屈从于欲望，要从欲望中解放出来，就像口渴时不去理会这种感觉，它就会自然消除。谁能成为自己欲望的主人，谁就不会在死后重新转世。印度人相信，灵魂之所以转世，是因为它还牵挂着生命。谁不再对生命有所牵挂，死后就不会挤进"生命轮回"当中，而会进入"空"，进入没有愿望、没有痛苦的"空"，也就是"无我"的神圣状态，佛教称之为"涅槃"。②

这种遁世宗教，虽然一度迎合了印度中下层民众反对"婆罗门至上"的心理需要，但因为要求彻底出世，因此它只能属于极少数具有"慧根"的人。对于一般印度人来说，也许做人太累了，所以想到成佛；而成佛

---

① 见［美］威廉·麦克尼尔：《世界史》，中信出版社2013年版。
② 见［英］恩斯特·贡布里希：《世界小史》，广西师范大学出版社2016年版。

太苦了，所以还是做人。到了4世纪，更适合印度人精神秉性的印度教——在入世的婆罗门教和出世的佛教之间采取了中间道路——逐渐取代了佛教的统治地位而成为印度的国教。印度教宣称，人的灵魂是不死的，是可以重生的，如果上辈子做好事，那么重生的灵魂就会变成富人或好的动物，否则就会变成穷人或丑陋的动物。教徒们既不必挨饿，也不用出家，只要虔诚信奉梵天、湿婆、毗湿奴三大主神，三大主神就随时可以把教徒从现实苦难中拯救出来，提升到极乐世界的层次，达到灵魂与神合二为一的境界。加上早期的佛教没有为民众生活的日常事件——如出生、死亡、婚礼、老年等设立什么仪式，平常人的生活琐事仍然需要婆罗门服务，这就给了婆罗门教的升级版——印度教以可乘之机，使得他们有理由诟病"不食人间烟火"的佛教。

此后，佛教只能掉头向东，将上座部佛教传入斯里兰卡、缅甸、泰国、柬埔寨、老挝，这一支又被称为南传佛教；或掉头向北，将大乘佛教从西域传入中国，再由中国传到日本、朝鲜、越南，这一支又被称为北传佛教、汉传佛教；或翻过喜马拉雅山口，传入中国西藏，这一支被称为藏传佛教，俗称喇嘛教。因此，佛教成为宗教时代唯一游离于故土之外的高级宗教。

毫无悬念的是，心胸开阔且崇尚思辨的中华帝国加入了引进佛教的行列。与许多一神教国家不同，中国拥有上下五千年的文化积淀，有足够的底气去融万涓溪流。中国一向认为，文化是没有边界的，是超越种族的，宗教文化只有风格、样式、背景和环境的不同，并无优劣之分。纵然是再秀美的花，也不该一花独放。当只有一只夜莺在歌唱，其他夜莺都被割掉舌头时，这只夜莺的歌喉再美妙，也是令人不寒而栗的。中国的文化哲学是"和而不同"，"和"是不冲突，"不同"是多样化。这也就是世界上所有的宗教，都曾进入中国，并一度扎根、发芽、开花的原因。说穿了，无论哪一个帝国，宽容性都是其获得世界话语权不可或缺的关键因素。而每一个帝国的衰落也都无一例外地表现出狭隘、仇外并强调所谓的种族、宗教、人种的"纯化"。于是我们看到，不能容忍佛教的印度四分五裂了，而向外来文化敞开怀抱的中国，却将治世的儒学、治心的佛教、治身的道教有机融合在一起，铸就了强大、文明、统一的隋唐帝国。

中国引入佛教的过程，被称为"佛教东渐"。完成佛教东渐的人，无非两种：西天取经者、东来传经者；佛教东渐的路，无非两条：陆上和海上。

先说陆上。随着公元前1世纪陆上丝绸之路的开通，佛教经大月氏之手，翻过白雪皑皑的喜马拉雅山脉，穿越西域大漠里的漫漫流沙，历尽千辛万苦走向今中国新疆。还有一种观点，说一支僧人走西南滇缅道，经缅甸、云南进入四川，这也是早期佛教传入的一个途径。特别是佛教两次分裂，乃至公元4世纪佛教在印度受到冷落后，大批西域僧侣携带着成捆的经传和精美的佛像，辗转东来。譬如东汉时期的天竺高僧摄摩腾、竺法兰，南北朝时期的天竺籍佛教翻译家鸠摩罗什、天竺高僧昙无谶。大批中国僧人抱着虔诚向佛的志向，历经艰险西去，如法显、智严、义净、玄奘。

再说海上。南北朝时期的中国僧人法显、昙无竭、义净，是从陆路前往印度，从海上返回中国的。唐代之后，由于航海技术的进步，许多中国僧人往返印度都选择海路，如明远法师、窥冲法师、大乘灯禅师、慧日。

南北朝时期，从海上东来的天竺高僧有佛驮跋陀罗、求那跋摩、求那跋陀罗、达摩、真谛。唐代，从海上前来中国弘法的天竺高僧，有那提三藏、莲华、金刚智、般剌若。其中的绝大多数，把肉身永远留在了中国。

三、玄奘的日记

唐僧玄奘到西天取经的故事，借助吴承恩的志怪小说《西游记》，在中国可谓家喻户晓。而对玄奘眼中的印度，了解者则未必多。

在法显取经回国217年后，也就是唐贞观三年（629），玄奘单人徒步踏上了长达5万里、历经56国、历时17年的取经之路。他是从丝路北道进入天竺的。直到贞观十七年（643），他才带着657部佛经、150粒如来肉舍利、7尊佛像从丝路南道回国。算来，玄奘在印度整整住了10年。

玄奘既是一个虔诚的朝圣者和能力惊人的佛经翻译者，还是一个目光敏锐的探险家和思维缜密的地理学家。如同所有的有心人一样，玄奘有记日记的习惯。在旅行日记中，他对北印度五国、中印度十国、南印度七国、东印度六国、西印度十九国的山川地理、风土人情、宗教信仰，一一做了详尽的注释。在根据日记整理的《大唐西域记》出版之前，印度的信史几乎一片空白。主要原因是印度没有纸，书写资料使用木板、竹片、贝叶、桦树皮，印度文学与历史几乎全靠口传，到义净去印度取经时，还说印度"咸悉口相传授，而不书于纸叶"[1]。

1300年后，英国考古学家和印度学者一道，手持英译本《大唐西域记》，在古老的印度大地上按图索骥，陆续挖掘出众多佛教圣地和数不清的古迹，包括如今印度的国家象征——阿育王柱的柱头。中国梵文翻译家季羡林感慨地说："我们几乎找不到一本讲印度古代问题而不引用玄奘《大唐西域记》的书。"此前，印度被中国称为身毒、贤豆、天竺，而"印度"这个译名，就是由玄奘确定的。

他讲得最深情、最详细的，是印度那烂陀寺。它是一座佛教寺院和大学的综合体，玄奘在此住了5年。他说：

> 寺内有僧人几千名，都是才能出众、学识渊博之人。德行名重当时，声誉传到国外的，有几百人。他们恪守戒规，品行清白，教律纯粹，制度严格，僧众全都信仰坚定，印度各国都仰慕他们。他们互相请教，研究佛学，日复一日，仍不满足；不分昼夜，互相提醒，老少互相帮助完成学业，其中有不谈佛学的深奥义理的，就会孤独无友，羞惭无比。所以外国学者如果想要显扬名声，都会前来请教释疑，这样才能美名远播。因此盗名窃誉之辈，居然也受礼遇尊重。来自四面八方和国外的人，若要入寺谈论，则由守门者先行责难，大多数人因为理屈词穷怏怏而归，唯有学问博通今古者，方能跨入寺院大门。所以外来的年轻学者，详细谈论学业以后，败退

---

[1] 见刘迎胜：《丝绸之路》，江苏人民出版社2014年版。

而去的十有七八。至于二三个博学之士，与众僧相继辩难，结果也是锐气受挫，名誉扫地。博学多才、强识多能、德高善辩的人，则并世而出，接踵而至。①

四、"糖"入中华

贞观十七年（643），玄奘回国。

同一年，唐太宗李世民派出大唐使团护送中印度使节回国，顺便回访印度。使团的副使名叫王玄策，洛阳人，当过县令，因为善于辞令成为外交使节。

贞观二十一年（647），唐太宗又任命王玄策为正使，率领30人的使团出使印度。他们此行肩负着三大使命，一是将玄奘翻译的梵文版《道德经》带到印度，向印度传播中华文化；二是开辟一条从陆上进入印度的道路；三是向印度学习制糖法。

作为一大文明古国，印度早在公元前5世纪前后，就掌握了蔗糖制作工艺，这个时间节点基本与佛教起源同步。佛教认为，清晨是天食时，即诸天的食时；午时是佛食时，即三世诸佛如来的食时；日暮是畜生食时；深夜是鬼神食时。所以，佛教讲究过午不食，但一点儿不吃会影响体力与修行，他们发现喝蔗糖汁可以补充体力，喝不完的甘蔗汁熬煮之后，还会产生一种固体，这就是最早的蔗糖。

蔗糖是经由丝绸之路，伴随着佛教传入中国的，但直到唐初中国仍未掌握制糖技术，于是王玄策受命到印度摩揭陀②学习熬糖法。

大唐使团抵达印度后，恰逢戒日王病逝，大臣阿罗那顺自立为王。阿罗那顺派军袭击了王玄策一行，王玄策等人猝不及防，兵败被俘。随后，趁对方军人忙于抢夺外国使节的财物，侥幸逃脱。

他们逃到吐蕃，发出檄文征召军队，得到了1200名吐蕃兵、7000

---

① 见〔唐〕玄奘、辩机著，季羡林校注：《大唐西域记》，中华书局2008年版。
② 又称摩揭、摩羯陀，佛陀时代印度四大古国之一，疆域大体位于今印度比哈尔邦。

名泥婆罗（今尼泊尔）骑兵，很快杀回中印度。双方大战三天，唐朝联军用火牛阵大败了对方的象兵阵，阿罗那顺弃城逃跑，被蒋师仁活捉①。阿罗那顺的妻子纠集残部继续抵抗，被蒋师仁率兵击败，被俘的王妃、王子和军人达到12000人，580座城池全部投降。这就是"一人降一国"的故事。

贞观二十二年（648），王玄策押着万名俘虏回到长安。他不仅带回了俘虏和战利品，还开辟了从吐蕃直通印度的道路。更值得大书特书的是，他从印度摩伽陀取回了制糖法，带回了制糖工匠。唐朝用扬州的甘蔗做试验，做出来的糖比印度糖的质量还要好。②

13年后，王玄策又奉唐高宗之命，从印度带回了10位制糖专家，利用"竹甑法"制出了颜色浅亮的精沙粒糖。从此，天竺制糖法在中华落地生根。

到了明代，身为学生的中国白砂糖工艺，已经超越它的老师印度，就像身为学生的印度红茶不亚于它的祖师中国红茶一样。中国白砂糖相继输出日本和东南亚、南亚国家，也销往了印度，所以印地语中"白砂糖"一词叫 cīnī，意思是"中国的"。③

这是中印文明交流史上的一大佳话。成就这一佳话的，是古人质朴的性格、博大的胸怀、无私的分享。

五、杨庭璧四使印度

从惜字如金的中国历史上，我看不出杨庭璧生于何年，籍贯是哪儿，有什么背景。我只知道他是蒙古征南大将军唆都的部下，大元灭宋后任广东招讨副使。作为一名辅助官员，他长期生活在上司的阴影里。如果

---

① 见〔后晋〕刘昫等：《旧唐书·西戎传》，中华书局1975年版。
② 见季羡林：《一张有关印度制糖法传入中国的敦煌残卷》，原载《历史研究》1982年第1期。
③ 见季羡林：《中印智慧的汇流》，原载周一良主编：《中外文化交流史》，河南人民出版社1987年版。

一辈子就这么过去，他只是快乐地跑了一回龙套，当我们说起别人时，偶尔请他出来客串。然而，历史决定给他一个露脸的机会。

当时，福建行省长官唆都、蒲寿庚奉命派遣使者昭告南洋各国，占城、马八儿等国都遣使奉表，向新立的大元称藩。但不知哪里出了岔子，俱蓝（今印度南部西海岸的奎隆）等国始终没有回音。对此，忽必烈有些不满，表面上似乎是埋怨南海招谕成效不佳，实际上是对福建行省独自遣使心存芥蒂。为了牵制各行省的独自遣使行为，忽必烈于至元十六年（1279）直接派遣杨庭璧出使俱蓝。

杨庭璧一行于当年十二月乘船启程，四个月后抵达俱蓝。在异国他乡，他的外交才能得到了淋漓尽致的展现，事情也进行得顺风顺水，俱蓝国王命令弟弟用波斯文写了降表，跟随杨庭璧回国，并约定来年遣使到大元朝贡。之后俱蓝国使臣如约出访了大元，纳上了贡品。这次出使，杨庭璧干得精彩。

但一次偶然的成功，并不能保证他一定会被加官晋爵。至元十七年（1280）十月，忽必烈任命哈撒尔海牙为俱蓝国宣慰使，杨庭璧为助手，率大元使团第二次出使俱蓝。第二年正月，杨庭璧等人从泉州出海，三个月后抵达僧伽罗国。此时，北风已停，留在原地等候季风要耗费大量钱粮，而他们携带的给养又不足以应付长期的等候，于是，舟师郑震等人建议，可以利用南风渡海前往马八儿国，然后从陆路转道去俱蓝。就这样，杨庭璧等人在下一个月从马八儿国新村码头登岸，受到了马八儿国宰相马因的异乎寻常的热情接待。至于为何如此热情，对方的解释是：本国商船到泉州时，大元照顾得很周到，我们无以为报。

接下来，杨庭璧向对方提出，自己此行是受命出使俱蓝，能否从马八儿借道前往。然而，对方以道路不通为由婉言谢绝了。此后，杨庭璧又会见了马八儿另一位宰相不阿里，也提出了借道之事，同样被对方拒绝。他心里顿时疑问丛生，愁眉不展。无奈之下，杨庭璧等人只得在宾舍住下，等候部下带来的新消息。

五月的一个清晨，马因的、不阿里偷偷赶到宾舍，屏退左右，向杨庭璧讲述了一个秘密。原来，国王并没有派使臣朝贡的打算，先前到大元朝贡的使臣，是两位宰相私下派出的。后来，执掌文书的官员得到了消息，向马八儿国王作了举报。国王对二人里通外国的行为大为震怒，下令没收他们的金银田产妻子奴隶，并要杀了他们。幸亏马因的、不阿里一再申辩，才躲过了一劫。二人还告诉杨庭璧，马八儿与俱蓝关系十分紧张，此时国王正集结兵力，准备讨伐俱蓝，因此无法借道。听到这里，杨庭璧打消了借道的打算，无奈地返回泉州。11年后，不阿里一再暗中帮助蒙古人的消息，让忽必烈大为感慨，派出使者携带诏书前往马八儿召不阿里入大元。接到诏书，不阿里毅然舍弃了家产，率百名家人和随从来到中国定居，被忽必烈任命为官员，娶了一位中国女子、一位高丽女子为妻，这是后话。

同一年冬天，北风再起。此时的杨庭璧，已被忽必烈提拔为广东招讨使，奉命第三次出使俱蓝。三个月后，也就是至元十九年（1282）二月，他顺利抵达俱蓝。国王和宰相一起出迎，杨庭璧向对方转交了大元的国书。在俱蓝停留期间，在该国传教的一名基督教传教士，要求携带礼品到中国朝贡；当地的伊斯兰教首领，也表示愿意派代表入贡；苏木达国的相臣恰好在出使俱蓝，闻听杨庭璧即将回国，也代表国王表示愿意派使臣随杨庭璧到大元进贡。杨庭璧一一答应了他们的要求。

三月，借助浩荡的南风，杨庭璧启程回国。俱蓝也派出使臣，携带一只黑猿和许多宝物登上了大元使船。一个月后，使船路经今尼科巴群岛的那旺国，杨庭璧说服国王忙昂，派出使臣随他一起去大元。使船行进到今苏门答腊岛北部的苏木都剌国，他向国王土汉八宣传了大元的强盛，土汉八当天就表示纳款称藩，派出两名使臣随使船入贡。九月，随他入贡的使臣，受到了忽必烈的集体接见。

直到此时，杨庭璧才成为忽必烈心目中的首席外交家。至元二十年（1283）初，忽必烈委任杨庭璧为宣慰使，命他第四次出使俱蓝等国。此后三年，响应杨庭璧的要求到大元朝贡的国家达到10个。[①]

作为一位天才的外交家，杨庭璧无论是担任助手，还是独立行使外交使命，都无一例外是外交舞台的主角，都自始至终任劳任怨地做事。如此人格，不知会让多少人感慨遥深。

① 见赵成国：《中国海洋文化史长编·宋元卷》，中国海洋大学出版社2013年版。

六、郑和长眠于此

杨庭璧离开印度八年后，马可·波罗护卫着蒙古公主，也来到神秘的印度海岸。此时的印度，已经分裂为无数个互不统属的国家，因此马可·波罗的记忆也是碎片化的，无非就是那里盛产胡椒、姜、苏木，那里的国王有几百个老婆，还将弟媳占为己有，弟弟居然熟视无睹之类。对此，笔者只能一笔带过。

马可·波罗西去百年之后，时针指向永乐五年（1407），第二次下西洋的郑和到达古里。

古里，是当时的西洋大国，位于今印度西海岸的卡利卡特，面积只有128平方公里，但在世界航海史上却具有特殊地位。一方面，此地盛产香料，有"香料之城"的美誉；另一方面，航海家郑和在此登陆，又在此去世。

郑和命令船队在距离古里5海里的洋面抛锚。依靠旗语和钟鼓，抛锚的命令被迅速传达到208条大船上。868名文官、442名武官、35名翻译、180名医生以及10000名士兵、水手、工匠，有条不紊地做着登陆前的准备。

古里王亲自到港口迎接。他小心翼翼地询问使节来访的目的，因为在家门口，毫无预兆地一口气出现2万多名官兵，几百艘大船，任何人都会心惊不已。

进入王宫后，郑和宣读了明帝朱棣的敕书，正式册封了古里王，并刻石立碑纪念，碑文为"其国去中国十万余里，民物咸丰，熙皞同风，刻石于兹，永示万世"。大意是，古里到中国十分遥远，但生产方式大同小异，人民生活怡然自得，特此立碑，万世纪念。进行完这些程序，古里王长出了一口气，但依旧感觉如同做梦一样。

外交活动结束后，国王安排两名官员与郑和船队交易。郑和船队带去的商品主要是瓷器和丝绸，采购的当地商品主要是宝石、珍珠、珊瑚等，以古里的金币、银币进行结算。双方面对面议价，谈好价格后击掌为誓，之后签订合约，双方各执一份，不得反悔。

鉴于古里所处的地理位置，以及双方形成的良好关系，郑和从第四次下西洋开始，在古里设立了"官厂"，作为大明船队补充淡水和食物的基地，以及向西进入阿拉伯海和非洲海岸的中转站。据《郑和航海图》所示，除古里外，这样的"官厂"在满刺加、苏门答刺、忽鲁谟斯各有一所。

郑和七次下西洋均到达古里，每次会有全部或部分船员停留数月，在当地从事贸易、宗教活动，船队带来的物品也被当地人接受并沿用至今。比如，当地居民的一些炊具被称为"中国陶罐"和"中国锅"，船队带去的辣椒被称为"中国椒"，大明回族船员做礼拜的一座清真寺被当地人称为"中国寺"，当地一条商业街被命名为"丝绸路"，至今还竖立着一座中国商人的雕像。卡利卡特市文化遗产论坛主席拉姆昌德拉接受采访时说："这是为了纪念600多年前郑和访问此地而竖立的雕像。它表现的是一位中国商人向印度顾客展示丝绸的场景。有趣的是，两人把手藏在布料下面偷偷握手，这是传统的报价和还价方式。"①

在时间的河流上，人人都是漂流的孤舟。宣德八年（1433）暮春时节，第七次下西洋的船队返航抵达古里，郑和永远作别了他的团队。

对于以生命为旗、灵魂为足，终生行走的郑和来说，死亡不是终结，而是完成。在一片祷告声中，依照穆斯林的习俗，郑和的遗体被裹上白布投入泛着白色浪花的大海。临终前，他嘱咐部下，将自己的鞋子和一缕头发带回南京。如今南京牛首山下的郑和墓，是他的衣冠冢。

七、香料之路

东方的中国，早在远古时期就用熏香的办法驱除室内的异味、邪气和蚊虫，后来发展成一种习俗。唐朝的贵族男女，卧房里燃着香炉，浴缸中加了香料，扇柄上悬着香坠，腰间佩着香囊，口中含着沉香或麝香，

---

① 见孙洋：《印度海滨小城卡利卡特的中国缘》，2013年9月24日国际在线网站。

天天生活在香气缭绕之中，就连皇帝的御座前都摆着香案，君臣一起在弥漫着神奇魔幻的香气中处理国事。① 到了文人主导的宋代，上至皇宫权贵，下至黎民百姓，都以香为时尚。一方面，各种官方仪式、庆典、祭祀，都要焚香与熏香；另一方面，部分香料可以入药，如乳香可用于难产、中风等急症，安息香主治中风昏厥，樟脑被用作镇静剂、驱风剂、发汗剂、祛风湿剂和尸体防腐，胡椒被用来治疗哮喘、溃疡，肉桂可治疗高烧、缓解口臭，麝香、姜汁是刺激性欲的药物，肉豆蔻则被用于治疗肠胃道胀气。但中国香料资源有限，仅有肉桂、樟脑、麝香②、姜黄、生姜、大黄、苏木、肉豆蔻等几个品种，因此盛产香料的印度及其他南亚国家，成为中国的主要供应地。胡椒、龙涎香、乳香、沉香③、苏木、檀香、龙脑香、安息香、紫藤香（又叫降真香）、鸡舌香、爪哇香、苏合香、白茅香、蔷薇水、蕃栀子花、丁香、藿香、没药等，长期大量地输入中国。仅宋神宗熙宁十年（1077），广州市舶司就输入乳香34.8万斤。东来的商船所搭载的，主要是香料，然后才是珊瑚、犀角、珍珠、宝石等奢侈品。香港，就是因为运输香料而得名。

　　西半球的古埃及，每年都求购大量的香料，因为他们需要敬拜诸神，需要制作木乃伊，需要与黄金一起配药。迦勒底的祭司，每年要在迦南的主神巴力的祭坛前，烧掉重达90斤的香料。在希腊各地，敬拜奥林匹亚宙斯的香烟直冲云霄。波斯国王大流士，每年都逼迫阿拉伯人交纳9斤香料作为固定的贡物。④

　　在中世纪欧洲的厨房里，香料被大量放进酱料里，浸在葡萄酒中，还会加入食糖后结晶成为糖果，这种糖果本身就被视为一种香料。肉桂、姜、藏红花是每个体面厨师的必备之物，而珍贵的丁香、肉豆蔻同样无处不在。这些香料的来源，多数是远方的印度。公元1世纪，罗马人便在印度洋西岸各胡椒港做生意，罗马船只可以在短短40天内从红海穿

---

① 见［美］爱德华·谢弗：《唐代的外来文明》，陕西师范大学出版社2005年版。
② 麝香的别名有：当门子、脐香、麝脐香、四味臭、臭子、腊子、香脐子、遗香、心结香、生香、元寸香。
③ 沉香一类的香料有：栈香、笺香、蜜香、沉水香、黄熟香、鸡骨香、速暂香。
④ 见［德］保罗·赫尔曼：《人类的征服》，知识产权出版社2015年版。

越印度洋抵达印度,直到今天,印度还能挖出用于购买胡椒的罗马金币。①

汉唐及宋元时期,阿拉伯、波斯商船,几乎垄断了从印度到阿拉伯海、红海的航线。而这条航线上所运载的,除了中国的丝绸、瓷器,就是印度与东南亚国家的香料。

胡椒,原产于古印度,作为"热带藤蔓上长出的气味刺鼻的莓果",是人类最早使用的香料之一。对于中世纪的欧洲人来讲,其贵重程度堪比黄金,经常被当作硬通货用于交租交税、折算工钱。美国作家玛乔丽·谢弗甚至将中世纪的胡椒比作特洛伊战争中的美女海伦。那么,为何中世纪的欧洲人如此喜爱胡椒呢? 一种说法是,在当时没有冷藏设备的情况下,浓郁的香料可以掩盖变质肉类的味道。这种说法已经被推翻了,因为胡椒的价格比肉类贵得多,傻子才会做这种得不偿失的事儿。真正的原因是,中世纪的欧洲人和今天的印度人一样喜欢辛辣,食物越辣就越高级,因此贵族和富人尽可能多地使用胡椒,胡椒也就成了地位的象征。可见,味道也会成为一种社会、文化甚至是政治现象。

1095年,教皇乌尔班二世发表了一场著名的演讲,历史认为,这场演讲导致了持续近200年的十字军东征。他以富有诱惑力的口吻,满怀憧憬地说:"东方是那么的富有,金子、胡椒俯身可拾,我们为什么还要坐以待毙呢?……向着东方出发吧! 不要犹豫,不要彷徨,为荣耀我主,去吧!"可以说,前赴后继的十字军战士,是向着东方的金子、胡椒出发的。

马可·波罗口述的《马可·波罗行纪》出版后,书中关于印度遍地胡椒、宝石、珍珠的描述,彻底点燃了西方探险家的寻金梦。因此,这条海上丝路,又被称为"香料之路"。

鲜为人知的是,当时有一本书,居然比《马可·波罗行纪》还要畅销。

---

① 见[美]玛乔丽·谢弗:《胡椒的全球史》,生活·读书·新知三联书店2019年版。

八、《曼德维尔游记》

这本书，叫《曼德维尔游记》。

在书中，埃及的金字塔不是墓室和寝陵，而是储备粮食的巨大粮仓；埃塞俄比亚有一个单脚民族，其脚硕大无比，躺倒歇息时，可以为自己的全身遮阴；印度有一眼不老井，无论谁在空腹时饮井水三次，其周身的沉疴会不药而愈，那些身居该地常饮井水者从不染病，并永葆青春；拉马利岛上非常炎热，不论男女一概赤身裸体，但见穿衣的生人莫不嗤之以鼻，这里没有结婚娶妻之说，所有女人皆为公有，她们不会推拒任何男人；纳卡梅拉岛上所有的男女都长着猎犬的头，被称为"狗头人"；都顿岛周边有54个岛屿，那些小岛上住着奇形怪状的人，有的眼睛长在肩膀上，有的嘴唇大得能遮住整个脸，有的耳朵能垂到膝盖，有的长着马的蹄子。总之，书中满是奇闻逸事，那里有无尽的财富、极致的美丽和巨大的风险。

该书使用第一人称的叙述方法，主人公的旅游路线，几乎就是欧洲人想象的世界：从英国出发，经基督教大本营君士坦丁堡、希腊群岛、苏丹王的城堡，参观完埃及的太阳城、香脂树园、金字塔，就来到了耶路撒冷的圣墓教堂、约旦河、大马士革、阿拉伯半岛，再往东是印度及众多岛屿、比巴黎大的广州城、拥有12000多座桥的杭州，然后是富丽、高贵、商贾云集的伟大国度——契丹（中国），契丹大汗属下的鞑靼，还有传说中的基督教王国祭司王约翰的国土。祭司王约翰领地的东疆，有一座大岛，岛上有一座座高大的金山，由蚂蚁辛勤地守护着。再往东去，过了黑暗区，就进入了天庭乐园的边界，那里是亚当、夏娃当年被安置并暂住之处，位于大地起始的东方。然而，天庭乐园是人类不能踏足的地方。因此，曼德维尔自称走遍了世界，唯独没有到过天庭乐园。

书中写道：

据贤哲们说，天庭乐园位于全世界最高的地方，它直插云天，几乎触及月亮运行的圆盘，月亮在那里绕着它旋转。因此，在挪亚洪灾的时候，世界其他地方都被洪水淹没了，唯独乐园得以幸存。乐园四面建有高高的墙，无人知晓这些墙是用什么材料做成的，因为墙上长满了苔藓和杂草。整堵墙从南向北延伸，中间仅留有一个出口，且为熊熊的烈焰所封锁，所以凡夫俗子无人敢入其内。

在乐园最高处，即它的中央有一泓清泉，泉水四溢，流向不同的地方。其中一条叫恒河，贯穿印度或埃姆莱克大地，河内贮有很多宝石、沉香木和金砂砂砾；另一条叫尼罗河，途经埃塞俄比亚，后又穿越埃及；第三条叫底格里斯河，流过亚述和大亚美尼亚；最后一条称幼发拉底河，一路流经米提亚、亚美尼亚、波斯。听海外人士讲，世上所有淡水，不管是地上还是地下的，全都源于乐园的这眼泉，水自这泉中注出去又流回来。

大家自然明白，凡人根本无法接近乐园。那些荒野中的野兽和无法翻越的高山巨石，让人们无法从陆路靠近它；激烈的海流和汹涌的波涛，使海路的接近也变得不可能，而且由于水声太大，人们都无法听到对方的声音。无数杰出的王公贵族多少次带着大队旅伴，沿着河流舍身向乐园进发，但他们的航行无不以失败告终。许多人因划桨过度劳累而死，许多人被咆哮的河水震得双耳失聪，还有许多人因船只倾覆被大浪卷走。

作者特别强调，"除非上帝特别的恩宠，否则谁都无法到达天庭乐园"。

为了增加书的可信度，作者最后说：

在下于公元1322年背井离乡，出海云游，先后登临了许多大地和岛屿，造访过众多国度，探寻过无数奇异之地，结识了一众可亲可敬之人，目睹了若干重大战事——尽管因不通武事，我从未参加过一次战斗，如今因风湿沉疴的羁绊而终止云游，万般无奈地返乡以养余年。上帝作证，这全然有违我的意愿。①

该书出自英国作家约翰·曼德维尔爵士之手。他拥有学者、医生、语言学家、基督徒等多重身份，更是一位对周围世界充满兴趣、极富想象力的作家。问题是，他从未离开过欧洲，这本书是他参考了《马可·波罗行纪》《柏朗嘉宾蒙古行纪》《鄂多立克东游记》等东方游记，根据只言片语的线索，依靠天马行空的想象，得出了海市蜃楼般的答案，达到了哗众取宠的目的。它根本不是一本纪实文学著作，而是一本散文体虚构游记。他用双脚完成不了的东方旅游，硬是用生花妙笔完成了。

令人称奇的是，这本无中生有、牵强附会的图书，在欧洲居然引发了轰动效应，激发了欧洲民众对印度和中国持久而浓厚的兴趣。可以说，在地理大发现之前，马可·波罗和曼德维尔的游记，就是欧洲人拥有的世界知识百科全书。但许多欧洲人拒绝相信马可·波罗，却完全接受《曼德维尔游记》中的内容，作者甚至被誉为"英国散文之父""世界上最伟大的亚洲旅行家"。它先后数百次印刷，拥有300多种版本，长期占据欧洲非宗教类畅销书榜榜首。它和《马可·波罗行纪》一起，吊足了欧洲人的胃口。探险家哥伦布也有这两本游记，并深信自己受到了"上帝的恩宠"，一定能找到"东方的天庭乐园"。

九、教皇子午线

15世纪，是世界海洋史上最富有戏剧性的世纪。上半叶，世界海洋史是属于中国的，其代表性事件就是郑和七下西洋，然后莫名其妙地自动退出；下半叶，世界海洋史是属于欧洲的，其代表性事件就是"教皇子午线"的划分，然后西班牙、葡萄牙按照教皇划分的势力范围驾船走向世界。

据了解，西班牙、葡萄牙探险家是按照《马可·波罗行纪》《曼德维尔游记》提供的线索，扬帆前往东方寻找遍地宝石、香料、金砂的印

---

① 见［英］约翰·曼德维尔：《曼德维尔游记》，上海书店出版社2010年版。

度和丝绸的故乡中国的。

因为欧洲香料市场，一直被意大利城邦国家威尼斯和热那亚控制着，而意大利人是从阿拉伯贸易中心亚历山大港和安条克港得到香料的；至于这两个港口的货物，是阿拉伯商人靠船只和驼队从印度运来的。但要得到印度及东南亚的香料、中国的丝绸，阿拉伯商船需要横跨中国，途经印度、中东、波斯湾，最后抵达欧洲。通常欧洲商人会在威尼斯或热那亚接收货物，然后走陆路抵达目的地。一路上，香料要转手12次，每次转手都会使价格飙升。阿拉伯商人为了稳固自己的垄断地位，一直隐瞒胡椒、肉桂、丁香和肉豆蔻的原产地，坚称香料来自非洲。他们说，胡椒林由大蛇守护着，当胡椒成熟时，当地人就焚烧树木，火势会驱走毒蛇，胡椒林过火之后，不得不重新种植，这也是胡椒价格高昂的原因。他们还宣称，取肉桂的办法非常耗费人工：这种干树枝是由大鸟带到阿拉伯来的，它们把树枝衔回巢中，那些泥做的鸟巢位于人迹罕至的悬崖之上，需要人们把死牛尸体切成大块，放在鸟巢边，然后人们四散而去，鸟儿飞来，把肉衔到巢中，而脆弱的鸟巢无法承受重量，坠落在地，人们便可上前捡拾肉桂。直到《马可·波罗行纪》面世，阿拉伯人的谎言才被拆穿，欧洲人方才知道，遥远的印度及其东部群岛，才是世上最受欢迎的香料主产地。要命的是，1453年，奥斯曼帝国攻陷了君士坦丁堡，成为横跨亚、欧、非三大洲的超级帝国，全球香料贸易格局随之发生剧变。就是这个统治世界达400年之久的奥斯曼帝国，不仅主宰了东南欧、中欧、北非的政治，而且掌控了连接欧洲与波斯、印度、中国的通道。为了支付军队、官僚体系的巨额开支，他们与埃及马穆鲁克王朝、威尼斯商人携手，垄断了整个欧洲香料市场，阻断了欧洲与东方的直接贸易，导致香料价格高得更加离谱。

被逼无奈的欧洲人，只能从海上想办法。他们深信，如果非洲有尽头，就有可能找到一条直达东方香料群岛的路。谁首先打通这条航线，谁就能取代威尼斯成为欧洲首富。可以说，这一剧变，为海权国家提供了称霸世界的机遇。[1]

---

[1] 见[美]劳伦斯·贝尔格林:《黄金、香料与殖民地》，新世界出版社2019年版。

公元1500年前后，是人类历史的一个分水岭。从那时起，人类历史才称得上是真正意义上的世界史。在此之前，人类生活在相互隔绝又各自独立的几块陆地上，没有哪一块大陆上的人能确切地知道，地球是圆的还是方的，而几乎每一块陆地上的人都认为自己生活在世界中央。

不可思议的是，开启大幕的，并非当时的欧洲经济和文化中心，而是偏居欧洲西南角的两个袖珍国家——葡萄牙和西班牙。这两个国家有一个共同点，就是面临大西洋。

它们所面临的大西洋，为开启人类"地理大发现"大幕提供了无限可能。无论任何季节，大西洋上的季风总是按照同样的规律吹向同一个方向，即从非洲西北部吹向加勒比海，或者从非洲南部吹向巴西。两道季风之间的区域，便是所谓的赤道平静带。基于此，招募敢于冒险的航海家，通过掌控制海权来促进海上贸易，成为西欧海洋国家的一大特色。[1]

> 我有点儿金，
> 有点儿银，
> 有几条船在海里，
> 有一个漂亮的老婆，
> 我还能再要什么呢？

这是一首西班牙民歌，在他们眼里，幸福来自大海，来自贸易和征服。

一切还要从十字军东征讲起。《圣经》里有一条基本教理：基督之所以出世，不仅是为了安排以色列人的命运，而且也是为了安排全人类的命运。基督教唯我独尊的上帝观和拯救全人类的使命感，成为传教运动的内在动力。但与伊斯兰教地区相遇以来，它常常处于下风，圣城耶路撒冷一直在穆斯林手中。1095年，经过教皇乌尔班的煽动，基督教世界先后发起了8次十字军东征，虽然取得了一些进展，在中东建立了

---

[1] 见美国国家地理学会：《大航海时代》，现代出版社2022年版。

3个基督教小公国，但在穆斯林的大反击中又先后失去。1291年，十字军在亚洲大陆的最后一个据点阿卡，被埃及军队攻占，残余的十字军在圣殿骑士团的率领下撤回南欧。1307年，觊觎十字军从东方带回的财富、急于摆脱巨额债务的法国国王腓力四世，逮捕并烧死了圣殿骑士团的大部分成员。只有伊比利亚半岛的圣殿骑士团获得了当地政府的保护，后来被罗马教廷改组为隶属耶稣会的两个组织，即西班牙的蒙特萨骑士团和葡萄牙的基督骑士团。

葡萄牙，又译作波尔杜葛尔，在拉丁文中意为"温暖的港口"。这个名称，既反映了这个国家的本质，又泄露了它的野心。作为西方第一个民族国家，葡萄牙最早实现了王权和教权分离——把恺撒的给恺撒，把上帝的给上帝。同时作为得到了罗马教皇承认的国家，葡萄牙也一直是为十字军输送兵员的主力。1420年，葡萄牙国王若昂的三儿子恩里克王子，被封为第一任基督骑士团总团长。《曼德维尔游记》中说，遥远的东方有一个信仰基督教的祭司王约翰，如果与祭司王联合起来，就可以从侧翼包围并最终制服阻碍商路的伊斯兰王国。因此，恩里克王子策划派舰队绕过非洲，联合东方基督教国家，攻打伊斯兰教的心脏地带。

恩里克王子用耶稣会和基督教骑士团的庞大财产，招募了大批航海家、造船工、天文学家、领航员、制图员、宇宙学家，潜心研究绕过非洲的航路，还设计出了一种船身小、易操控，以斜挂的大三角帆而著称的"拉丁帆"。此后十几年，他派出十几支探险队，终于抵达佛得角群岛，使得那里成为葡萄牙奴隶贸易的前哨站。据说，他全身心扑在航海事业上，终身未娶。

1460年，恩里克王子去世，葡萄牙的远洋探险一度中止了20年。恩里克王子的侄子若昂二世上台后，忠实继承了恩里克王子的宏图大志。1488年，他派出迪亚士率领探险队到达非洲西南端，发现了好望角。[①]

胜利者首先是敢于竞争者。看到葡萄牙航海的进步，西班牙自然不甘示弱。在读者印象里，西班牙是一个弹吉他、打响板的浪漫国家，但

---

① 见罗三洋：《古代丝绸之路的绝唱：广东十三行》，台海出版社2018年版。

这里也出产奋不顾身的斗牛士，也有追求刺激、喜欢冒险的另一面。西班牙的独立，得益于一个美丽的婚姻。卡提斯国俏丽且智慧的公主伊莎贝拉与精明强干的阿拉贡国王子斐迪南私订了终身，两人分别继承王位后，组成联军打败了葡萄牙军队，于1479年合并成立"西班牙王国"，夫妻二人成为"天主教双王"，而后击败了阿拉伯人，光复了格拉纳达，完成了西班牙统一大业。①

1492年10月12日，在西班牙国王的资助下，探险家哥伦布率领三艘船只，从巴塞罗那港启航了。在随身的行囊中，哥伦布携带着三本书：《圣经》《马可·波罗行纪》《曼德维尔游记》。他信心百倍，踌躇满志，因为临行前佛罗伦萨数学家、宇宙学家保罗·托斯卡内利写信告诉他，"从此地前往印度——香料国度，有一条海路，这条海路的距离比通过几内亚要短"。他进而推断，因为地球是一个圆球，所以无论向东还是向西航行，都有可能抵达印度，而向西航行的距离更短。于是，这只船队向正西航行，目标直指印度和中国。由于托斯卡内利对地球的圆周长估计过低，所以哥伦布误以为发现的新大陆是印度，便把当地原住民称为印第安人——意为印度人。为了纪念他的这个错误看法，他最先到达的那个岛屿被后人命名为西印度群岛。他的名字后来成为哥伦比亚的国名。他出发的日子——10月12日，后来被定为西班牙国庆日。哥伦布的航行，让两个曾有人居住，但远隔万里且互不知晓的世界发生了接触，这一事件被归为人类第二个千年意义最重大的事件。能够与之相提并论的事件不会再有了，除非在别的星球上发现了高等生命。

毫无疑问，在哥伦布之前，维京人②早就踏上过美洲土地，只不过他们的登陆地点阴冷荒凉、人烟稀少，没有给他们带来什么收获，并且很快便被人们遗忘。真正使欧洲认识到美洲这块大陆存在的，是哥伦布。

接下来，"天主教双王"斐迪南二世和伊莎贝拉，向教皇亚历山大六世恳求，将新大陆的所有权赋予西班牙。

---

① 见唐晋：《大国崛起》，人民出版社2006年版。
② 别称北欧海盗，来自挪威、丹麦、瑞典，公元8到11世纪一直侵扰欧洲沿海，足迹遍及欧洲与北极。作为出色的航海家，他们向西发现了冰岛、格陵兰岛，并在哥伦布之前500多年到达北美。

亚历山大六世，本名罗德里哥·迪波吉亚，出生在西班牙瓦伦西亚，因此对西班牙分外照顾。1494年6月7日，他颁布教皇敕令，用一条沿着西班牙、葡萄牙领土边界的分界线，就像切西瓜一样将地球一分为二，把西方全部分给了西班牙。这条分界线从北极延伸到南极，位于当时鲜为人知的佛得角群岛以西100里格①的大西洋上。极具讽刺意味的是，对于分界线以西的国家和地区，教皇连名字也叫不全，但这些国家和地区已经被统统送给西班牙了。

对此，葡萄牙国王若昂二世十分不满。他派出特使与西班牙直接谈判。他的海军更强大，而且他也清楚西班牙"天主教双王"债务沉重，还在忙于建设自己的新国家。此外，他安插在西班牙的间谍告诉他，"天主教双王"愿意把教皇那份骇人听闻的敕令作为一个谈判立场。

最终，双方派出外交官，在西班牙小镇托尔德西里亚斯商定了一个折中方案，将分界线向西挪动了270里格，大约是西经46度30分，也就是佛得角群岛与海地岛之间。依照这条纵贯地球南北的分界线，葡萄牙承认，西班牙水手在分界线以西发现的所有土地均归西班牙所有；而西班牙则把东部所有陆地的权利让给葡萄牙，不管那里是不是印度。②

当时，西班牙人认为在该方案中占了便宜，因为他们相信前往印度的航路在西方。实际上，该方案使得葡萄牙取得了绕道非洲前往印度航路上的所有据点。两国还从教皇那里得到了一个新特权：两国在各自归属范围内，有宣传天主教，包括任命主教和划分教区的"权利"。这也是后来葡萄牙坚持在中国、日本掌有"保教权"的由来。

1506年，新教皇尤利乌斯二世同意了两国的变更方案，两国签订的《托尔德西里亚斯条约》正式生效。这也意味着，欧洲的海外扩张，从两个欧洲小国开始了。而海外扩张没有从实力强大的意大利、法国、德国开始，是因为它是一个极具冒险性的事业，已经具有坚实而雄厚的经济基础的大国商人们，是不会贸然进行这类以命相搏的探险的，但这并不代表他们不眼红。听说法国被排除在《条约》之外，法国国王弗朗

---

① 葡萄牙的航海计程单位。一里格等于5557米。
② 见［英］奈杰尔·克利夫：《最后的十字军东征：瓦斯科·达伽马的壮丽航行》，社会科学文献出版社2017年版。

索瓦一世不无挖苦地宣称:"太阳照在别人身上,也照在我身上。我倒想看看亚当的圣约中哪个条款将我排除在瓜分世界之外。"①但法国风景优美、土地肥沃、民众富裕、美女如云,是一个典型的大陆国家,没人愿意冒险出海去替国王争夺地盘,因此国王只能鼓着肚子干着急。

游戏规则已经制定,接下来就看谁的行动更迅速了。

从15世纪末到16世纪初,两国围绕新大陆和世界贸易路线,展开了争先恐后的竞赛。从此,强国的兴衰,不再是封闭舞台上自我演绎的故事,互相的竞争、仇视与碰撞,影响着所有剧情的走向。

十、达·伽马来了

在教皇子午线首次划定3年后,一位葡萄牙国王为了让子午线变成事实,发狠找到通往印度的航路。

那一天是1497年7月8日,被称为"幸运儿"的葡萄牙国王曼努埃尔发出了一个庄严的誓言。他在神父和证人面前发誓说,如果今天上午起航的葡萄牙舰队能够安全返回的话,我将在首都里斯本建造一座新教堂——一座将包括自己的坟墓和所有王室后裔坟墓的宏伟的大教堂。

他所说的这支舰队,共有4艘船只,舰队的总船长出身于航海世家,名叫瓦斯科·达·伽马,37岁,有着褐色的眼睛,红褐色的头发,长而浓密的胡须,是一个坚忍不拔、深谋远虑而又冷酷无情的骑士。其他3位船长,分别是他的哥哥保罗·达·伽马、国王的远亲尼古劳·科埃略骑士、他的朋友科卡罗·纳尼斯。整个船队有170人,其中有饱经风霜的探险家、侠肝义胆的骑士、迂腐的文人、非洲的奴隶,还有10名抵罪的犯人。

船队除了装载着多桶饮用水和支撑3年的食物,还装备着20门发射石球的大炮以及盔甲、石弓、刀剑、长矛。国王的科学顾问为船队提供

---

① 见[法]弗朗索瓦·舍瓦利耶:《航线与航船演绎的世界史》,华中科技大学出版社2019年版。

了最新地图和地理资料。船上还插着国王授予的绣着基督骑士团十字标志的白旗。据说，达·伽马还带了一封曼努埃尔国王写给传说中的约翰王的信。

船队出发后，沿着大西洋划过一个巨大的圆弧，成功绕过好望角，沿着非洲东部海岸向北行驶。在登岸休憩时，他们曾遭到伏击，被迫深夜登船。他们一度断粮断水，海员的致命诅咒——坏血病开始在船员中流行。他们曾与湍流与暴风雨搏斗，船只和风帆被撕扯得支离破碎。横越阿拉伯海的航行也十分艰辛。他们知道，区区牙龈肿胀和海底的暗礁便可导致死亡，而死亡并非最糟的命运。当他们驶进制图人为使地图生动而用青面獠牙的海兽标注的未知海域时，他们害怕失去的，不是生命，而是灵魂。直到这时，他们才开始理解挪亚在他的方舟中，漂泊到第39天，发现陆地从视野里消失的绝望。

当讨论成功时，永远不要低估运气的重要性。在马林迪，船队意外得到了一名印度领航员，这个人熟悉四分仪，懂得观测天文，有一张航海图，愿意带领葡萄牙人前往印度。听到印度领航员的承诺，达·伽马兴奋得快疯了。

经过317天的困苦日子，借助印度洋的西南季风，由印度领航员引领，船队终于在1498年5月28日，驶进了郑和多次抵达的古里——今卡利卡特。

当时的印度只是一个地理名词，北部由莫卧儿王朝①统治，南部分布着一系列自行其是的小国，卡利卡特是当时印度洋沿岸最大的贸易港口之一，来自中国的丝绸、陶瓷、茶叶，来自东南亚的香料、楠木，来自南亚的棉布、粮食，来自非洲的象牙、黄金，云集于此。

船一靠岸，达·伽马便派出一名抵罪的犯人，进入卡利卡特市区进行调查。他遇到了两个突尼斯商人，他们随犯人来到船上，用葡萄牙语向达·伽马打招呼说："幸运的航行，幸运的航行！这里有大量的红宝石、绿宝石。你们应该感谢造物主带你们来到如此富庶的国度！"

---

① 莫卧儿是"蒙古"的谐音。莫卧儿王朝的开国始祖巴布尔是帖木儿的五世孙，而帖木儿自称是成吉思汗的后代，事实上他是有蒙古血统的突厥人。

在港口，葡萄牙人目睹了琳琅满目的珍珠、宝石、瓷器、漆器、药品、金银器皿等，以及阿拉伯商船上成捆的香料和丝绸。他们还看到，成群的脚夫艰难地往返于仓库与船只之间，背上的麻袋把他们的腰压得很弯。但很遗憾，他们无法进行诱人的交易，因为他们只带来了廉价的布匹和铃铛、镜子等小饰品。这些东西，很难吸引富有、老练的印度洋商人。

很快，葡萄牙船队到港的消息，传进了卡利卡特王宫。王宫建造在离港口不远的山坡上，从那里不仅可以看到整个港口，而且能看到港口两侧绵延几公里的种植园，园中栽满丁香、肉桂、生姜和珍贵的胡椒。

卡利卡特国王，叫"扎莫林"，意思是"海王"。扎莫林在宫殿里接见了达·伽马一行。当时，扎莫林头戴装饰着宝石和珍珠的帽子，身穿精致的棉布上衣，悠闲地躺在绿色天鹅绒卧榻上，嘴里嚼着槟榔，不时将渣子吐到痰盂里，一副居高临下的派头。

接见结束后，当达·伽马向扎莫林献上带来的礼物——12匹条纹布料、4顶绯红头巾、6顶帽子、4串珊瑚、6只黄铜洗手盆、1箱糖、2桶油、2桶蜂蜜时，这些在马林迪被鄙视过的物品，再次遭受了嘲笑。负责接收礼物的官员板着脸说："这些东西不配献给一个伟大而富有的国王，来自麦加或印度任何地方最穷的商人，都会拿出比这更体面的礼物。如果要送礼，应当送黄金制品。"

更复杂的是，葡萄牙船队的出现，使一直控制着印度洋贸易的穆斯林商人感受到了威胁。于是，一个谋杀达·伽马的计划在紧锣密鼓地酝酿之中。

一个北非人将这个阴谋通报给了达·伽马。后者认为继续留下来不会有更大收获，于是决定离开。

尽管此前达·伽马向扎莫林递交了曼努埃尔国王的信，信上说他们"仅仅是为了发现印度，并不是为了黄金、白银。葡萄牙盛产上述物品，根本不需要这个国家的东西"，但扎莫林要求他们为所购买的肉桂、丁香和宝石缴税，未售出的葡萄牙商品被没收，几个船员也被扣为人质。作为报复，达·伽马扣押了18名印度人质。经过谈判，当地人依照约定释放了被扣押的葡萄牙船员，而达·伽马公然反悔，于8月29日带着

6名印度人质扬帆而去。

返航的时间长达两年，由于暴风雨、船只破损、坏血病等，只有两艘船和55名船员回到葡萄牙，三分之二的人客死异乡，连达·伽马的哥哥也丢了性命。但达·伽马带回了香料和可以做证的人质，开拓了从欧洲绕过好望角通往印度的新航线，改变了欧洲对世界地理的认知，开创了一个全新的时代——一个把欧洲的信仰和价值观输送到地球上每一个角落的时代。当然，我们不能说达·伽马"发现"了印度，因为希腊、罗马、威尼斯、阿拉伯、波斯人很早以前就与印度开展贸易了，只能说他打通了欧洲至印度的海上通道，终结了人类不同分支相互隔绝的局面。

一旦欧洲到这个胡椒、大象、黄金和寺庙之国的水上通道被打开，这个幽香氤氲、风致嫣然的东方美人就彻底裸露在贪婪的西方海盗面前。从那以后，这块富庶半岛的每个角落，都被欧洲人翻了个底儿朝天。如果受害的印度要怪罪哪个人的话，这个人只能是达·伽马。

当达·伽马进入里斯本港时，人们以狂热的赞美来迎接他，欧洲其他国家以既羡慕又警觉的目光对待他。曼努埃尔赐给达·伽马一个贵族身份、一笔财富和一片领地。同时，曼努埃尔兑现了承诺，下令动工兴建里斯本圣热罗尼姆斯大教堂。他还下达了最为严厉的"封口令"，要求任何航海信息和资料都不允许外传，否则一律处死。[1]

此后一个多世纪，依靠海上霸权，这个只有20万平方公里土地、200万人口的小国，在全球保持了无可匹敌的优势。

十一、用枪炮开路

达·伽马返航后，曼努埃尔国王写了一封信，送给航海事业的竞争对手——西班牙"天主教双王"。他自负地声称已经击败西班牙首先到

---

[1] 见［美］丽贝卡·斯蒂福夫:《达·伽马和其他葡萄牙探险家》，世界知识出版社1998年版。

达了印度，还高傲地自称是"几内亚之君主，征服、航海之君主，与埃塞俄比亚、阿拉伯、波斯及印度从事贸易之君主"。

为了实现这些自称，他再次装备了一支舰队开往印度。该舰队拥有13艘船只和1200名船员，贵族卡布拉尔被任命为司令，达·伽马为其提供了航海建议。

1500年3月，这支舰队正式启航，绕了一个弧形向西南方向航行，居然找到了巴西。随后，卡布拉尔派一艘船回国报告，自己率舰队继续驶向印度。抵达卡利卡特后，卡布拉尔下令炮轰了这座拒绝合作的城市。尽管暴行引发了印度人对葡萄牙人的长期仇恨，但他在这一地区成功建立了永久性贸易站。一年后，卡布拉尔返回葡萄牙。尽管此行损失了大半船员和船只，但成功返回的船上满载着久负盛名的东方香料，阿拉伯人和威尼斯人对印度洋的贸易封锁和垄断，终于被打破了。

1502年1月30日，达·伽马被曼努埃尔国王任命为印度海军上将，再次领命远征印度，他的后盾是15艘装备着大炮的船只。他一路炫耀武力，先是用枪炮臣服了今坦桑尼亚南部的苏丹，接着用大炮击沉了一艘从麦加返回印度的船只"米里号"，船上近300名穆斯林朝觐者溺死，只有17个小孩和一个领航员幸免于难。在卡利卡特，他用武力逼迫扎莫林驱逐主导当地贸易的穆斯林。在扎莫林犹豫不决时，他吊死并肢解了几十名穆斯林和当地渔民。

船队到达科钦后，意外地受到了当地国王的欢迎。科钦，是印度南部海岸众多港口中的新贵，只有150年的历史，但科钦国王瓦尔马野心勃勃，不甘落后，特别希望借助葡萄牙人对抗目空一切的扎莫林。双方各怀鬼胎，一拍即合。1503年2月，达·伽马在科钦和坎纳诺尔设立了贸易站，留下部分武装人员看守，自己带领船队满载着低价收购或直接抢来的香料、宝石、丝绸返航。他此次远航获取的利润，据说超过总费用的60倍。这个葡萄牙人终于打破了东方货物只能从威尼斯转口的神话。

1505年，葡萄牙贵族阿尔梅达被国王曼努埃尔一世任命为副王，率领一支舰队前往印度，加强了对基尔瓦和科钦的控制。4年后，葡萄牙远征军在阿拉伯海击败了印度——阿拉伯联合舰队，确立了印度洋海上霸权。

接替阿尔梅达的,是阿尔布克尔克,不过他的头衔降成了总督。他在卡利卡特遭遇挫折后,接受印度洋海盗头子狄莫西的建议,转而进军马拉巴尔海岸港口果阿,因为果阿的统治者是穆斯林,而属下民众多是印度教徒,这些印度教徒一直渴望获得解放。于是,葡萄牙人在印度教徒协助下,一举夺取了果阿,并下令处死城内所有的穆斯林男子、妇女和儿童。这场海盗式的屠杀持续了3天,8000多人丧命。从此,果阿成为葡萄牙殖民总部。他在给国王的信中写道:"我残忍地火烧村庄,一切都逃不出我的剑刃。"对于葡萄牙人来说,这场战争具有决定意义,他们不仅控制了德干高原和印度维贾亚纳加尔王国的贸易,而且方便派船在印度与阿拉伯半岛之间巡航,还迫使古吉拉特的君主允许葡萄牙人在其领土上建立要塞。在坚船利炮的攻击下,一系列海上交通要塞相继成为葡萄牙的囊中之物。正是利用从大西洋到印度洋的50多个据点,葡萄牙垄断了半个地球的商船航线。16世纪的前5年,葡萄牙香料交易量从22万英镑上升到230万英镑,成为海上贸易第一强国。

葡萄牙王室为了顺理成章地使用国家权力进行垄断贸易,专门在首都里斯本设立了一个名为"印度馆"的政府机构。葡属印度殖民地的商船刚刚进入葡萄牙港口,胡椒就被商人以每100公斤12杜卡特的价格抢购一空,然后由这些商人送入"印度馆"。胡椒的入馆价格为16杜卡特,其中包括4杜卡特的运费。当"印度馆"对外出售时,价格会飙升到32杜卡特。通过这种方法,王室从胡椒贸易中整整获取了一倍的利润。[1]

由于葡萄牙国王的"封口令"得到严格执行,西班牙人没法获得关于东方航线的任何消息。但有一天,阿尔布克尔克舰队里一个名叫麦哲伦的成员,因为不受重用,一气之下投奔了西班牙。他受西班牙国王查理五世的委托,带领一支五艘船组成的船队,不仅完成了人类首次环球航行,还在1521年发现了菲律宾群岛。另外,随西班牙船队出海的佛罗伦萨探险家亚美利哥·维斯普奇,与船队分手后到达南美洲东海岸,

---

[1] 见[日]浅田实:《东印度公司——巨额商业资本之兴衰》,社会科学文献出版社2016年版。

然后将该地区称为"新大陆"，使得新大陆以其名字命名为"美洲"——全称为"阿美利加"；代表英国出海的威尼斯探险家约翰·卡伯特，航行到达北美洲；西班牙航海家埃尔南·科尔特斯挺进墨西哥，征服了阿兹特克帝国；西班牙探险家努涅斯·巴尔博亚穿越巴拿马地峡，发现了"大南海"——太平洋；西班牙探险家弗朗西斯科·皮萨罗进入南美洲，征服了印加帝国。当这些以生命为赌注的探险家，远远望见一个新海岸的模糊轮廓或地图上从未标注的浩瀚水面时，所有的痛苦、磨难与饥渴全都被抛到九霄云外了。

实现"地理大发现"的人，其实完成了两个层面的行动：在地理层面，他们到达某地并在那里逗留，而在回到出发地之后，希望其他人追随他们的探索步伐；在文化层面，他们宣告对所"发现"之地拥有所有权的行动，是一种自我确认行为，该行为随即获得了对发现之地的财产权和管理权。由此看来，"地理大发现"的本质，除了是为了长期控制资源和争夺世界市场而展开的竞争，也不能忽略骑士精神——对未知世界的好奇、闯荡天下的豪情、成就事业的能力、创造未来的才智。

与"地理大发现"时代相伴生的，便是残酷的殖民时代，也是血腥的贩奴时代。[①] 天花，是由西班牙、葡萄牙殖民者带入美洲的。梅毒，则几乎可以肯定来自美洲。

然而，"地理大发现"全球贸易往来方面的积极作用当然更值得瞩目。西班牙、葡萄牙将中国的丝绸、瓷器、茶叶，非洲的咖啡、葫芦、西瓜，新几内亚的甘蔗、香蕉，亚洲的棉花、靛蓝植物和欧洲的马、牛、绵羊、山羊输入了美洲，又将美洲的玉米、红薯（地瓜）、马铃薯（土豆）、木薯、甘薯、花生、南瓜、番茄（西红柿）、辣椒、豆角、烟草、向日葵、木瓜、菠萝、腰果、可可、剑麻移植到了亚洲、欧洲、非洲。烟草的引入，改变了欧洲和土耳其人的生活习惯；西红柿的引入，给印度和西亚人提供了宝贵的维生素；木薯和玉米的引入，使得非洲填

[①] 奴隶交易是沿着地理大发现开辟的道路在全球展开的，从16世纪到19世纪，总计有920万非洲黑奴被西班牙、葡萄牙、荷兰、英国、法国殖民者贩运到殖民地。其中西班牙财政部对每个黑奴征收100比索的人头税，还要征收2.5%到7.5%的销售和交易税。

补了奴隶贸易带来的人口损失；依靠马铃薯这一新食物来源，新西兰土著毛利人从外来疾病和西方文明的冲击中惊人恢复，进而获得完整公民权利；马铃薯的广泛种植，改变了北欧和俄国的食品结构；玉米、地瓜、甘薯、马铃薯的引入，则引发了中国的"粮产革命"，导致人口爆发式增长。[1]

简而言之，麦哲伦的环球航行，无疑是一次划时代的壮举，它的意义甚至可以与人类登上月球相比。此后，展现在欧洲人面前的，不再是一个半球的四分之一，而是整个地球。制图员夜以继日地工作，仍然满足不了人们对修订版地图的需求，地图在潮湿和未着色的时候就被取走。

对此，葡萄牙人感受到了威胁，不得不重新起用在家赋闲的达·伽马。

1524年，已晋升伯爵的达·伽马，被葡萄牙新国王若昂三世任命为第二任葡属印度总督。这个"武力至上的问题调停者"，是最让印度人仇恨的人。这一次，他的舰队有14艘船，3000名船员，还特意配备了最先进的大炮。抵达果阿不久，他就感染了疟疾，于圣诞节前夜病死在卡利卡特。

郑和与达·伽马，两个世界级航海家，首次前往印度时都在卡利卡特登陆，最后又都在卡利卡特去世，这不能不说是一个意味深长的巧合。

不同的是，郑和下西洋，给印度带去了国家的善意、公平的贸易、先进的技术；而达·伽马去印度，带去的是喷火的枪炮、残酷的掠夺、无情的占领。从达·伽马踏上印度海岸那天起，公平贸易的天空变得阴云密布，历史悠久的自由贸易被强盗式的掠夺所取代。难怪伏尔泰说，自1500年后，西方在印度取得的胡椒没有未被血染红的。

达·伽马开通印度航线后，葡萄牙人一直致力于垄断东西方香料贸易。1515年前后，葡萄牙靠香料贸易获得的利润达100万金币。

葡萄牙人从海外攫取的巨额财富，不仅沾染着殖民地人民的鲜血，而且自己人也为此付出了血的代价。仅在1629年到1634年，5228名离

---

[1] 见[美]威廉·H.麦克尼尔：《5000年文明启示录》，湖北教育出版社2020年版。

开里斯本的军人，只有2495人活着到达了印度，其中大多数死于坏血病、疟疾、暴晒、海难。葡萄牙人来往印度的旅程，属于《圣经》式的受难。

更坏的消息是，一位在印度生活多年的荷兰人出版了一本《旅行日记》，葡萄牙人死守了一个世纪的秘密曝光了。

此前，荷兰、英国和其他北欧国家一直拼命寻找一条通往中国和印度的北方航线，并一度进入了北冰洋，但没有成功。于是，他们一窝蜂踏上了这条被曝光的航线。一场旨在打破葡萄牙、西班牙对东方贸易垄断的竞赛开始了。率先站出来的，是荷兰东印度公司和英国东印度公司。

信天翁巨大的翅膀，阻碍了它的飞翔。葡萄牙人的东方帝国，从红海直到"香料群岛"，绵延近1万公里，要塞有50个左右，根本无法进行有效防守，因此成为荷兰和英国蚕食的目标。1604年，法国也成立了东印度公司，高调进军南亚，甚至在印度东海岸买了一座港口城市——本地治里。此外，西班牙、丹麦、瑞典也成立了东印度公司，纷纷冲向葡萄牙人的所谓"禁脔"。

那一定是一个无比辉煌的时代，世界似乎敞开了大门，向人们展示它的宝藏和奇迹。新的发现接踵而来，海洋、新大陆，还有数不胜数的财富，都在等待着那一声充满魔力的呼唤——"芝麻开门！"就连空气中都一定有这些冒险的魔语在低吟。

就在西方列强为争夺南亚忙得不可开交时，一个西方巨人也向莫卧儿王朝举起了滴血的屠刀。

十二、它是一个公司吗？

举屠刀的巨人，是一个西方贸易公司。此前，它已经挤走了葡萄牙、荷兰。它的对手，只剩下因为大兴土木而捉襟见肘的莫卧儿王朝了。

这段故事是全部征服历史上最令人惊奇的一章，故事的主人公是一个名叫"伦敦商人的东印度公司"的商业机构，俗称"英国东印度公司"，由200名伦敦商人合资组建，于1600年经英国女王伊丽莎白一世批准成立，总部设在伦敦。它最初的资产不过6.8万英镑，初衷是摆脱东地中海的中间商，直接与东印度群岛的香料供应商开展贸易。随着规模和效益的扩大，它一步步组织军队，武装船只，后来发展到不再满足于经营商品，开始插手王侯们的税收和土地，甚至干涉印度的命运。

一个人地生疏的外国贸易公司，之所以能让庞大的莫卧儿王朝就范，除了自身的军事经济实力外，还有两个因素不容忽视。一是建造泰姬陵掏空了莫卧儿王朝，使得穆斯林军阀、婆罗门、锡克教和地方总督纷纷宣布独立。到1750年，印度已经新生出马拉特、拉其普特、旁遮普、奥德、孟加拉等诸侯国，他们为了实现世袭诸侯的野心而与外国势力私通，因而英国人能挑拨一个王公反对另一个王公，直至挑拨者成为整个半岛的主人。二是强大的印度教商人阶层兴起后，他们的经济利益与东印度公司的经济利益休戚相关，正是一个叫塞斯的商人，收买了孟加拉军队指挥官米尔·贾法尔，使得他在1757年普拉西战役中避免与英国人作战，东印度公司指挥官克莱武这才率军打败了莫卧儿王朝孟加拉省行政长官西拉杰。①

在秀完肌肉后，一个英国人于1765年被莫卧儿皇帝授予孟加拉财政大臣之位，拥有了在孟加拉一带征税的特权。之后，英国人以孟加拉为基地向北推进。印度河流域的主人成了高鼻梁、蓝眼睛的英国人，莫卧儿皇帝成了名义上的君主。对于这个公司的职能，英属孟加拉总督约翰·肖尔解读得很透彻："东印度公司既是印度的统治者，又是商人。以商人的身份出现，他们就垄断贸易；以统治者的身份出现，他们就攫取赋税。"②

对于东印度公司的所作所为，英国王室竟然蒙在鼓里。后来，当这个贸易机构的官员和将军们互相攻击对方的敲诈和残暴时，英国议会居然通过了对孟加拉总督、驻印英军司令克莱武的谴责案，导致他于1774年含恨自杀。四年后，第二任孟加拉总督、驻印英军司令沃伦·黑斯廷斯也被弹劾。直到这时，英国议会才发现它统治下的一个贸易公司，却

---

① 见[英]劳伦斯·詹姆斯：《大英帝国的崛起与衰落》，中国友谊出版公司2018年版。
② 见[印]罗梅什·杜特：《英属印度经济史》，生活·读书·新知三联书店1965年版。

统治着一个比英国领土更大、人口更多的帝国。对大多数英国人而言，印度是一个遥远、神奇、几乎无法前往的地方，到那里去的只能是不甘寂寞的冒险者和穷困潦倒的年轻人。因此，印度在他们心中是虚幻和浪漫的，至于东印度公司在那里做什么，英国本土管不了也懒得管。

1764年，莫卧儿王朝彻底沦为英国殖民者的附庸。此后，历代皇帝被英国人限制在首都德里，整日蜷缩于皇宫——德里红堡内，依靠英国政府的年金度日。后来，英国印度总督戴贺胥抛出了"丧失权利论"。根据这一理论，皇帝死后如无直系后嗣，领地和年金就要收归东印度公司所有。

这几乎是一个诅咒，谁能相信妻妾成群的皇帝会没有男孩呢？但现实无情，第12任皇帝巴哈杜尔·沙二世那么多妃子偏偏只生了一个儿子，而且天生体弱多病。

老天看来真的在与之作对，他所立的太子于1854年因病死去。根据英国人的规则，他的旁系继承人将不能称帝，皇室成员也要从红堡迁到郊区，皇室的赡养金则从每月10万卢比缩减到1.5万卢比。一向柔弱的他终于忍无可忍，开始寻机摆脱英国人的控制。

这个机会因为东印度公司的一个疏忽而突然降临。众所周知，对于穆斯林来说猪是有特别意义的，对婆罗门来说母牛是神圣不可侵犯的。东印度公司给20万印度雇佣兵配备了一种新型来复枪——埃菲尔德式步枪，使用这种枪时必须咬开涂油的弹药筒。信仰伊斯兰教和印度教的印度雇佣兵发现他们的弹药筒是涂了牛脂和猪油的，这一发现激起了印度雇佣兵的哗变——1857年兵变。士兵们在米拉特发起了轰轰烈烈的起义，攻占德里后喊出了恢复大莫卧儿帝国的口号。

闻听此讯，82岁高龄的巴哈杜尔·沙二世喜出望外。这个"年纪一大把，笑话倒是有一车"的人，脸上的皱纹越来越深，脑里的沟回却越来越浅，他居然一下子亢奋起来，参加了这场似乎前途光明的起义。

消息传到英伦三岛，英国才发现那支身在异乡保卫英国商人的小小军队，正在为生存与一大群棕色皮肤的进攻者战斗。对于处于危难之中的同胞的偏爱，使他们不再考虑这些人以往的不佳名声。1857年，是大不列颠愤怒的一年。英国方面的领导人劳伦斯和尼科尔森，带领少数军队先发制人，他们装备的后膛式自动步枪和精准火炮，加上破釜沉舟的气势，使得他们经常以少胜多。正如劳伦斯所说："我的王牌是梅花（大棒），不是黑桃（阉奴）！"

关于一支数量绝对处于下风的英军是怎样包围并攻下德里的，有关史书都有记载，读者只知道一伙正奉命从海上长途奔袭中国的英军也半途转道印度就够了。1859年4月，起义之火被扑灭，英国人重新成为印度的主宰。老迈的末代皇帝则逃亡缅甸，三年后悲惨地死去。作为国家象征的皇帝，从此在印度消失。

这次起义的直接后果，是既埋葬了莫卧儿帝国，也收回了东印度公司的行政权。因为在英国政府看来，必须有人对这场印度士兵叛乱承担责任，而东印度公司不妥当的统治方法，无疑是这场叛乱的直接诱因。

通过实施《改革印度政府管理法》，东印度公司的位置被对英国议会负责的印度事务大臣所取代，身处加尔各答的英国印度总督直接听命于英国政府。于是，东印度公司安排了一个代表、5个董事和一个文员负责处理残留业务，带着昔日的荣光苦笑着谢幕。

1877年，贝肯斯菲尔德勋爵请维多利亚女王称印度女王，这个曾经无限辉煌的文明古国悲惨地成为这位西方女人的私有财产。据当时的《圣詹姆斯杂志》报道，维多利亚女王管辖着"一个大陆、100座半岛、500个海角、1000个湖泊、2000条河流，以及1万座岛屿"。以统治印度为节点，大英帝国成为名实相符的"日不落帝国"。

随后，英国人与印度所有落后、保守的人结成了联盟，试图使印度成为一个纯粹的农业国，以便为他们的工业提供原材料。为了阻止印度的工业发展，他们对进入印度的机器征收了关税，造成在印度建造一个工厂的成本是在英国建厂成本的4倍。英国还对印度棉布征收了棉花税，使得历史进入了英国曼彻斯特机械化工厂统治70万印度村庄的时代。就这样，曾经的亚洲第二大经济体退化成巨大的原料供应地。通过剥削印度及其他殖民地，从1820年到1913年，英国GDP增长6倍，从占世界GDP总额的百分之二上升到百分之八；美国GDP增长41倍，从占世界GDP总额的百分之二上升到百分之十九；印度则从占世界GDP总额的百分之十六下降到百分之八，其中一部分还是英国在印度的企业提供的；而中国更惨，从占世界GDP总额的百分之二十三断崖式下降到百分之九。

印度这个无比辉煌的文明古国，就这样沦落为一个西方岛国的政治、经济、文化附庸和完全的殖民地。

十三、蒙巴顿方案

夜越黑，眼睛越能感受到光。印度人民始终没有放弃民族自治的努力，尤其是披着一片麻布、骨瘦如柴的律师"圣雄"甘地，发起了针对殖民政府的"非暴力不合作团队"，参与者都是准备违反特定的法律并准备为此入狱的人。据说是为了回应印度人的自治要求，英国印度事务大臣与英国印度总督于1919年制订了一个改革法案，打算通过设立11个自治省来让印度人尝一尝独立的滋味，规定自治省的卫生、教育、农业等"国家性建设"交由选举产生的印度官员管理，而财政和治安等则由总督指定的官员负责。针对这一瞒天过海的政治伎俩，在改革法案宣布和打击颠覆活动的《罗拉特法》生效之时，"圣雄"甘地发起了全印度哀悼日活动，要求全国休业罢工，从而拉开了"非暴力不合作运动"的序幕。1930年，甘地为了抵制英国殖民当局的食盐专营法，发起了伟大的食盐长征，尽管以2500名有纪律的志愿者前赴后继地挺身接受警察毒打而告终，却也把这场不合作运动推向了顶峰。肩披白巾、腰缠白布、脚穿凉鞋、咧着嘴冲着记者笑的甘地，成了外部世界眼中最有名的印度人。他仿效印度圣人的生活方式，不止一次地以绝食行动迫使英国当局在有争议的问题上让步。这种在民族独立史上全新的斗争方式，加上甘地卓越的人格，使民众充满了希望，成千上万的城镇居民乃至部分农民参与到这一运动中。然而，印度殖民当局千方百计打压他和他所领导的国大党，使得印度的独立长期看不到曙光。尽管如此，甘地依然坚持抗争近30年，先后绝食15次，被捕入狱3次，一直百折不挠，无怨无悔。

其实，在甘地被投进监狱之前，英国已开始从山巅滑落。随着德国、美国、俄国跟随英国进入工业化进程，英国在全球经济中的份额持续下降。尤其是美国的崛起，严重冲击了英国在西半球的利益。英国的绝对衰落，始于第一次世界大战，当时的英国政府在国家定位上出现了偏差，不再扮演离岸平衡手的角色，而是像被施了催眠术一般，派出远征军进入欧洲大陆，从此陷入了陆战泥潭，以至失去了百分之六的男性人口。① 战前，美国欠着欧洲500亿美元的债务，其中很大一部分是欠英国的。战后，欧洲反而欠下了美国1000亿美元的债务，其中英国也向美国借了钱，美国从此代替英国成为世界最大的债权国，囤积了占世界总量三分之二的黄金，把纸做的"美元"变成了国际货币——"美金"，让不服气的国家一次次尝到了货币战争的威力。

纵观近代帝国争霸史，除了16世纪的西班牙、葡萄牙和17世纪的荷兰之外，18世纪中叶到19世纪的英国和20世纪的美国，是绝无仅有的两个名副其实的全球帝国。两者都拥有世界性而非区域性的政治视野和权力资源——19世纪英国的海军优势以及20世纪美国的空军优势——有独一无二且基础合宜的世界网络加以支撑；另外，在现代经济全球化尚未存在之前，两者都主导了工业世界的经济，它们之所以能做到这一点，靠的不只是身为"世界工厂"的生产规模，也因为它们是经济发展的模范，是科技与组织的先锋和引领潮流者，是世界金融和货物流通系统的中心，也是大体上决定了世界金融和贸易政策走向的国家。② 坦白地说，第一次世界大战结束后，随着"世界工厂"和金融中心转移到远离硝烟的美国，一个属于英国的全球帝国时代结束了。

即便如此，在1932年召开的世界裁军会议上，英国仍是最大的搅局者。在会上，各国都赞成禁止空中轰炸行为，英国则增加了一个附加条件："除了在偏远地区为了治安目的的行为之外。"由于多数国家无法接受这一附加条件，使得废除空中轰炸的提案未能通过。③ 具有讽刺意味的是，在随后爆发的第二次世界大战中，英国一度遭到德国战机历时

---

① 见［澳］杰弗里·布莱内：《20世纪简史》，上海三联书店2018年版。
② 见［英］艾瑞克·霍布斯鲍姆：《霍布斯鲍姆看21世纪》，中信出版社2015年版。
③ 见［印］贾瓦哈拉尔·尼赫鲁：《爸爸尼赫鲁写给我的世界史》（下册），中信出版集团2016年版。

8个月的狂轰滥炸,新加坡的1.4万英军也向日军投降。为了抵抗侵略,英、美达成了《租借法案》,美国变成了英国战时的钱袋子和武器库,英国一直靠借用印度和其他殖民地的存款、变卖海外土地、出售黄金及美元储备来偿还美国的账单。1945年9月,以美国、苏联、英国为首的反法西斯同盟国终于赢得了第二次世界大战的胜利。但对于英国而言,赢得大战和输掉大战一样致命。因为此时,英国本土及英联邦的负债总额已达300亿美元,沦为全球最大的债务国之一,再也无力维持庞大的海外殖民地。为此,政府不得不把焦点转移到国内,尤其是经济发展和国民福利上。就在这一年,英国选民用承诺实行免费医疗保健、福利国家和主要产业国有化的工党,取代了丘吉尔这位保守党领袖和战时领导人。工党上台后,在它不得不处理的第一批文件中,有一份是凯恩斯关于国家正面临"财政上的敦刻尔克"的备忘录。这份令人胆战心惊的报告指出:英国贸易逆差巨大,工业基础已受到削弱,驻海外机构过于庞大,这一切意味着英国急切需要美国提供援助,以取代行将中断的"租借"物资的供应。如果得不到美国的援助,我们就必须采取比战时任何时期都要严厉的紧缩措施。①

世界的风向变了,全球民族解放运动风起云涌;英国的风向也变了,工党内阁把主要精力投放在"福利国家"建设上。于是,英国政府迫于印度"不合作运动"的强大压力,由最后一任英国印度总督路易斯·蒙巴顿操盘,于1947年提出了英国移交政权和印巴分治的方案,史称"蒙巴顿方案"。方案规定,根据居民宗教信仰,英属印度一分为二,实行自治领统治制度,印度教徒居多数的地区划归印度,成立印度自治领;穆斯林占多数的地区归属巴基斯坦,成立巴基斯坦自治领。王公土邦在"移交政权"后享有独立地位,可分别谈判加入印、巴任何一方。

这一方案,看不出有什么大的瑕疵,因为它既照顾到了印度的各个政治派别,也照顾到了居民的宗教信仰,代表印度教徒的国大党和代表穆斯林的穆斯林联盟都原则上接受了这一方案,而坚持主张印度统一独立的"圣雄"甘地也被印度教极端分子暗杀,"蒙巴顿方案"得到实施,

---

① 见[英]保罗·肯尼迪:《大国的兴衰》(下),中信出版社2013年版。

两个新生儿终于脱离了大英帝国的子宫。

但是，魔鬼藏在细节之中。实践证明，这一方案，给古老、文明、完整的印度次大陆带来了无穷后患。一是克什米尔的归属问题。印巴分治后，印度半独立的565个土邦绝大多数与印度签署了合并协议，只有海德拉巴和克什米尔未签署协议。不久，海德拉巴被印度出兵占领，而克什米尔却成为永远的火药桶，因为克什米尔百分之七十七的人口是穆斯林，他们倾向加入巴基斯坦；但克什米尔土邦王是印度教徒，他倾向加入印度。因此，印、巴双方为争夺克什米尔主权展开了大规模武装冲突，直到今天也没有平息。二是旁遮普问题。这个省是55万印度锡克教徒集中的地区，却被分割到印度和巴基斯坦两个国家，而锡克教徒不承认穆斯林的主导地位，结果造成锡克教徒与穆斯林的长期对抗。三是新的巴基斯坦被印度分割为东巴基斯坦和西巴基斯坦两部分，西部是印度河冲积平原，东部是洪水频发的三角洲，东巴基斯坦于1971年宣布独立，成立了孟加拉国。四是开了以宗教信仰划分领土的先河，给宗教之间人为开掘了一条无法逾越的鸿沟。

这一切，都拜那个自视文明的大英帝国所赐。怪不得，成功肢解印度的蒙巴顿，被英国人视为与克莱武、黑斯廷斯、纳皮尔并列的英雄。

十四、一言难尽

如今的印度，在巴基斯坦、孟加拉国独立出去之后，仍有居世界第7位的面积，依旧是南亚次大陆最大的国家；2023年7月人口达到14.28亿，超越中国成为世界第一人口大国。

印度有一个突出优势，是文化与宗教多元化。印度独立以来，像变戏法一样诞生了数量众多的微型文化、宗教、语言、种姓、民族。印度国民使用的语言有400种，其中印度百元钞票上印有17种文字，都是官方语言，议会和政府出台一项法令，都要翻译成这些语言，每年仅翻译费就要几亿元。一位中世纪印度作家曾骄傲地说："亚洲人，包括蒙古人、土耳其人、阿拉伯人在说印度语言时无不舌头打结，但我们印度人能说世界上任何语言,就像牧羊人叫唤羊群般轻而易举。"在这个宗教众多的国度,信奉印度教的居多,其次是全球第二多的伊斯兰教人口,然后是锡克教、基督教、佛教、拜火教、耆那教等,还有传奇性的3300万位本地神祇。印度的创立者"圣雄"甘地和尼赫鲁,都强烈反对一切形式的原教旨主义;印度的法律也致力于为不同宗教的民众提供不同的制度,依照《属人法》,既允许穆斯林实行一夫多妻制,又要求印度教徒遵守一夫一妻制。作为一个文明,它多元宽容,拥有取之不尽的历史文化资源。印度文明的古老生活目标——利(财富和成功)、欲(欢愉和爱)、法(美德)、解脱(知识和自由),过去是、今天是、将来仍将是印度民众的主要生活动力。①

印度还有一个优势,就是拥有大批熟练使用英语、受过高等教育的毕业生,为新一轮经济发展储备了充足人才。2022年,印度当年赴美留学生达23万,已经超过中国;印度赴英留学生也逼近中国,接近10万。印度裔英国保守党议员里希·苏纳克,2022年当选新一任英国首相,成为印度精英移民英国的成功范例。印度老龄化程度不高,有一半左右的人口是青年,这是当今世界极其罕见的人口红利。

借助坚实的一产基础、庞大的人口基数、廉价的劳动力和多元的文化,通过"大头朝下"的发展模式,印度的软件、金融、服务、文化产业蓬勃兴起,目前是世界第5大经济体,是全球最大的非专利药出口国,是世界第一大外包服务接包国,是仅次于美国的世界第二软件大国,宝莱坞是世界上最大的电影生产基地之一。如果不出意外,它将在2050年成为继美国、中国之后的世界第三大经济体。

而且,印度正日益将经济影响力转化成海上力量。随着国产航空母舰开始服役,印度进入了双航母时代。印度海军还偶尔护送美国军舰通过马六甲海峡。一个海上军事强国正在崛起的图景即将完整地呈现在世界眼前。

从多个层面看,它似乎具备了现代发达国家的诸多特征。

但当穿透印度坚硬的外壳,进入毛细血管和心脏部位,就会发现诸

---

① 见[英]迈克尔·伍德:《印度的故事》,浙江大学出版社2012年版。

多令人纠结、疑虑和失望的现象。印度能源储量不足,不仅需要从澳大利亚、印尼、马来西亚、非洲国家进口煤炭、天然气,还将在2025年前超过日本,成为继美国、中国之后的第三大石油净进口国;宗教冲突不断,伊斯兰教徒与印度教徒之间、锡克教与政府之间的矛盾时有爆发,2002年2月27日,58名印度教乘客在一座穆斯林占多数的小城戈特拉被烧死,身为印度教徒的古吉拉特邦首席部长居然宣布第二天为"哀悼日",于是印度教国民志愿团①包围了古吉拉特邦的穆斯林居住区,2000名穆斯林被杀,400名穆斯林妇女被强奸,20万穆斯林无家可归,当地警察却袖手旁观;社会等级分明,种姓之间不能通婚、同坐、同食,不能从事不属于本种姓的行业,武士不能成为农夫,商人不能成为哲学家——婆罗门;不承认药品专利,放任境内企业堂而皇之地对外国药品进行仿造,然后低价向国内外倾销,理由是确保公共利益和贫穷患者的权益不受侵犯;贫富差距巨大,有2个富豪位列福布斯全球富豪榜前10位②,却有近十分之一的人生活在温饱线以下,还有近3亿文盲;城市化程度低,尽管有大量人口涌进城市,但印度采取了与新加坡截然相反的英国土地利用模式,造成建筑的低矮和人口的分散,给印度带来了巨大成本。城市里连片的贫民窟就够闹心了,设施落后的农村还生活着百分之六十的人口,他们长年累月与稻田打交道,一年中大部分时间在泥淖和粪汤中徜徉:先把种子播撒在泥淖中,稻秧长到几厘米高的时候用手起出来,再插到水田里;到了收获季节,则利用排水沟把令人恶心的泥汤排出,使之流入恒河。恒河就为虔诚的教徒们提供洗澡水和饮用水。到这时,腐臭的河水成了"圣水",用来洗刷任何其他形式的洗澡水都洗不干净的罪恶。印度人几乎全民信教,恒河上游的贝拿勒斯是印度教的"罗马"和"麦加",岸上有长长的台阶一直通向河中。教徒们不仅常

---

① 印度教民族主义运动组织,成立于1925年,因其成员暗杀了甘地遭到取缔,20世纪60年代开始复兴。这个组织的宣传干事纳伦德拉·莫迪受组织指派加入印度人民党,后成为印度第14任总理。
② 指福布斯2022全球富豪榜第9位的高塔姆·阿达尼(印度阿达尼集团),拥有资产1121亿美元;第10位的穆克什·安巴尼(印度信诚集团),拥有资产1004亿美元。二人是亚洲排名最高的富豪。

常到恒河里用"圣水"沐浴，临死前还要到恒河中净身，死后在河岸的石板上焚烧成灰，然后撒入这条浊水滔滔的圣河……印度人就是这样，在垃圾中生产垃圾，在废墟中制造废墟，国民居然心安理得地生活。①

当我们接触有关印度的政治、宗教、民俗时，不论是历史学家、地理学家、经济学家，还是作为一个纯粹的游客，都会陷入精神和现实的巨大反差之中……

> **丝路上的印度**：印度太古老，太复杂了，我不可能去介绍整个印度，只能介绍它的海上部分。中国认识印度，大概是从佛教东传开始的。尤其是南北朝战乱将陆上丝路阻断后，中国取经者和印度传经者才开始选择走海路，这条海路因此也被称为"传教之路"。唐代之后，印度沿海一系列港口成为阿拉伯、波斯商人与中国开展远洋贸易的中转站。到了大航海时代，盛产胡椒的印度成为葡萄牙、荷兰、英国殖民者争夺的目标，直至沦为英国殖民地。如今的印度，人口已经超越中国，跃居世界第一；经济总量也超越英国，列世界第5位；但印度最大的港口孟买港，年吞吐量仅有2000多万吨，是中国青岛港的三十分之一。作为古代海上丝路中转站的印度，不知是否意识到了港口在外向型经济中的巨大支撑作用。

---

① 见［英］奈保尔：《印度：受伤的文明》，南海出版公司2018年版。

第十三章　指环上的钻石
—— 霍尔木兹

英国史学家汤因比曾说:"郑和船队本应在西班牙人之前就发现并征服美洲,本应在葡萄牙人之前就占有霍尔木兹海峡。"这话自然不符合中国的价值观,但起码证实了霍尔木兹海峡在大航海时代举足轻重的地位。

一、忽鲁谟斯

忽鲁谟斯,又叫忽里模子,是霍尔木兹的古代译法,它既是一个岛,岛屿面积12平方公里,又是一个古港,位于霍尔木兹海峡东北侧伊朗一方,与今伊朗格什姆岛共同扼波斯湾出口,与穆桑达姆半岛上的今阿曼飞地隔海峡对峙。以它命名的霍尔木兹海峡,是印度洋进入波斯湾(又名阿拉伯湾)的唯一通道,全球百分之六十的石油从这里运出,因此这道东西长约150公里、南北宽56至125公里的海峡,又被称为"石油海峡",堪称东西方"海上生命线"。阿拉伯人说:"如果世界是一个指环,那么忽里模子就是指环上的钻石。"

最早把忽鲁谟斯推介给世界的,是马可·波罗。可以说,这是他的一处伤心地。那是1271年,他和父亲、叔父连同十几位旅伴一起前往中国。他们从威尼斯启程,跨越地中海、黑海,来到两河流域的巴格达。他们掏钱买东西时,不小心被一伙强盗盯上。这伙强盗趁他们夜里熟睡抓住了他们,抢光了他们的钱财,并把他们分别关押起来。半夜里,马可·波罗和父亲逃了出来。当他们找来救兵，强盗早已离开，除了叔叔之外，别的旅伴已经不知去向。随后，三个波罗来到霍尔木兹，苦苦等了两个月，季风期过了，眼都望穿了，也没有遇到前往中国的船只。万般无奈，他们只能从忽鲁谟斯北上，通过古老、荒凉、蜿蜒、漫长的陆上丝路前往中国。

在中国滞留十几年后，三个波罗带着护送大元阔阔真公主远嫁伊尔汗的使命返程。他们从泉州出发，3个多月后抵达苏门答腊岛。因为等待季风，他们在岛上停留了5个月。之后，经过18个月的海上颠簸，终于来到曾经的伤心地忽鲁谟斯。途中，船队似乎遭遇了海难和疾病，600人的送亲队伍仅剩8人，三位迎亲使者也只剩下火者一人，好在阔阔真公主顽强地活着，三个波罗也完好无损。

然而，从忽鲁谟斯上岸后，大难不死的阔阔真面对的却是一个极度尴尬的局面：新郎——伊尔汗阿鲁浑一年前就死了，宣布继承汗位的是阿鲁浑的弟弟乞合都，而阿鲁浑的儿子合赞并不服气，他一直驻扎在父亲的封地呼罗珊，和乞合都暗中对抗。就连驻扎在报达（今巴格达）的阿鲁浑的堂弟拜都，也对乞合都抢走汗位不满，做梦都想取而代之。

按照《马可·波罗行纪》的说法："他们到了目的地后，听说阿鲁浑已死，所以把护送的妃子交给了其子合赞。"书中又说："他们见君临其国者，是乞合都，便把护送的妃子交付给了他。乞合都回答他们说，你们应该将她送到阿鲁浑之子合赞那里，合赞此时在波斯边境的枯树之地，统率6万人马，据守要隘，防御敌国入侵。他们依命而行。"书中的表述，显然是矛盾的。因为依照蒙古的婚俗，无论是乞合都还是合赞，谁先见了阔阔真公主，都会立刻迎娶她。娶了她，就意味着继承了大汗的正妃，进而宣示了自己的正统地位。

一本权威史书记载[①]，冥冥之中，似乎有一个来自上天的声音引导着阔阔真，在一个恰当的时间向着桃里寺（今大不里士）走去。与此同时，合赞也离开驻地呼罗珊，前往桃里寺拜会乞合都。如同世上所有美丽的爱情故事一样，双方在一个名叫阿吧哈耳的小城偶遇了。火者和三

[①] 见[波斯]拉施特:《史集》，商务印书馆1983年版。

个波罗顺水推舟，把阔阔真转嫁给了合赞，也送上了大元的丰厚嫁妆。婚礼结束后，合赞从嫁妆中取出一只虎，献给了乞合都。

告别时，公主对父亲般慈爱的三个波罗恋恋不舍，痛哭流涕。三个波罗临行前，公主赐给他们四块金牌，其中两块海东青，一块狮子，另一块是平板，上面写着："这三个使者沿途所经过的地方，应致敬礼，如我所临，必须供应马匹、一切费用和护卫人员。"因此，三个波罗的返乡之途特别顺利，得到的供应异常丰厚，常常有200名骑兵护卫着他们。

返程途中，他们路过桃里寺，拜见了乞合都。他们离开不久，也就是1295年3月24日，一伙亲穆斯林的大臣谋杀了乞合都，拥戴拜都为大汗。合赞愤然起兵，俘虏了拜都，于1295年11月3日继承汗位，改宗伊斯兰教，开启了伊尔汗国最后的辉煌。[①]

顺理成章，阔阔真也成了大汗的和敦。想不到，合赞汗继位仅仅5个月，阔阔真就香消玉殒，死时不到25岁，一个鲜活的生命来不及盛开，就被彻底封存。对此，隔着万水千山的马可·波罗当然一无所知。

多年后，马可·波罗谈到了身后的忽鲁谟斯。也许经历的挫折多了，曾经的伤心往事已经化为过眼云烟。于是，他以客观的语气回忆说：

> 海边有一座城市，名叫忽鲁谟斯，是一个大而名贵的城市。城市有港口，商人用海船运载香料、宝石、皮毛、丝绸、金棉、象牙及其他多种货物，从印度来到这里，销售给他国的商人，然后转卖到世界各地。
>
> 他们的船舶质量低劣，主要是因为国内没有铁钉，只能木钉来钉船，并用线缝船板所致。缝船的线，来自椰子树皮捣成的线，远看如同马鬃一样，用它来缝船，海水泡不烂，但无法抵御风暴。船上有一条桅杆，一挂帆，一个舵，没有甲板。装货时，用皮革盖上，再把贩卖到印度的马放到皮革上。乘坐这样的船，在风暴极大的印度洋里航行，危险很大，沉没的船很多。船虽然不够坚固，然而有

---

① 见求芝蓉：《马可·波罗回程经波斯行踪考》，原载《历史研究》2021年第1期。

时不致破损的，多是因为船上涂了一层鱼油。①

这种缝合式木船，被中国人称为"昆仑舶"。它船体脆弱，抗风浪能力差，发生海难的概率比较高。

其实，如何提高航海安全系数，一直是古代航海界的一大难点和痛点。对此，中国古人别有心得。

二、航海术

作为确保船只安全航行的三大条件，船尾舵、风帆、指南针的发明、成熟和应用，是中国古代航海领先世界的基础和保障。

第一，是船尾舵的出现。出土于长沙、广州、湖北江陵的汉代船只模型，有一个共同点，就是船尾设有桨手，用来操纵舟船的航行方向，这种桨通常被称为操纵桨。桨柄增长就成为艄，然后产生了真正的舵。1955年广州东汉墓出土的陶船模型，就设有能使船体运转自如的船尾舵。船尾舵的出现和使用，是中国航海史上的大事。

第二，是风帆的应用。远古时期，中国就在木筏上竖起第一面帆，不必再摇橹、撑篙、拉纤就能让船行进。魏晋南北朝时期，中国船员掌握了偏风行船技术，而且对风帆做了改进。船的四个帆，斜着聚拢在一起，以兜取来风，风通过帆之间的传导，几张帆可以同时得到风力。三国时期的万震在《南州异物志》中提到，有一种卢头木，叶子长得像窗扇，长一丈多，能织成风帆。这种植物叶子编成的风帆，可利用自身重量迅速升降，用来调节航速并确保安全，且风帆的上半部分呈折扇形，顶部是尖的，使得上半部受风面积较小，中下部受风面积较大，从而使重心降低，保证了帆船航行的稳定性。② 到了明代，航船即使遇到顶头风，仍旧可以通过转帆和操舵，采取走"之"字形的打戗驶风技术驶向

---

① 见[法]沙海昂注，冯承钧译：《马可波罗行纪》，商务印书馆2012年版。
② 见董志文：《话说中国海上丝绸之路》，广东经济出版社2014年版。

前方，这就是所谓的"见风使舵"。

第三，是指南针的发明。在茫茫海上，最难的是辨别方向。远古的渔民，是依靠陆上山尖或沿岸犬吠来掌握方向的。到了先秦时期，中国古人发现了磁石的吸铁性和磁石的指极性，并利用这一原理制成了"司南"。东汉时期，发明了用磁石制作的勺子。北宋时期，把磁勺换成用钢磨制的磁针，还发明了"水浮法"，就是把磁针穿在浮漂上，然后放在盛满水的碗里指示方向。北宋地理学家朱彧（yù）的《萍州可谈》记载："舟师识地理，夜则观星，昼则观日，阴晦观指南针。"随后，指南针又被改造成更加简单实用的水罗盘。应该在公元1180年左右，水罗盘经阿拉伯船员传到欧洲。当欧洲人首次接触这个被撒旦施了魔法的奇妙小针时，倘若不是亲眼所见，没人相信是真的。后来，西欧在航海中使用的有固定支点的罗盘——旱罗盘，就是在水罗盘基础上改进的。[①]罗盘由中国传到欧洲，是世界航海史上惊天动地的大事件。而在此之前，航海只不过是一桩由上帝和猜测决定的痛苦而代价高昂的事情。郑和下西洋时，每艘船上都配有罗盘，罗盘上标有24个方位，各以天干地支与八卦五行来标记。鉴于罗盘的指针也并非指向正北方，也有"磁差"，郑和船队会用罗盘指引航向，用牵星术确定船队位置，用航海图识别暗礁、浅滩、海岸，用铅锤测量海底深浅。

另外，是水密隔舱技术。水密隔舱，是指能将船体区分成许多个船舱，使各个船舱互不相通的"防水壁"。如果船只触礁，水从破损处流入，水流也不会在隔舱间互相流动，依然能使整条船具有足够的浮力，水手们只需将舱内的货物移到别处，立即用厚木板修补漏洞，并将海水抽到舱外，船只便可以继续航行。据说，这一技术是东晋的卢循发明的。

然后，是先进的造船技术。促进人类进化的主要动力有两个：战争与贸易。而促进战争与贸易的因素也有两个：陆上的轮子，水上的船。造船技术的进步，是人类文明进步的一个辉煌章节。唐宋以来，中国船舶广泛采用钉榫接合技术，并用桐油、麻丝、石灰嵌缝，增强了横向和纵向的强度。尤其是宋代的"多重船板鱼鳞搭接"技术，解决了天然船

[①] 见章巽：《蒲寿庚考》，商务印书馆1986年版。

材的厚度限制，加强了船壳的强度与整体刚性。最晚在宋代，中国就发明了"干船坞"，比欧洲"干船坞"早了500年。大型"干船坞"，一般有200米长，当船只制作完成后，打开闸门，江水便灌入矩形船坞，大船就可以顺利驶入水道。中国船只一般比阿拉伯船大二三倍。

而且，大明郑和船队各船之间，通过旗语和灯语保持联络，还采用沙漏和燃香测算时间。①

正因为掌握了以上技术，郑和远洋船队才能履大海如平地，一直没有出现沉船事故。

三、中国人到了

在现代文明史上，忽鲁谟斯简直微不足道；但以历史为标准，它可是一个如雷贯耳的地方。它是明代航海史中出现频率最高的地名之一，也是郑和下西洋的目的地之一。当然，这里的"忽鲁谟斯"并不单指霍尔木兹岛，而是以霍尔木兹岛为中心，实际势力范围囊括整个海湾北部的霍尔木兹王国。

永乐十年（1412），郑和第四次下西洋，首次访问了忽鲁谟斯，赐给国王锦绮、彩帛、纱罗，还赏赐了王妃和大臣。作为回应，国王派使者到大明进贡了马和方物。此后郑和三次下西洋，都把此地作为中转站和目的地。郑和与当地的经济交往，属于朝贡贸易性质，往往赏赐得多，得到的回报少。

郑和的船，是和平之舟；郑和的船队，是和平之师。正如汤因比感慨的那样，在15世纪初，海洋上最强大的力量无疑是中国的远洋船队。如果郑和想占领海上丝路沿线那些富饶的土地、关键的隘口和优良的港湾，不知今天的世界会是什么样子。

对于这个陌生的国家，马欢在《瀛涯胜览》中说：

---

① 见［美］劳伦斯·贝尔格林：《黄金、香料与殖民地——转动人类历史的麦哲伦航海史》，新世纪出版社2019年版。

从古里开船向西北航行，顺风时25天就可以到达忽鲁谟斯。这个国家依山傍海，各国的海上商船和陆上客商云集这里赶集买卖，所以国民殷实富足。国王、国民都信奉伊斯兰教，讲究诚信。每天礼拜五次，沐浴斋戒，必尽其诚。国内风俗淳厚，没有贫困家庭，如果有一家遭遇祸患致贫，众人就会纷纷慷慨解囊救济他。

书中还谈到了该国的婚俗、葬礼、饮食、货币、杂技、气候、水果、珍宝、家禽。书中最后说：

忽鲁谟斯国王将狮子、麒麟、马匹、珠子、宝石等物，连同金叶表文，派遣头目跟随大明宝船，进献给了大明朝廷。①

马欢记录得很详细，但他唯独忘了一件事，就是郑和在忽鲁谟斯花重金买回了一批波斯独有的原料。

这批原料，与中国的制瓷业有关。

四、青花瓷

这种原料，叫苏麻离青，在波斯语中又叫"苏来曼"，是用于制作青花瓷的一种青料，产地是古波斯卡山夸姆萨村。

可能读者会问：中国早就有瓷器，也早有青花瓷了，为什么郑和还要去波斯买原料？

的确，中国是瓷器的故乡，英文中的"瓷器"（china），已成为"中国"的代名词。其实，陶在世界各地的先民遗址中多有发现。而瓷，是在陶的基础上经技术创新而成，是中国独有的伟大发明，也是价格高昂的外销商品。

---

① 见〔明〕马欢：《瀛涯胜览》，广东人民出版社2018年版。

青花瓷，是中国瓷器家族中耀眼的明珠，曾被认为是中国的象征，可它自始至终都与波斯有关。青花瓷产生有三个基本条件：白瓷生产技术、釉下彩绘技术、钴料使用技术。① 它以纯质白色高岭土为坯，以钴蓝为色料，前者原产中国，后者多从波斯进口。② 说得具体一点，元、明时期青花瓷使用的青料，有国产和进口两种：国产料多用于龙泉青瓷，为高锰低铁型青料，颜色青蓝偏灰黑；进口料则来自波斯，这是一种低锰、高铁、含硫和砷、无铜和镍的钴料，多用于景德镇青花瓷。

至元十五年（1278），忽必烈颁布命令，在饶州路浮梁县景德镇设立浮梁磁局，隶属将作院③，负责为宫廷烧制生活瓷器。浮梁磁局集中了一批来自全国名窑的制瓷大师，他们根据西亚伊斯兰世界的需求，以宋代青白瓷烧制技术为基础，借鉴磁州窑、吉州窑的釉下黑彩瓷生产技术，将伊斯兰文化崇尚的波斯蓝——苏麻离青用作瓷器颜料，在景德镇官窑烧制出了一种新的瓷器，它釉质透明如水，胎体质薄轻巧，洁白的瓷体上出现了蓝宝石般的鲜艳色泽，还出现了银黑色四氧化三铁结晶斑——"锡光"。就这样，具有异域特色、绝代风华的元青花惊艳亮相。元青花一经出现，便风靡海内外，成为最抢手的中国特产。

如今，考古人员在泰西封古城废墟中，发现了大量中国陶瓷碎片。这就证实，早在波斯帝国强盛时期，"波斯蓝"已贯通东西，成为两大帝国交流的纽带。伊朗德黑兰国家博物馆，也藏有大量元青花。可见，强大绝不等同于掠夺和扩张，更多的是对古老文明和灿烂文化的传承与输出。

中国人和波斯人正是这样的传承者。

郑和下西洋，把东西方融合的完美代表永乐青花瓷，远销到西洋。一件件青花瓷，随着漫长的海上丝路，穿越千岛万水，最终叩开了西洋国王、贵族和民众的门楣。

郑和是个有心人，他在对外输出青花瓷的同时，还带回了烧制青花

---

① 见石云涛：《中国瓷器源流及域外传播》，商务印书馆2015年版。
② 见俞雨森：《波斯与中国》，商务印书馆2017年版。
③ 元朝设置的负责制造工艺品、服装、器具的机构，主官为正二品，类似于前朝的少府。

瓷必需的苏麻离青和西方人对瓷器审美的新视角，使得永乐、宣德年间的青花瓷，实现了中华传统工艺与伊斯兰艺术的完美契合：或者浓艳绚丽，蓝中带紫，呈现出高贵的紫罗兰色；或者清晰而通透，以线条和特有的结晶斑，呈现出优雅的山水墨色；或者晕散有致，如星星状点滴晕散，也如纸洇般层次分明；或者晶莹亮丽，仿佛蓝宝石一般熠熠生辉。

以郑和下西洋为节点，此后一个时期的青花瓷，以丰富多彩的造型、典雅瑰丽的色调、优美生动的纹饰震惊了世界，在我国陶瓷史上"发千古之未有，开一代之奇葩"，最终成为中国陶瓷的主流。

五、纬度与经度

如同青花瓷凝聚着一代代中国瓷人的智慧与汗水一样，航海术的改进，也是后人站在前人肩膀上不懈探索的结果。

教科书上总是说，罗盘针的普及大大提高了航海的安全性，但最终真正解决问题的，还是地理坐标。

如果您面前有一个地球仪，就会发现它被一条条纵横交错的线划分成一个个网格。连接南北两极的线叫经线，也叫子午线；与赤道平行的线叫纬线。经纬线相交，构成了地理坐标。

由于地球不停地自转，所以我们的方位由天空决定。撇开 GPS 定位和卫星导航等当代方法不谈，古人获知位置的办法只有一个——仰望天空。北极星位于地球北极的正上方，夜空旋转，群星移位，唯有北极星几乎一动不动，于是它就成了最值得信赖的航海参照物，也被冠名为"领航之星"。9 世纪，阿拉伯航海家通过测量北极星找到了计算船只所在纬度的方法——"卡玛尔"。方法是，将绳子的一端用牙齿咬住，将绳子的另一端拉开，然后调整一种卡片的位置，使其底端与水平面一致，顶端与北极星一致，继而根据此时线与水平面之间的夹角来计算纬度，并将其用绳结的个数来表示。只要了解世界各大港口的纬度是几个绳结，就能确定船只所在纬度上有哪些港口。在中世纪的印度洋航海中，船员一般都使用"卡玛尔"，这与郑和使用"牵星术"相类似。葡萄牙探险家来到亚洲时，也向当地人学习并使用了"卡玛尔"。另一种方法也比较简单，就是通过计算正午时分太阳距离地平线的高度，来得知船只所在的纬度。

但经度的计算就难了。因为你无法借助太阳和星座计算出经度，也就是你在东西方向上的位置。其实，只要在太阳处于正午时分，观察一下按出发港时间运行的时钟，计算出出发港与当前所在位置的时差，就能了解两地之间相差多少经度。问题在于，当时的计时器是一种陆上计时用的摆钟，它一放在船上就无法准确计时了，因为它根本经不起海上颠簸和温湿波动。就因为缺少船用时钟，大航海时代的船队只知道纬度不知道经度，结果常常找不到目的地，只能沿着相同的纬度返航，造成大量船员在超过预期的航行中死亡。1707年，英国皇家海军的4艘军舰在返航途中遭遇大雾，最终由于无法确定准确位置而触礁沉没，遇难者达到2000人。

这一骇人听闻的海难，再次让英国意识到了确认经度的极端重要性和紧迫性。为此，英国议会于1714年通过了《经度法案》，悬赏2万英镑，征集确认经度的简易办法。为了公正地找出获胜者，英国皇家学会专门成立了"经度委员会"，请来许多著名科学家参与研究并担任评委。其中最杰出的科学家艾萨克·牛顿爵士提供的思路是，如果能够制造出船用计时器，就能确定船只的经度。但气候的变化与地球上引力的差异，使得制造这样一只时钟，变成了科学界的一大世纪难题和生死命题。

与此同时，荷兰、西班牙、法国也挂出类似的巨额奖金，奖励能够解决这一难题的人。

天下熙熙，皆为利来；天下攘攘，皆为利往。面对巨额悬赏，多少人抛妻别子钻进实验室，多少人转行当起了工匠，然而20年过去了，居然无人前往议会领赏。

富有戏剧性的是，成功破解这一难题的，并不是什么科学家，也不是什么工程师，而是一位英国小木匠，名叫约翰·哈里森。他在少年时代自学了自然科学和工学，19岁就能独自制造钟表，之后便致力于解决经度计时问题。经过无数次试验，他在1737年制造出了精密计时器H-1。为了增加精密度，他对计时器进行持续改良，直到1759年制造出一块只比怀表大一点的H-4。新产品在牙买加航海中进行了试验，长达81天的航海，居然只有5秒钟误差，原因是木匠在计时器里加了一个叫"补偿弧"的装置，它可以调整平衡簧的长度，以适应因温度变化引起的热胀冷缩，从而使得计时器完全不受温度和湿度变化的影响。议会支付了一半奖金，理由是该产品还需进一步验证。1772年，已经晋升为英国海军中校的詹姆斯·库克开始了第二次太平洋探险，在航行中对H-4做了又一次试验，结果证明时间相当精确。需要注意的是，在先后三次太平洋探险中，库克船长借助望远镜和H-4，绘制了南极—阿拉斯加—夏威夷的海岸线、跨洋航线和大量航海地图，使得英国在殖民扩张中占了上风。①

库克船长的试验标志着，有史以来第一次，船只不论走到何处，不论温度、湿度如何变化，不论船只如何颠簸，船用精密计时器都能准确计时，船员都能计算出所处的经度。木匠这才在临死前3年从议会拿到所有奖金，不过他已经80岁，牙都快掉光了。

与此同时，法国钟表匠皮埃尔·勒鲁瓦设计的船用计时器，也得到了验证并投入使用。

接下来的问题是，纬度起点——赤道可以由地球自转轴来决定，但在理论上任何一条经线都可以被定为本初子午线。为了解决经线起点不统一问题，1884年，25个国家的代表汇聚美国华盛顿，召开了国际子午线会议。除法国代表弃权外，其他代表一致决定，以英国伦敦格林尼治天文台中星仪所在的经线，为全球时间和经度计量的标准参考经线，称为零度经线和本初子午线。线以东为东经，以西为西经，东、西经各180度，每15度为一个时区。而不服气的法国，直到1911年仍以巴黎子午线作为经度起点。

掌握了地理坐标并统一了标准时间，船只不再迷航。

按说，经纬度问题解决了，海员们应该欣喜若狂、手舞足蹈才是，可他们仍像被判终身监禁的囚徒一样，天天阴沉着一张脸，因为还有一座大山横亘在面前，那就是船员的高死亡率。

---

① 见［英］乔·马钱特：《人类仰望星空时》，中信出版集团2022年版。

六、坏血病

在大航海时代，有两道自然屏障——坏血病与发热症，横亘在探险家面前，夺走了无数船员的生命。征服两大病魔，成为西方医学界和航海界共同的使命。

17世纪初，人们终于通过使用产自秘鲁的金鸡纳树皮，战胜了各种发热病症。但对于缺乏维生素C带来的坏血病，人们依然苦无良策。

在远洋航线中，如果一个月不能补充新鲜蔬菜，船员就会得坏血病。在最初发病阶段，船员会感到疲劳体虚、精神不振。接下来，会感觉胸痛、呼吸不畅。下一个阶段，腿部会出现肿块，肢端会变得僵硬，上腭会肿胀、发炎、出血，牙齿脱落，无法咽下食物。随后，牙床和溃疡处的血坏掉，并发出臭味，人会在高烧和痉挛中死去。

那么，病因何在呢？很长一段时间，鉴于船员长期拥挤在密不透风、阴暗潮湿的船舱里，医生们多认为坏血病是一种传染病。有人甚至认为它是由酗酒引发的。

18世纪40年代，英国皇家海军准将乔治·安森率领一支舰队进行了环球航行，并在菲律宾附近海域打了一场胜仗，俘获了西班牙大帆船，但坏血病、脚气病却夺走了他带领的1900人中1400人的性命。在震惊、悲戚之余，他要求对此展开系统研究。

根据安森将军的提议，1747年5月20日，随船出海的皇家海军外科医生詹姆斯·林德，在"索尔兹伯里号"上选了12名坏血病船员，进行了现场治疗试验。所有患者按照相同的基础食谱进食，早上是甜粥，中午是羊羔汤或布丁、饼干，晚上是大麦配葡萄干、大米配醋栗或者肉类配葡萄酒。这些患者病情相同，主食相同，唯一不同的是另外使用的辅助性药物——当时传说可以治疗坏血病的药方。他把患者分成6组，每组2人。第一组，每天喝四分之一磅苹果汁；第二组，每日三餐前饮用25滴芳香性硫酸，并用强酸性漱口剂漱口；第三组，每日三次空腹饮用两小勺醋；第四组，把腿浸在流动的海水中；第五组，每天吃两个柑橘和一个柠檬；第六组，每日三次服用一种用大蒜、芥末、秘鲁香油等制成的配剂。根据林德的记录，6天之后，吃柑橘和柠檬的一组患者奇迹般好转，其他人病情依然。这就是著名的"坏血病临床试验"，它开了现代临床试验的先河，每年5月20日也被确定为"国际临床试验日"。

随后，他给远航者开出了以柑橘类水果为基础的药方。

尽管人们对坏血病的病因仍不明就里，但对付这种疾病的办法却日益简明和管用。18世纪60年代，詹姆斯·库克船长制定了应对坏血病的办法，他每次出海会在船上装载3吨以上用盐腌制过的洋白菜——也叫酸泡菜，一周给船员吃3次，还要求船员每天洗澡，保持衣服和船舱卫生，从而有效避免了坏血病。18世纪90年代，在西班牙环球大远征中，随船医生给船员们分发了大量新鲜蔬菜和柑橘类水果。结果，长达56天的远航，仅有一人得了坏血病。

政治规则的设定，常常是少数服从多数，而科学上的发展却常常证明，是多数误解了少数，因为政治服从利益，科学服从真理，真理则往往掌握在少数人手中。尽管林德的临床试验找到了克服坏血病的办法，但安森将军话语权不多，皇家海军高层不认为这一试验有多么科学，他们深信传统做法没有错，自己的权威不容挑战。直到40多年后，坏血病依旧让海军士兵像苍蝇一样成片地死去，英国皇家海军统帅部方才羞羞答答地接受林德的建议，让海军官兵每天饮用适量的柠檬汁。效果立竿见影，坏血病病例大幅度减少，英国皇家海军战斗力倍增，进而战胜西班牙成为海上霸主。

从此，这种令人谈之色变的恶疾，再也没有阻挡人类探索未知海域的步伐。

七、披着羊皮的狼

郑和离开60年后，印度洋就换了主人。与大明和平之舟迥然不同的是，大航海时代的欧洲船队拥有一个共同的名字——海盗船。

在这里，我没有任何要诋毁欧洲探险家的意思，我说的是实情。

人们通常认为，海盗是"在大海上攻击其他船舶以获取财物的人"。大家印象中的海盗形象，多来自17世纪加勒比地区的海盗时代：一艘帆船从大海深处驶来，船上飘扬着绣有头盖骨和交叉腿骨的海盗旗，甲板上站着一群戴着黑色眼罩、头上绑着带子的海盗，口中发出令人毛骨悚然的怪叫。其实，在国际法上并没有给海盗下过定义。因为在近代海洋上，一般欧洲商船为了防止受到某一海域"海盗"的袭击，都会对船只进行军事武装。但是，当他们一旦发现比自己军事武装弱的商船，就会攻击他们并掠夺他们的财物。而合乎理性的市场策划者，往往死于专制统治者或海盗的刀剑之下，不然就是他们逐渐发现武力是降低成本的有效手段，于是跟着采取暴力。

也就是说，"海盗"一直有两种：一种叫"海盗"，是"在没有法律授权的情况下，在沿海或海上进行的抢劫、绑架或者其他暴力行为"；另一种叫"私掠者"，又叫"私掠海盗"，是"在法律授权的情况下，在沿海和海上进行的抢劫、绑架或其他暴力行为"。[①] 第二种海盗是受国家委托，带着国家颁发的"私掠许可证"或得到国王、议会的授权，代替国家去掠夺敌国船只，以此削弱敌国军事和经济实力的民间团体。换言之，国家指挥的海上暴力行为是"海军"，非政府性的海上暴力行为是"海盗"。而葡萄牙、西班牙的探险船队和荷兰、英国东印度公司的船队，无一例外都是"披着羊皮的狼"，也就是披着地理探险和合法公司外衣的"海盗"。

一天，葡萄牙国王曼努埃尔一世下令，葡属印度舰队封锁红海入海口。

1507年，也就是波斯萨非王朝诞生的第6年，葡萄牙驻印度副总督阿尔布克尔克率领远征军西去。不过，他没有奉命前去封锁红海，而是进入了波斯湾。在阿尔布克尔克脑中，此处有一个必须征服的地方——霍尔木兹，它是一小块受炎阳炙烤的礁石，是波斯与印度洋之间贸易的轴心，是一座富得流油的贸易城市。

他抵达时，霍尔木兹港内挤满了商船。对于这座城市，国王给他的指令是"订立条约"，但这不合他的胃口。他拒绝了波斯驻霍尔木兹行

[①] 见《牛津英语词典》，牛津大学出版社1989年版。

政长官送来的所有礼物,他的答复非常简洁:要么成为葡萄牙王室的附庸,要么被我踏平。

消息传回霍尔木兹,行政长官瓦加·阿塔得出的结论也很直接:对方只有区区6艘船只,竟敢如此嚣张,实在是满脑子幻想。

话不投机,只能动粗。

西方人常说,上帝总是站在最威猛的炮火一边。1507年9月27日,在雷霆般的轰鸣中,葡萄牙炮舰凭借优势火力,击败了数量占优的穆斯林舰队。瓦加·阿塔迅速求和,接受曼努埃尔一世为主公,同意缴纳一笔沉重的岁贡。

接下来,阿尔布克尔克着手在当地建造要塞。一些部下对他不去红海执行任务议论纷纷,几个头目不愿参加修建要塞的体力劳动,甚至有4个士兵叛逃到霍尔木兹并皈依了伊斯兰教。当瓦加·阿塔拒绝交出叛逃者时,阿尔布克尔克完全失控了,他的手在颤抖,眼在冒火,声音也变得歇斯底里。好一会儿,部下才弄清他命令的内容:用舰炮轰击他们的城墙,冲上岸去,向人群开枪,向井中下毒,消灭所有活的东西,直到把霍尔木兹从视线里抹去。

官兵们既无法理解更不肯执行这道命令,于是纷纷驾船返回印度,向副王阿尔梅达报告他的非人行为。眼看面前只剩下两艘军舰,他才无奈地放弃对霍尔木兹的围攻,前往索科特拉岛营救嗷嗷待哺的驻军。

下一年,他返回霍尔木兹,希望攻下这座城市,但发现未完工的要塞已被武装起来,城市街道也被封锁,他不得不灰溜溜地第二次撤军。

他发誓,在攻克霍尔木兹之前,绝不剃掉胡子。①

八、升起葡萄牙国旗

大凡有人群的地方,就少不了钩心斗角。他从霍尔木兹刚刚回到

---

① 见[英]罗杰·克劳利:《征服者:葡萄牙帝国的崛起》,社会科学文献出版社2016年版。

印度据点，就获悉了国王让他代替阿尔梅达担任葡属印度总督的任命。不过，阿尔梅达拒绝承认这一委任状，并将他投入狱中。直到1509年11月，葡萄牙元帅率领一支庞大舰队赶到印度，他才走出蹲了3个月的牢房。

阿尔布克尔克一上任，便迅速显示出过人的果断。这个被称为"东方恺撒"的冒险家，根本不屑于隐藏自己的险恶用心，一向喜欢用枪炮说话，哪管对方高兴不高兴，满意不满意，答应不答应。

霍尔木兹是他的一个心结，当然必须解开。

一天，"东方恺撒"的舰队向波斯湾入口处的海港马斯喀特发起奇袭。士兵们翻过高高的土墙，冲进街道，杀出了一条血路，取得了胜利，切掉了活下来的男男女女的鼻子和耳朵。随后，他们带着斧子去了大清真寺，一顿乱砍后，将它付之一炬。

1515年，他把枪炮对准了此次远征的核心目标忽鲁谟斯岛，威胁要用当地居民的骨头建造城堡，还要把他们的耳朵钉在大门上。萨非王朝伊斯玛仪一世任命的忽鲁谟斯长官，听到葡萄牙舰队到来的消息，以及阿尔布克尔克在阿拉伯海岸的狂暴行动，赶紧下令封锁忽鲁谟斯港口，除了原有的200艘长形多桨战船，又增派了60只大型战船，其中就有国王的御舰和王子的战舰。整个舰队彩旗猎猎，威风八面。

面对虚张声势的忽鲁谟斯舰队，阿尔布克尔克选择在拂晓时刻发起战斗。他首先命令侧舷开火，前两炮就击沉了对方的两艘战舰。紧接着，葡萄牙人从海上和岸上同时发起猛攻，装备原始的忽鲁谟斯舰队一泻如水，多数战舰被击沉，剩下的只能拼命溃逃。①

战后，忽鲁谟斯长官宣布投降，成了曼努埃尔国王的封臣，他不仅缴纳了1.25万金谢拉芬，还亲自在宫殿中升起了葡萄牙国旗，几乎等同于亲手把祖国吊死在了旗杆上。一支葡萄牙军队驻扎下来，一座名为"圣母得胜堡"的城堡——当然是用石头而非骨头建造的——在这座古老的港口高高耸立。

这一类军事城堡，像一颗颗膨胀螺钉，被葡萄牙人插在印度洋沿岸，

---

① 见［美］杰里·本特利、赫伯特·齐格勒：《新全球史》，北京大学出版社2007年版。

晃不动，拔不出，从此成为老牌航海国家的噩梦。阿拉伯、波斯、印度人被迫从印度洋海权竞争中隐退。

总结这些欧洲"海盗"的战略战术，那就是先以大炮和火枪占领几个港口城市，作为据点，形成网络，再以经济手段压制内陆地区，逐步从经济、军事上扩大支配体系。最终，工业革命创造出的前所未有的强大产业生产力，使得欧洲成了地球村的霸主。

好在，忽鲁谟斯比较幸运，在欧洲工业革命尚未爆发的时候，就出现了一位铁腕人物。

九、阿巴斯港

让波斯湾逆天改命的人，是一位年轻的萨非王朝皇帝，史称阿拔斯一世。

越来越多的科学家告诉我们，改变人类命运的，绝非什么理性，而是看似不靠谱的荷尔蒙。1587年，这位年仅17岁的青年人继位后，力排众议，拿出全部财政家底，组建了一支12万人的正规军。随后，这群勇士挥舞着阿拉伯弯刀，向北击败了乌兹别克人建立的布哈拉汗国；向西战胜了强大的奥斯曼帝国，迫使对方签订了《伊斯坦布尔条约》，收回了此前被迫割让的土地。

1622年2月，波斯与英国经过密谋，达成了一项合作攻击葡萄牙人的计划：由阿拔斯一世派出3000名士兵，从陆路向忽鲁谟斯城堡发动总攻；由英国舰队在海上发起攻势，挡住葡萄牙舰队的退路。面对海、陆夹击，葡军不得不于4月23日宣布投降。战后，波斯夺回了被葡萄牙占据一个多世纪的海峡，控制了波斯湾；作为协同作战的回报，英国东印度公司获准在此建立多个商栈。

消灭杂草的最好办法，是种上庄稼。这一道理也可以用在控制海岸线上。阿拔斯一世下令，在霍尔木兹海峡北岸建立新的港口，代替原有的海上贸易中心霍尔木兹岛，并以自己的名字命名为阿巴斯港。他还采取了宗教宽容和经济开放政策，允许英国、荷兰在阿巴斯港和其他几个城市建立贸易特区，开展宗教活动，这在信仰伊斯兰教的波斯历任帝王中是极其大胆与罕见的。

整个17世纪，阿巴斯港均为伊朗的首要海港，樯帆林立，货载满舱。尽管从18世纪中叶起，海上贸易重心西移到布什尔港，但它凭借霍尔木兹海峡优越的地理位置，仍是伊朗东南外贸第一港。

中东油田发现后，霍尔木兹海峡成为波斯湾石油运输的门户，有三条石油运输线从这里走向世界，分别是向东前往阿拉伯海、印度洋、马六甲海峡、南中国海、太平洋、日本的航线；向南前往阿拉伯海、印度洋、好望角、大西洋、欧洲、美国的航线；向西前往阿拉伯海、红海、苏伊士运河、地中海、直布罗陀海峡、大西洋的航线。

作为伊朗最大的军民两用港，阿巴斯港区岸线长2020米，有码头泊位11个，其中油码头可停靠4万吨级油船。周边有一条铁路直通克尔曼。距离港口15公里有一座机场。阿巴斯港还是伊朗海军司令部、海军航空兵司令部所在地。

丝路上的霍尔木兹：狭义的霍尔木兹，位于海峡东北侧的伊朗一方，是一个12平方公里的岛屿。广义的霍尔木兹，指一道长约150公里的海峡，东接阿曼湾，西连波斯湾，是从印度洋进入波斯湾的唯一水道，素有"海湾咽喉"之称。自古至今，这道海峡都是各大势力争夺的焦点，也是海上丝路的一大枢纽。16世纪初，葡萄牙殖民者闯入海峡，此后英国、荷兰、法国、俄国接踵而至。如今的海峡，作为当今全球最为繁忙的水道之一，是海湾地区石油输往世界各地的唯一海上通道，被誉为"海上生命线"。

第十四章　东方威尼斯
—— 巴士拉

中世纪的巴士拉，既是"广州通海夷道"的终点，也是阿拉伯海上商路的起点，被誉为"东方威尼斯"。

一、两条航线

学生时代，阿拉伯对我来说是世界的尽头，我只是从书里看到过阿拉伯国家的片段，能想到的是那些戴头巾、穿长袍的男人，只露出两只大眼睛的女人，沙漠里若隐若现的驼队，帆樯林立的港口，带圆顶的伊斯兰建筑，阿里巴巴和四十大盗，给国王讲了一千零一夜故事的王后。这样的童话国当然不曾存在过。不过，陆上驼队和海上商队倒是实情。因为阿拉伯有着浓浓的商业基因，航海是他们的强项。

公元9世纪，东亚的中国和西亚的大食，出现了三本地理与航海著作。

第一本是《皇华四达志》，作者叫贾耽，大唐宰相。这本书完成于贞元二十年（804），讲的是"广州通海夷道"，这是一条从广州向西，通往巴士拉的航线。

第二本是《道里与诸国志》，作者叫伊本·忽尔答兹贝，大食地理学家。这本书完成于846年至847年，讲的是上一本书的反方向，也就是从巴士拉向东，通往中国的航线。

他把通往中国的航线分为三段：

第一段，从末罗国（今巴士拉）出发，经法尔斯海（即波斯湾）、忽鲁谟斯、古吉拉特海岸、南天竺到锡兰，共需要一个月的航程。

第二段，从南天竺向东航行10到15天，横渡孟加拉湾，到达今尼科巴群岛；再向东行驶6天，到达今马来半岛的吉打；由此可以去苏门答腊岛北部，再经马六甲海峡东去。

第三段，从苏门答腊岛北部，航行8天到达占婆，再航行一段便到了中国。

第三本是《苏莱曼东游记》，作者叫苏莱曼，阿拉伯商人，他东游的时间是851年。他是从巴士拉起航，前往印度、中国的。

他说，若要从波斯湾开始，取道前往中国，就要渡过七个海。这七个海，各有各的颜色，与风，与鱼，与清爽之气，彼此都不相同。

第一个海，是法尔斯海。"据说大部分中国船，都是在西拉夫装货启程的。所有的货物，都预先从巴士拉、阿曼和其他各埠运到了西拉夫，然后装在中国船里。在此地换船，是因为波斯湾里的水相对较深。从巴士拉到西拉夫，海程有320海里。"从西拉夫开始，经过伊本·卡旺岛、苏哈尔，就可抵达马斯喀特。

第二个海，是拉尔海（即古吉拉特海湾）。从马斯喀特开始，到印度西海岸的故临。风向正常的时候，这段航程需要一个月。

第三个海，是哈尔干德海（即孟加拉湾）。从故临启程，经锡兰岛、安达曼岛、朗迦戍婆鲁斯，到马来半岛西海岸的哥罗国，大约需要一个月海程。

其后的四个海，因为书中出现断页，我们无法推测。

书中说，从哥罗国出发，一个月可达占婆；又走10天，抵达贡都尔·夫拉特岛；从此开船进入涨海（南中国海），一个月就能到达中国门。这些门，其实是两座山之间的航道。7天通过各个门，沿着河道行进，抛锚的地方，就是本次航程的终点——中国广州。

三本书谈到的这两条航线，都指向巴士拉。两个以它为起点，一个以它为终点。

解读巴士拉——这个两河交汇的港口，必须首先认识两河文明。

二、两河文明

两河，指底格里斯河与幼发拉底河。两河是土耳其境内戴着白帽子（冰川）的高山所生的孩子。两河之间那片一望无垠的冲积平原，叫美索不达米亚平原。此地北接亚美尼亚高原，南临波斯湾，东与西伊朗山脉为界，西与叙利亚草原和阿拉伯沙漠接壤，在地图上恰似一弯新月，因此被美国考古学家布雷斯特德称为"新月沃地"，也是《旧约全书》中所说的"人间天堂"。

美索不达米亚的故事，是一部由无尽战事和征服构成的传奇。

公元前3000年中叶，来自北方的苏美尔人成为两河流域最早的居民。这是一伙白种人，习惯于在山顶膜拜他们的神灵。在进入这片开阔的大平原后，他们便开始建造高耸入云的假山，然后在上面设立祭坛，建造祭塔，这些祭塔后来被称为"巴别塔"或"通天塔"。他们把自己的语言刻在泥板上，创造了人类最古老的文字——楔形文字。他们还发明了60进制计数法和圆周分割率，成功建立了西亚最早的文明，也使得两河流域成为世界文明的一大中心。

如果把世界文明界定为神话时代、英雄时代、宗教时代、工业时代四个阶段，那么美索不达米亚文明自然属于神话时代。人类最初的几个文明，从西到东地分布在一条狭长的纬度带内——从北回归线到北纬35度之间，分别是克里特岛上的爱琴文明、尼罗河流域的埃及文明、两河流域的美索不达米亚文明、印度河流域的哈拉巴文明、黄河流域的夏商周文明。这些文明大多依傍着一条大河，是定居的农耕生活的结果。其中两河流域早在公元前3000年前就成为种植小麦的农耕中心。如果说粗放型的原始农业是孕育文明的温床，那么永久性的灌溉型农业则是文明的催化剂，而围绕着庙宇中心定期举行的祭祀活动就构成了文明发生的精神基础。城市最初就是人们一起举行宗教祭祀的地方，最早的国家管理人员就是祭祀集团，最早的文字也是因为祭祀活动而产生出来的。可以说，在文明发生的最初时代，美索不达米亚和埃及文明独领风骚，它们的农业、宗教、文字和艺术风格对后世影响深远。

不久之后，闪族的一支阿卡德人，从阿拉伯沙漠挺进两河流域，赶走了苏美尔人。

公元前19世纪，闪族的另一支阿摩利人，又从沙漠来到两河流域，征服了阿卡德人，建立了伟大的巴比伦王国。第六代国王汉穆拉比继位后，统一了美索不达米亚平原，建立了强大的中央集权制国家。他所颁布的《汉穆拉比法典》，是世界上现存的第一部完备的成文法典，其原则是"以牙还牙，以眼还眼""身份越高，刑罚越轻"。

随后到来的，是一支白种人游牧部落——赫楞人。他们很有来头，据说是《圣经》中丢卡利翁和皮拉的后人。他们战斗力很强，破坏性更强。他们从一个河谷走向一个河谷，从山的一侧走向另一侧，一边游荡，一边战斗。就是这伙人侵占了美丽的巴比伦，并摧毁了他们不能带走的一切。

大约公元前1000年及以后，亚述人登上了历史舞台，建立了以尼尼微为都城的帝国。他们所有的执政体制都建立在恐怖主义基础之上，是那个时代的帝国主义者。当他们最终攻下某座拒绝缴械投降的城池时，会杀鸡儆猴，大规模地杀死、折磨或残害其中的居民。同时，这伙制造恐怖的人又善于附庸风雅。尼尼微有一座大图书馆，各门类的知识汇聚在一起，但图书馆里没有一张纸，所有知识都刻在数以千计的石碑上，如今这些石碑陈列在大英博物馆里。

就这样，两河流域促成了一场又一场游牧父本与农耕母本之间的交融，造成了"征服者反过来被其征服的先进文化所征服"的历史效应。农耕文明犹如带正电荷的原子核，以静制动，吸引着四周疯狂旋转的自由电子——游牧民族，构成了世界历史发展的原子模型。

此后，两河流域又经历了新巴比伦王国、波斯、塞琉西、安息、波斯萨珊王朝，每一个帝国都引领一个时代，都呈现出异彩辉煌，都能写一本大书。

公元7世纪的西亚，是阿拉伯世纪。在两河流域建立霸业的，是穆罕默德及其继承人所建立的倭马亚王朝（白衣大食）。而我将要讲述的巴士拉港，就是这伙人的杰作。

三、巴士拉港

有时候，人类历史的演进往往让人百思不得其解。就像公元前6世纪地球上突然同时出现一众先知和宗教一样，到了公元7世纪30年代，世界上居然同时出现了大唐帝国和阿拉伯帝国，其强盛态势、文明程度与世界影响，在整个千年中都无可匹敌。

公元630年，大唐第二位皇帝李世民，派兵灭亡了给大唐带来无尽噩梦的东突厥汗国，控制了整个蒙古草原，被游牧部落推举为"天可汗"。这意味着，他既是中原的皇帝，也是周边游牧民族的领袖。

同一年，由穆罕默德缔造的阿拉伯帝国，收复了麦加，把伊斯兰旗帜插遍了整个阿拉伯半岛。635年，阿拉伯帝国第二任哈里发欧麦尔，率兵向北穿越巴勒斯坦和叙利亚，从拜占庭帝国手中夺取了大马士革。636年，他又率军向东进入两河流域，与波斯人展开了生死决斗。637年，欧麦尔笑到了最后，拿下了波斯人的都城泰西封，成功埋葬了波斯萨珊王朝，当上了两河流域的新主人。

这个心雄万夫的人，也是对商业极其敏感的人。为了解决宗教战争所需的庞大军费开支，他需要一座兼有军事与外贸职能的港口。一天，他策马来到底格里斯河与幼发拉底河交汇的阿拉伯河西岸：这里南距波斯湾55公里，北连两河上游多个城市，既能让物资沿河而上输入帝国心脏，又能防止他国从海上进攻。他对部下们说：就把港口建在这里吧。

下一年，港口落成，取名巴士拉，又叫勃萨罗、弼斯罗。它既是港口，又是军营，还是城市。

公元750年，阿拔斯（穆罕默德的叔父）的后裔与伊拉克阿拉伯人、伊斯兰教什叶派、波斯人结成联盟，取代倭马亚王朝，成立了阿拔斯王朝（黑衣大食）。时隔一年，阿拔斯王朝借助开国的声威，在怛罗斯战役中战胜了唐朝远征军，取得了对中亚的控制权，也使得四年后因"安史之乱"走向衰落的唐朝成为自己崛起的背景板。随后，王朝第二任哈里发曼苏尔把都城迁到巴格达,在这个古文明的殿堂上发起了百年翻译运动,成功创造了伟大的伊斯兰文明。阿拔斯王朝时期的巴格达,是当之无愧的西亚文化、教育、经济和政治中心,其繁华程度与国际影响,完全可以与唐代的长安媲美。其中喜欢在夜间化装出行的哈伦,是我最欣赏的一个帝王,他一直镶着率性的翅膀,在梦想的天空翱翔。《一千零一夜》里许多离奇故事的背景,就是哈伦执政时期的巴格达。

巴士拉是距离巴格达最近的港口。8世纪中期,巴格达初建之时,中国工匠就是经由巴士拉去参加建造举世闻名的巴格达城的。

然而,当时最大的船只还不能驶入巴士拉。能够停泊大船的,是位于巴士拉之下、坐落在波斯湾头的伍布莱港。而在海湾贸易中占据主导地位的,是波斯人手中的西拉夫(尸罗夫)。这种局面,一直维持到公元977年西拉夫城被地震摧毁。就这样,巴士拉——这个被西拉夫港压制了千年的丑小鸭,终于崭露头角,成为众人口中的"东方威尼斯"。因为承载着将中国货物上溯巴格达的中转功能,巴士拉还被阿拉伯史学家称为"中国商港"。

不妨想象一下中世纪的巴士拉这样的场景:

这是一个清晨,巴士拉的东方天际渐渐露出鱼肚白,彩色丝带般的朝霞,由浅入深,由暗变亮,轻轻飘舞在天际,如一位蒙着轻纱的阿拉伯少女,诗意地迎接着来自世界各地的商人。伴随着河水拍击西岸的韵律,沉睡的码头被波涛叫醒,繁忙的一天又开始了。

码头上的货物,拥挤着,矗立着,看似凌乱地堆积着,却在各色商人之间,如底格里斯河河水,悄然顺畅地流转。从中国大船上卸下的中国陶瓷、丝绸、茶叶和印度香料、矿物、染料,从中亚突厥人地区运来的红宝石、青金石、织造品,从斯堪的纳维亚和俄国运来的蜂蜜、黄蜡、毛皮,从非洲东部运来的象牙、金粉,经精于算计的巴士拉商人妙手点拨,有的被慵懒的巴格达人装船沿河北上,有的被长满络腮胡子的库尔德人转为畜力驮运,有的被勤劳的中国人装上大船南下。就这样,吨位不等的商船和大小不一的商队,在各色货物的交易中,将巴士拉变成了阿拔斯王朝的商贸中心。

中国人并不缺少想象力,但依然可以以阿曼人为师。

四、辛伯达

1981年7月11日,一艘来自阿曼的仿古木帆船"苏哈尔号"驶入广州港。

这是阿曼苏丹倡议并资助的一次航海历险活动,该船不装备现代动力设备和科学仪器,只是凭借季风鼓动风帆,使用罗盘针、牵星术确定方位。1980年11月23日,"苏哈尔号"从马斯喀特启航,沿着中世纪航线驶向中国,总航程9500公里。

这艘仿佛穿越时空而来的船,完全按照古代阿拉伯帆船样式建造。其中难度最大的,要算装嵌船板。这道工序不仅不能使用一颗钉子,还要求装嵌后的船板缝隙之间的误差不得超过六十四分之一英寸。造船材料是从印度运来的麻栗木、椰子木、树胶和棕绳。工人把麻栗木、椰子木锯成板材,再用手工搓成的椰子绳将一块块木板绑紧穿牢,缝隙处则用椰子皮和橄榄糖泥填紧。建造这艘长29米、宽7米的木帆船共用了7500个椰子壳,缝合船板用了650千米长的椰子绳,索具大缆用了4吨棕绳。本来,椰子树纤维相对脆弱,理论上经不起风浪,但由于船型结构合理,加上船壳本身具有较好的伸缩性能,船在航行中通过一定的伸缩变化,抵消了船所受的应力,因此经历了上万公里的海浪,船身仍坚实如故,说明当时阿拉伯造船技术相当惊人。

船主的原型,是《一千零一夜》里的辛伯达。他的家乡在巴格达,他曾7次出海远行,每一次的出发地和登陆地,都是巴士拉。

早年,把祖上家产挥霍一空的辛伯达,成了一名脚夫,孑然一身,两手空空,满腔愁闷,眼看就要陷入绝境,这时他忽然想起了父亲的遗训:"死日比生日好,活狗比死狮好,坟墓比贫困好。"于是,他振作起来,变卖了家产,获得了三千金币,作为前往海外经营的资本。随后,他和商人们一起到了巴士拉,乘船出发了。第一次出海远行,他历经千难万险,最后平安返回巴士拉,满载而归。

第二次出海远行。他在蟒蛇丛生的地方,得到了许多钻石。从一个城市旅行到另一个城市,拿钻石调换货物,运到各地贩卖,赚了许多金钱。最后带着满船的钻石、金钱和货物,从巴士拉平安回到巴格达,过上了吃山珍海味、穿绫罗绸缎、住豪华洋房的逍遥日子。

不久,辛伯达从巴士拉乘上一艘大船,开始了最离奇的第三次出游。返回巴士拉后,这个过腻了安逸富足生活的人,又开始了更惊险的第四、五、六次旅行……

辛伯达谈到第七次航海时说:"我第六次航海旅行归来,赚了不少钱财,恢复了先前的豪华、享乐生活,终日吃喝、寻乐、嬉戏,醉生梦死,挥霍无度,安安逸逸地过了一阵之后,我又不安于现状了,一心向往异地风光,憧憬着航海旅行、海外经商、参观异域风光的乐趣。于是,我打定主意,准备了一批名贵货物,捆扎停当,带到了巴士拉。正好,那里有一艘大船准备起航,已经载满货物和客商。我就搭上这艘大船,和商人们一起,无限快慰地出发了。船在海中航行,天气晴和,风平浪静,即将一帆风顺地到达中国境界。当时,我们谈着生意,享受着旅行的乐趣,兴高采烈的时候,突然间,飓风迎着船头刮来,接着大雨倾盆而下……"随后,遇到了三条鲸鱼。孤舟被鲸鱼包围、袭击,整个船里的人、货,很快被鲸鱼吞掉。危急存亡之际,暴风突起,波涛汹涌,孤舟触礁,砸得粉碎,人和货全部落入大海。辛伯达抓住一块破船板,在海中奋力挣扎,终于凫水上岸。后来,他被冲到了一座建筑美丽、人烟稠密的大城市附近,被当地人救上了岸,其中一个老人把他带回家中,把拥有倾城倾国之色的女儿嫁给了他。岳父病逝后,他卖掉岳父遗留下来的货物,带着妻子和财物动身启航,离开了那个城市。"孤舟在茫茫大海中,从一岛到另一岛,从一海到另一海,沿途风平浪静,诸事顺利,终于一帆风顺地到达巴士拉。"①

与中国的《西游记》一样,《一千零一夜》中的故事纯属"天方夜谭"。但如同《西游记》的主人公指向唐僧玄奘一样,《一千零一夜》中的这个故事也指向某一航海家。根据阿曼学者考证,辛伯达的原型,是8世纪出生在阿曼古城苏哈尔的航海家艾布·阿比达·阿卜杜拉。他不

---

① 见纳训译:《一千零一夜》,人民文学出版社1994年版。

畏风险，漂洋跨海，曾经到访广州。

为此我想，无论"苏哈尔号"上乘坐的是虚构的辛伯达，还是真实的艾布，这些都不重要。重要的是，这艘古船"穿越"得很成功，不仅顺利抵达了广州，而且从广州回到了出生地苏尔造船厂。

2008年4月14日，北京奥运会的圣火从非洲传递到马斯喀特，作为奥运火炬接力在中东的唯一一站，接力仪式的起点就设在"苏哈尔号"旁。

五、晃动尖塔的人

从辛伯达时代开始，东、西方航海家在巴士拉碰面，变得不再稀奇。只是，他们语言不通，无法接受对方的采访，并荣幸地在对方的书中露面。

至顺元年（1330），汪大渊从泉州乘船远航，抵达了波斯湾。一位摩洛哥旅行家也从西向东，抵达了巴士拉。

这个东来的摩洛哥人，是一个虔诚的伊斯兰教徒，名叫伊本·白图泰，读者在《泉州》一章和他见过面。他在完成麦加朝觐后，想到东方看看未知的世界，便随着一支伊拉克朝觐团前往巴格达。

一天中午时分，他们到了必经的巴士拉城。

这座城市，给他的印象是温馨的。

"巴士拉是伊拉克的母亲城之一。面积广阔，闻名遐迩，建筑精美。这里的果园彼此相连，硕果累累。因为此地是河水与海水交汇之处，所以土地十分肥沃，物产异常丰富。尤其是椰枣林生长茂盛，郁郁葱葱，哪里的椰枣林也没有这里多。市场上一个迪尔汗可以买14伊拉克磅的椰枣。巴士拉的推事雇人给我送来了一篮子椰枣，我想卖掉它，结果卖了9个迪尔汗，脚夫拿走了3个迪尔汗，作为他从我的住处把枣运到市场的搬运费。巴士拉人用椰枣酿的蜜，叫赛兰蜜，甜极了，恰似一种蔷薇露。

"巴士拉有3个市区。第一个市区是虎再勒族区，区长款待了我，还送了我衣物和金钱；第二个区是贝尼哈拉姆族区，区长是一位圣裔，慷慨大方，乐善好施，以贵客之礼待我，并给我送来了椰枣、赛兰蜜和金钱；第三个区是阿哲姆族区。巴士拉人品德高尚、待人和气，极尽东道主之责。异乡人在此也不会感到孤单、寂寞。"

但是，谈到宗教礼仪，他就有些不客气了。

"阿里清真寺是这里最好的清真寺之一，本堂极为宽敞，铺满从一条河谷运来的红色鹅卵石。阿拉伯帝国第三任哈里发奥斯曼·伊本·阿凡遇害时的那本《古兰经》就收藏在这里，血迹染红了印有'真主将替你们抵御他们，他确是全聪的，确是全知的'那一页。

"一次，我在这座清真寺做聚礼。当讲经师站起来宣讲时，声音洪亮，但语法上错误百出。我对此迷惑不解，便跟推事谈到了这件事。他对我说：'这里已经没人懂得语法了。'这是发人深省的教训，真是斗转星移、世事多变呀！巴士拉语法原本处于领先地位，有自己的体系，自成一派。"

在清真寺里，他还遇到了一件奇事："这座清真寺有7座宣礼尖塔。当地人说有一个尖塔，只要提到阿里时，它就会晃动。我从清真寺的顶部登上尖塔，几个巴士拉人随我一起登了上去。一个角落里钉着一个木把手，陪同我的人摸着那个木把说：'以哈里发阿里的头颅发誓，动，动，动！'尖塔立刻随着动了起来。于是，我也摸着木把说：'我以先知的继承人艾布·白克尔的头颅发誓，动，动，动！'我摇动了一下木柄，尖塔便随着动了起来，他们对此惊诧不已。巴士拉人属于逊尼派，不在乎像我这么做。假如这种情况发生在阿里或侯赛因的陵园，或者巴林，那么当事人就会被处死，因为他们是拉斐德派（指什叶派十二伊玛目派）。"

作为一名旅行家，他当然会关注巴士拉的环境："巴士拉坐落在幼发拉底河与底格里斯河岸边，像摩洛哥的萨累河谷一样，也有潮汐现象。咸水来自10阿拉伯里外的波斯海。涨潮时，咸水涌入，压过了淡水；退潮时，淡水又超过了咸水。因此，巴士拉人饮用水的水质较差。有人说，他们的水又咸又苦。就因为那个缘故，巴士拉空气不好，居民个个面黄肌瘦。"

他是带着淡淡的忧虑，乘小船离开的。

六、干渴之城

古代旅行家的忧虑，至今仍未散去。

曾经的巴士拉港，风光旖旎，海风习习，河网密布，风景如画，枣椰成林，树影婆娑，在阿拔斯王朝统治时期被誉为"中东威尼斯"，在奥斯曼帝国统治时期也是著名的旅游胜地。然而，两伊战争期间，为防止伊朗军队进入巴士拉后作为掩护，上百万棵高大挺拔的枣椰树被悉数砍掉。曾经绿树成荫的海湾明珠，从此失去了椰枣林的庇护和装扮，变成了光秃秃的"干渴之城"。

巴士拉干渴的原因之一，在于气候。这里地处炎热沙漠气候和地中海型气候的过渡地带，被称为世界"热极"，7月平均气温达40℃以上，1921年7月8日曾创下58.8℃的恐怖高温。由于过去十几年间地球持续升温，伊拉克地区降水量也在不断下降，年降雨量不到250毫米。

原因之二，在于水流量。虽然两河流域总面积达78万平方公里，但伊拉克处在两河下游，只掌握着百分之十九的水资源。多数水资源控制在土耳其、伊朗和叙利亚等上游国家手中，上游众多的水坝造成下游水量进一步减少。

原因之三，在于水质污染。由于石油开采引起的工业污染和伊拉克战争中化学武器的污染，两河流域的沼泽地被彻底破坏，作为"地球之肺"的湿地变成了沙漠。水质净化缺乏资金，海水淡化技术又不成熟，本来能用的淡水就少，污染之后能用的洁净水更是少得可怜。因此，巴士拉遇到的问题绝不仅仅是简单的干渴，而是深层次的水资源危机。

原因之四，在于战争摧残。两伊战争期间，巴士拉港口被关闭，炼油厂及许多市内建筑被毁坏。海湾战争中，巴士拉城再次遭到战火摧残。海湾战争结束后，美、英在北纬33度线以南设立了"禁飞区"，巴士拉被圈定在"禁飞区"之内。战争结束了，但由于美欧联军在战争中大量使用了贫铀弹，导致每平方公里有将近8公斤铀化合物的遗存。看似平静的表面下，辐射物的传播与扩散始终没有停止。

城市难以呼吸，河流也在哭泣。曾经清澈的巴士拉运河充斥着垃圾、油污和动物尸体，散发着无尽的恶臭。2018年夏，巴士拉的水危机全面爆发，至少有11.8万人由于水污染住院。贫穷和疾病阴霾般笼罩着巴士拉，许多儿童和弱势家庭因为缺水而失去生命。毒辣的太阳、干渴和对干渴的恐惧，使日子长得令人难以忍受。生活在水深火热之中的平民，只能靠编织巨大的童话才能度过一个个黄昏。

从"中东威尼斯"到"干渴之城"，从"神之门"到"人间炼狱"，这不仅是巴士拉的战栗之声，更是喑哑呻吟的河流发出的质问。

在一些国家，人类与自然学会了相互理解、相互尊重，共同维护双方利益，大自然也给了人类无穷无尽的回馈，把绿水青山变成了银河金山，如瑞典、挪威、丹麦、瑞士；在另一些国家，人类完全听凭自然的驱使，最终成为它的奴隶；还有一些国家和地区，人类刻意改造自然，肆意掠夺自然，随意破坏自然，从而失去了大自然母亲的庇护，伊拉克连同巴士拉就是这样的反面典型。

如今，这个居住着260万人口的城市，这个伊拉克最大的港口，这个为伊拉克提供了百分之八十税收的产油省，阅尽千帆，依然顽强伫立在两河交汇处，徐徐讲述着《一千零一夜》的故事，满足人们对中世纪文明的温暖想象。

人类已经步入全球化、数字化时代，互联网、人工智能、纳米技术、生物科技开始左右人类生产生活，每个人都置身于城市化的环境、快节奏的生活、快餐式的阅读、数字化的氛围之中。大中小学仍讲解公式，却不教授敬畏；全球哲学家、思想家人数越来越少，似乎判定社会进步的标准只剩下财富数据；我们的医学自认高度发达，但每年仍有数百万人死于过度用药和过度治疗，而且微生物和病毒的进化速度正在赶超人类发现新抗生素的速度；我们根据"点赞"数量判断意见、经验、产品的优劣，从而让起哄者和"水军"变得泛滥成灾；我们越来越多地将社会和生活交给人工智能去管理，从而让个性化选择和人性化管理远离了我们；我们痴迷于将身边的一切打造成精密的技术，实际上是在一步步摧毁人类赖以生存的生态圈；我们引以为傲的全天候电力照明、夜以继日的互联网通信、乘坐飞机旅行，却严重地扰乱了我们的生物钟，进而影响了我们的身体健康；我们建造了新的"高山"——大规模的城市群，却永远作别了温馨惬意的慢生活；我们创造了新的"河流"——最高效的交通网络，也从此告别了蜿蜒小道上的花开花落和风霜雨雪；我们长时间盯着屏幕，却没有意识到街灯已经将灿烂的星空从我们的眼中抹去；我们已经离不开手机，却不知道手机悄悄夺去了我们所有的隐私；我们天天为了生存疲于奔命，却忘记了人活着的真正意义，不知道"只有当人游乐的时候，他才完全是人"[①]；我们无止境地追求物质财富，却不明白精神自由是上天赐予人类的最宝贵礼物；我们只知道"工作着是充实的"，却忘了诗与远方才是更大的幸福。当代学者余世存甚至感慨："一百年的努力使我们伤痕累累，一百年的沧海桑田使我们拥有一切，就是没有拥有过生活。"

古人的忧虑也是今人的忧虑，它淡淡的，但挥之难去。

> **丝路上的巴士拉**：从公元7世纪开始，世界历史进入了阿拉伯帝国与中华帝国长期抗衡的阶段，也形成了伊斯兰文化、基督教文化、印度文化、中华文化交相辉映的格局。美索不达米亚，作为阿拉伯帝国的中心，自然成为丝绸之路的一大目的地。于是，当阿拉伯帝国兴建了兼有军事和贸易功能的巴士拉港，无数进入霍尔木兹海峡的船舶，便直接驶向了海峡顶端的巴士拉。因为从这里逆流而上，就可以进入流淌着牛奶和蜂蜜的美索不达米亚了。尤其是公元977年，与巴士拉港长期竞争的西拉夫港被地震损毁，巴士拉港自然升级为波斯湾第一大港。后来，它几度被战火摧毁，又几度重建，目前是伊拉克第二大城市、第一大港口，但其繁荣程度尚未恢复到千年之前。

---

① 见［德］弗里德里希·席勒：《审美教育书简》，上海人民出版社2022年版。

第十五章　亚非大裂缝
—— 红海

在没有苏伊士运河之前，红海及其周边是东方商旅视野里的西极之地；在苏伊士运河通航之后，红海是东西方船舶的必经之地。无论是过去、今天还是将来，红海都值得为之大书特书。

一、海的颜色

红海，顾名思义，是红色的海。

其实，如同世界上所有的海洋一样，红海的整体颜色也是蓝色的。只是因为它的局部海域红色海藻生长茂盛，使得这片海域呈红棕色，因此被称为红海。

地质学告诉我们，一切磨难皆是修炼，一切毁灭皆是创造。早在2000万年前的中新世，由于地壳变动，非洲大陆与阿拉伯半岛开始分离，最终在非洲北部和阿拉伯半岛之间形成了一道大裂缝 —— 红海，它目前还在以每年1厘米的速度继续扩张。

请看地图：红海位于非洲东北部与阿拉伯半岛之间，从西北到东南长1900公里以上，最大宽度306公里，面积45万平方公里。它状似一条伸长了身体的鼻涕虫，朝着西北方向的地中海爬去。鼻涕虫的两只角分叉成两个小海湾，西边的角为苏伊士湾，并通过贯穿苏伊士地峡的苏伊士运河与地中海相连；东边的角为亚喀巴湾；鼻涕虫尾部是一条狭窄的海峡与亚丁湾相连，名叫曼德海峡①，意思是"泪之门"。红海两岸，分布着众多港口城市。

每一个港口都有故事。故事最多的，是红海咽喉处的亚丁港。

二、为什么是亚丁

"亚丁"一词，来源于阿拉伯语词根"马鞍"，它由两个火山构成的半岛组成，因为外形酷似马鞍而得名。亚丁，在历史上还被称作三兰、阿丹，是一座拥有2000多年历史的港城。

亚丁处在亚丁湾的西北顶点，向西穿过曼德海峡就是红海，向东是阿拉伯海与印度洋。来自东方的商船，如果目的地是红海沿岸国家，或者想要将商品经红海港口中转进入地中海的话，必须在亚丁湾找到一个良港作为补给站。因为商船在抵达亚丁湾时，已经横穿了印度洋或者阿拉伯海，船上的生活物资基本耗尽了。

海港的选址，至少需要满足三个条件：第一，水要够深。没入海中的大陆架，不能与海平面的角度过小，不然船就很难靠岸。亚丁建在两座火山构成的半岛上，火山没入海中的部分，与海平面形成了很大的角度，岸边水深9到12米。第二，能够避风。两座火山就是天然屏障，抵达亚丁的船只，会立刻享受到风平浪静的安逸。第三，补给品充足。2000年前，亚丁处于萨巴王国统治之下，他们修筑水坝、开凿水渠、改良土地、垦荒造田，克服了无常年河流、雨水缺乏等不利因素，拥有了不少粮田、菜园和果园，保证了港口的物资供应。《古兰经》曾提道："萨巴人居住的地方确有一种迹象，两个园圃，分立左右，你们可以吃你们的主的给养，你们要感谢他，一个肥美的土地，一个至赦的主宰。"

基于以上因素，仅仅是个荒凉渔村的亚丁，建成了红海最优良的港口，扼住了红海出入口。

---

① 连接红海和亚丁湾的海峡，位于红海南端也门和吉布提之间。因为此处风大浪高，狭窄礁多。航船常倾覆于此，以至船员航行至此便胆战心惊甚至流泪，渔民出海则家属为其安全担心。

最先受益的是也门人。中国两汉时期，中国、印度与欧洲国家之间的贸易有两条路线，一条是以波斯、安息为中介的陆路，另一条是以也门为枢纽、通过印度洋前往印度和中国的水路。考虑到处于"新月地带"的波斯、安息战乱频繁，走陆路风险极大，加上水路运输费用远低于陆路，东西方贸易多通过海路，因此也门凭借地理区位和航海技术优势，渐渐成为东西方贸易重要的中转站。从波斯湾来的珍珠，从印度来的香料、布匹和刀剑，从中国来的丝绸，从埃塞俄比亚来的奴隶、猿猴、象牙、黄金、鸵鸟毛，都是从这里转运到西方的市场上去的。①

也门的赚钱方式非常简单粗暴，就是"雁过拔毛"，对过境货物收取高额税费。当时，无论是中国货物在罗马市场销售，还是西方货物在中国市场销售，价格都远远高于原产地。以中国特产"缣"为例，中国市场每匹（25两重）售价仅为400至600铜钱，而在罗马市场则与黄金同价，即25两黄金。西方出产的玻璃、珠宝等货物，在中国市场销售，《后汉书》称利润十倍，《晋书》称利润百倍，普林尼也称利润十倍到百倍。②

我在《丝绸之路：从蓬莱到罗马》中讲到，安息帝国为了保持陆上丝绸之路垄断地位，用一个恐怖的谎言打消了甘英西行的念头，使中国与罗马帝国错过了亲密拥抱的机会。也门人的套路如出一辙，他们在向希腊、埃及、罗马人介绍香料产地时，谎称胡椒、肉桂也全部产自阿拉伯半岛，只能在也门购买，以至于"西方历史学之父"希罗多德在《历史》一书中，也称阿拉伯半岛是"乳香、没药、肉桂、桂皮等唯一的产地"。

其实，也门人并非满嘴谎言，因为阿拉伯半岛也产香料，只是品种不同罢了。

阿拉伯半岛南岸，是一片有着火一般颜色、几近荒芜的土地。粗糙的平原，宛如刀刻般的白云石、石灰石、页岩耸立其中。在干旱的冬季，除了耐寒的橄榄科乳香属树木从地下孤独地钻出来以外，其他地方全是

---

① 见王铁铮、林松业：《中东国家通史·沙特阿拉伯卷》，商务印书馆2000年版。
② 见彭信威：《中国货币史》，上海人民出版社2007年版。

一片沙漠景象。人们割下乳香树的小块树皮，就可以采集珍贵的树脂。在基督教出现以前的很长时间内，乳香被用来保存衣物，祈愿幸福，驱除害虫，治疗疾病，在古埃及则用来保存法老的尸体。古代的乳香像今天的石油一样重要，是那个时代航线存在的基础。也门和佐法尔每年向罗马帝国出口3000吨树脂。当季风到来时，会有一艘艘满载乳香的商船，或从红海运往埃及、罗马，或向东驶向波斯、印度；几个月后，当风向改变，商船会返航也门、佐法尔，船上往往满载着非洲的象牙、驼毛以及来自印度的钻石、蓝宝石、天青石、胡椒。从公元前4世纪到公元4世纪，也门和佐法尔曾入列世界上最富裕的港口。8世纪，阿拉伯、波斯商人就将乳香运到了中国。元代，中、阿之间的贸易往来更为频繁。明代的郑和船队也多次抵达这片港口。10世纪的也门和阿曼，曾被称为中国的走廊，当时的红海甚至被称为"中国海"。①

垄断本身就是打破垄断的动机。依靠垄断，也门积累了巨额的财富。眼红的人，很快出现了。

三、红海战略

第一个挑战也门红海商道垄断地位的，是埃及托勒密王朝。

这个王朝的出生，与一个大人物的死有关。公元前323年，纵横捭阖的马其顿国王——亚历山大大帝因为喝了太多的酒，突然患上热病，十天后撒手人寰，年仅33岁。紧接着，他那三个看似忠心耿耿的将军——托勒密、塞琉古、安提柯瓜分了他的帝国。其中驻兵埃及的托勒密，经过长达18年的征战，于公元前305年称王，建立了国祚300年的托勒密王朝，他被称为托勒密一世。

托勒密一世称王后，烧了三把火：其一，实施东扩战略。因为向西扩张，势必与强大的塞琉古王朝、马其顿王朝以及罗马人发生碰撞，而

---

① 见[美]罗伯特·D.卡普兰：《季风：印度洋与美国权力的未来》，社会科学文献出版社2013年版。

向东扩张，对手相对弱一些。其二，发展文化事业，建成了藏书达70万卷的亚历山大图书馆，吸引了阿基米德、欧几里得等学者前来从事研究；校订了《荷马史诗》；开始了将这个文明古国全面希腊化的进程。其三，实施红海战略。投入大量人力物力，疏通河道，修建港口，鼓励海上贸易，派遣探险队参与红海贸易市场开发。

对于父亲的红海战略，托勒密二世可谓亦步亦趋。他下令修复了法老时代开通的尼罗河—红海运河，使得埃及商船能够方便地进入红海。他还派出大军，向尼罗河上游进发，战胜了黑皮肤的努比亚人，夺取了对方的象牙出口基地，先后在厄立特里亚和苏伊士新建了两座阿西诺港。

随后，托勒密三世利用先辈建立的庞大海洋运输能力，将商品直接运输到印度，既避开了陆路通道上的中间商，又能免遭宿敌塞琉古人的封锁。同时，商船出红海口后，向南还可以航行到非洲东海岸，将那里的黄金和象牙运回埃及。此外，他更加重视红海沿岸的港口建设，分别在埃及东南部、苏丹东部和吉布提，连续修建了三座以他的爱人贝蕾妮丝的名字命名的港口，先前这些仅仅是驻军要塞的据点，后迅速扩张为商业都市，成了托勒密王朝的外贸基地。

至此，也门在红海的商业垄断地位已经摇摇欲坠。

但真正让也门人颤抖的，是另一伙人。

四、美人计失效

祖先的辉煌不是子孙的光环。托勒密四世一上台，埃及就出了问题。这是一个无能的人，只知道酗酒作乐，身边聚集了一批小人。在小人的怂恿下，他甚至杀掉了自己的母亲、兄弟、叔叔和妻子。王室频繁的内斗，让王朝统治层无暇顾及经济，王朝在叙利亚的土地也大多丢失。

到了埃及艳后克娄巴特拉掌权时，她先后用美色迷住了罗马独裁官恺撒和罗马统帅安东尼，暂时在名义上保住了埃及。在恺撒的甥外孙、罗马执政官屋大维率军包围亚历山大里亚后，她故技重演，试图使屋大维成为她美貌的第三个战利品。但屋大维与恺撒和安东尼不是一种人，他不但冷血无情，而且现实精明，他没有谈情说爱的心思，更不会让女人打乱他统治世界的计划。于是，美人计失效了，埃及被攻占，沦为罗马的一个行省。屋大维留下了她的性命，目的是把她带回罗马，在凯旋式上作为战利品游街示众。她无法接受这样的羞辱，便让一条毒蛇结束了自己传奇而诡异的一生，那一年是公元前30年。

战后，罗马人没有延续托勒密王朝的红海战略，因为罗马军团数量有限，能守住亚历山大港就不错了，其他地区只能自我保护。其后果是，埃及人辛辛苦苦建起来的红海港口，连基本的护卫舰队都无法组建，只能任由来自亚丁湾的海盗们肆虐。从埃及出发的商船一旦到了红海，十有七八会遭到海盗的抢劫。无数的请愿书和告状信，如雪花般飞到罗马埃及总督面前。

公元前26年，加勒斯成为屋大维指派的埃及第二任总督。他决定远征红海以及在阿拉伯半岛西侧肆虐的海盗，为此组织了一个万人军团和一支海上舰队。两支远征军经尼罗河—红海运河东进，从苏伊士湾的阿西诺港起航，随后在阿拉伯半岛西北部港口卢斯科姆登陆，顺便占领了两个小村庄——麦地那和麦加。

接下来，两支远征军分头作战，陆军的矛头对准萨巴王国都城马里卜，海军则绕道开往亚丁湾。

加勒斯在出发时，带上了一个红海地区的向导。不知出于什么目的，这个向导在进入沙漠后误导了罗马军团，让他们用了半年时间才穿过长度仅有300公里的沙漠。疾病和缺水夺走了无数罗马士兵的生命，等到罗马军团来到马里卜城下时，已经筋疲力尽。围城战仅仅进行了一周，罗马军团的战斗力就被耗尽，不得不撤回埃及亚历山大。据说，空手而归的加勒斯并没有表现得多么沮丧。这不禁使人联想到《狐狸和葡萄》的寓言：狐狸看见藤上已熟的葡萄，用尽了方法采不到，只得自我安慰说："这葡萄也许还是酸的，不吃也罢！"

虽然陆上远征以失败告终，但海上舰队经红海顺利进入亚丁湾，降伏了沿海港口。从此，罗马商人再也不必在也门港进行转口贸易，而是可以通过红海直航印度。

公元1世纪中叶，一艘罗马商船航行到凶险的曼德海峡时，突遇天气变化，疯狂的西风让商船只能听天由命地在海上漂荡。罗马商船一直被吹到一个他们陌生的地方。当罗马商人爬上海岸，大口喘着粗气，带着没被大海吞噬的侥幸，也带着初入陌生之地的好奇，问岸上的人："这是什么地方？"几经周折，他们才搞明白，这个地方叫锡兰。在锡兰的市场上，他们遇到了许多中国商人，也见到了许多熟悉的商品。至此，罗马人终于发现了也门人的谎言，那些也门人口中所说的南阿拉伯半岛物产，真正的产地是印度乃至东方的中国。

不久，罗马水手希帕拉斯掌握了印度洋季风定期改向的秘密，从红海直达印度的水路商道被开通，罗马商船争先恐后进入印度洋。[1]

在这一时期，那个名叫麦加的小村庄已经长成大城镇，并从也门手中夺过了贸易中转站地位。

麦加，意思是"圣地"，坐落在沙特阿拉伯西部赛拉特山区一条狭窄的山谷里，距离红海77公里。城内有著名的克尔白神殿，东南壁上镶嵌着一块据认为是从天而降的黑石，殿内供奉着360多尊阿拉伯部落神的雕像，因此麦加是阿拉伯多神教教徒献祭的中心。

麦加的商业价值来自两个因素：一是它地处红海东岸商业廊道的中部，商旅一般会在此歇脚；二是克尔白神殿附近有一泓渗渗泉，能够为过往商旅提供饮用水。5世纪初，以经商闻名的古莱什部落控制了麦加，把它运营成了汉志商道[2]的中转站，连接起了遥远的印度和意大利。利用这个中转站，他们把阿拉伯半岛南部昂贵的没药和乳香输往西方，用于制造焚香、香水、尸体防腐剂以及牧师使用的圣油；还将叙利亚和地中海沿岸的产品运抵汉志、也门。他们创办了大型集市，推出了免税措施，鼓励半岛各部族在集市上互通有无。同时，大力宣传克尔白神殿，

---

[1] 见梅新育：《国际贸易史上的中东垄断》，原载《中国金融》2017年第9期。
[2] 阿拉伯半岛沿海的汉志在6世纪前后一直是连接欧亚的交通要道。由于海路风险较大，从东方远洋或陆上丝路长途跋涉而来的商品会先运到也门，然后用骆驼从汉志运往欧洲。为确保安全，商人们通常结伴而行，从而出现了许多大型商队，汉志商道也达到鼎盛。

吸引他们在集市贸易后前往朝拜。渐渐地，麦加蜕变为阿拉伯半岛经济、宗教中心。

6世纪，战争的魔掌突然伸向阿拉伯半岛。拜占庭帝国和波斯萨珊王朝围绕西亚霸权打得不可开交，阿比西尼亚（今埃塞俄比亚）与波斯对也门展开了无休止的争夺。战火硝烟阻断了阿拉伯商道，东西方贸易地点被迫改到波斯湾。

商路断了，财路也就断了。

公元570年，穆罕默德出生在麦加古莱什部落的哈希姆家族，幼年失去了双亲。被称为"沙漠中的水手"的阿拉伯人，有时会把他们的小男孩送进骆驼商队当学徒。穆罕默德10岁当了牧童，12岁跟随叔父前往叙利亚经商。在夜里，这个孤儿认识了绚丽夜空中的众多星辰，掌握了月亮在沙漠边缘升起的规律。后来弯弯的新月被用来象征伊斯兰教，并且今天还镶嵌在许多伊斯兰国家的国旗上……

直到欧洲文艺复兴，阿拉伯帝国始终保持着世界文明的顶尖地位，比罗马数字更方便计算的阿拉伯数字（由古印度发明）、10进制、零的概念和中国的火药、指南针、造纸术，都是通过他们传播到世界各地的。

五、郑和到过麦加吗？

郑和，出身于一个回族家庭，他的祖父、父亲都是虔诚的穆斯林，都曾前往麦加朝觐，被尊称为"哈只"，阿拉伯语的意思是"朝觐者"。郑和尽管入宫做了太监，但到麦加朝觐，依然是他梦寐以求的愿望。

郑和七下西洋，四次到达阿拉伯半岛，拥有到麦加朝觐的机会。他是否到过麦加，他的助手马欢最有发言权。

从有关史料来看，郑和在下西洋过程中确实去过天方（麦加）。对此，不仅《明史·郑和传》有记载，马欢的《瀛涯胜览》、古朴的《瀛涯胜览后序》、巩珍的《西洋番国志》也有记载。

问题在于，郑和是在哪次下西洋去了天方？

从永乐三年（1405）至宣德八年（1433），郑和七次下西洋，前三次的终点都是印度的古里，船队未进入红海。

第七次下西洋可以排除。马欢记载，大明船队抵达古里后，派出7名使节前往麦加，麦加首领也派出使臣随同中国使节访问了大明，郑和显然没有前往麦加。

第六次下西洋也可排除，因为这次任务非常单纯，是让郑和把"久待京师"的各国使臣送回国去，其中没有天方的使臣。

剩下的，就只有第四次、第五次下西洋了。据分析，郑和应该是在这两次下西洋时去了天方。

依据有五：

其一，第四次下西洋是首次访问阿拉伯国家，机会难得，郑和顺道去麦加朝觐一偿夙愿，应在情理之中。

其二，下西洋耗资巨大，一再遭受某些大臣的诟病，随时有被叫停的危险，郑和必须抓住最后的机会去麦加朝觐。

其三，中国穆斯林去麦加，来回一次需要数年。现在，郑和率使团从水路抵达阿拉伯半岛，麦加近在咫尺，他不会放过这一天赐良机。

其四，马欢曾跟随郑和三下西洋，第一次就是大明船队第四次下西洋。马欢也是穆斯林，通晓阿拉伯语。另外，在这次下西洋前，郑和亲赴西安羊市大清真寺，请通晓阿拉伯语的"掌教哈三"随行。

其五，《星槎胜览》的作者费信是专事记录的幕僚，相当于如今的秘书，在郑和后几次下西洋时随行。他在《天方国》一节说："其国王臣深感天朝使至，加额顶天，以方物、狮子、麒麟贡于廷。"[1]

由此可见，郑和应该是第四次或第五次下西洋时完成了麦加朝觐。可惜，我们不能穿越时空，无法看到郑和进入圣地的表情。

六、去天方

但我们能看到马欢进入麦加的表情。想来，马欢进入麦加，是大明

---

[1] 见〔明〕费信著，冯承钧校注：《星槎胜览校注》，华文出版社2019年版。

船队第七次下西洋的事了。

景泰二年（1451）农历七月十五，马欢一边赏月，一边回忆起30年前的天方：

  从古里国开船，向着西南申位，航行三个月，就到了天方国的码头，当地人称为秩达，有一个大头目负责守护。从秩达向西走一个月，就到了国王居住的城市，名叫麦加国。伊斯兰教祖师从这里开始弘扬教法，国民至今全部遵循教法行事，不敢有任何违背。这里的人高大魁伟，皮肤呈紫棠色。男子缠头，身穿长衣，脚穿布鞋；妇人头戴盖头，看不见面庞。说阿拉伯语。

  国家法律禁止饮酒，民风和美。虽然是贫困之家，也都遵循教规，犯法者少，堪称极乐世界。婚丧嫁娶，都按照教门体例办理。

  再走大半天的路程，就到了天堂礼拜寺，这里的大殿名叫克尔白。周边有城墙，城墙上有466个门；门的两旁都以白玉为柱，共有467个玉柱。大殿以五色石垒砌而成，四方平顶。殿内以五条沉香木为梁，以黄金为阁，四周墙壁是由蔷薇露、龙涎香和土合成的，馨香不绝。大殿顶部以黑色苎麻丝罩着，两只黑狮子守着殿门。每年十二月十日，世界各地的穆斯林，有的要花费一两年时间，不远万里，赶到殿内礼拜，都将殿顶罩着的苎麻丝割下一块做纪念，然后恋恋不舍地离去。当苎麻丝被分割将尽，国王会预先织好苎麻丝，重新将大殿罩起来，年年不绝。

  大殿的左边，是阿拉伯人的祖先伊司马仪的墓地，坟头以祖母绿宝石镶嵌着，长一丈二尺，高三尺，宽五尺。坟墓周边的墙，以浅色黄玉垒砌，高五尺多。城内的四个角都建有高塔，每当礼拜，就登上高塔叫礼。左右两旁有各个祖师传法之堂，也以石头建造，装饰极其华丽。

  此地气候常年炎热如夏，并没有雨电霜雪。夜里露水甚重，草木都凭着露水滋养。傍晚在室外放一只空碗，等到天明时分，碗底会有三分露水。这里产米谷很少，都种粟麦、黑黍、瓜菜之类。西瓜、甜瓜，每一个要用两人来抬。还有一种绵花树，类似中国的桑树，高一二丈，树上的花一年开两次，长生不枯。水果有葡萄、万年枣、石榴、花红、梨子、桃子，大的重四五斤。这里的骆驼、马、驴、骡、牛、羊、猫、狗、鸡、鸭、鹅、鸽很多，有的鸡、鸭重十斤以上。特产有蔷薇露、俺八儿香、麒麟、狮子、鸵鸡、羚羊、草上飞，还有宝石、珍珠、珊瑚、琥珀等。

国王用金子铸钱，名叫倘伽，在集市上使用。每个钱是七分，用官秤来称为一钱，比中国的金子有十二分成色。①

谈完观感，自然需要交代自己去天方的原因："宣德五年（1430），郑和奉皇帝之命前往西方赏赐各国。当内官太监洪保率领一支分舰队抵达古里后，派遣包括我在内的七名使者，带上麝香、瓷器等礼物，乘船到了天方，购买了各色奇货异宝、麒麟、狮子、鸵鸡等，并且将天堂图真本带回了京城。随后，天方国王也派遣使者向大明贡献了方物。"

七、茶与咖啡

大明使团，不仅带去了永乐大帝对阿丹、祖法儿、天方等国的赏赐，带回了对方的赠礼，购回了地方特产，还有一个额外的贡献。这个贡献，与咖啡有关。

关于咖啡的起源，有一个传说。

大概在公元6到7世纪，埃塞俄比亚的牧童卡尔迪，发现自己的羊儿吃了一种野生的红果子后异常兴奋，夜里居然不肯睡觉。卡尔迪感到好奇，也忍不住品尝了几颗，顿时感觉浑身是劲，倦意全无。一传十，十传百，这种神奇的果子成了用来提神的药品。

经史学家考证，埃塞俄比亚的确是咖啡树的原产地。最初，咖啡并非饮品，而是通过咀嚼咖啡树叶、咖啡果和咖啡豆来提神的。即便是传到阿拉伯地区后，也是医生用来为病人提神的配方，普通百姓不得饮用。

---

① 见〔明〕马欢著，冯承钧校注：《瀛涯胜览校注》，商务印书馆1935年版。

15世纪以后，阿拉伯人才将咖啡果肉和咖啡豆烘焙、磨粉、烹煮，加工成可以饮用的汤汁，成为一种大众饮料。那么，为什么会出现这种变化呢？显然，他们是受到了某种启发。

这种启发，应该来自东方的中国。郑和船队到访中东后，带来了中国茶砖，还毫无保留地向阿丹国王介绍了中国的茶道。中国的泡茶方式以及所使用的茶具，深深烙在了阿拉伯人心中，并给了他们莫大的启示：原来，提神的饮料并不局限于宗教或医疗用途，也完全可以成为日常必需品。显然，是这一启示加速了咖啡制作工艺和饮用方式的改进。因为，郑和的远行地点、咖啡世俗化的时间、咖啡器皿神似中国茶具，这三者绝非巧合。

阿拉伯咖啡史学家贾吉里在《咖啡演进始末》中记载：

> 16世纪初期，我在埃及就听说一种名为"咖瓦"的饮料爆红于也门大街小巷，是苏非派教众在夜间祈祷前喝的提神剂。据说是该派长老达巴尼于15世纪中叶率先饮用的。一次，他到埃塞俄比亚出差，发现当地人"使用"一种叫"咖瓦"的东西治病。回到亚丁港后，他突感身体不适，想起咖瓦可以治病，就泡煮咖瓦来喝，果然恢复了元气，于是吩咐教众饮用。咖瓦的妙用不胫而走，贩夫走卒、杂工、学者、商贾，纷纷喝起咖瓦。

这一记载表明，15世纪中叶出现的咖瓦，少了咖啡的浓香，多了茶的清淡，已从嚼食进化到泡煮，饮用时也开始使用中国茶具。

从此，亚丁港成为咖啡的主要贸易港。今天风靡全球的摩卡咖啡，名字就源于亚丁港的邻居摩卡。

八、红海争霸

整个16世纪，红海上演的最为精彩的故事，当数葡萄牙与奥斯曼帝国的海上争霸。

1510年，葡萄牙将殖民总部设在了印度西海岸的果阿，然后以此为中心，沿着印度次大陆海岸线向中东和东南亚持续扩张。到了葡属印度总督阿尔布克尔克时期，无论是东非海岸的蒙巴萨，通向太平洋的马六甲，还是扼守波斯湾的霍尔木兹岛，都处在了葡萄牙人控制之下。

　　百密总有一疏。红海，就是葡萄牙人未能控制的区域。阿拉伯和印度商人从香料群岛出发，小心翼翼地航行，只要进入红海，就能躲过葡萄牙巡逻舰的拦截，自然会避免"雁过拔毛"。

　　这一漏洞，被奥斯曼帝国所察觉。1517年，奥斯曼帝国在灭亡埃及马穆鲁克王朝之后，把势力范围拓宽到了整个埃及和红海沿岸，打开了通向红海的大门。

　　奥斯曼帝国的行动，让葡萄牙人如鲠在喉。

　　同一年晚些时候，新任葡属印度总督苏亚雷斯，率领一支舰队从果阿出发，目标直指红海。舰队很快抵达红海出海口亚丁港，亚丁统治者被迫投降。紧接着，舰队冲入红海，直扑北岸港口吉达①。对于杀气腾腾的葡萄牙舰队而言，这个商港似乎手到擒来，因为此前他们得到小道消息，说这座港口城市疏于防范、一片混乱。当他们如期进入港口后，立刻遭到奥斯曼驻军疯狂的轰击，而奥斯曼人的海防炮台和沿海要塞又十分坚固，葡萄牙人束手无策，只得丢下五六艘战舰和几百具尸体，仓皇败退。

　　吉达海战之后，葡萄牙人只得放缓了扩张步伐，将兵力收缩到了阿拉伯半岛外围港口。而获胜的奥斯曼帝国则胃口大开。

　　1538年，奥斯曼帝国应古吉拉特苏丹的请求，出兵阻击葡萄牙人。这年夏天，奥斯曼90艘战舰奉命出征，先是拿下亚丁，设立了也门省；接着成功控制了索科特拉岛。但到达古吉拉特却发现，邀请他们出兵的苏丹已经被葡萄牙人干掉。城市攻守战十分胶着，互有胜负。无奈之下，奥斯曼舰队只得在冬季到来前撤退。返航途中，舰队停泊在亚丁，重新修筑了城防，并装备了100多门加农炮。

---

① 吉达建于647年，为贸易中转港，后来成为朝觐者的中转站，也是麦加的主要进出口岸。第二次世界大战后得到扩建，现为红海沿岸最大的商港。

对葡萄牙人而言，奥斯曼帝国在红海的存在，始终是他们的一块心病，必须想办法解决。他们的办法，是先礼后兵。1540年，葡萄牙向奥斯曼帝国提出和谈要求，希望他们每年向葡萄牙控制的巴士拉运送300吨胡椒，前提是不能与他国合作。这一要求，被奥斯曼人断然拒绝，并说："贸易是自由的，你来买，我卖；别人来买，我也卖。"和谈不成，只能诉诸武力。1541年，一支由72艘战船组成的葡萄牙舰队远征红海，占领了亚丁等沿岸港口，进而对苏伊士发起猛攻。

奥斯曼帝国时任苏丹，是苏莱曼一世，他是奥斯曼帝国史上最强硬的统治者，他不允许任何国家挑战他的权威。他任命皮瑞·雷斯为海军上将，率领舰队前去教训葡萄牙人。

雷斯是奥斯曼帝国杰出的地理学家和制图家，他绘制的世界地图，是世界上最早的两幅包含美洲的世界地图之一。他担任海军上将时，已经年过八十，体力上没有什么优势了，但他的优势在于，不仅拥有超越任何将领的阅历，而且对海洋、港口、季风了如指掌，因此一出手便旗开得胜。1548年，他率领舰队成功收复了亚丁，暂时解除了葡萄牙人对红海的威胁。

1551年，雷斯再次率30艘战舰，从苏伊士出发，沿着阿拉伯半岛海岸向波斯湾进军，目标直指霍尔木兹。一路上，他拿下了葡萄牙在也门和阿曼海岸的城堡，还攻占了马斯喀特。1552年9月，双方在霍尔木兹展开激战，雷斯率军发起进攻，葡萄牙人则龟缩在堡垒内坚守。雷斯久攻不下，转而带兵西进，攻克了卡塔尔半岛和巴林，然后命令舰队驶入巴士拉休整。

把舰队停在巴士拉，也许是雷斯一生中最大的失误。这一失误，使整个舰队被控制着霍尔木兹的葡萄牙人困在波斯湾内动弹不得。第二年，雷斯被愤怒的苏莱曼一世处死。

"军魂"雷斯死了，"国魂"苏莱曼一世随后也死了，奥斯曼帝国从此陷入混乱，在印度洋上再也无法与葡萄牙相抗衡。而来自欧洲方向的压力，也迫使奥斯曼将战略重心转向地中海。

两大帝国对红海的争夺落下帷幕。

九、蒸汽机巨人

早在奥斯曼帝国占据红海期间,就选择临近亚丁的穆哈作为商船口岸,受到冷落的亚丁港走向了衰落。到19世纪初,亚丁居民只剩不到1000人。

这时候,英国人突然盯上了落寞的亚丁。

英国人盯上亚丁,并不是看中了当地的什么资源,而是出于埃及和印度防卫的考虑,因为亚丁处于英国本土通往印度的最短路线上。更重要的,则是蒸汽机时代到来后,英国需要控制整个红海,进而巩固自己的海上霸主地位。

在蒸汽机发明之前,不管在航海领域或商业机制上取得多大进展,自然的限制都无法克服。因为在季风转向之前,所有的贸易商都无法返程,无法减少船员的生活开销,更无法提高资本的周转时间。

1776年,是一个划时代的年份。这一年,美国大陆会议通过了《独立宣言》,拉开了独立战争的序幕;亚当·斯密出版了《国富论》,标志着古典自由主义的诞生;大清平定了大小金川叛乱,给"康乾盛世"再贴一金。更具世界性意义的是,英国人瓦特发明了第一台有实用价值的蒸汽机,引发了第一次工业革命。瓦特去世后,蒸汽作为一种无生命动力源,几乎成了世界的主宰,土地不再是财富的唯一源泉。

大机器出现了,它代替了工厂手工业,给纺织业、采矿业、冶金业插上了翅膀。在纺织领域,英国的哈格里夫斯发明了珍妮纺纱机,英国的维尔金森发明了气缸镗床,英国的克隆普顿发明了骡机,英国的卡特莱特发明了火力织布机,美国的惠特尼发明了轧棉机;在钢铁领域,英国的达比发明了焦炭炼铁,英国的贝塞麦发明了廉价炼钢法,英国的科特发明了用反射炉炼铁。另外,蒸汽挖土机诞生了,疏浚海港不再依靠手工作业。

铁路出现了,它取代了公共马车,结束了人类对畜力的依赖。1814年,英国的斯蒂芬孙发明了蒸汽机车。1825年,由蒸汽机车"旅行号"

牵引的世界第一条铁路开通,起点为斯托克顿,终点为达灵顿,时速24公里。在蒸汽时代之前,帆船和轮车准时到站是一个梦想。铁路出现后,火车抵达各站的时间可以精确到分钟。1838年,"时间表"这个象征着"气喘吁吁"的现代世界的名词,首先被英国造了出来。

汽船出现了,它代替了帆船,结束了人类对风力的依赖。1807年,美国机械工程师富尔顿发明了以蒸汽机为动力的汽船,最高航速达到22节[①],使得逆流而上和顺流而下一样轻松,而且一年四季都能在海上航行。1838年,两艘汽船分别朝着相反的方向跨越大西洋,比最快的帆船节省了一半时间。次年,第一艘螺旋桨式远洋轮船"阿基米德号"在伦敦建成。

电报出现了,它代替了千年的驿站,送走了人类靠驿马、烽火、狼烟、鸽子传递信息的历史,使地球背面的世界不再遥如天涯。1871年2月16日晚,一份电报从英属印度的卡拉奇,在50分钟内发送到了伦敦,而次日的太阳要花4.5小时才能跨越两地之间9000公里的距离。

尤其是水上动力机械的广泛使用,引发了时间、空间、商品化概念上的革命,天涯变比邻,大海变池塘,运输瓶颈被突破,奢侈品不再是长途贸易最重要商品,牛肉、小麦、棉花也加入了长途运输清单,标准化和大宗商品市场应运而生。从1815年至1850年,横越大西洋的货物,每磅运费下降了百分之八十;1870年至1900年,又下降了百分之七十。

在蒸汽机时代,海洋开始扮演高速公路的角色。谁控制了黄金航道,谁就能成为海上霸主。1802年,英国东印度公司与管理亚丁港的拉赫季苏丹签订了《贸易友好条约》。《条约》规定,亚丁港对英国商人全面开放,并允许英国人租借亚丁的土地。从此,英国在亚丁获得了贸易特许权和立足点。

对此,英国人并不知足。1839年初,一艘英国商船在亚丁湾沉没。英国声称亚丁人抢劫了这艘船,要求拉赫季苏丹赔偿损失,并要求控制亚丁及其郊区。无理要求遭到拒绝后,英国海军上校海因斯率舰队进攻亚丁。1月11日,英国军队登陆,亚丁失陷。同年11月,拉赫季苏丹

---

① 航速一节,是每小时1海里。

联合阿比洋苏丹，拼凑了一支5000人的军队杀回亚丁。但英国军队凭借先进武器，击退了苏丹联军的多次进攻。第二年，拉赫季苏丹又两次进攻亚丁，均以失利告终。

好比一场拳击赛，你将对方打倒了，但对方只要一息尚存，总还会站起来。对于英国人来说，与其打败拉赫季苏丹，不如收服他，为我所用。于是，英国人在对方因屡战屡败而万念俱灰的时候，适时递上一块蜜糖：你只要承认英国的统治，英国就负责给你发放苏丹津贴。那是1843年一个上午，天上居然还有太阳，一个隆重而热烈的签约仪式出现在阳光下：拉赫季苏丹与英国代表签订了《友好条约》，两个人脸上挂着奇怪的笑，两只大手握在一起。用一个评论家的话来说就是，一方保住了面子，一方得到了里子。

随后，英国人逐渐扩大辖区范围，合并了小亚丁、谢赫·奥斯曼、塔瓦西、穆阿拉，组成了英国亚丁殖民地，海因斯被委任为殖民地首任长官。从此，亚丁成为英国在红海地区的军事基地和贸易转运港。

1850年，英国又对外宣称，亚丁成为"自由港"。这座荒芜已久的古老港口，通过扮演加煤站的角色重现了昔日的繁荣，为英国提供了源源不断的财富。

就在英国志得意满的时候，围绕红海和地中海发生了一件大事，一件影响世界航运格局的大事。

那一年是1869年。

十、运河梦

把地中海与红海连接起来，如同上天、入地一样，是西方人的一大梦想。

早在公元前1887年，埃及第十二王朝法老西索斯特里斯出于贸易需要，就开凿了著名的"法老运河"，将与地中海相连的曼济莱湖和与红海相连的苦湖连了起来。后来，因为泥沙沉积和苦湖脱离红海，这条运河受到冷落。

在此后的漫长岁月里，波斯大流士一世、埃及托勒密二世、罗马皇帝图拉真、阿拉伯将领阿慕尔·伊本·阿绥，都曾经开挖过运河或疏通过河道，但通航时间都不太长。公元767年，阿拔斯王朝哈里发曼苏尔为封锁麦加和麦地那人，下令填平运河下游，法老运河彻底废弃。

从公元8世纪开始，来自地中海的货船，只能从亚历山大走陆路前往红海，再把货物装船东去。大航海时代来临后，葡萄牙、西班牙探险家也只能驾船绕过好望角，从非洲东海岸前往印度。这一航线不仅路途遥远，而且极具风险。为此，开通连接地中海与红海的运河，成为欧洲强国的绮梦。

接下来，"小个子巨人"拿破仑·波拿巴做起了运河梦。这个普通公证人的儿子，16岁从炮兵少尉起步，30岁担任法兰西共和国第一执政，46岁遭遇滑铁卢惨败被流放荒岛，全部军事政治生涯仅仅30年，但他打的仗，赢得的胜利，走的路，攻占的土地，臣服的国家，杀戮的人数，进行的改革，连彼得大帝、亚历山大和成吉思汗都望尘莫及。别看他对女人一窍不通，但对时局有着超人的敏感。还在担任将军时，他就一心想着亚历山大式的征服，期待有一天吞并埃及和印度，并设想通过开凿苏伊士运河全面超越英国。1798年，29岁的他被任命为法国东方军司令，率军远征埃及。当时他只有一个任务，就是用"抄后路"的办法抑制英国在中东的扩张，并控制前往亚洲的海路。

大军开拔时，拿破仑说了一句令所有士兵热血沸腾的话："士兵们，4000年的历史在俯视你们！"

在远征大军中，除了2000门大炮，还有175名专家学者，以及由毛驴驮着的上百箱书籍及研究设备。行军途中，他下达了一条著名的指令："让驴子和学者走在队伍中间。"这次远征，有两个收获，一是随军学者发现了罗塞塔碑石，得到了一把解开古埃及文字和远古文明的钥匙；二是占领埃及后，拿破仑亲自带队，从苏伊士北上，沿着法老运河遗迹，迅速开启了运河开凿的前期勘察测量工作。随后，工程师勒佩尔向拿破仑提交了一份报告，这份报告错误地计量了红海和地中海的水位，认定红海水位比地中海水位高9.907米，运河凿通后，尼罗河三角洲将被红海淹没，成为一片沼泽，因此只是主张恢复古老的法老运河。看完报告，拿破仑一脸茫然：不对吧，难道我的直觉出了问题？

拿破仑是陆战之王，但不懂海战，也没有得力的海军将领。而英国有一位天才的海军将领霍雷肖·纳尔逊，他率领英国海军在"尼罗河之战"中摧毁了法国舰队，阻断了拿破仑的东方扩张之路。不久，拿破仑秘密回国夺权，运河计划被暂时搁置。

30多年后，法国利用宗教团体圣西门会派人进入埃及，秘密从事开凿运河的调查工作，然后邀请法、英、德工程师组成了"苏伊士运河研究会"，讨论开凿运河的技术问题。研究会委派的法国专家和埃及工程师，经过实地测量，得出了一个新结论：地中海和红海水平面不存在落差，修建运河只要不经过悬崖，可以不设水闸。这也意味着，拿破仑的直觉没有错，运河开凿不会引发生态灾难。可惜，这个好消息拿破仑永远听不到了，因为他已经带着孩子气十足的雄心和傻乎乎的自负，在遭遇滑铁卢之后，被欧洲联军剪掉翅膀，囚禁在一个火山岛上孤独地死去了。

眼看苏伊士运河开凿即将进入实质性阶段，英国人坐不住了。因为绕过好望角前往印度的航路一直由英国掌控着，他们已经耗费巨资在好望角航线沿岸修建了许多港口，运河的通航肯定会严重损害英国的东方利益。

为此，英国人拜访了埃及总督，提议修建一条从亚历山大经开罗到苏伊士的铁路，以取代法国的运河开凿计划。

此时的埃及总督，名叫穆罕默德·阿里，是一位阿尔巴尼亚裔的土耳其人，被视为现代埃及的奠基人。他做的第一件事，就是屠杀马穆鲁克及其势力，他还击败过入侵埃及的一支英国军队，并成了埃及真正意义上的统治者，只承认奥斯曼帝国的宗主权。

英国一再劝说穆罕默德·阿里接受铺设铁路计划，法国政府则在穆罕默德·阿里面前揭露英国计划的实质，说英国企图通过修建铁路侵占埃及。于是，穆罕默德·阿里为了防备外国渗透，既拒绝了开凿运河的动议，也回绝了铺设铁路的计划。但阿拔斯一世接任埃及总督后，没有经住英国人的软磨硬泡，同意了英国的铁路计划，连接亚历山大、开罗、苏伊士的铁路得以开通。

与此同时，法国也不死心，一直喋喋不休地向阿拔斯一世兜售运河计划。见他油盐不进、冥顽不化，后来恨不得他早死。

十一、世界级工程

一个被长期诅咒的人，难免心烦意乱。

1854年的一天，41岁的阿巴斯一世因为心情不佳，就拿仆人的嘴巴和屁股出气，结果被两个仆人活活勒死，他年仅18岁的儿子赛义德继任新总督。这个年轻人一上任，就盛情邀请一位法国外交官到埃及休养。这个法国外交官名叫斐迪南·德·雷赛布，49岁，早年在开罗任职时曾指导少年赛义德减肥、骑马、跳水，是赛义德的忘年交，这几年仕途不顺，的确需要休养一下身心。

但雷赛布是一个闲不住的人，他一到埃及，就正式向赛义德提出了运河计划，并满眼憧憬地描绘说：一旦运河凿成，将给埃及带来巨额收入，还将获得欧洲国家的支持，进而摆脱奥斯曼帝国而独立。这样一来，您的英名将永垂史册。

很快，赛义德被说服，发布了"埃及总督授予修建和运营苏伊士运河及地中海到红海之间的附属设施的特许权"，委托雷赛布组建国际苏伊士运河公司，董事长由埃及任命；特许权有效期99年，从运河通航之日算起；资本为2亿法郎，净利润分配方式为：雷赛布百分之十，埃及政府百分之十五，其他股东百分之七十五，其中法国百分之五十。特许法案公布后，英国恼怒万分，一再鼓动奥斯曼帝国警告赛义德；法国则欢欣鼓舞，特别授予赛义德荣誉骑士团勋章。[1]

1859年4月25日，苏伊士运河在塞得港破土动工。尽管运河动工的第二天，法国就卷入了普法战争，英国也把军舰开进亚历山大港威胁赛义德，但运河工程一直没有中断。

十年之后，地中海和红海被挖通，苏伊士运河正式通航。运河全长

---

[1] 见[英]阿诺德·T. 威尔逊：《苏伊士运河史》，华文出版社2021年版。

162.5公里，河面宽52米，河底宽22米，深7.5米，实际耗资4亿多法郎。名义上，运河工程由法国人负责。实际上，劳工全是埃及人。在运河开凿的11年中，共有12万埃及劳工死在工地上。是埃及平民的累累白骨，成就了这条给欧洲列强带来无尽利益的世界级通道。落日黄昏之际，天阴水冷之时，飕飕然仿佛有鬼哭神泣，那氤氲不散的千年冤魂，把这条运河浸染得月冷星寒。

而为此受益的赛义德与运河公司的头头脑脑们，似乎天生不具备神经系统，不管多少人在开凿运河时像苍蝇一样死去，好像都与他们没有丝毫关系，与他们有关系的只有开凿进度、质量与花费。

12万埃及亡魂及其家人在哭泣，而欧美海商们却俯仰大笑，因为苏伊士运河大大缩短了东西方水上交通距离。从伦敦到孟买，绕过好望角为10800海里，经苏伊士运河为6300海里，航程缩短百分之四十二；从马赛到孟买，绕过好望角为10400海里，经苏伊士运河为4600海里，航程缩短百分之五十六；从纽约到孟买，绕过好望角为11800海里，经苏伊士运河为8200海里，航程缩短百分之三十一。至于它避免了绕道好望角的风险，就毋庸讳言了。

如同京杭大运河、兵马俑、金字塔、泰姬陵等世界级工程，在主观上都出于帝王的私心，在客观上则惠及后人一样，苏伊士运河的开通，尽管出发点是抢占航海资源，但毕竟是一件惊天地、泣鬼神、泽被全球的大事。因此，意大利作曲家威尔第创作了讴歌埃及将军与埃塞俄比亚公主凄美爱情的歌剧《阿依达》，来纪念这一神圣时刻。埃及总督尽其所有为所有外国观光者免费提供食宿，免费发放《阿依达》门票。来宾们从塞得港前往苏伊士去野餐时，当局出动了至少69艘船才装下所有人。

运河庆典越是隆重，作为局外人的英国就越是尴尬。但英国人还是冷静且明智地认定：既然不能改变结果，就只有改变自己。这也是9世纪的英国保有世界霸主地位的一大原因。接下来，英国人开始寻找一切可能，伺机改变由法国控制运河的格局。1875年，埃及爆发债务危机，只能通过出售运河的股份还债。英国犹太人首相本杰明·迪斯雷利抓住机会，连夜向犹太金融巨头罗斯柴尔德家族借款397万英镑，购买了埃及总督伊斯梅尔帕夏手中的股份，占有了运河百分之四十五的股权。从第二年起，鉴于埃及总督管理混乱、负债累累，埃及的财政、海关、邮局、电报、铁路、港口、博物馆被英法两国控制。后来，英国出兵击败了埃及军队，然后在埃及安插了一个全权代理人。从法律意义上说，埃及的领主是奥斯曼帝国苏丹，埃及是一个由总督统治的独立国家，但真实情况是，埃及的国家权力掌握在英国高级文官手中，据说这是一种临时措施，旨在恢复该国的偿还能力。

对此，法国提出了异议。英、法两国于1904年达成妥协，双方约定，法国对摩洛哥享有特权，作为交换条件，法国承认英国对埃及的控制权。这份协议，压根就没有征询过埃及人和埃及的宗主国奥斯曼帝国的任何意见。

在随后的第一次世界大战中，奥斯曼帝国为了找回面子，与德国联手对抗英法，试图攻占苏伊士运河，结果连裤子也输掉了，他们不仅被赶出了西奈半岛，还被追着屁股打到了伊斯坦布尔。战后，经国际联盟批准，法国获得了叙利亚的托管权，英国则托管了巴勒斯坦和伊拉克，世界各地的犹太人纷纷举家搬迁到1800年前失去的犹太国土上，中东的政治和军事格局随之发生巨变。同时，英国驻苏丹总督兼任了埃及军队总司令，英国人控股的运河公司进入盈利期。1932年，仅英国就分得了350万英镑的红利，接近全部投资。

在苏伊士运河东北部，坐落着《圣经》中提到的"应许之地"——巴勒斯坦，这一地区曾长期处于奥斯曼帝国统治之下，第一次世界大战结束后被英国托管。在犹太复国主义运动的推动下，在罗斯柴尔德家族的赞助下，散居世界各地的犹太人，怀揣着创建一个独立的犹太国家的梦想，纷纷迁往巴勒斯坦。1947年，经美、英策划，联合国大会以33票赞成、13票反对、10票弃权的结果，通过了《巴勒斯坦将来处理分治计划问题的第181号决议》，决定巴勒斯坦在英国委任统治结束后，分别建立阿拉伯国和犹太国，圣城耶路撒冷及其附属城镇由联合国托管。该决议引发了阿拉伯世界的强烈抗议，因为犹太人口不到巴勒斯坦总人口的三分之一，所占土地仅为百分之六，而根据决议划归犹太国的面积，却是该地区总面积的百分之五十八点七。第二年5月14日，在英国托管期结束前一天的子夜,犹太人宣布建立以色列国。但阿拉伯国家联盟举棋不定,不知道是应该建立埃及、叙利亚这样的地方政权,还是建立泛阿拉伯帝国,因此错过了在巴勒斯坦建立阿拉伯国的最佳时机。时隔4个月,阿拉伯国家联盟中的埃及、外约旦、伊拉克、叙利亚、黎巴嫩军队,连同巴勒斯坦圣战军、阿拉伯解放军,组成阿拉伯联合军团,向以色列发起进攻,企图把后者扼杀在摇篮里,第一次中东战争爆发。结果出乎世界预料,公认必败的以色列以少胜多,以弱胜强,控制了巴勒斯坦五分之四的土地。从此,中东继巴尔干半岛之后,成为全球又一大"火药桶"。

埃及也风云突变。1952年,埃及青年军官纳赛尔、阿梅尔、萨达特等人发动军事政变,推翻了软弱的法鲁克王朝,组建了军政府,使埃及跨入了共和国时代。这伙雄心万丈的年轻人,一上台就规划建设全球最大的阿斯旺大水坝,并向各国请求资金援助,美、英答应提供融资。但两年后,新任埃及总理纳赛尔向东方阵营购入武器,导致埃及与美、英关系恶化,美、英撤回了资金。

委曲求全不是纳赛尔的性格。他1956年出任埃及总统后,立刻出兵运河区,宣布将苏伊士运河收归国有,没收了英、法两国在运河上的商业设施,禁止以色列船只通过苏伊士运河,试图把运河通行费作为建设大水坝的资金。纳赛尔此举,彻底惹恼了英、法、以三国,三国发兵入侵埃及,这就是苏伊士运河战争,也是第二次中东战争。尽管埃及拥有30万大军和数量众多的苏式武器,还是在英、法、以军的立体进攻面前败下阵来。

埃及在军事上失败了,但在政治上收获颇丰,不但成功收回了苏伊士运河的商业经营权,还从此成为阿拉伯世界的领袖。

中东争端并未平息。1967年,以色列突袭埃及,仅6天就攻占了西奈半岛和亚喀巴湾,这就是第三次中东战争。

6年后的第四次中东战争,阿拉伯世界依旧无法在军事上击败以色列,双方只能面对现实,进而走向谈判桌。1978年,经美国总统卡特斡旋,埃及总统萨达特与以色列总理贝京在戴维营举行会谈,双方签署了《戴维营协议》和《埃以和平条约》。不幸的是,萨达特被阿拉伯激进派暗杀。虽然如此，以色列还是履行和约，将西奈半岛全部归还了埃及，确保埃及对苏伊士运河拥有完全的管辖权。

当下的苏伊士运河，经过1980年的扩建，全长195公里，宽365米，深16米，是亚洲、非洲的分界线，是连接欧、亚、非三大洲的海运通道，是世界最繁忙的航线之一，也是埃及经济的生命线。如今，亚丁湾两侧的亚丁港（今属也门）、穆卡拉港（今属也门）、吉布提港（今属吉布提）、柏培拉港（今属索马里），红海沿岸的延布港（今属沙特）、杜巴港（今属沙特）、法赫德王港（今属沙特）、拉比格港（今属沙特）、吉达港（今属沙特）、吉赞港（今属沙特）、荷台达港（今属也门）、穆哈港（今属也门）、苏丹港（今属苏丹）、萨瓦金港（今属苏丹）、塞法杰港（今属埃及）、阿萨布港（今属厄立特里亚）、马萨瓦港（今属厄立特里亚），苏伊士湾内的易卜拉欣港（今属埃及）、苏伊士港（今属埃及）、阿代比耶港（今属埃及），亚喀巴湾内的亚喀巴港（今属约旦）、埃拉特港（今属以色列），都像蚂蚁搬家一样忙碌。

十二、索马里海盗

2005年金秋，一艘小型奢华邮轮从埃及亚历山大港启程，经苏伊士运河驶向红海，目的地是新加坡。它叫"世鹏精灵号"，邮轮上拥有164名船员，为208名贵宾提供顶级服务。不久前，它还被"《悦游》杂志读者之选"票选为年度最佳小型邮轮。在美妙的红海之旅后，这艘邮轮优哉游哉地穿过曼德海峡，进入亚丁湾，进而驶入印度洋。乘客们无不憧憬着下一个停靠港——蒙巴萨的浪漫旅程。

11月5日，星期六。清晨5点30分，乘客们尚未从梦中醒来。当邮轮航行到巴纳迪尔海岸（位于索马里东南部）以东100海里的印度洋海域时，此前在附近游弋的两艘小艇突然加速冲向邮轮，小艇上的人挥舞着突击步枪和火箭筒，向着邮轮发出令人恐怖的吼叫。邮轮上的船员这才吃惊地意识到，他们遇到了索马里海盗。要知道，尽管此前发生过一些袭击事件，但都发生在索马里海岸附近海域，而且目标仅限于小型船只，而不是最先进的西方邮轮和大型商船。

不论吃惊与否，船长毫不犹豫地拉响了警报，并指示邮轮全力提速，旨在甩开那两艘7米长的小型玻璃钢船。听到警报，邮轮安保人员立即采取行动：一名退役警察用高压水管与靠上来疯狂射击的海盗交战，试图用高压水柱打翻海盗小艇；邮轮警卫长则操纵着新奇的"声波炮"，阻止海盗靠近。规避动作、高压水管、声波炮三管齐下，终于甩掉了袭击者，两艘海盗小艇渐渐消失在清晨的薄雾中。出于安全考虑，邮轮未按原计划在肯尼亚的蒙巴萨港停靠，而是直接驶向印度洋群岛国家塞舌尔的维多利亚港，进而从那里前往新加坡。一路上，乘客们噩梦连连，心惊胆战。

从此，"索马里海盗"令人闻之色变。

更为严重的是，此后许多船只就不像"世鹏精灵号"这般幸运了。仅2008年，就有97艘国际商船被索马里海盗劫持，其中包括中国天津远洋渔业公司的"天裕8号"渔船。"海盗"，这个似乎只在电影中出现的历史名词，突然变成了一个残酷的现实。为此，我们有必要回过头去，追寻一下海盗的起源与演进史。

历史上的人们选择成为海盗，决心靠海上劫掠为生，通常有三种力量之一驱动：第一种是对现实不满，如贫困、失业、艰苦的生活条件以及对未来几乎不抱希望；第二种是贪婪和快钱的诱惑；第三种是畏罪潜逃，因为大海一直是社会上那些违法犯罪行为的避难所。

海盗事业要想发展起来，除了海盗个人的政治和经济动机以及宗教狂热之外，还需要一些更重要的条件：来自腐败官员、某些港口乃至政治体系本身的默许。有时候，大自然也会制造"导火索"，迫使人们投身海盗事业。在中国帝制时代，洪水、干旱、蝗灾、台风等自然灾害是造成大规模海盗出现的主要原因。在日本，洪灾、饥荒和流行病摧毁了陆地上人们的生计，破坏了国内的和平与稳定，也经常造成大规模海盗活动的爆发。3世纪之后，海平面稳步上升，逐渐淹没了北欧农民曾经劳作的耕地，于是盗匪和海盗成为逃避贫困的自助形式，维京人的崛起就是一个例证。另外，大自然母亲不仅把人们推上海盗之路，还会提供一个适宜海上劫掠的环境，借此把一些胆大包天的人"拉"上贼船。例如加勒比海以及地中海东岸的众多小岛扼守主要海上交通线，是完美的伏击点，适合守株待兔，等着毫无戒心的船只送上门来。马六甲海峡沿岸密集的红树林，非常利于海盗设伏。连接红海和亚丁湾的曼德海峡沿岸，众多的环礁、暗礁和小岛让较小的海盗船得以顺利逃脱，同时阻止较大的护航船通过岛礁之间狭窄的浅水道。

史上名声显赫的海盗团伙，有8世纪至11世纪的维京海盗，9世纪至13世纪的撒拉森海盗，13世纪至16世纪的"倭寇"，14世纪末到15世纪初的北欧"粮食兄弟会"（后更名"均分者"）、南洋陈祖义"海盗王国"，14世纪至16世纪的罗德岛海盗，16世纪横行地中海的"红胡子"埃里克兄弟，17世纪的中国郑芝龙海盗集团，17世纪至18世纪的加勒比海盗，18世纪的"棉布杰克"船队、"海盗王子"萨姆·贝拉米，19世纪初的郑一嫂海盗联盟，19世纪棉兰老岛的伊拉农人、苏禄群岛的巴兰金吉人、婆罗洲的海上达雅克人。

然而，19世纪下半叶之后，越来越多曾经为多支海盗舰队提供安全避风港的海岸，处在了西方海洋强国——尤其是英国的直接统治下。而且，现代科技让海权国家的海军在面对海盗和土著海上袭掠者时，占据了明显的上风。我们曾经见识过，仅仅一艘东印度公司的"戴安娜号"蒸汽外轮船，就能把整支伊拉农袭掠舰队的马来快船轰成碎片。渐渐地，海盗活动似乎只存在于泛黄的历史册页里了。

但是，我们也应该清楚，贪婪作为海盗的一大驱动因素，并不意味着它在词典里的含义："由赤裸裸的野心所驱使的，对某物的过度、自私的欲望，特别是对财富和权力的欲望。"恰恰相反，我们经常讨论的是理性选择：如果有一点点野心，再冒一点点险，就能得到更多的钱，那么为什么还要为了一丁点儿收获而辛勤劳作呢？在全球渔业资源持续减少的背景下，缺乏完备福利制度的欠发达国家的渔民，已经意识到越来越难以维持生计。利用他们的航海技能来从事一些"兼职"工作，这种诱惑的产生并不令人奇怪，特别是考虑到每天都有无数的集装箱船、散装货船、油轮和客轮列队出现在沿海地区，它们的保险柜里存放着数千万美元现金，以便支付港口的费用以及船员的工资。在21世纪初，索马里的年轻人多半面临一个严峻的选择：当民兵，拿着几百美元的月薪；当农民，收入只有民兵的一半；当海盗，每次成功的袭掠可以赚得7000至70000英镑。从事海盗生涯所带来的被抓或战死的危险，比起索马里人55岁的平均寿命，似乎不是那么令人生畏。

偏见是思想的放假。假如我们指责这些索马里青年只是因为贪婪而当海盗，就显得不公平了。至少，第一拨索马里海盗在20世纪90年代兴起时，怨愤是主要诱因。当时，索马里巴雷总统倒台，陆地和海上法律秩序崩溃。年轻的索马里渔民为了守卫本国的亚丁湾和印度洋海域，自发成立了自助小组，以抵御那些从全球各地赶来进行"非法、无管制和未报告"捕捞活动的公海拖网渔船的掠夺。据说，这些拖网渔船并不回避对那些较小的索马里近海渔船使用暴力。而组织起来的索马里渔船则针锋相对予以袭击和劫掠。

如果说初期的索马里海盗尚且算是一种自卫，一种社会的激烈痉挛，那么后来的索马里海盗就变成一种公认的毒瘤了。因为他们不仅将劫掠对象从拖网渔船扩大到所有过往的商船，而且渐渐意识到，捕获外国船只并囚禁它们的船员以索取赎金，比捕鱼更挣钱。正是这个原因，到了21世纪初，自助小组发展成了海盗团伙。即便如此，他们很大程度上仍然视自己为索马里海域的守卫者，他们给海盗团伙取的名字以及实施海盗袭击的理由，仍然强调是基于怨愤和自卫的宗旨。海盗团伙有的叫"国家海岸志愿警卫队"，有的叫"索马里海军"，索马里游击组织"青年党"甚至声称海盗是"与西方异教徒在海上作战的圣战勇士"。①

无奈之下，许多运输大国不得不派出军舰前往亚丁湾护航，中国护航舰队也于2009年1月到达亚丁湾海域。欧盟海军则新成立了"非洲之角"海上安全中心，开始组织船队"集体穿越"一条受到保护的海上走廊。

由于索马里海盗是胆大包天地劫持整艘船只，而不"仅仅"绑架个别船员，因此他们占据国际新闻报道达十年之久，直到2012年前后，他们终于被一支多国反海盗联盟赶回岸上，或者至少看起来如此。

无论索马里海盗曾经带给红海多么大的负能量，我们都必须承认，

---

① 见[英]彼得·莱尔：《从维京人到索马里海盗》，广东人民出版社2022年版。

红海的颜色没有变,红海的慷慨没有变,红海的地位没有变。它过去是,现在是,将来还将是世界蓝色文明的伟大地标。

为此,我们应该向海上丝路东、西端的青岛和红海致敬!

  丝路上的红海:红海,是一方年轻、神奇、繁忙、恐怖的海。说它年轻,是因为直到2000万年前,阿拉伯半岛与非洲大陆才被撕开,从而诞生了它;说它神奇,是因为它目前仍以每年超过1厘米的速度持续扩张;说它繁忙,是因为红海及其周边分布着20多个大型港口和一条贯通欧亚的苏伊士运河,穿行其中的船舶每天像蚂蚁搬家一般忙碌;说它恐怖,倒不仅仅因为令人谈之色变的索马里海盗,还因为阿拉伯世界与犹太人为了争夺生存空间而爆发的无休止的摩擦甚至流血冲突。然而无论如何,它都是世界蓝色文明的伟大地标,是海上丝路的伟大端点!

后 记

关于海洋，我手头有两个冷门知识。

一个是，在标准大气压下，水温达到100摄氏度就会沸腾，动物也就不会存活。但海洋工作者发现，在太平洋火山底部1000摄氏度的高温环境中，竟然一派生机勃勃的景象，那里存活着大量的鲨鱼、水母、黄貂鱼和蟹子。这就意味着，地球上除了存在一个人类常识里的蓝色海洋，还有一个打破人类常识的黑色海洋。

另一个是，石头没有生命，它是不生长的。但海底科学家告诉我们，大洋底部有一种储量丰富、价值巨大的矿物质 —— 多金属结核，它正在以每年1000万吨的速度增量生长。

我们不得不承认，海洋太神秘，太深邃，太诡异了，它是一个不断颠覆人类传统思维的区域，是一个为人类不断奉献能量与希望的所在。翻开世界近现代史您就会发现，在这个百分之七十一的地表被海水覆盖的星球上，所有大国的兴衰都取决于海上，中世纪海权国家威尼斯、热那亚和奥斯曼帝国如此，近代海洋强国西班牙、葡萄牙、荷兰、英国、俄国、美国、日本如此，现代海洋国家丹麦、挪威、新加坡、澳大利亚也是如此。举目望去，世界上几乎所有富饶美丽的国家和城市，全都分布在沿海。正因为如此，彼得大帝力排众议，把俄国首都迁往波罗的海沿岸的圣彼得堡；也因为如此，丘吉尔当选英国首相后，还经常身着海军军服。还是因为如此，每当世界发生危机时，美国总统想到的第一个问题往往是："我们的航空母舰在哪里？"

到了20世纪50年代，人类发现沿海大陆架蕴藏着丰富的石油和天然气。新的科学发现，迅速吸引了大国的视线，美国总统杜鲁门率先宣布了大陆架法案，其他海洋国家也纷纷仿效。1982年4月30日通过的、

1994年生效的《联合国海洋法公约》规定："沿海国家拥有12海里领海主权和200海里专属经济区以及对大陆架资源的权利。"

令我纠结的是，就是这样一个繁忙的、富庶的、神奇的区域，却长期被中国大众忽略，很多人甚至连起码的海洋意识也不具备。

譬如，近一半的沿海省份居民，不知道本省的海岸线多长，有哪些港口、岛屿、海产乃至海洋衍生品；近百分之八十的国民，不知道黄岩岛和钓鱼岛的正确位置；百分之九十五的成年人，没有读过被西方世界奉为经典的《海权论》；多数青少年没有接受过海洋知识的系统培训，不明白国家实施海洋强国战略的极端重要性。

譬如，大家习惯把中国版图形容为一只"报晓的雄鸡"。可早在1997年，一名驻守南沙的战士就发现，中国版图更像一把熊熊燃烧的火炬，960多万平方公里的陆地是奔腾不息的火苗，300多万平方公里的海域是火炬的托盘与手柄。准确地说，中国的版图不仅包括960多万平方公里的陆地，还包括九段线拱卫着的300多万平方公里的海域。

譬如，大家只知道黄岩岛属于中国，可当菲律宾说，黄岩岛距离吕宋岛124海里，在其200海里专属经济区内，他们对黄岩岛拥有主权时，许多人就无言以辩了。其实，这是一个再简单不过的海洋常识，黄岩岛以东幽深的马尼拉海沟，是中国中沙群岛与菲律宾群岛的自然地理分界，它彻底阻断了菲律宾的大陆架；而黄岩岛作为中沙群岛中唯一露出水面的岛礁，是中国大陆架的自然延伸，中国对它拥有无可置疑的主权。

譬如，多数人不清楚，露出海平面零点一平方公里以上的陆地叫岛，露出海平面零点一平方公里以下的岩状物叫礁，露不出但接近海平面的沙礁叫暗沙。

譬如，多数人所了解的海上丝路，是概念性的，碎片化的，缺少脉络、故事与色泽的。

因此，我在完成关于陆上丝路的《丝绸之路：从蓬莱到罗马》一书之后，就马不停蹄地构思、策划这本关于海上丝路的纪实文学，决定通过15个港口、海峡或海域，试着还原那条海难与鲜花并存、掠夺与贡献俱在、野蛮与文明共生的海上丝路，串联起一系列险象环生、高潮迭起、竞争惨烈、豪杰辈出的故事，告诉对这条人类文明、进步、繁荣之路满怀好奇、敬意和希冀的万千读者。

可我清楚，我已经过了学习的最佳年龄，而海上丝路涉及的领域过于宽泛，有季风、洋流、港口、船舶、航线、风土、贸易、宗教、外交等，但在创作过程中容不得我有任何盲点，如同写一本几何教科书必须弄清楚弦、圆、三角一样。最困难的莫过于，书中一半港口处于国外，我根本没有办法前往采风，只能采取一切可能的方式加以弥补。更致命的在于，世界海洋面积占地球表面的百分之七十一，书中涉及的国家超过50个，它几乎就是"另一半世界史"。我感觉，创作本书形同用一把汤勺挖一口深井，焦虑与绝望持续缠绕着我，我不止一次地想过放弃，做梦都想得到神的协助。

"如有神助"中的"神"，应该就是指我的那批文友吧。是他们，在我最无助、最无望的时候，给了我坚持的勇气、叙述的冲动、创作的灵感和无私的辅助。他们主动帮我收集资料，甚至自告奋勇前往外地采访，在此请允许我录下他们的名字：宋超、徐其成、张高扬、宁道举、韩玲玲、李栋、李汪泽。

在采访中，诸多单位提供了特别关照，它们是：青岛市委宣传部、山东港口集团，扬州市委宣传部、扬州市文广旅局、扬州市江都区委宣传部、扬州市广陵区文旅局，宁波市文旅集团，太仓市政府、太仓市文体广旅局，福建省旅游发展集团、泉州市政府、泉州市委宣传部、石狮市委、泉州山东商会，广东省委宣传部、广东省社会科学院、暨南大学，广西山东商会、合浦县委宣传部、合浦汉代文化博物馆、博白县委宣传部。对于这些素昧平生的支持者，我除了表示口头上的感动、感谢与感恩，实在为自身感谢方式的匮乏而纠结不已、尴尬莫名。

历史没有终点，但故事总要结束。本书初稿完成时，正值中秋的一个黄昏。沐浴着玫瑰色的夕光，注视着空洞洞的长天，我的灵魂开始出窍，直到耳中响起嗡嗡的蝉鸣。我知道，那是十年前创作《大写西域》留下的病根。

2023年9月6日